# 浄土と阿弥陀仏

大無量寿経講義

第二巻

本多弘之

法藏館

# 浄土と阿弥陀仏——大無量寿経講義 第二巻＊目次

[凡例]

一、本文中の聖教の引用は、真宗大谷派（東本願寺出版部）発行の『真宗聖典』を原典とし（聖典と略記）、ページ数を記した。ただし『大無量寿経』の引用部分は、組み方と書体を変えて目立つようにした。また、読者が学習しやすいように、『真宗聖典』とともに、浄土真宗本願寺派（本願寺出版社）発行の『浄土真宗聖典（註釈版）』第二版（註釈版と略記）のページ数を記した。

二、『真宗聖典』に未所収の聖教については、『真宗聖教全書』（大八木興文堂）を原典とし（真聖全と略記）、巻数とページ数を記した。

三、清沢満之の著書からの引用は、『清沢満之全集』（岩波書店）を原典とし、巻数とページ数を記した。

# 浄土と阿弥陀仏——大無量寿経講義　第二巻

装丁　井上二三夫

# 第1章　還相回向論［第二十一願〜第二十二願］

## 1　第二十願から第二十二願へ

### 第二十願の課題

第一巻の最後では十八願の抑止文《おくしもん》と十九願、二十願との問題について述べました。一応、それで機の三願と欲生心の問題をお話しました。今回より三回にわたって、還相回向《げんそうえこう》の問題を中心に考えてみたいと思います。

曽我量深先生はこの二十願の問題のところに、いつも自分を置いてものを考える姿勢を持っておられました。それまでの浄土真宗の教義的な読み方だと、三願転入だから、ポンポンポンと三段飛びのように十八願に入って、他力信心になる。他力になることをはっきりさせるために、十九願は諸行であり、二十願は念仏だけれども、自力に念仏を称える。純粋念仏で十八願の信心だとこの三願を読んでいたにすぎなかったわけですが、曽我先生は、二十願のところに自分たちの位置があると押さえられた。

二十願の自覚ということが大事であって、二十願から自分で足を抜いて十八願になれるという考え方をせずに、いつも、自分が念仏の信心、他力の信心をいただいているということの中に、根の深い善根意識を自覚する。十八願と二十願というのは転入の問題ですが、二十願の自覚を明らかにするために、十七願と照らすことを晩年にされていました。

私が高倉会館に通っていたころに曽我先生が毎月出て来られていて、一年間の講義のテーマが、「宿縁《しゅくえん》と宿《しゅく》善《ぜん》」というテーマでした。

宿善ということは、『御文《おふみ》』で蓮如上人がよく使われる言葉で、『歎異抄《たんにしょう》』の奥書きに、「於無宿善機、無左右不許可之者也」（聖典六四二頁）と注意をしておられる。蓮如上人は非常に積極的に、日本国中を草鞋をはいて歩き回って、草鞋の胼胝《たこ》が消えないほどになっていたと伝えられています。それほど布教熱心であった。その蓮如上人のおかげで本願寺教団が力を持った。

その蓮如上人が、当時新興教団として、路地説法、あるいは船の中や旅の途中で、ところかまわず法論を吹っかけては念仏を伝えようとすることが、誤解を生んだり弾圧をされたりする材料になる。非常に激しい宣教の教団として浄土真宗が発展期にあったころに、宿善、無宿善という言葉を出して注意を促している。

宿善開発《しゅくぜんかいほつ》の人を見抜いて説法をせよ、念仏の教えを説け。無宿善の機、宿善開発していない人間にこの教えを説くと誤解されるから説くなという言い方をしている。蓮如上人がそういわずにはいられなかった状況の問題はあるのですが、その場合の宿善ということは、十七願、「行巻」にまず引かれ、同じ文章が「化身土巻」でも引かれ、それが二十願のところに引かれてくる。

曽我先生はその点に注意している。大行《だいぎょう》は無碍光《むげこう》如来の名《みな》を称する。その無碍光如来の名を称する中に、「もろもろの善法を摂し、もろもろの徳本を具せり。極速円満す、真如一実の功徳宝海なり」（聖典一五七頁）といわれている。つまり、念仏の中に善本・徳本を具していると「行巻」で押さえる。

そして、次に善本・徳本を二十願のところで問題にする。同じ言葉なのだが、十七願の大行の中にはすでにそういうものが包まれていることをいうのと、二十願位で善本・徳本を出すということには、問題の違いがある。二十願の場合は人間が善本・徳本を要求する。その要求に応えて、本当の意味で大行こそが善本・徳の課題を成就するということです。

「行巻」では十七願の問題として出してあり、二十願では、それが我が思いで名号《みょうごう》は善本・徳本にしようとする。そこに自分の要求を名号の功徳によって成就しようとする思い入れがある。そういう問題を明らかにするために善本・徳本を出してくる。同じようだが、そこで実は、信心でいえば、二十願の信心と十八願の信心の違いを、十七願の問題と二十願の問題とを照らすことによってはっきりさせる。こういうことを親鸞聖人ご自身が何処かで考えておられる。

「たまたま行信を獲《え》ば、遠く宿縁を慶《よろこ》べ」（聖典一四九頁）と、宿縁という言葉が『教行信証《きょうぎょうしんしょう》』の総序の文にはありますが、二十願のところで、教えに値遇《ちぐう》するというときに、宿善という言葉が出てきます。「もし善本なければ、この経を聞くことを獲ず。清浄に戒をたもてる者、いまし正法を聞くことを獲ん、と」（聖典三四八頁）、これは正依の『無量寿経』の言葉です。

『平等覚経』は、ここを「宿世《しゅくせ》の時、仏を見たてまつれる者……」（聖典一六〇頁）と宿世にすでに遇《あ》っていたということを引いております。これとほとんど同じ言葉が、「この功徳あるものにあらざる人は、この経の名を聞くことを得ず。ただ清浄に戒を有《たも》てる者、いまし還《かえ》りてこの正法を聞く。悪と憍慢《きようまん》と蔽《へい》と懈怠《けたい》は、もってこの法を信ずること難し。宿世の時、仏を見たてまつれる者、楽《この》んで世尊の教えを聴聞せん」（聖典一六〇頁）と引いていて、本願の仏法に遇う背景は、自力で出遇うのではない、教えの中に生まれてきて教えに出遇う。それを宿世という言葉で語っている。

十七願は諸仏称名ですから、仏法が成就している世界、仏々相念、仏と仏の世界の中で仏を讃《ほ》める。本当に阿弥陀仏を讃めるということは諸仏の仕事である。諸仏によって讃められることが自分の本願である。これが十七願の文です。それが大行である。無量寿仏の名が称えられる場所は仏の仕事が成り立っている世界、仏が讃めている世界であるという大行の意味を、親鸞聖人は十七願で明らかにされる。

同じく名号が称えられている。しかし、名号は如来の言葉である。本願自身が表現する。仏々相念、あるいは諸仏称名、諸仏の仕事として用《はたら》きが起こってくるのが名号である。と同時に一方では、名となっている限りにおいて人間の言葉である。人間の言葉である限りは、人間が理解したり、人間が使う。人間の思いと関係する。そこに言葉が、一方では二十願にかかわり、一方では十七願にかかわる。

その名号を二十願にかかわって読む問題のありかを、曽我先生は、宿縁に対して宿善という言葉で考えようとされた。十八願の抑止の文について触れて、抑止文は悪の問題、それに対して、十九・二十願と展開する問題は善の問題である。宿善ということになると、今のいのちの現行している在り方を成り立たせる根にある善ですから、自分が過去に経験し、過去に行った行為、その善が今に報いて今の出遇いをもたらしている。

自分の過去世の経験を宿善として感じる。そのこと自体、悪いこと、ダメなことではないのですが、出遇っている事実を自分の過去の功績にする思いがある。だから、今の出遇いを成り立たせる背景に、宿善というものを感じて、その宿善を我が善本として感じる。

蓮如上人は、「無宿善の機には、左右なく、これを見せるべからず」という言い方をされた。そこに宿善ある者、宿善なき者ということを判断するときの人間は何処に立つのか。もちろん、状況として今ここで説法するということは効果があるかないか、ほとんど反発だけしかないのではないかという人間的判断は大事かもしれませんが、そういう判断を成り立たせるもとに宿善という言葉を使うことは、どういうことか。

宿善開発を自分がしたという。宿縁という言葉に対して宿善という問題をはっきりさせないなら、何処かで善根功徳の生活が今の出遇いをもたらしているという自惚れ意識、仏法に出遇っている自分には出遇うべき宿善はあったが、出遇ってない人間には宿善がないという差別意識を肯定してしまう問題がある。そうなると宿善、無宿善という言葉で、やはり自分の善根を肯定し愛着しているという問題が根にあることになる。

宿縁という場合は、善悪ともに因縁ですから、「たまたま行信を獲ば、遠く宿縁を慶べ」（聖典一四九頁）、「宿縁」といわれて、「宿善を慶べ」とはいわれない。宿縁ということは、出遇うべき因縁、これは自分が作ったとか、自分が結んだというよりも、曠劫のいのちの歩みをもたらしている法蔵願心、法蔵願心が曠劫以来貫いて因縁を引き受けて、我が主体にまでなっている。その背景を慶べということですから、自分の都合のいい善だけを慶ぶということではない。

ここはデリケートな問題で、宿縁といっても、宿善は喜ぶけれど宿悪は嫌だと、人間だったら当然そう感じるわけです。善悪ともに宿縁として受けるなら、「遠く宿縁を慶べ」（聖典一四九頁）という言葉と、過去の歴史から自分の都合のいいものを選び取って、そのお陰というのとはだいぶ違ってくるのではないかと思います。

その辺で曽我先生は「宿縁と宿善」というテーマをあげて、十七願と二十願の問題を考えておられた。

## 諸仏称名と諸仏証誠

名号は如来の領域の言葉である。しかし、言葉である限りにおいて人間の領域にも足を入れている。人間の領域ということは私どもの思いで了解し、私どもの思いで名号を称える。その名号を称えるときには、いま困っているから、何かが欲しいから、ああなって欲しいこうなって欲しいという思いがあるからということを抜きにして名号だけ出てくるということはない。人間が宗教を要求し、あるいは念仏するというときには、何かそこに人間的状況の色を帯びる。

私どもが自覚的に名号で本当に他力の信心をいただくというけれども、他力の信心をいただくということは、いつも二十願から十八願への転位といいますか、そういう用きが念々にあり、そこに自力執心の自覚をくぐって本願他力に帰するという決断がいつも起こる。宿善が悪いという意味ではなく、宿善という言葉で、根の深い私どもの善根に対する執心を教える。本当の意味で十七願の願心に背いているのが私どもの心なのであると。

いつも己が善根功徳として名号を取ろうとする。それがある限りは、称えても称えても何か満ち足りない。解決がまだ未来に残っている。そういう形でしか名号の信心が私どもに分からない。曽我先生は「宿縁と宿善」というテーマのもとに大事な問題を提起している。信に帰するということは、いつも二十願の自覚をくぐると。

十八願といっても、十八願の中にすら抑止文が付いていて、罪の自覚を通して、本当に自力無効という自覚が念々に催されて、悪人正機として完全に降参するという信念が与えられる。私どもには善悪の二つが引っかかっていて、念仏一つが真実だということにならない。

二十願の問題は、布教の上ではある意味で邪魔なのでしょう。諸行か念仏か、つまり、法然上人が専修念仏といわれたように、旗印として鮮明なものを立ててそこに引き込んでいく方が、布教とか、宣教ということになるとはっきりする。その間に立ってどちらか分からない領域を扱うと自分もおかしくなってしまいます。人に説得する場合には念仏か諸行かをはっきりさせることが、特に興隆時の教団にとっては大事な問題で、蓮如上人の『御文』を読んでも、純粋に一心に名号に帰せよということをいわれる。「雑行・雑修、自力のこころをふりすてて」（「改悔文」、聖典八五三頁）、後生《ごしょう》の一大事として念仏を取れ、自力の心を振り捨てという。振り捨てて帰するという言葉の中に、もちろん、二十願の問題を孕んでいるといえばいえるが、振り捨てられない。

　諸行は振り捨てられるが、自力の心はなかなか振り捨てられない。その振り捨てられない問題の一番の根にあるものは、自分の考えとか、自分の経験を成り立たせている背景、いわゆる宿善といわれるものを何処かで頼みにする。本当に他力の信心、選択本願の信心に触れるということは、これは、個人の宿善とか宿縁というよりも、法蔵願力自身の宿善開発である。

　宿善という言葉でないとすれば、法蔵願力自身がそこに発起する。宿善というと、個人の生活体験あるいは個人の血にまでさかのぼるような因縁がその人をして信心開発せしめた。これでは本当の意味の十方衆生に呼びかける法蔵願心が何処かで矮小化されて個人化します。事実は時機《じき》純熟《じゅんじゅく》ということがあって、本当に自覚が生ずるということは、時の中に、時間の経験の中に、ある意味で時間を破って、ああ、そうだったかという経験が生じる。それは誰にでも突然起きるわけにはいかない。やはり一人ひとりの悪戦苦闘の歴史の中に、恵まれる時というものがある。

　十方衆生といっているのだから、皆が回心《えしん》するかといえば、そういうわけにはいかない。回心ということは、たぐいまれの事件であり、優曇華《うどんげ》が開くが如く、めったに信心開発ということは起こらない。しかし、起こらしめる根は十方衆生に広く呼びかけて、特定の人間だけに宿善開発するということはない。そこに親鸞聖人は苦労されて、十八願の信というときには「時剋《じこく》の極促《ごくそく》」（聖典二三九頁）、時の中に時を破るという課題を出された。

二十願では、時を破る因縁も自分の力、宿世の力をどこかで誇りにする思いが残っている。念仏をいただきながら念仏に触れたという力は自分にある。自力の心を振り捨てていう、振り捨てる力は自分にあるという思いがある。そういう問題を親鸞聖人は見すえておられるのではないか。そして、『阿弥陀経』を二十願の問題として押さえられた。

そのときに、『阿弥陀経』の教えの何処を押さえるかというときに、「執持名号……一心不乱」（聖典一二九頁）という。名号が出てきますから、名号を執持して一心である。その執持名号という面と同時に『阿弥陀経』の六方段にたくさんの諸仏が讃める。それを善導大師が、諸仏の証誠《しょうじょう》として「十方恒沙の諸仏の証誠虚《むな》しからざるなり」（聖典三四八頁）と。『阿弥陀経』の文は何をいっているのか。

善導大師は、あれは諸仏が阿弥陀の功徳を証明しておられる。真であることを証明しておられる。諸仏証誠ということと諸仏称名ということはよく似ているものですが、諸仏証誠という言葉は『阿弥陀経』の二十願の意味として、諸仏称名は十七願の意味としてきちんと親鸞聖人は分けられます。

諸仏証誠とは、何のために証誠するか。本願が名号となるということは、衆生にとっては聞き難い。自力無効ということは起こりにくい。自力の思いが、たとえ本当につまずいても、名号一つを自力にする。こういう自力の深さ、そこに「執持名号……一心不乱」ということを本当に成就すべく、十方恒沙の諸仏が証誠する。「恒沙の諸仏の証誠に　えがたきほどをあらわせり」（聖典五〇四頁）と和讃でいわれます。いかに念仏が得難いかを証明している。諸仏がこれだけくり返し念仏一つを称えよと勧めるということは、いかに信じにくいか、得難いかを証明しているのだと。

だから、二十願の問題と、二十願を通して行信一体であったような名号の信心を、行と信とに位を分ける。信をはっきりさせるために二十願ということを明らかにする。二十願においては行信がどこかでくっついている。行信がくっついているということは、内面的にいえば、まだ回向の心が自力でくっついている。念仏を振り向けて救かりたいとか、そういうデリケートな自力の心を言葉で明らかにしている。

真実の教え（教・行・信・証）では行信が分かれる。行は如来の行。信は衆生の自覚。ところが、「化身土巻」の方では行と信が一願として、二十願の中に入っている。行は名号だけれども、如来の名を我が善根にするという問題として明らかにする。行信が何処かで混乱する。そのときに、十方恒沙の諸仏が証明する。善導大師がくり返しこのことをいわれる。凡夫を教えて名号を勧める。そのときに親鸞聖人は、恒沙の諸仏の証誠を受けて、本当の意味で名号の信心が生じる。その信心は、恒沙の信であるという。

「顕《けん》」に対して「彰《しょう》」という言葉を出してくるのが、善導大師です。「顕彰隠密《おんみつ》」という。これはどう『観無量寿経』を読むかという『観無量寿経』解釈にかかわる経典解釈のキー・ターム、大事な言葉です。この言葉を通して『観無量寿経』を読む。顕と彰ということが対応する。隠密は彰の内容になる。四つではなく顕と彰の二つです。彰は隠密に彰《あらわ》すという。顕はあらわに顕すということで、これは『観無量寿経』の解釈の言葉。これを『阿弥陀経』にも照らして親鸞聖人は、『観無量寿経』だけではなく『阿弥陀経』にもあるといわれる。

「「顕」と言うは、経家《きょうけ》は一切諸行の少善を嫌貶《けんぺん》して、善本・徳本の真門を開示し、自利の心を励まして、難思の往生を勧む」（聖典三四四頁）と。名号は善本であり、徳本でもある。何よりもいいものであり、何よりも功徳があると勧める。人間は、そういうものなら飛び付きますから、万善諸行より念仏の方が優れているのだと、相対的に念仏を勧める。そして、自利の一心、つまり、他の心にならないで名号に一心になるという。その場合の一心、これは表に顕われた一心です。そういう意味で『阿弥陀経』にも顕と彰がある。

「「彰」と言うは、真実難信の法を彰《あらわ》す」（聖典三四五頁）と。つまり、内には、真実難信。真実難信それ自身は、いうなれば『大無量寿経』の信心です。「これすなわち不可思議の願海を光闡《こうせん》して、無碍の大信心海に帰せしめんと欲す」（聖典三四五頁）と。表は自利の一心、つまり、念仏一つを執持せよ。一心不乱に若一日……若七日間ぶっ続けに念仏する。一心不乱になるという説き方をする。表は努力の一心、名号一つに混じり気のない心一つになって、名号を専注する。そういう勧め方をするけれども、内には「良《まこと》に勧めすでに恒沙《ごうじゃ》の勧めなれば、信もまた恒沙の信なり」（聖典三四五頁）と。

恒沙の諸仏の勧め。恒沙の諸仏ということは、無限無数の数、『阿弥陀経』は六方段で代表しているが、それは本当は恒沙の勧めなのです。恒沙をたまたま、東方にはこの仏この仏、南方にはこの仏この仏といって、ある程度数を数えていますが、これは恒沙を代表する。

つまり、念仏の伝承は、恒沙の諸仏の伝承である。恒沙の諸仏の伝承の勧めにおいて私どもが念仏に出遇う。そのとき、恒沙の勧めを受けて信が生じる。その信もまた恒沙の信なりという。「恒沙の信」とはちょっと分かりにくい言葉です。信というのはふつうは私どもの心に生じる心理です。信じるという作用は心理作用です。心理作用に恒沙という形容詞をつけるというのは、ちょっと分かりにくい。けれども『阿弥陀経』が勧めている名号の一心は、実はそれに本当に出遇うことは容易ならぬことです。

恒沙の勧めは、個人が個人と出遇うとか、個人があるとき自分がこの本を読んで分かったとか、そういう量的に限定できるものではない。つまり、それを証明してくる背景には恒沙の諸仏の背景があって、それに出遇った心が恒沙の信である。恒沙の信とは不思議な言葉だと思います。恒沙のなんとかの信というなら分かります。恒沙というのは数ですが、信とは数えられるものではありません。数えられるものではないのに、無数の数の信というのは、ちょっと概念的には分かりにくい。

親鸞聖人はそこに、個人の経験でどういう努力をしたから、どういう勉強をしたから、どういう人に出遇ったから生じた信であるとは説明できないほど深い背景があると。だから、この信が起こるのは私に起こるが、その起こるということは恒沙の信だと親鸞聖人は押さえる。その性質を金剛の信とか、大信といわれ、二十願では恒沙の信と教えられる。これが宿縁ということになる。

「遠く宿縁を慶べ」（聖典一四九頁）。宿縁とは本当は恒沙です。どこまでが宿縁か。どういう事件が宿縁かは分からない。善悪ともに宿縁となって、いま本当に自力無効の信がここに恵まれる。これはいつ、どういうわけでということは推し量ることができない。だから、不可思議の願海を光闡する。諸仏の証誠とは、受ける側が恒沙の信として受ける。恒沙の信として受けたときに、恒沙の勧めが聞こえる。この言葉と十七願の諸仏称名がごっちゃになる。十七願の諸仏称名は、阿弥陀如来が、自分が阿弥陀になるについては、諸仏に讃められたいと誓いを立てる。

諸仏によって讃められるところに、阿弥陀が阿弥陀自身になる。本当に本願が用くということは、本願がどうやって用くかといえば、諸仏が阿弥陀を讃めるという形で用く。阿弥陀自身が諸仏を無視して自分で用くのではなく、諸仏が阿弥陀を讃めることが私の用きなのだ。阿弥陀は諸仏によって讃められるという形で阿弥陀を証明する。これが十七願の意味です。

大悲願心がどうやって用くかといえば諸仏称名の願として用く。本当に如来の大行が現じているということは、諸仏が阿弥陀の願を証明しているという意味を持ちます。それ自身として阿弥陀の願がそこに現前する。諸仏が称名していることをそこに現前する。

十七願は十八願と対応して、行は大行として南無阿弥陀仏の行、信は聞名《もんみょう》ですから名を聞く、「聞其名号　信心歓喜」、名を聞くという位にある。行の位は諸仏、聞名の位は凡夫です。そこがよく分からないから、十七願の諸仏称名というのは、諸仏が称えているのを聞く、凡夫は何処までも聞く。そのときに称える位はどうなるのかという問題がいわれます。それも凡夫だ。凡夫が称える。称えて、聞くのは諸仏の声を聞くのだと説明するのですが、わざわざ十七願と十八願を分けるということは、行の位は仏の位、信の位は、抑止文を孕んで罪悪生死の凡夫の自覚の位。しかし、それは別のことではない。本当は信の一念に一体なのですが、一体の内面に仏の位と凡夫の位を分けてくるということを混乱すると二十願になる。

混乱すると、自分は称えて、なにか自分の功徳で仏になるような思いになりますから、それを何処までもはっきり分けて、行の位は成り立っている仏法の仕事としては、諸仏称名という仕事が成り立つ。しかし、我らは凡夫として本願に出遇う位に立つのである。わざわざそこを分けるのが親鸞聖人の厳密なところです。

法然上人はそこが一つなのです。二十願が法然上人でははっきりしない。諸仏称名と諸仏証誠が一つになってしまう。諸仏証誠ということは、何処までも諸仏の伝統の勧めとして聞くという位です。そこを踏まえて願海に入る。だから似たようなことをいっているようだけれだも、二十願の問題と十七願、十八願の問題とは、そこに一線がある。

一線があるということは、もしそれを抜きにすると十七願と十八願を分けていても、また混乱してしまう。混乱して卑下してみたり、凡夫が称えているのだからダメな念仏だとか、私どもは凡夫で仏さまの仕事を聞くのだということだけになる。

大乗とはどういうことかがはっきりしない。仏とか凡夫というのも一つの宗教心の与える人間の位であると、安田理深先生は定義されました。仏という人間がいるのか、菩薩という人間がいるのか、凡夫という人間がいるのかというよりも、宗教心によって与えられる位。凡夫が仏になる。歩みとして菩薩を経て仏になる。蓮如上人は仏凡一体といわれましたが、本願を通せば、凡夫と仏は表裏一体といいますか、差異がなくなった一体ではなくして、位を明らかに分けながら一体である。十七願からすれば仏である。十八願からすれば凡夫である。本願においてそれが一体である。

人間の努力ということになったら、努力でいえば、仏と凡夫とは永遠の距離がある。しかし、努力が無用だということは、凡夫のままに仏であることを成り立たせるものが本願名号である。これが、二十願をくぐる意味である。つまり、二十願の自覚をくぐることがないとこれを混乱してしまう。こういうことは死ぬか生きるかの問題ではなく、どうでもいい問題をやっているように思われるかもしれませんが、そうではない。問題は生死の厳頭に立つような問題である。その生死厳頭に立つような問題を時間がないといってパッと決めるわけにはいかない。やはり、迷いの深さ罪の意識の深さを本当に自覚することなしに、仏になることはない。どれだけさしせまっていても本当の問題をはっきりさせておかなければならない。

だから、聞法抜きに、念仏したら救かるということはない。それは虚無でしかない。問題を自覚するのは人間一人ひとりですから、一人ひとりの人間がどうして自分が救からないのか、どういう精神構造を持って、自惚れてみたり、潰れてみたり、あるいは絶望してみたり、いろいろのことをするのか。

そういう構造を持って救からない人間の暗さが、何処から来ているのかを本当に自覚する以外に救かる道はない。だから、一言聞いてパッと分かる人もいるかもしれないし、いくら聞いても分からない人がいるかもしれないが、それは時機純熟であり、やはり一人ひとりにおいては、そのことを本当に明らかにするしかない。だから、親鸞聖人が、二十願の問題をはっきりさせたことによって、浄土真宗が本当の意味ではっきりした。

『教行信証』が扱った問題は、本当にいろいろの問題を包んで、徹底的に自力の問題を明らかにしておられて、一つひとつ押さえていけば、難しいといえば難しい、面白いと思えば面白い問題がたくさんあるのですが、一応、二十願という問題でどういうことを示そうとされたのかをお話しました。

三願転入や二十願の問題は、江戸時代からいわれていたし、蓮如上人も浄土真宗の学びの中で充分ご承知のことなのですが、非常に大事な問題として二十願を取り上げたのは曽我量深先生です。曽我先生が、一方では十八願の抑止の文の問題、機の深信の問題、そしてもう一方では二十願の問題を聞法の課題として、信の一念の歩みの内容として取り組まれた。信仰課題としては、この二十願の問題が一番大きな問題となるのでしょう。

## 七地沈空の難

**✤第二十一願　三十二相の願**

---

**たとい我《われ》、仏を得んに、国の中の人天、ことごとく三十二大人《だいにん》の相を成満《じょうまん》せずんば、正覚を取らじ。**

（聖典一八頁・注釈版一八〜一九頁）

---

親鸞聖人は本願をご覧になったときに、真実五願、真仮八願とされた。十一願、十二願、十三願、十七願、十八願が真実五願、これに十九願、二十願と二十二願を合わせて真仮八願です。後の本願で『教行信証』に引用されているのは、三十三願、三十四願です。「信巻」の真実信心の利益として三十三願、三十四願を引用して明らかにされる。和讃では三十五願が出てきます。後の願についてはほとんど触れておられない。四十八願あるけれど、その中で非常に大事な願として、真実を表す願と方便《ほうべん》を表す願ということで、いま申し上げた願を取り上げられて、『教行信証』という体系を構築される。我々は、親鸞聖人の眼を通して『無量寿経』の本願の大事なポイントを押さえるとすれば、その願をきちんと読めばそれでいい。

本願が展開してきた次第で、何故十一願から十二願、十三願が展開するかといういただき方をしてきましたが、そういう意味でいいますと、二十願までで浄土を建立し、衆生をして浄土に往生せしむる課題を願として完成してきた。そこから、これから後は、衆生の課題が菩薩の課題に転じる。

二十一願がここに挟まるのですが、二十一願は、三十二相を成就するという願です。二十二願に先立って、二十願から二十二願に行くについて二十一願が挟まっている。これは四十八願経としては、正依の『無量寿経』と『如来会』の二十一願も同じ内容になっていて、そこでは国中の菩薩になっています。どうして二十一願がここに挟まっているのかはよく分からないのですが、浄土に衆生を包んで、我が国土を建立せんという法蔵願心が二十願までで、浄土の課題をほぼ建立した。

今度はそこに包まれた衆生に、用きを与えていく。それが、二十二願の仕事になる。二十二願以降は、全部二十二願の内容になるといってもいい。菩薩を誕生せしむる。これは、天親菩薩が浄土の荘厳を建立したときに、十七種荘厳功徳、器世間荘厳から衆生世間荘厳を開く。そこには仏荘厳功徳と菩薩荘厳功徳がある。仏荘厳功徳が八種功徳、その八種の功徳の結びに不虚作住持功徳《ふこさじゅうじくどく》を置いている。これは親鸞聖人が非常に大切にされた功徳の文です。「観仏本願力　遇無空過者　能令速満足　功徳大宝海」（聖典一三七頁）という言葉ですが、この「仏の本願力を観ずるに、遇《お》うて空しく過ぐる者なし、能く速やかに功徳の大宝海を満足せしむ」、浄土の意味は功徳の大宝海である。「大悲の願船に乗じて光明の広海に浮かびぬれば、至徳の風静かに衆禍《しゅうか》の波転ず」（聖典一九二頁）と、親鸞聖人は「行巻」でいわれます。光の海、あるいは功徳の海、こういう内容を本願において満たす。それを天親菩薩は仏功徳の結びで、「不虚作住持」という言葉で押さえている。

仏の本願力に出遇うなら、もう空しくは過ぎない。空しく過ぎないとはどういう意味かをご自身で解釈されて、菩薩道の階梯で菩薩として仏になる道を歩んで行って、ぶつかる問題が「七地沈空の難」といわれる問題である。菩薩行ですから実践の問題です。本当に仏弟子として自らも仏の教えをいただき、それを人にも勧める生活をしていこうとするときに、大乗仏法を実践していく菩薩として生きていこうというときに、どうしても逃れることができない難関がある。

それをくぐらずしては仏になれない難関が「七地沈空の難」といって、菩薩道の第七地のところに教えられている。これは私どもはやってみたことがないからよく分からない。曇鸞大師が、この天親菩薩の解釈に非常に感動して、なるほど龍樹菩薩も天親菩薩も願生したのはこの意味だったのだ、と注釈をしておられる。つまり、どれだけ能力があろうと、力があろうと、努力意識で仏法を背負い、仏法によって人類を救ってあげようと活躍しても、そこに自分の努力意識がついているなら、どれだけ効果があったか、どれだけ意味があったかという思いが残る。作心《さしん》、先の言葉でいえば宿善といわれる問題かもしれませんが、自分がどういうことをしてきたか、これからどういうことをしようかという思いが自分を苦しめる。

菩薩道の最高の極地は任運無功用《にんうんむくゆう》という言葉でいわれるのですが、任運、自然法爾《じねんほうに》といいますか、「任運に、法爾に現前の境遇に落在《らくざい》せるもの」と清沢満之先生は表白しましたが、思い込みで努力して必死でやっているのは、いいようだけれど端《はた》から見てもくたびれるし、本人もくたびれる。それがどれだけの効果があったかということ、結局空しく過ぎる。やっただけ無駄だった、やっただけ逆になった、こんなことならやらない方が良かったとか、そういう効果や結果ということで評価される。

努力意識であればそういう立場を逃れられない。結局、人間の思いで、人間の意識で菩薩道を実践すると、どこかで濁りが生じる。だから、仏さまの境界は任運無功用の極地だ。ほとんど何もしないで座っている。そのことが最高の用きをする。そういう姿が仏像の姿です。半跏思惟像の弥勒菩薩、太秦の広隆寺の弥勒菩薩は座っているだけで、何もしないし、何も語らない。しかし、あれによって救かる人がどれだけあるか分からない。比喩的にいえばそういうことです。

人間が動けば濁りが生じる。では動かない方が良いのかといったら、動かないことには仕事していることになりません。動けば濁りが生じる、動かなければ何にもならない。だから、七地沈空の難とは、何か行為をするとか、善行をするとかいっても、最後に自己の執心が残っていて、なすものとなされるものという分別が残っていて、なす限りにおいてどれだけ行為が善であっても、それは本当の意味の菩薩行ではないという非常に厳しい問題が突きつけられる。だから、意識があっては、もう菩薩として行為ができない。やることが、はたしていいのか悪いのか、そこに自分の思いがあるのかないのかといったら何もできなくなる。

その問題が七地沈空の難と教えられる。そこを超えないと任運無功用になれない。任運無功用などということが高い概念としていわれることは、道教などにはあるのですが、ヨーロッパなどにはないことかもしれません。

神の愛とか、非常に積極的な用きの面を尊びますから。任運無功用というのは、人間の思いとしてはほとんど何も起こらない。分別意識を超えることを表現している。いいか悪いかを判断して決めるということがあってはダメだ。ひとりでにそうなる。無功用ですから、功用も用きもない。

効くからやるとか効かなければやらないとかいうのではない。それが八地以上の菩薩として教えられている。それが本当の意味で浄心の菩薩、心が浄い。七地以下は未証浄心、まだ浄心にならない。心が清くない、分別意識が混じっている。七地沈空が超えられない。自我意識が努力をするその限りでは動きはするけれども、自我意識があって努力意識があってはダメだとなったらどうにもならない。やることもできないし、やらないこともできない。こういう問題が七地沈空で、これは菩薩道としては自力では超えられない。

浄土に願生するのはこのためである。最後の難関を自分で突破できない。だから、本願力に帰する。天親菩薩が仏功徳の結びに不虚作住持功徳を置いて、書いている言葉なのです。浄心の菩薩も、上地の菩薩も、未証浄心の菩薩と畢竟平等である。阿弥陀の浄土に触れれば、浄心も上地もない。皆平等である。畢竟じて平等である。こういう用きを与え、その用きを支えるものが阿弥陀の本願力である。本願力に出遇えば、浄心も未証浄心もないと天親菩薩がいう。そこから菩薩功徳が生まれる。努力しても行けなかった世界に触れた。そこから本当に人間が用き出る。それが菩薩だということで、浄土の菩薩の姿を天親菩薩が描いている。そこで曇鸞大師は二十二願を持ってきて、不虚作住持功徳の願いは、本願でいえば二十二願で押さえる。

## 往相還相二種の回向の恩徳

第二十二願は還相回向《げんそうえこう》の問題です。ここからは大変面倒な問題になります。大変分かりにくい。その分かりにくさは、本願の文自体が分かりにくいのではなく、親鸞教学の中でどう領解するのかが分かりにくい。先ほど二十願の問題も分かりにくいとお話しましたが、二十願の問題の分かりにくさは、自力執心の根の深さが自分では見えないからです。教えられてみると、そういうものもあるなと少しずつ見えてくる。難信というけれども、自分では反省できない罪の深さ、自力意識の深さを自覚していく難しさです。これも大変難しい。少しいわれて気がつくような、自分の行為を反省しなさいという問題ではない。自分の生きて考えていることの根にある深い自力執心の問題ですから、これは難しいに相違ないが、二十二願の難しさは内容が難しいのではない。読んだらよく分かる。けれども、それを本願力の用きとしてどういただくのか。特に、親鸞教学としてどういただくのか大変分かりにくい。二十二願は、江戸教学までは全然触れなかった。

この問題に最初に取り組んだのも曽我先生です。積極的に取り組んでほとんど異安心《いあんじん》視されて悪戦苦闘された。いま私どもは曽我先生のものを読んでも、もう一つよく分からない。はっきりしない。何故、分からないかというと、安田先生が二十二願とは、つまり、還相回向の問題とは、一つには円環的であるといわれる。しかし、一応は円環的だけれども、再応は立体的であるといわれた。この円環的であり立体的であるということが、分かりにくくしている。

どういうことかといいますと、不虚作住持功徳を受けて、もう空しく過ぎない。空しく過ぎないということは、もう無駄がない。それまでは努力してやってきたから、努力には必ず、効果があるかわりに無駄がある。効果があれば無駄ではない。しかし、効果がなかったとなるとこれは無駄だった。人生とは一度菩薩道という立場から見てみると、ほとんど無駄なのです。どれだけ修行しようと、では仏に近づいたかというと、ほとんど近づかない。元の木阿弥といいますか、凡夫ですから、一生いろいろやってみたが、仏に近づいたかというと、いっこうに近づいていない。かえって遠ざかった。子どもの時の方が近かったかもしれない。いろいろやったけれども複雑になり、心がねじけ、分かったような分からなかったようなことを考えて、あげくの果てには凡夫であると分かったということならば、全然無駄です。菩薩道ということになると人生がほとんど無駄になる。

ところが、本願力に遇えば一つの無駄もない。本願力によって空しく過ぎないと天親菩薩が押さえられた。本当の意味で菩薩道を成就する場所を浄土として開く。菩薩道と無関係に浄土が開かれるのではない。大乗仏教として教えられた仏法の願いが、何のために浄土を開くかといえば、浄土を通して自力の思いではどうしても超えられない菩薩道を成就せしめんがためである。けれども、その菩薩道はどういう形で考えられるかというと、直線的にいえば人間が仏になっていく、その過程が菩薩道である。ただ、そう考えようとすると自分ではできない。だから、本願力の救けを借りて仏になっていく菩薩道だと考えることができる。

ところが、二十二願の表現の仕方は、まず浄土に生まれよ。浄土に生まれてみれば、不虚作住持功徳に出遇って、阿弥陀の本願力をいただいて、菩薩の仕事ができるようになる。だから、還相、浄土から還ってくる姿、還《げん》来《らい》穢《え》国《こく》の相である。そうすると凡夫が浄土に生まれて仏になるということは、これは未来の問題です。今は凡夫であって、穢土に生きている。だから、浄土に生まれるという課題は特に江戸教学だと死後往生です。西本願寺はいまでも江戸時代と同じ考え方、死んだら往生、死後往生です。双樹林下往生の考え方です。

念仏で死後往生というのでは何か変なのですが、念仏して死んだら往生する。そうすると二十二願の用きは浄土に往生した人間が還ってくるのですから、死んでから還ってくるという考え方です。これは、東西本願寺を問わずほとんどの教え方がそうです。浄土に往生するのは死んでから、死んだら往生して、往生したら還相回向で還ってくる。大谷派でもほとんどの人はそういう考え方でずっときていた。還相回向には触れない。分からない、死んだ後往って還ってくる世界ということは分からないから、放っておけというのが江戸教学であった。

ところが曽我先生がこれに積極的に取り組まれた。何故かというと、私が思うには、親鸞聖人は「無始流転の苦をすてて　無上涅槃を期《ご》すること　如来二種の回向の　恩徳にまことに謝しがたし」（聖典五〇四頁）とか、「往相回向の大慈より　還相回向の大悲をう　如来の回向なかりせば　浄土の菩提はいかがせん」（聖典五〇五頁）とか、如来二種の回向に遇う、如来二種の回向の功徳をいただくということをくり返していわれる。往相回向に出遇うだけではない。還相回向にも出遇う。出遇うのは今です。死んでから後出遇う話を今するわけにはいきませんから、そんなことを親鸞聖人がくどくどいうはずがない。往還二回向の恩徳というのですから、往還二回向に出遇っておられるに相違ない。では、どういう意味で還相回向をいただくのかという視点で、曽我先生は二十二願をよく読まれて、親鸞聖人がどういう形で何を語っておられるのかを読んでいったときに、「教巻」には本願がないと気がつかれた。

『教行信証』は、『顕浄土真実教行証文類』という名前で柱を立てる。そのときに一つひとつの巻に必ず本願文があって、如来の本願においてこういう課題が成就する。十七願によって「行巻」の課題が成就する、十八願によって「信巻」の課題が成就する。十一願によって「証巻」の課題が成就する、十二願・十三願によって「真仏土巻」が成就する、十九願・二十願によって「化身土巻」が成就する。全部本願の現象として、本願の用きとして、こういう内容が我々に与えられることを明らかにする。

ところが、「教巻」だけには本願がない。昔からそういう問いが出ていたらしいのですが、曽我先生は特にその問題にぶつかって、いったい、これは何故かということを考えた。「教」ということは釈尊の教え。釈尊の教えは何処から来ているのかといえば、釈尊の悟りから出ている。釈尊の悟りから釈尊が大悲を持って教えを出された。これこそ二十二願だというわけで、「教巻」は二十二願によって建てられるのだというのが曽我先生の発想です。だから、安田先生は、円環的だというわけです。

還相回向からまた往相回向へ、往相回向の果てにまた還相回向があってまた還ってくる。「謹《つつし》んで浄土真宗を案ずるに、二種の回向あり。一つには往相、二つには還相なり。往相の回向について真実の教行信証あり」（聖典一五二頁）と、「教巻」は出発している。だから、往相の回向が教行信証を開いて、その「証巻」の内容が還相回向になって還相回向から教が出てくる。円環的です。ところが、それで一応分かるような気になるのですが、真実証、必至滅度の願の内容として二十二願を出してくる。

円環的にそれが教に還ってくるというのですが、教は釈尊の言葉です。ところが、二十二願の内容は、教えを説くというよりは、「園林遊戯《おんりんゆげ》」、煩悩の林に遊んで神通を現ずるという言い方を天親菩薩はする。どんな世界にでも行って菩薩行を行ずることができる。そういう菩薩を生み出す願になっている。つまり、応化身という言葉で出されてきますが、人間の姿をとって仏法を生きる。そういう人間を生み出す。そういう姿が二十二願の内容になっている。つまり、浄土に生まれれば、本当に人間の仕事ができる。本当の人間になれる。

人間が菩薩という位をいただいて生きるということは、単に人間として生きるだけではなく、人間のいのちが自他を解放する、自分の閉鎖的な、自分の都合だけで生きている人間に、人間の個人の都合を破ったような世界を開いていく。そういう仕事ができることこそ本当のいのちの意味である。そういう力を本願力の浄土が与えるという形で二十二願が誓われている。単に証から教を生み出すというだけでなく、証を持った人、いわばお釈迦さまのような人を後から後から生み出す。こういう願になっている。しかも、教行信証という次第からいうと証は十一願の内容ですから、必至滅度、必ず滅度に至るということは、何処かで未来を孕んでいる。

十八願の信からすると十一願の必至滅度、大涅槃は何処かで未来性を孕んでいる。今、真実証を得たとはいえない。今、真実信を得た。真実証は求めずして来ると教えられる。真実証の内容としての還相回向は、真実信の位からすれば、未来のまた未来みたいな話です。

## 親鸞教学を通して読む

ところが、親鸞聖人は二種の回向に出遇うといわれる。それはどういう意味か。還相回向は人を生み出すのだから、人に出遇うということは、あたかも浄土から還ってきたような人に出遇う。法然上人に出遇う。これが還相回向だという理解もある。法然上人は還相の菩薩である。親鸞にとっては法然上人は還相回向だという理解もある。曽我先生も寺川俊昭先生もこのようなことをいわれている。

私もさんざん悪戦苦闘しまして、二十二願をどう読むのか、行ったり来たりしてなかなか分からない。分からないのが当たり前といえば当たり前なのです。真実証が分からないのに、真実証の内容として、さらに未来、時間的にいうなら、必至滅度、真実証は大涅槃ですから、大涅槃はまさに向こうから来るようなものかもしれないけれど、今、獲たとはいわない。その内容なのですから、分からないといえば分からない。しかし、少なくとも親鸞聖人は遇うといわれるのですから、そこを明らかにしなければおかしい。どう遇うのか。還相回向に遇うとはどういうことなのか。二十二願に遇うとはどういうことか。

個人でこれをいただいて読もうとすると、この世の中で社会的実践をしなければいけない、社会的実践をして少しでも人を救けるのが還相回向であるという人がいます。浄土へ行かないで凡夫として生きているのに、大悲の還相回向ができるということは経文の意図ではないと思います。少しでも人を救けるのが人間の使命である。それは間違っていません。しかし二十二願は少なくとも浄土の功徳を語っている。浄土の功徳は本願力の功徳である。法蔵願力の功徳であるといってもいい。その法蔵願力の功徳がどういう形で私に用くのかが明らかにならなければいけない。それが二十二願を読んでも、その解釈を読んでも、一向に分かってこなかった。

二十二願は、私は基本的に応化身を生み出す願だと思う。本願力自身が、応化身を通して、人間を通して本願力が用くことを二十二願がことさらに誓う。浄土に触れたら、浄土に触れた人間は改めて浄土を後にして、浄土の願いをそれぞれの与えられた宿業の場所で実践する。そういう力を二十二願が誓っている。だから、天親菩薩はそこから菩薩功徳を語ろうとする。その菩薩功徳を曇鸞大師は二十二願の用きだと読もうとする。

ただ、親鸞教学を通さない場合、本願力であるにもかかわらず自力的に読んで、浄土に往生したらば、できなかった仕事を本願力が支えてくれて、今度は自分の自力で何でもできると理解する。それなら、還相回向は自力になる。往相回向は他力である。他力で浄土に往生する。今度は自分の力で還ってきて還相回向できる、と読む。今度は園林遊戯地で煩悩の林に入って救う力が与えられるのではないかと読む。

少なくとも、親鸞聖人は、「わしゃ念仏して浄土に往ったから、これからはお前たちを救ってやる」とは何処にもいっていない。一生あえぎあえぎ罪の深さを嘆きながら、念仏において初めて人間として救かっていく世界をいただいて生きていかれた。そこに、親鸞教学を通して二十二願を読むことの難しさがある。親鸞教学を通さないで読むなら、二十二願を、浄土に往って力をいただいて自分でやる願だと読めなくはない。

親鸞教学を通したときはどう理解するのか。二十二願は未来の願か、死んでから先のことを誓っている願か。

そう読んでも一応なんとか辻褄を合わせることはできます。「生きているうちはできないけれど、死んでから本当にできるのではないか。死んだら仏さんだ、仏さんになって還ってくるんだ」といっておけば、よく分からないけれど、そういうこともあろうというぐらいには分かる。もし、親鸞聖人がそう考えたとすると、往相・還相の回向に遇った、夢で聖徳太子に遇った、あれが還相回向か、何か特別な体験を還相回向の出遇いだと考えられないことはない。けれども、それでは往還二回向に遇って流転輪廻を超えていくことができたと喜ばれる、そういう意味の還相回向は、もう少し積極的意味があるのではないかと思えてならない。

何故、分からないかというと、親鸞聖人は還相回向の内容について、ご自身で解釈をほとんどされない。利他教化地の益、如来が人を利益する用き、主として衆生を教えることができる教化の位、教化地の利益を還相回向は語る。利他教化地というのですから、これは凡夫の位ではない。明らかに如来の位です。そういう位のことを語るについて、長い『浄土論』の解義分の文を引用され、自分ではほとんど注釈を加えられない。「証巻」の内容は、還相回向もほとんど引文で終わっている。その内容がよく分からない。解義分の親鸞聖人が引用する内容は、五念門・五功徳門の内容です。これは回向の内容、天親菩薩の回向門の内容になる文章なのです。

親鸞聖人はよく分かっておられるのでしょうが、我々にはいくら読んでも、何をいいたくてこれだけ引用されたのかが分からない。いろいろの学者が読んでいるけれど、いっこうに分かったような解釈をする人はいない。だから、曽我先生は悪戦苦闘された。あれだけ悪戦苦闘されて、還相回向の問題にぶつかった人は、親鸞以来初めてといってもいい。けれども、悪戦苦闘しておられる曽我先生のものを読んで、私どもはますます混乱してしまう。ますます訳が分からない。例えば、教が還相回向だとか、法然上人が還相回向だとか、分かるといえば分かるのですが、いったい還相回向とはどういうことかと考えようとすると、よく分からない。

これは、分かるわけにはいかないのかもしれませんが、どうしてもこれがなければ、そこに浄土の意味があるわけですから、浄土を建立した意味がない。浄土を建立して不虚作住持功徳を建てる。そして、浄土に生まれた衆生に菩薩の力を与える。ここに深い祈りが感じられる。その力に触れて、その力を得て、立ち上がってくる。そういう用きが還相回向にある。しかし、その用きは浄土の用きですから、何といっても浄土に触れた衆生が得る力ですから、まず浄土に触れることがなければ語ってみようがない。そこに親鸞教学における浄土の意味というものが本当の意味ではっきりしないと、還相回向という意味もはっきりしないことになる。そういう問題を孕んでいますが、いまその二十二願以降は全部菩薩の課題であると、一応押さえておきます。

## 第二十一願の意義

二十二願以降の問題をいただくについて、その前に二十一願が挟まっています。なぜここに二十一願が挟まっているのかが、またよく分からない。三十二相とは、釈尊以来、仏さまのお姿を外から仰いで、不共相《ふぐうそう》、ふつうの人とは違った特別な優れた相として、仏さまのお姿が教えられる。

そのときに、三十二相とか、八十随形好といわれます。なぜこんなことをいうのかは、分からない。白毫相がある、眉間に白い毛が生えていたというのです。よくインドの女性は赤い点を額に打ちます。眉間から光が出るという言い方もします。そういうことをお釈迦さまが仏さまである特徴として、誉め讃えています。

それから広長舌相、舌が長い。それを極端にすると三千大千世界を被う。手に縵網というアヒルの水掻きのようなものがあった。手が長くて膝より下まであったというようなことをいろいろ誉めている。それを解釈して、衆生を漏れなく救うためだとかいろいろいうのです。

一番分かりやすい例は、足の裏に輪宝があった、千輻輪相です。それが何を象徴しているかといえば、大地に立っているだけではない、仏法に立っている。自分が生きているのは単に人間を生きたのではない。覚りを本当に生きて衆生に伝えるのが自分の意味だ、ということを強調している。

肉体の特徴を誉めているというそれだけのことではない。それを通して、仏さま、お釈迦さまの姿が、人間として生きただけではない、人間にどういう意味のいのちがあることが尊いのかということを象徴している。例えば、白毫相でいえば、毛が生えているから尊いわけではない。本当に人間の智慧、光の出るような姿を象徴している。白毫相から光が出たというのですが、私どもの額は、むしろ暗黒を象徴する、暗くなるような憂鬱さを象徴している。お釈迦さまの額を見ればそこから光が出ている。身体の特徴が存在を象徴している。智慧の姿として、あるいは自我を超えて解放されたいのちを生きられた姿を象徴している。なぜ三十二を数えたのかは分かりませんが、そういう姿を三十二相として誉め讃える。

法蔵菩薩の本願が浄土に往生することを課題として建てる中に三十二相を建てている。これは、正依の経典では、国中人天となっている。ところが『如来会』では国中菩薩となつている。二十二願以降は三十二願まではずっと菩薩です。二十七願が国中人天になっている以外は、全部菩薩です。二十二願を境にして、二十二願から菩薩になる。

人天とか、菩薩とか衆生の名前が違っている。これについても何故かという問題が当然あって、経典の中で、また「他方に順じて名をつらぬ」（聖典四八〇頁）と、親鸞聖人も和讃でいわれます。浄土に生まれる以前にどういう位であったかという位に応じて名をつける。浄土の衆生は平等である。本当は名も差別の名を超えている。浄土の衆生というときには、いちいち前の位の時どうなっていたかはいう必要もない。けれども呼んでみようがないから浄土に生まれる前の名を呼ぶ。他方ということは浄土に生まれる以前の国にいた時の位、「他方に順じて名をつらぬ」と。声聞であったり、人であったり、天であったり、菩薩であったり、いろいろの位であった。その人たちが浄土に来れば平等である。

人間のいのちである限りにおいて、上だとか下だとか、できるとかできないとか、成功したとか失敗したとか、いろいろの状況がある。しかし、浄土に触れたとき、本願力に触れたときの意味としては、どういういのちだったから上だとか下だとか、そういう状態だったから仏さまに近いとか遠いとかいうことはない。皆平等である。本願力においては平等である。浄土を建立する意味は本当に衆生をして平等の存在の意味を教える。その場合の主体は虚無《こむ》の身《しん》・無極《むごく》の体《たい》である。虚無の身・無極の体において宿業を超える。宿業の身である限りにおいて、宿業の身（宿善・宿悪）を感じる。

一人ひとりが違うのですから、宿業の違いをなくすわけにいかない。理念的にいえば同じはずだといって、あなたの肝臓と私の肝臓とは同じ肝臓のはずだからと取り替えられるか。これは取り替えられません。皆違う。あなたのと私のと宿業本能で平等なのだから取り替えようというわけにはいかない。

この違いは非常に厳しい。兄弟、親子であっても違う。しかし、違っているからそれでいいのか。違いだけでは、上／下、成功／不成功、効果のある／無し、こういうことだけで人間の意味というものを求めたら、息詰まるか、閉塞するか、孤独になるか、あるいは最後は無意味になって死んでいくかということになる。絶対の意味が与えられない。そこに人間は孤独性を生きながらどこかで、本当にいのちの解放された平等の意味を開かないと救からない。救かるということは自分自身の意味を確認することですが、それができない。

仏陀が教えられたのは、人間を生きながら人間を超えた意味を開くことである。浄土を通して一切の衆生にそれを開こうと。浄土を通してということは法蔵願心において、法蔵願心を通して畢竟《ひっきょう》平等の世界を開いていこうという願いが場所を生み出す。その場所に触れたときに、まず与えられる功徳は、仏さまと同じ姿を与えられる。国の中の人天、これは人天でも菩薩であってもいいのですが、浄土に生まれたならば、ことごとく仏陀の姿を与えよう。浄土に生まれた衆生は皆同じように仏陀の姿を与えようというのが、この願の意味です。

一番はじめに地獄・餓鬼・畜生がないということから始まり、二十一願に来て衆生の各々の宿業を超えて仏陀の姿を与えようという願いを建ててくる。だから、三十二大人の相を成満するということは成仏するということです。成仏するということを内面的にいうのではなく、外側からいった姿が三十二相です。三十二相というのは、仏の不共相といわれる。共相というのは、それぞれ共通、例えば、鼻が一つで目が二つでとか、人類として立って歩くとかは共相です。ところが三十二相は不共相で、如来独自の姿、仏陀独自の姿、これは凡夫や菩薩は得ることができない。

仏になったときにのみ得ることができる。そういう姿を、浄土に触れたら一切衆生に与えようというのが二十一願です。なぜここに挟まっているのかはよく分かりませんが、二十二願を出してくるについてまず浄土に触れるということは、仏の位をいただくことだと明らかにするものではないかと思います。

浄土に何故生まれるか。浄土に生まれて、仏道を修行する。この土にいると邪魔が多い、あるいは煩悩がある。だから、浄土に生まれて如来の世界で仏道を修行するという意味が一つあるのです。ところが浄土に生まれたら仏道を修行するとかいうのではなく、一挙に仏になる、仏にならしめようというのが二十一願の持っている意味です。できが悪かろうが、あるいはまだ初心者であろうが、そういうことは問わない。浄土に触れるということはそのまま仏にするというのが二十一願の意味です。

凡夫をそのまま仏にする。そのときに、仏さまの不共相をもって与えるということは、何を象徴しているのか。浄土に触れた、本願力に触れたということが、仏の姿がさまざまな不共の相をとるが如くに、有限の姿を生きながら、有限を超える力を持つ。三十二大人の相を成満するという。

京都の三十三間堂という寺にたくさんの仏像が並んでいます。ああいうもので、おそらく外側に象徴されるような存在自身が教えられているわけでしょう。浄土の衆生は皆仏さまになる、仏さまの姿を持つ。単に外側がそうなったというだけではない、浄土に触れることが持っている存在の輝きを示す。二十願から二十二願があるということは、それまでは衆生を救けるという、衆生を如来の世界に接せしめることが課題であった。

浄土に触れた衆生はいわば仏になる。天親菩薩は、「速得成就阿耨多羅三藐三菩提」（聖典一四五頁）といわれるのですが、浄土に生まれるということは無上菩提を成就するという意味を持つ。国の中の人天、わざわざこの正依の経典では人天と押さえているわけですから、往生する位が凡夫であった衆生、凡夫が国の中に生まれた、浄土に摂せられたというときに、仏さまの姿をいただく。

凡夫だけれど単に凡夫ではない。本願力に触れたところに、本願力を通して仏を顕す。自力無効ということは、凡夫が凡夫でなくなるのではなく、凡夫のままに凡夫でないことを表す。自力無効ということを通して如来の世界を表している。自分で三十二相を具するのではなく、浄土の力で三十二相を与えられるということですから、なかなか面白い意味を表している。これをくぐって二十二願が生み出されてくる。立場の転換といいますか、往く姿が還る姿になるということがいえるのは、そういうことだろうと思います。

## 2　江戸教学と近代真宗の問題点

### 天親菩薩の仏道の課題

経典の内容をどう読むかというときには、大変難しい問題が絡んでいて、解釈の立場によって、経文を読む視点がずいぶん違ってきます。『無量寿経』はインドの大地で伝承されてきたものが、時代を変えて何回も中国で翻訳され、日本に伝わってきている。何回も翻訳された中で、誰が決めたというわけではないが、特にこの康僧鎧訳の『無量寿経』が一番いい訳であるとして読まれてきている。

法然上人は『無量寿経』と『観無量寿経』と『阿弥陀経』、浄土経典の中からこの三経を選び、それに依って一宗を建てるということで、その中の『無量寿経』を根本経典として浄土宗を独立させた。親鸞聖人はそれを受けられ、浄土経典を読み、その中から特に康僧鎧訳の『無量寿経』こそは、浄土経典の中でも真実を表す経典であるとされた。真実であるゆえんは本願を説くにある。

如来の本願を説く。これが浄土教の中心眼目である。体は名号、南無阿弥陀仏である。体は名号という点では、三経に共通する。本願を説くところに、『無量寿経』の真実であるゆえんがある。『無量寿経』は、五存七欠といわれ、少なくとも五回翻訳されたものが現存している。その現存している五存の経を克明に読まれて、本願の意図が一番鮮明になっている、如来の本願が一番言葉として、文章として、その文章が語る思想として透明である、あるいは純粋であるという点で、康僧鎧訳の『無量寿経』を真実の教と決定された。

親鸞聖人は本願の中で、第十一願から第二十二願に的を絞って本願を読まれ、その本願を通して、仏教が求めあるいは仏道が明らかにしようとした人間存在、人間にとって真実とは何かを読み直し、仏教のあらゆる課題を構築し直した。こうした新しい仏道理解、まったく新しい本願の仏教という視点から、これまでの仏教のあらゆる課題を本願の仏教によって充分応えると考え直されて、執筆されたものが『教行信証』である。『教行信証』を通して見ますと、第二十二願は非常に重要な意味を持っている。

何故、第二十二願に注目したか。親鸞聖人が本願を読み直されるについて、示唆を受けられた『浄土論註』の中で、曇鸞大師が二度にわたって二十二願を引用している。二十二願の引用は特に、「不虚作住持功徳《ふこさじゅうじくどく》」にかかわっている。不虚作住持功徳は、浄土の荘厳の中でも浄土荘厳全体を包む意味を持った重要な荘厳功徳である。浄土とは何かということを、十七種荘厳、仏功徳八種、菩薩功徳四種、すべての荘厳が、浄土とはこういうものであると語ろうとしている。

全体を総合して押さえるなら、「観仏本願力」（仏の本願力に遇う）というところに浄土荘厳の中心眼目がある。曇鸞大師は不虚作住持功徳を大変重要な功徳として解釈される。もちろん、浄土についてはいろいろの定義ができる。荘厳功徳とは浄土の定義であるといってもいい。浄土とは何であるか。どういう意味があるか押さえていくと、器世間荘厳としては十七種の功徳があり、仏功徳としては八種があり、菩薩功徳としては四種があり、全体で浄土を定義している。これは天親菩薩の定義です。

その定義の中で、曇鸞大師は仏功徳の結び目にある不虚作住持功徳に注目された。そして不虚作住持功徳の天親菩薩ご自身の註がある。『浄土論』そのものは偈文と天親菩薩自身の注釈（解義分）から成っているわけですが、その注釈部分に、不虚作住持功徳について菩薩の問題が出てくる。

天親菩薩は千部の論師といわれますが、もとは小乗の学者だった、伝記の上では小乗部派仏教の学者だったといわれている。無着菩薩という方が、天親菩薩のお兄さんだといわれていますが、大乗仏教に開眼して、『華厳経』によって大乗仏道を語っていた。『摂大乗論《しょうだいじょうろん》』という有名な論があります。大乗を摂するということが課題である論、これが無着菩薩の主著です。その無着菩薩の影響で天親菩薩は大乗に回心したといわれていますが、大乗仏教に帰して、中でも『華厳経』を中心にして新しい仏教理解を出している。

天親菩薩の有名な論に『十地経論』があります。『十地経』とは、『華厳経』の中にある「十地品」です。『華厳経』全体の思想をまとめている部分であるといってもいい。「入法界品《にゅうほっかいぼん》」といいまして、一番最後にある大変大きな部分、これも『華厳経』の一つの性格を表している。『華厳経』という経典は、仏が菩薩に語るという形式をとらないで、菩薩同士の問答という形をとった経典です。果から語るのではなく因位の課題を因位の菩薩同士で明らかにする形で構成されている珍しい経典です。つまり、菩薩道を表している経典です。

菩薩道、ボディーサットバ、覚りへ向かう存在、因の位から果へ向かう存在。覚ってそこから語り出すという、果から出る言葉ではなくて、お互いに因の立場で、果を憶念し、果を課題にして問題を展開していく。ですから、「入法界品」の場合、善財童子《ぜんざいどうじ》が有名ですが、あらゆる所へ、菩薩道とは何かということを尋ねて歩くという形で経典が展開している。

その場合には、何処にでも答えがあるといえば、ある。どんな人でも、それぞれの人生に、職業、仕事に全生活をかけている人の所に行けば、必ずそこに菩薩道がある。菩薩道とは何かという課題を持って、あらゆる人に問い尋ねて行くことが、「入法界品」のテーマになっている。菩薩という存在を明らかにする経典が『華厳経』

の性格である。

その『華厳経』を中心にして仏教を見直した。一つには無着菩薩の影響を受けた。無着菩薩の大乗を摂する中心点、これはやはり『華厳経』から来ている。何処から来るかというと第六現前地にある。初地からだんだん上がって六地に来て、そこに「三界は一心の作なり」という言葉がある。「三界唯一心」という言葉に出遇う。菩薩道の初地の課題は布施という課題、二地は戒。布施・持戒・忍辱・精進・禅定・智慧という六波羅蜜とだいたい相応している。その最後の智慧という課題のところに来て、唯心という問題が出てくる。だから、この唯心とは、我々の迷っている日常茶飯事の中での意識ではなく、かなり洗練された菩薩道の課題において出てくる言葉なのです。

私どもは、いろんなことに動かされ、興味を持ったり、絶望したりして生きていますが、その一番の問題は意識です。意識の問題が人間の根本問題であるということが、はっきりしてくるのは容易なことではない。そのことが本当に自分の中で自覚的に出てくるのは簡単ではない。唯心という言葉が出てくるのは菩薩道の第六地です。第六地で、菩薩の行としての六波羅蜜は、六つの課題をもって一応終わるはずなのに、『華厳経』は、何でも十をもって展開する経典です。

何故、十かというのは分かりませんが、十をもって展開するのが、インド人の一つの大きな発見です。数が十をもって単位を変えるのは、いまでは我々は当たり前と思っていますが、二進法、六進法、十二進法もある。十二進法には、いまでもヤードポンド法があり、日本の尺《しゃく》でも六でくり上がります。そのように、いくつで単位が上がるということは必ずしも一義的ではない。十をもって桁が上がるのは、インド民族の大変優れた発見ではないかと思います。

それがゼロの発見と重なっている。何もない数字というのは、独創的な概念であるといわれる。一とか二は、ある物を抽象して一つある二つあると数えるのですから分かる。ない数というのは、何でもないようですが、大発見だといわれます。十という単位は算用数字で書く10が当たり前みたいですが、漢字で書いたら十という字ですから、漢字だったら九も十も別に桁が上がるような意味ではない。桁が上がるということは数字を考えるについて独創的な考え方です。

『華厳経』は何でも十を区切りにして上がる経典です。その場合に、六地から七地には、菩薩道の上では、大変大きな飛躍がある。「七地沈空」とは、曇鸞大師が『浄土論註』の解釈で出された概念です。七地で沈むというのですが、実は六地から七地に行けない。七地から八地へは絶対に行けないと、菩薩道の階梯では出てくる。『華厳経』の六波羅密でいうと、布施・持戒・忍辱・精進・禅定・智慧、その智慧から次の段階、そこには方《ほう》便《べん》ということが出てきております。方便という概念が見い出されるまで、智慧から方便へということは何でもないようですが、展開しにくいという問題があります。

第六地の現前地にある、「一心の作」という言葉によって、無着菩薩は、それまでの小乗仏教の意識分析の在り方を総合統一して、新たに大乗仏教として空の思想に矛盾しないで、しかも、意識の現象として一切を解明する、大乗を摂するということを明らかにされた。

天親菩薩が、無着菩薩の『摂大乗論』を受けて、唯識という思想を非常に洗練させた。思想としては『摂大乗論』でほぼ完成している。その完成した『摂大乗論』の思想をさらに厳密にしたのが天親菩薩の『二十頌唯識論』『三十頌唯識論』です。その天親菩薩が『浄土論』を著した。もっとも、唯識論を著した天親菩薩と同一人物かどうかという議論があるのですが、これは古い話ですから分からない。二人いたのではないかともいわれる。

それは分からない話ですが、少なくとも同一人物としてずっと伝えられてきている。

何故、天親菩薩が浄土教を必要としたのか。唯識論の論師である天親菩薩が何故、浄土教を必要としたのか。こういう問題にからんで、曇鸞大師は二十二願に着目した。大乗仏教に立って、大乗の菩薩道を完全に包める、学問的にも、また修行の道程としても大乗全体を完全に包めるというのが、『摂大乗論』の主張です。それを受けて二十頌、三十頌の唯識論を作った。特に『三十頌唯識論』からは法相宗という学問宗ができて、中国では大変大きな力を持った。短い論ですが、その一つの論で仏教の根本の立場が確立されて、その伝統が大きな力を持った。日本でも奈良仏教の中で、法相宗というのは大変影響力の大きな学問宗です。いまの日本にある宗派仏教とは少し違う。

「宗」というけれども、宗派といって檀家をどれだけ抱えるかという意味の宗ではない。宗というのは、例えば、医学部でいうと、□△内科とか、○△外科というのがあります。そういうもので、論によって宗を立てる。そこに勉強したい者は入門する。そういう意味の宗です。宗教をこの立場で完全にマスターするという意味の宗（むね）とする立場、それが宗です。そういう意味で法相宗という宗が成り立った。『三十頌唯識論』というのは短い論ですが、非常に大きな意味を持っている。天親菩薩が何故、『浄土論』を作らざるを得ないのか。不虚作住持功徳の釈論の中に、天親菩薩自身が、「未証浄心の菩薩、畢竟じて平等法身を得証す。浄心の菩薩と、上地のもろもろの菩薩と、畢竟じて同じく寂滅平等を得るがゆえに」（聖典二八五頁）という言葉を置いている。菩薩道の問題です。

未証浄心の菩薩、浄心の菩薩と上地の菩薩。だいたい上地の菩薩というと、菩薩道というのは十地の階梯になっていますが、八地以上は、如来が如の立場におらずに、人間に近づいてきて、果から出てきて用きかけるために如来が降りてくると安田先生はいわれました。

「下から上がっていくものではなく、むしろ上から降りてくる。そういうのが八地以上の菩薩の意味だ。下から上がって行くとすれば七地までだ」といっておられました。浄心と未証浄心。未証浄心とは、浄心を未だ証《さと》らない。未証浄心の菩薩と浄心の菩薩との差は、努力では超えられない。

唯識の論師としての天親菩薩（世親菩薩）は、理論的には、唯心を徹底すれば、識が転じて智になる。識という字を、親鸞聖人は「識寡なく」（さとりすくなく）と総序の文ではお読みになっていますが、識という字は、ヴィジニャーナという言葉の訳ですから、さとりではない。さとりには、正覚の覚という字、悟という字、あるいは証という字を当てる。識というのは迷いの方にふつうは使う。その識を転じて智慧（転識得智《てんじきとくち》といいます）を得る。これが唯識論の修行の展開である。識を転じて智を得ることができる。ところが、意識を分析していく中で、意識が意識自身を転じるという。意識が意識自身を転じるということがないなら、迷いが晴れて覚るということはあり得ない。迷っている状態と覚りが開いた状態と、そこに一貫するものがないなら、これは神秘主義になります。

宗教というと、人間のふつうの日常体験、特に理性の構築能力では、まったく及ばないような事実が起きる。それはふつうは神の力とか人間を超えた圧倒的な力による現象である。だからどんな宗教でも奇跡を必要とする。例えば、キリスト教の旧約聖書の『出エジプト記』で、ユダヤ民族が追われて逃げていこうとするとき、モーゼの前に紅海がぱっと二つに割れ、エジプト軍の追及を逃れることができたと。そういうような神秘が神の力だという。

奇跡や神秘的な力を人間は要求することがある。神秘的な力、マジックというと人間が操作しますが、ミステリアスな力は人間を超えた力ですから、こういうものがどこかにあるに相違ない。また否定できないというところに宗教があるというのがふつうの了解です。

釈尊もいったんは、外道《げどう》といわれている因縁を超えた神秘的なものに真実を求めた。しかし、そういうものは虚偽である。覚りではない。少なくとも、たとえそういうことが事実としてあったとしても覚りではない。いかに人間が苦しんでいるか、いかに迷っているかを明らかにするのは、そういう神秘ではない。たしかに病気で苦しんでいる人間が突然神秘的な力で病気が直るなら、こんな有難いことはない。しかし、そこで迷いが覚めるかというと、迷いが覚めるとは限らない。ますます迷いが深くなる。神秘的な力を信じて何でもできるということになったら、ますます我執をつのらせていきかねない。お釈迦さまはいったん外道に入門して、それを超えて、神秘では救からないことを明らかにされて、覚りを開かれた。

唯識論の論師、天親菩薩は、菩薩道の修行として、あるいは唯識の実践として、迷いを晴らす努力をされたに相違ない、最後のところで、それで覚ったかどうかという問題になったときに、菩薩道を本当に成就し得るかという問題に絡んで、この『無量寿経』という経典に出遇ったのではないかと思います。『無量寿経』に出遇うことにおいて、菩薩道が本当の意味で成就する。それが浄心の菩薩と未証浄心の菩薩が、如来の願力に出遇うところに畢竟じて平等であるという。

菩薩道は初地から二地、三地と上がっていく形で説かれていますから、入門位の菩薩、かなり習練した菩薩、ほとんど覚りに近づいた菩薩というところでは、自分が得ている精神内容、あるいは自分が修行して克服してきた課題の展開内容が違う。違うけれども、菩薩道を成就し得るか否かというときには、皆まだ本当の意味で仏智の境界ではない。仏の境界に触れているかというと、まだ本当の意味では成就していない。そこに修行の階梯の差別が残っていて、どうしてもそれが超えられない。理想的には仏とはこういうものであるということは考えることはできるが、その立場に立つことができない。

そういう問題に天親菩薩は苦しまれて、最後の拠りどころを本願力に託した。本願力に託すときに、覚っているかどうか、どこまで修行したかということを超えて歩みが確保できる。そこに空しく過ぎない。そういう道があることを信頼しないなら、どこまで行ったら本当になるかということが分かりませんから、曇鸞大師が、そこに七地沈空ということを出したように、七地まで行ったときに、努力の限界にぶつかる。努力意識が残っているということが努力の限界である。

私どもが努力していくと、どこまで努力しても努力の意識が残っていなければ努力ができない。努力の意識がなくなったら堕落するしかない。もうダメだとなったとたんに元の木阿弥に戻ってしまう。やらない方が良かった、取り戻すことのできない無駄をしたという虚しさとなります。精神界というのは、ある壁を突破してみれば、突破するまでのもがきは意味があったということは分かるわけですが、もがいているとき、突破できるかどうか分からないときには意味が無いように思えるわけです。一生懸命やってみると必ず限界にぶつかる。限界にぶつかったときに諦めてしまう。そうすると、また、元の限界のところまで戻るには大変な努力がいる。こういうくり返しである。

浄心の菩薩と未証浄心の菩薩の差を超えしめる力が如来の本願力にあると信頼する。そこに虚しさが超えられると、天親菩薩の言葉として不虚作住持功徳に押さえられている。その文を曇鸞大師は『無量寿経』に返して、二十二願の意味だと読んでいる。

# 第二十二願の基本的視座

## ✣第二十二願　必至補処の願

**たとい我《われ》、仏を得んに、他方の仏土のもろもろの菩薩衆《ぼさつしゅ》、我が国に来生《らいしょう》して、究竟《くきょう》して必ず一生補処《ふしょ》に至らん。その本願の自在《じざい》の所化《しょけ》、衆生のためのゆえに、弘誓《ぐぜい》の鎧《よろい》を被《き》て、徳本を積累《しゃくるい》し、一切を度脱《どだつ》し、諸仏の国に遊んで、菩薩《ぼさつ》の行を修し、十方の諸仏如来を供養《くよう》し、恒沙《ごうじゃ》無量の衆生を開化《かいけ》して、無上正真《しょうしん》の道を立《た》てしめんをば除かん。常倫《じょうりん》に超出し、諸地の行現前し、普賢《ふげん》の徳を修習せん。もし爾《しか》らずんば、正覚を取らじ。**（聖典一八～一九頁・註釈版一九頁）

この第二十二願については、「必至補処《ひっしふしょ》の願」「一生補処《いっしょうふしょ》の願」「還相回向《げんそうえこう》の願」の三つの願名があります。

さて、二十二願は、「たとい我、仏を得んに、他方の仏土のもろもろの菩薩衆、我が国に来生して、究竟して一生補処に至らん」、ここまでが一つの文章である。漢文でいいますと、次に「除」という字が付いてきます。この他方仏土というテーマ、ここに一つの問題がある。これから後の願に「国中菩薩」という言葉と「十方無量不可思議の諸仏世界」ということが出てきます。対応としては「他方国土」と「国中菩薩」です。ここの課題の一つには、他方国土の菩薩衆ということと、「我が国に来生して、究竟して一生補処に至らん」とありますから、この二十二願は「一生補処の願」という名前をつけられる。補処というのは処を補うと書いていますが、処とは仏の住処です。如来の位です。如来の位を補う。次に如来になる位、いつでも如来になり得る位、一生の間に必ず仏になるという位に就く。

これは弥勒菩薩の位だといわれます。弥勒菩薩はあえて五十六億七千万年の間、覚りをいったんさしおいて生き続ける。『弥勒上生経』とか『弥勒下生経』という『経』がありますが、弥勒菩薩はあえて仏になることを遅らせる。何故かというと衆生が無尽だから、衆生がくり返しくり返し生まれて死んでいく。その一切の衆生を包むために、何故、五十六億七千万年なのか分かりませんが、ともかくほとんど無限ということです。これは現代の科学者からいえば、地球が滅びる時間だというかもしれません。そういうはるか未来まで仏になる位を保ち続けて仏になる。こういう位です。

法蔵菩薩が浄土を建立するについて、自分が仏になる。自分が仏になるということは仏土を創るということと同時的です。そのときに、他方仏土の菩薩衆が我が国に来たならば、必ず究竟して必ず一生補処に至らしめんと。皆、そこでいつでも仏になる位に止まり続ける。

弥勒菩薩の位を、皆、何処の国から来ようと、すべての菩薩に、その位にならしめようというのが一つの願である。なぜこんな願が出てくるのかはよく分かりませんが、二十一願は我が国の衆生は、国中の人天はことごとく三十二相、仏不共の相、如来の相にならしめようと誓っている。

次の二十二願に来ると、今度は他方仏土。一応、浄土は西方といわれますが、他方とは、西方を一つの領域とするなら、他の東方・南方・北方、上下方とか、十方の方向の、西方以外のあらゆる世界ということです。十七願のところでもお話しましたが、本願を語るについて、他方仏土を認めている。他方仏土を認めて、しかも、他方仏土の諸仏によって阿弥陀自身を成就せしめようというのが十七願である。自分が仏になるということは、諸《しょ》仏称揚《ぶつしようよう》、諸仏に讃められる。

国を創るとか、自分が自分になるということは、諸仏によって証明される。諸仏によって創られる。そして、十方衆生を摂取しなければ、自分は仏にならない。十方衆生が課題で、十方衆生を包むということが自分が仏になるということと同じことだ。こういうことがあって、第二十二願に来ると、他方仏土の菩薩衆とある。他方仏土の菩薩衆とは、阿弥陀の仏土にはじめからいたというのではなく、他の国々とはいろいろな価値観、いろいろな修行方法、あるいはいろいろな人間の理解がある国々にいる菩薩の方々です。菩薩衆という理解は、ボディーサットバとして衆生を見るということです。

人・天・菩薩・仏といった場合は、人間の位、仏法に立った人間の位です。その位は自分の持った課題、あるいは自分の持った願心によって名づけられる。菩薩衆という名告りは菩薩の願を持った位、菩薩とは覚りを求めんとする願を持った衆生です。

仏法から見れば、皆、菩薩衆といってもいい。迷っているという自覚、迷っていることに苦しんでいる存在は、裏を返せば覚りを求めている。意識的に求めていないにしても、本来は求めていると見ることができますから菩薩衆です。その他方仏土の菩薩衆が阿弥陀の国に来るならば、必ず一生補処に至らしめんと。

一生補処という位は、仏になる一歩手前の位、いつでもそこから足を踏み出せばもう仏である。それをあえて、一歩踏み出さずにここにましますという位です。努力しなければ何処かに落ちてしまうという心配がない。いつでも仏になる位に一生の間いることができる。

弥勒菩薩といえば、非常に高い位といってもいい。自力金剛心という言葉を親鸞聖人はいわれますが、金剛位、もう絶対に錆びない、絶対に壊れない、ダイヤモンドの位、しかし、仏になる一歩手前、そこを踏まえて踏み出せば仏である位が金剛位といわれる。浄土に来たあらゆる他方仏土の菩薩を一生補処に至らしめる。

こういう功徳を語って、そうしてそこに「除」という字が入ってくる。曇鸞大師が注目したのは、この「除」以下の言葉です。その本願の自在の所化ということから、あえて、自分が一生補処の位を捨てよう。いつでも仏になることができる位は有難いが、あえてそれを捨てよう。そういう存在は除く。その除くの内容は、弘誓の鎧を被る。衆生のためのゆえに、弘誓の鎧を被る。弘誓は本願の別名です。弘誓・誓願・弘願とかいろいろいわれます。

本弘誓願、弘い誓い。これは後の『三誓偈』のところでいわれてくるわけですが、阿弥陀の本願は誓いである。つまり、「説我得仏」というのは、もし仏になるならば、こうしなければ自分は正覚を取らない。「不取正覚」と誓っている。だから、願であるけれども誓いである。

キリスト教の場合は、神との契約ということがいわれる。信仰の契約ということが日常の契約にまで及んでいて、西洋では契約ということが非常にうるさい。いまでは日本でも契約ということがうるさくなりましたが、東洋では契約ということはあまりいわなかった。だいたい信頼関係で何とかしたので、契約があるからとか、権利があるからとかということはあまりなかった。

キリスト教では契約ということが大変大事な概念なのでしょうが、法蔵菩薩の願の場合は、衆生との契約ではなく仏自身が誓う。衆生の条件を待って自分が契約するというのではなく、仏自身が自分の課題を持って誓う。これは、菩薩の願の在り方です。自らが自らに誓いをかけて、それを願いとしてそれを実践する。法蔵願心の弘誓を鎧としてということは、いわば、敵がいて攻められるから、もし、その鎧がなければ突き刺されてしまう。弘誓を鎧とする。面白い喩えです。

弘誓の鎧を着て歩む。別の言い方をすれば、浄土に触れたなら、浄土の願を我が願として、浄土の願が我がいのちとして新たないのちを生きる。キリスト教の聖書に、「生きているのは、もはや、私ではない。キリストが私の内に生きておられるのである」（ガラテヤ人への手紙、第2章20節）、という有名なパウロの言葉があります。つまり、自分のいのちを自分が生きるというよりも、弘誓がいのちとなる。弘誓が鎧になる。あえて浄土を捨てるけれども、衆生のために弘誓の鎧を着て、一切を度脱し、諸仏の国に遊んで、菩薩の行を修する。改めて一歩から始めて、一切の菩薩行を知り尽くさんと。

そして、十方の諸仏如来を供養し、恒沙無量の衆生を開化せん。「供養十方　諸仏如来　開化恒沙　無量衆生」、これは菩薩の願です。「使立無上正真之道」、無上正真の道を立てしめん。無上正真道は阿耨多羅三藐三菩提の訳だろうと思います。無上菩提です。無上菩提という意味を中国流で無上正真の道と訳している。上のない、比較できない、正しい真実の道を建てしめん、完成しよう。そういうものは除く。

「常倫に超出し、諸地の行現前し、普賢の徳を修習せん」、常倫というのは、ふつうの道徳の道、それに超出する。諸地の行は菩薩道の行です。菩薩の諸地、これは菩薩十地の階梯を現前し、普賢の徳を修習せん。菩薩道を歩む菩薩の代表として普賢行ということがいわれますが、歩み続ける菩薩。因位の行を歩み続けようとする菩薩。普賢とは、大乗を代表する菩薩の名です。

他方仏土の菩薩がもし来てくれるなら、一生補処に至らしめよう。来てくれて一生補処に入ることができるが、あえてそれを捨てていく者はどうぞご自由に。一生補処は自分から捨てていくなら別にあげないけれども、どうぞご自由にと、こういっている。これを曇鸞大師は、「この願の故に」天親菩薩は、「願生したのだ」と。

ここから「回向」について、浄土に往くについて、衆生をして浄土に往かしめようとする回向と、衆生が浄土に生まれて、この穢土に自由に還ってくるという回向。往相の回向、還相の回向があると曇鸞大師はいわれた。特に二十二願によって還相の回向をいうと押さえたのが親鸞聖人である。曇鸞大師は二十二願が還相回向だといわれるわけではない。

十一願から二十二願までは、すべて法蔵菩薩の本願である。法蔵願心自身は十方衆生を課題とし、他方仏土の菩薩衆を課題とする。内容を読んでみますと、菩薩道を成就せしむる願といってもよい。

人間存在は菩薩道を歩む存在であると見る。人間は迷う存在、流転する存在であるが、どこかで迷いを超えて、自利利他を成就して菩薩道を本当に成就しようという願いを持った存在である。

こう呼びかけるのが『華厳経』です。『華厳経』という経典は、高度の精神世界を語っている面と、同時にいつも因位の世界で道を求める存在を表す面があり、何か響くものがある。

安田先生は、人間を修道的存在と見るのが菩薩道であるという。修道にある存在。修道的存在というと、非常に真面目な堅い存在をイメージします。もちろん、そういう存在に特徴的に見られるのですが、人間存在を修道的存在と見るということは、表に現れて真面目に、水を浴びたり、激しい回峰行をやったりすることをいうのでなく、人間が生まれて死んでいく、その中に自分が自分になっていこうとする、自分が自分の生き方を求め続けて生きていくことです。

迷いながら、それぞれのいのちの中で、何をしているかというといのちを生きている。しかし、その中に何処かで本来のいのちを要求し、本当のいのちに意味を見い出さなければ止まないものを抱いて生きている。人間存在は、皆、修道的存在であると信頼して呼びかけるのが、仏陀の人間を観る眼である。法蔵願心が、十方衆生の心だといわれるのは、どんな生活の形をとっているか、どういう職業を持っているか、どういう性格の持ち主かということと関係なく、どんな存在であっても、人間として生まれて生きている存在には法蔵願心が呼びかけている。こういうところに十方衆生の救いを呼びかける法蔵菩薩の課題が出てくる。

そういう人間存在をして本当に成就せしむる用きが弘誓の用きである。天親菩薩が五念門ということをいわれたときに、礼拝・讃嘆・作願・観察・回向という五つの行を語って、その五つの行を通して、無上菩提を成就する。無上仏道を成就すると天親菩薩がいわれる。「我は一心に尽十方無碍光如来に帰命して安楽国に生まれんと願ずる」といわれた。

そのときに、「一心に」というこの「一心」と「帰命尽十方」以下の五念門と、この両者の関係を親鸞聖人は『浄土論』と『無量寿経』に照らして、天親菩薩はいったい何がいいたいのかと。無碍光如来に帰命する、一心に南無阿弥陀仏するということと、その後に解釈として五念門（礼拝・讃嘆・作願・観察・回向）とどういう関係になるかをさんざん考えられて、経典に照らして、浄土経典の中心眼目は本願である。何が本願かといえば、有情の上に「聞其名号　信心歓喜」を与える。「聞其名号　信心歓喜」、つまり、南無阿弥陀仏を信ぜよ。南無阿弥陀仏を称えよ、南無阿弥陀仏一つを信ぜよと呼びかける。

その背景は五念門にある。五念門は実は法蔵願心が十一願から語り始めて、人間の苦悩を本当に超えしめるために、本当に人間の課題を超えて人間を成就し、人間を解放し、人間がもがき苦しんでいるその在り方を突破して満足する。仏教は、仏道とか菩薩道とかいろいろの言葉で教えているが、そういう道を、人間の上に南無阿弥陀仏一つで成就せしめよう。これが本願である。

本願は十方衆生に無いわけではない。どんな生活をしていようとも菩薩と観るということは、菩薩の願心が無いわけではない。菩薩の願心という言葉でいわれて、自分にそんなものがあるかといわれてみると、そういう形であるわけではない。法蔵菩薩は自分かといわれたら自分ではない。しかし、無関係かというとそうではない。

法蔵菩薩は、十方衆生を救けずんば自分は正覚を取らないと呼びかけているということは、十方を包んで、しかも十方をして本当の法蔵願心を成就した存在にしようという願となって呼びかけている。誤解すると、十方衆生、つまり私が法蔵菩薩でありますとなる。自分が法蔵菩薩のような願心を持つ、こうなればいいのかと誤解する。それならわざわざ浄土経典を説いている意味がない。それなら『涅槃経』や『華厳経』で覚りを開けばいい。浄土経典は何故必要かというと、『涅槃経』『華厳経』で語ったような本当の大いなる覚りの世界、仏陀の世界に、群生《ぐんじょう》、凡夫たる衆生を入れしめようという。そこにはしかし、超えることのできない大きな壁がある。菩薩道でいえば七地沈空という。

人間は意識からいうと意識を超えたような覚りには入れない。ここが一番難しいところだと思います。入ったというなら神秘体験でしょう。神秘体験に入ったという人がいるなら、外からそれを否定するわけにはいかない。しかし、そういう体験に入れしむる力はどこから来ているか。もし、そういうものがあるなら、どうしてそうなれたのだ、ということになる。

法然上人が専修念仏といわれた。専修念仏が本願である。念仏の願である。本願一つを取るというのですが、二十願という問題があり、どれだけ如来の願だといわれても自分の功徳にする。自力執心の本質が切れない。そこに親鸞聖人は大変苦労されて、天親菩薩の教えの意味は、本願を衆生の上に与えるについて本願がそのまま衆生に来たら、衆生は己の本願だと取ってしまいますから、そこに回向という概念を入れる。

回向とは回《え》転趣向《てんしゅこう》、質を転ずる。こういう概念を入れることによって、壁を本願の側から超えてくる。その回向も親鸞聖人が取り上げて積極的に明らかにしなかったなら、本当の本願他力ということがはっきりしない。本願他力といっても他力を頼む衆生の立場が、徹底した有限の愚かな凡夫であることが、努力すればそのまま本願になれるような、本願を我が本願にできるような、有限と無限がどこかで混乱する迷いを、本当にはっきりすることができない。そこに親鸞聖人は回向という言葉を通して、回向ということは如来の回向だと示された。

自分からは往くことができないものを如来の回向において、自分からは往く必要もない還る必要もない、という信念をいただく。そこに二十二願、つまり、菩薩道の願を還相回向の願と見て、回向に二種の相あり、一つには往相、二つには還相。如来の回向が、本願自身を回向して廻らし向ける。無限なる願い、無限なる慈悲を、ある意味で有限の世界に入れるべく、人間の世界に突破口を開くべく形を整えて、廻らし向ける。

『無量寿経』の喩えでは「大海の一滴」といわれる。大海をそのまま衆生の中に入れるわけにはいかない。しかし、大海の一滴を与えよう。味わった者からすれば大海の味に等しい。大海を味わう。海全体を飲めといわれても、我々には飲めない。溺れてしまう。一滴にするというところに回向がある。大悲本願を回向して如来を衆生に与えよう。私どもは一滴をいただけば、それが如来の全体である。こういう意味で本願を回向としていただく。そこに本願力回向という天親菩薩の概念を浄土真宗の教学の柱にした意味がある。その回向に二種の相がある。一つには往相、つまり往相の回向。これは、十七・十八・十一の三願をもって代表する。

十一願、必至滅度の願の内容が二十二願である。「証巻」の内容が二十二願になっている。真実証という果の世界、仏果といいますか、仏土、涅槃、結果である証果の世界を必ず与えようと、必然性をもって誓っている。必然性を表すのが「証巻」である。しかし、必至は何処で人間に確証されるか。必然性は、正しく定まるという正定聚として確証される。

正定聚は、成就の文からいうと十一願成就の文に出てくる。「それ衆生ありてかの国に生ずれば、みなことごとく正定の聚に住す。所以は何ん。かの仏国の中には、もろもろの邪聚および不定聚なればなり」（聖典四四頁）と。それを親鸞聖人は『一念多念文意』で、あえて「かのくににうまれんとするものは、みなことごとく正定の聚に住す」（聖典五三六頁）と読まれて、「生彼国者」という課題は願生の位にも、得生の位にも、平等に正定聚に住すると読まれた。

願生と得生は位が別だけれども一体である。ふつうは願生している間は得生しない。願っている間は得ていないというのが私どもの日常経験である。しかし、阿弥陀の本願の信心においては願生と得生は一つであるというのが曇鸞大師の教えである。むしろ願生は得生者の感情である。浄土に触れた者でなければ浄土を願うことはできない。願いがあるということは願に触れているからである。見たことも聞いたこともない者は願うわけにはいかない。

## 蓮如上人の二益法門

親鸞聖人は曇鸞大師の解釈を受けて十一願成就の文、「かの国に生ずれば、みなことごとく正定の聚に住す」という言葉をあえて、かの国に生まれんとする者は、つまり、願生の者は正定聚に住すといって、正定聚の一つの内容として理解した。分ければ真実証の内容である。しかし、真実証の内容は、真実信心のところに成就する。真実信心を得れば、つまり、本願力の信を得て、南無阿弥陀仏に「聞其名号　信心歓喜」という体験が興る。そこに正定聚に住している。正定聚に住しているということの中に、必至滅度は十一願の本願の成就として具体的に来ている。ここが親鸞聖人の一番肝要のところだと思います。これが一番分かり難いといえば、分かり難いところです。

江戸教学以来どのように教えているか。今、生きている間は迷いの存在だ。だから、本願を信じて名号を称えれば、来世は必ず仏さまになることが約束された位である。今は凡夫であるが本願は必ず仏さまにしてくださるということを今ここに確定した。それが正定聚であり、死んだら仏だ。やはり、臨終ということを契機にして成仏する。

臨終で往生し、浄土へ往って成仏する。これが凡夫で、ここが正定聚だと親鸞聖人はいわれたと理解して、現生の利益は正定聚の利益、必ず仏になるということを今ここに決めておく。つまり、大家と約束して十年経ったら鉄筋コンクリートの家に建て替えてもいいですよという確証を今貰った。十年経ったら必ず鉄筋コンクリートになりますよ、今はなっていないけど……という喜びを今持つことができる。これが一益《いちやく》だ。もう一つは、十年経ったら必ず鉄筋コンクリートになる。それが未来の利益だ。こう二つに分けて、今は正定聚である。死んだら滅度である。その二つをいっぺんに得るから二益《にやく》だ、というのが蓮如上人の教えです。

しかし、親鸞聖人はそう教えているかというと、必ずしもそうではない。蓮如上人の言葉の中で、やはり真実信と真実証を分けてある。分けてあるということは一つではない。十一願と十八願は別願である。願が違う、巻が違う、課題が違う。だから一つではない。一つではないが、時間が違って一方は死後で、一方は生きている時かというと、そうではない。

真実証を、浄土真実の信心にとってどういただくかということは、なかなか難かしい。考えにくい概念です。まして、真実証の内容として第二十二願が語られている。「証巻」では、一応はじめに十一願成就の文が出されて、十一願の内容が考えられ、そして、「二つには還相回向というは」といって、証の内容として還相回向が出てくる。ですから、証さえ分からないのに還相回向のことはまして分からないと。死んだら成仏。それから後の還相回向のことをいっているので、今は正定聚で満足していなさいという教え方。これで一応なんとなく分かる。ところが、そういう考え方で分かってきたという真宗の教えが大きな間違いを起こした。今は正定聚でいい、死んだら仏だ、というところに逃げ道ができた。

信仰問題とは、不虚作住持功徳ということがあるように、現在が本当に虚しくない、本当に絶対満足だといえるかという問題です。それが本当に満足したならば、他の生活は世間通途の義に順じて生きていけば、どんな生活でもいい、信仰生活があればいい。信仰生活の内容は死んでから後、満足する。死後完全に満足するということを今得ているのだから、生きている間の短い有限のたった何十年の生活なのだから、どうでもいいではないかという考え方になった。

親鸞聖人が現生正定聚といったのは、はたしてそんな意味だろうか。「煩悩具足の凡夫、火宅無常の世界は、よろずのこと、みなもって、そらごとたわごと、まことあることなきにただ念仏のみぞまことにておわします」（『歎異抄』後序、聖典六四〇～六四一頁）といった意味は何か、念仏の重さと現生の重さとはどうなるのか。私は、親鸞聖人はあの一生の重いいのちを生き抜いて、現生の一つひとつ、どうでもいいということは一度もなかったと思います。

一つひとつの課題に本当に悩みながら、苦しみながらそれを超えて、念仏生活を拠りどころにして生きていかれた。だから、死んだら救かるのだから、今どうでもいいという発想をしたら申し訳ないと思います。では、蓮如上人が二益に分けたのはなぜか。一益法門というのは異安心《いあんじん》といわれるのですが、間違いを犯す。それは、念仏したらもう仏になる、もうここで今完全に覚りを得る。仏凡一体、凡夫だけれども仏である。念仏すれば仏さまなのだと単純な誤解をする。

親鸞聖人は決してそういわれたわけではない。何故、本願を信ぜずにおれないかといえば、仏になることができない愚かな身だからである。罪悪深重の身を痛み苦しんで生きている。そこに本願を仰がずにはおれない。決して、今、仏になってしまったといっているのではない。

一益法門は浄土真宗のいただき方ではないということをはっきりするために、どこまでも今は凡夫なのだということをいうために蓮如上人は分けざるを得なかった面がある。一益にしてしまうと誤解する。もう今ここで満足したのだからどうでもいい。絶対満足だ。光の中にもう迷いなど無いのだということになってしまうと、それは、現生のいただき方が違ってきてしまう。

かといって二益に分けるというと、これは明治時代に天皇制になったときに、大きな間違いを生んだ。これは、元は江戸時代にもある。江戸時代にもあって、浄土真宗は死んでから後、救かる信心だ。だから、現在はそれを満足すればいい、確定すればいいのだから、とにかく、お殿さまが文句をいうなら、それに従いなさい。悪代官が無理をいうなら、なるべくそれに従いなさいと、従順な生活を要求した。妙好人《みようこうにん》なんかはほとんど皆従順です。体制順応です。

五常の道、つまり、儒教倫理に忠実に、親に孝、君に忠、そういう外から来た概念に忠実になることが念仏者の道である。念仏者になるなら立派な人間になることだと。廃仏棄釈《はいぶつきしやく》で、神の国にして日本国を守っていこうという国家体制が天皇を神にして走りだしたときに、いままでの浄土真宗は五倫五常の道で徳川幕府に付いてきたが、コロッと体制が変わって、今度は天皇に付き従った。そうしなければ潰される。

## 真俗二諦と近代天皇制

国家権力によって浄土真宗は潰されるという危機感があった。そのときに、堕落した教団は、堕落したとはいっても多くの門徒を抱えているので、潰れるわけにはいかない。そこに新しい体制に乗る論理として真俗二諦《しんぞくにたい》という倫理を出した。真俗二諦とは、真諦は内心に仏法を蓄え、俗諦は世間通途の義に従えという蓮如上人以来の教えを、今度は天皇制に随順して、天皇陛下のために忠義を尽くして死んでいけ。お国のために奉公して死んでいきなさい。それが立派な門徒の道であると教えた。

これは、生きているうちは正定聚、死んだら滅度という、その二益が間違った論理に使われた。死んだら仏になるのだから、いまは仮に天皇の命令に従っていても信仰と矛盾しない。天皇を神さまにして、その前に滅私奉公していって、死んだら仏さまになれる。天皇への忠義とは矛盾しない。門徒も坊さんも皆それに乗せられた。法主の名で真俗二諦の教書が出された。

それは、蓮如上人の教えを元にしていますから、誰も蓮如上人を批判できませんから、念仏を称えているけれども、死んでから救かると教団の大部分の僧侶がいったわけです。浄土真宗の信心の情熱が失われていった。

一心帰命と天親菩薩がいわれた意味は、そんな意味ではない。親鸞聖人が本当に法然上人を信じて煩悩具足のいのちを生きていかれた念仏の信心とは、死んでから救かるためではない。法然上人は、念仏を止めないのなら首を切るぞといわれて、首を切るなら首を切られますと言い放った。死んだ後から救かるのなら首を切られてもいい、などとはいわない。

これが真実だ。これしか真実はない。だから、これを取って生きて往く。その場合に、蓮如上人がいわれた現世のあるべき様は、念仏できるように生きよと。あるいは、内心に仏法を深く蓄え、外相には通途の義に従えという意味は、宿業を引き受けて生きるということ。しかし、内心に仏法を深く蓄えるというその内心は、内心と外相ということが、内にしっかりしたものがあれば、外はどんなであっても、内は変わらないという形で人間が生きられるかというと、そうはいかない。

清沢満之はそこを鋭く見すえておられて、『宗教的道徳と普通道徳との交渉』という文章を書いておられます。普通道徳の世界、外の世界と宗教的道徳、信仰に立って道徳を生きるという場合は意味が違ってくる。宗教的道徳に立つなら道徳に破れる、道徳を徹底できない、あるいは道徳では救からないという問題にぶつかる。矛盾する。

矛盾を超えて信心に還る。これは真俗二諦は車の両輪だというのと違って、俗諦とはいわば真諦が本当に生きられる場になる。これは親鸞聖人でいえば、化身土の問題、願でいえば十九願・二十願の問題。つまり、本当の信心がそこで試される場所になる。そこでどう生きるかが、信心がはっきりするか否かの場所になる。私どもにとって、この現世の一つひとつのいのちの生き方は、念仏生活にとって大変大事な場所になる。

その場合に一番違うのは、現生正定聚ということは、弥陀一仏の信心ですから疑似宗教とぶつかった場合に、あるいは倫理の顔をした宗教とぶつかった場合に、それをどこかで厳しく批判する。批判して、ぶつかってたとえ破れても新しい信心が発起してくるならよいが、こないなら信仰の情熱が無くなる。この現世を大切に生きる姿勢とそれを障げるような疑似信仰への批判精神を失ったことが、私は近代真宗が情熱を失っていった一番大きな問題だと思います。

現在というのは単に刹那的な現在ではなくて、一念一念に真実信心が問いかけられるところで初めて、その真理性がはっきりする。そういう意味で近代真宗は、罪悪深重の真宗だったと懺悔せずにはいられないのです。まだ、この戦争責任や近代真宗の問題は教団としても、教学としても、歴史的な検証がされていない。僧侶も教学者も、布教者も熱心な門徒もその問題がはっきりしない。だから、天皇信仰と念仏信心とが矛盾しない。床の間や仏壇の上に天皇の写真を掛けてあっても、本願の念仏と何の矛盾もない。それは死後の世界が仏壇の中、生きている間は天皇だからです。

## 永遠に菩薩道を歩もう

二十二願は「証」の内容だから未来の問題だ、死んでから後の問題だということにしてはいけない問題である。そこで、真実証の内容として二十二願をどう読むか。「証」は「教」に還ってくる。だから、「教」に出遇うということが還相回向だ。還相回向の聖教、還相回向は具体的には教えだ。「教」は往相回向の出発点、還相回向の終わりが実は往相回向のはじめである。往相回向の結びが還相回向、そういう意味で円還的であると曽我先生は理解された。

これで一応分からなくはない。しかし、どうもそういう理解だけでは済まないものを私は感じる。二十二願は菩薩道の願である。往相回向の願は真実証への願。往相回向は個人の救済で、還相回向は衆生の救済という誤解がありますが、もちろん、そうではない。回向という概念自身が衆生を課題にしている。回向という言葉が何処で出てくるかといいますと、『浄土論』の第五門の回向門、「普共諸衆生　往生安楽国」という内容です。普く諸々の衆生と共に、安楽国へ往生せんという内容を孕んでいるのが回向門である。回向とは、如来が衆生のために回向するということがもともとの意味ですから、往相の回向であろうと還相の回向であろうと、衆生のために大悲本願が回向する。廻らし向けるというのが回向の言葉の意味ですから、それが往相の回向という形をとる。だからといって、個人が浄土へ往くのが往相回向であるというのは、とんでもない誤解であり、個人が往くのではない。十方衆生をして浄土に往生せしめようという用きが本願の形をとって現れた。それが往相回向である。

それが具体的に教・行・信・証という姿をとって私どもに教えられる。その証の内容としての二十二願はいったい何か。これは真実証の内容として菩薩道を成就する。菩薩道の成就とは、人間の課題、人間である限りにおいて菩薩として成就したい。菩薩として成就することが、人間が本当に成就する道である。これが、仏法を菩薩道として了解した見方です。

人間存在は、修道的存在であると安田先生はいわれた。修道的存在として人間を見る。その修道的存在を、自分自身において、「我、修道的存在に立てり」ということが何処でできるか。そういう問題に答えるのが二十二願である。これは、別の言い方をすれば、人間として本当の人間になることができるか。本当の人間と嘘の人間という言い方も変ですが、そういう人間の在り方を本当に自覚して、人間としてこういう在り方をすることが、本当に人間として生まれた意味だったと確認することができる存在になる。

そしてそのことは、実は課題としては利他、衆生教化という、開化衆生という、いかに衆生と共に開かれていくか。自分が先に開いたから人を開くのではない。二十二願を見たら分かるように、自分はいつでも最後のところに身を置く。仏地に至ることができるという立場にありながら、それを止めて、改めて一歩からやり直そうと。「諸地の行現前し」ということは、仏として用くのではない。

因位の菩薩として、別の見方をすれば、もし本当の果ということが確証できない存在だったら因位の迷いでしかない。ちょうど宝くじを引くようなもので、どれが当たるか分からない。あれをやり、これをやりといろいろやってみたけれども結果はうまくいかない。またやり続けるほかない。

回峰行の行者がやっていることは、すごい意志力と体力で、いっぺん終わった。いっぺん終わっただけではすまされないと、もう一回やる。短い一生の中のほとんど何十年をも費やして、山の中に籠りきりで、一人で激しい修行をやってきて、もう一回やり直した。本当はもう一回やり直したいでしょうが、もう体力が無いから、今度は他を歩いたと。偉いといえば偉いのでしょうが、もし覚りへ行こうとしてやっているなら、こんな哀れな話はない。もうある意味で覚りに行かないでいい、という別の覚りが開けて、この気持ちを皆に与えたいというのでやっているなら、これは菩薩行です。

もう仏にならなくてもいい。弘誓の鎧を着て永遠に菩薩道を歩もうではないか。これが曇鸞大師が還相回向という功徳を『浄土論』の中に見い出された意味です。五念門のうちに五功徳門が語られる。礼拝・讃嘆・作願・観察・回向を因として、近門・大会衆門・宅門・屋門・園林遊戯地門の果が開かれるという内容で五門が語られる。その五念門・五功徳門の内容全体を、親鸞聖人は如来の回向と仰いでいる。つまり、南無阿弥陀仏という言葉は単なる言葉ではない。その言葉の中に本願が回向している。その本願が回向しているという回向の内容は五念門・五功徳門の自利利他の内容である。あるいは『無量寿経』の法蔵神話、法蔵物語でいえば、兆載永劫の修行という言葉で教えられている。

つまり、人間の努力で修めるような行も一切包んで、人間が努力するなら永劫に修行しても積みきれない功徳を包んで回向する。それが往還二回向として我々に用きかけると親鸞聖人は読んでおられる。これは親鸞聖人の苦労された読み方だと思います。二十二願をどう読むか、常識で読んだら、私どもが他方仏土の菩薩になって、もし阿弥陀の浄土に触れるなら一生補処になれる。しかし、あえてそれを捨てて自分で弘誓の鎧を着て衆生を救けようではないかと読む。法蔵願心という鎧を着て自分で衆生開化を始めようと読む。

しかし、曇鸞大師、親鸞聖人はそう読まれたわけではない。自分の努力意識でできるというために本願が教えられているのではない。自利利他の行は、菩薩道の行であると教えられている。菩薩になろうとするなら、皆、自利利他の実践を努める。努めてもできない、そこに浄土の教えが、しみじみと煩悩具足の凡夫を包んで用きかけてくる。

自分で菩薩道を歩める人間だったら、わざわざ浄土経典など要らない。ですから、浄土経典において二十二願をどう読むか。そういうときに、もし往相の果として「証巻」の内容を読むならば、その「証巻」をどう読むかということにかかわる。「証巻」は死後だというならば、還相回向は死んでからだ。死んだ人間が用いている。一般常識的な浄土真宗は、いまでもこう教えています。江戸時代も、現代でもそうです。

死んだ人間が還相回向してくる。誰々さんが死んだ。きっと還相回向するでしょうという。それは、皆、結局、法蔵願心の、如来の回向を人間の回向と考える。どうもそのへんが曖昧になる。どうしてそう混乱するかというと、菩薩道の願だから、つまり、そこに人間を生み出してくる願であるのは確かである。二十二願は菩薩行を修する人間を生み出す願である。菩薩行を修する人間を生み出すのですが、証の内容ですから、証は死んでから後なら、人間が死んで後ということになる。だから、死んだ人間が用くという。そうしたら、霊魂を信ずるしかない。生きていた時にくっいていた霊魂が、肉体が滅んで、肉体は滅んだけれども霊魂が帰ってくる。行って帰ってくる。そういう話になる。

しかし、親鸞聖人はそんなことをいわれているわけではない。だいたい仏教は霊魂なんかを建てる必要はない。霊魂なんか建てる必要がない教えが仏法である。あってもさしつかえないけれど、別になければならないというわけではない。霊魂を自我として信ずるなら、その自我は要らないというのが仏法である。

## 曽我量深と金子大栄の理解

この二十二願をどう読むか。還相回向をどう読むかということが、まだはっきりしない。真実証をどう理解するかということとからんで非常に大事な問題だと思います。

私は、回向というものは、如来の回向に値遇するところに成り立つと信ずる。曽我先生は、「如来にあっての回向は、人間にあっては回心である」といわれた。つまり、回向は何処にあるかといえば回心にある。我々が本願に出遇うということにおいて如来の回向が我々の回心になる。つまり、信ということにおいて如来の回向が我々の回心になる。回向の信心である。回向の信心を成り立たせる用きが、如来二種の回向である。私の信心の背景は如来二種の回向によって成り立つ。こうはっきり押さえればいい。

そうすると、往相の回向によって往相の信心が成り立つともいえるけれども、実は、往相の信心を成り立たせる大きな要素として二種の回向が用く。つまり、必至滅度が用いて、十八願の真実信心が成り立つという面もあるが、同時に二十二願の信心が成り立つという面もある。これは、具体的には、教えの言葉を通して我々が自分の誤りを自覚する。その教えに生きている人の姿、生き方を通して、我々が教えられる。それはどちらも如来の回向である。往還二回向に出遇うということの意味がはっきりするのではないか。

金子大栄先生は、一人の人間の前の姿が往相で、後ろ姿が還相だという理解をされた。これは人間の回向にしているのだと思うのです。回向ということを理解するときの相は、人間の用きを往相、回向は如来の用きと。往相といったときに往相は人間で、回向は如来だと分けた。往相の回向の相は人間で、回向は如来だというのは変な話で、如来の回向に二種の相がある。如来の回向に、往相の回向・還相の回向という姿があるというのですから、人間の相ではないと思います。

人間の相というとき、そこにデリケートな違いがあるのです。だから、二十二願が人を生み出すというけれども、その人を生み出すという場合の「人」は、個人を生み出すというよりも菩薩を生み出す。無数の衆生をして菩薩にしていく。

その菩薩の用きは、個人の菩提心でなく、法蔵願心の用きである。個人の努力意識ではなく、個人を通して如来の願心が用く。こういうときに、二十二願は真実証の内容として、還相の回向として用く。これは、人間の努力ではない。私どもが還相の回向をしてやろうとかいうものではない。本願力の自然の用きです。

一心の信心が如来の回向に出遇う。そこに本願力が用いている。それは決して死んでから用くのではない。親鸞聖人にとって、法然上人が還相回向だという言い方をすると、人間が還相回向するように誤解する。そうではなく、親鸞聖人にとっては、例えば法然上人を通して如来の還相回向に出遇った。法然上人だけではない。おそらく親鸞聖人が信心を得るについては、たくさんの人々が縁になっている。順逆ともに縁になっている。その順逆ともに縁になる中に、還相回向に出遇っている。厳密にいえば、人を通して本願に出遇う。教えの言葉を通して本願力に出遇う。その両方をとって用くのが往還二回向ではないか。

還相回向の用き方は、本当に個人を超えて真実証の内容として、必至滅度の願果の世界から用くという形で我々に用いてくる。もちろん、死んだ人が用いてくるということを否定するわけではない。そういう用き方をする場合もある。亡くなった方を通して、改めて本願力に帰せよという声を聞いてくることは確かにあります。

私どもにとって、いまは亡き先生、また親鸞聖人を思い起こすときに、聖人を通して、先生や師を通して、本願力を憶念せよということがいよいよ深く思われる。別に死んだ人が用かないということをいっているわけではない。しかし、死なければ還相回向ができないという意味ではない。先生を通して人間の姿をとって本願力が用くところに二十二願の意味がある。

二十二願をいただけば、人生の一切は無駄なことは一つもないといえるものをいただくことができる。非常に面倒ですが、ただ、曽我先生のように教えだけで取ってしまうと菩薩道の願という面が落ちてしまうし、金子先生のように人間の二面として取ってしまうと、本願力の回向というものがはっきりしなくなる。また、人間が一生懸命信心して生きている姿に還相回向ができるというのもどうかなあと思います。なにか、そこにいただく立場が揺れていると思います。

往還二回向は何処でいただくかというと、凡夫がいただく。何処までも煩悩具足の凡夫が信心を得るについて、本願力が用いてくることを教える言葉として理解しないと、自分が往生したり還相したりするように考えてしまう。すると、親鸞聖人の往還二回向といわれる意味が違ってくる。教学の上でその辺の概念が揺れるのは、解釈する立場自身が、つい高上りするといいますか、何処から見て解釈するのかということを見失う。そこが二十二願を読む場合、一番難しいと思います。

曽我先生は別の言い方をした場合は、「法蔵菩薩は還相の菩薩である」といわれる。つまり、法蔵菩薩は二十二願から誕生した菩薩である。これは、『無量寿経』の教えの本願の主体になっている菩薩は実は、二十二願、つまり、浄土からあえて穢土へ出発して、穢土の中に身を置いて菩薩道を修せんとするような願心、これが法蔵菩薩だ。こういうなら分からなくはない。しかし、法蔵菩薩は還相の菩薩だといっても、十七願・十八願も法蔵菩薩の願心ではないか、往相の願ではないかとなってきますから、なかなか分かったとはいえない。そういうわけで、二十二願は、菩薩道の願として読んでおいて、菩薩道を成就せしめんとする法蔵菩薩の願心を、曇鸞大師は、還相回向、いったん浄土に生まれて還ってくる願心、浄土に触れて還ってくるとする。

「除」というのは、いったん浄土に触れて還ってくる。浄土に触れて浄土の功徳を得たけれども、あえて自らそれを捨てようというところに還相回向が出てくる。浄土に触れないで何かをするというわけではなく、浄土に触れて、浄土の力、つまり、法蔵を立場にして、法蔵願心を主体にして生きるということが成り立つなら二十二願である。

十八願と二十二願の間に十一願が入るということです。ここが大事なところです。十一願を抜きにして、十八願が二十二願だと考えると、なにか自分が還相回向できると誤解する。そうではなくて、いただくのです。自分で振りまくのではない。如来の回向によって信心を得る。信心を明らかにしていく。

一歩一歩信心を本当に生活の意味を与えてくれる中心の主体にしていく。用きを成り立たせる大きな如来の回向の二相、往相の回向と還相の回向、このようにいただいていかなければいけないと思います。だから還相の回向は、現在私どもが出遇うところにある。死んでからあるといったら何の意味もなくなる。

# 3　親鸞聖人の還相回向理解

## 回向とは何か

第二十二願では、浄土に入れば一生補処の位にいることができる、そこからは、本願の自在の所化、自分の本願によって他方仏土に生じて、菩薩道を行ずる者を除く、と誓っている。浄土に生まれた菩薩が自ら浄土を去って、自ら菩薩の仕事をする。そういう者は、浄土の一生補処の位からはずすという意味になっている。

それを曇鸞大師が、『浄土論』の解釈で、特に仏功徳の不虚作住持功徳の意味として、本願力に遇うならば虚しく過ぎることはないということの意味内容として、二十二願を取り上げる。いったん、浄土に触れたならば、浄土を離れても、浄土の功徳から離れることはない、それが不虚作住持の意味である。それによって仏功徳から菩薩功徳を開いている。

浄土にいったん触れたならばもう浄土にいる必要がない。浄土を離れても阿弥陀如来の威神力を受けて自由自在に菩薩道を修しながら、少しも浄土の功徳を失うことがない。曇鸞大師はこう解釈して、二十二願を大事にされた。曇鸞大師は、十八願・十一願・二十二願の三つの願を取り上げたわけですが、浄土の功徳を十八願を中心に見るということは、浄土の教えに触れ、『無量寿経』を読めば、誰でも十八願が重要だということは気がつく。曇鸞大師は、さらに十一願に気づかれた。十一願があるから、浄土ということが大事だ。『無量寿経』の成就文を見れば、十一願成就の文から始まっている。ここに曇鸞大師は注目をされて、浄土を荘厳して正定聚の利益を与える。その場合に、浄土に生まれた者も、浄土を願生する者も、平等に正定聚の位を得ると、曇鸞大師は釈せられた。

これは曇鸞大師の非常に大きなお仕事です。加えて、二十二願に注目された。『浄土論』の回向門の内容に、往相・還相の二つの回向があると注意された。それに親鸞聖人が注目された。

曇鸞大師の釈論を見ても、穢土と浄土、二つの世界を建てて、浄土に生まれて往く、そして浄土から還ってくる。そこに、往相・還相の回向が用いて、往くことができるのも還ることができるのも、阿弥陀如来の増上縁による。まさに、他力によって、善男子、善女人が阿弥陀の世界に触れることができるし、またいったん触れたならば、今度は阿弥陀の世界に執着する必要がない。阿弥陀の世界を自由に離れて、仏さまのいない世界に行って、仏法の仕事ができると天親菩薩が教えてくださっている。仏のましまさない国に行って仏の仕事ができるというところに、わざわざ法蔵願心が二十二願を誓っている意味がある。曇鸞大師のこのような了解をどういただくかというところに、親鸞聖人の了解の独特の意味がある。

曇鸞大師が十八願と十一願と二十二願に注目された。十八願によって浄土に往生する。それによって必至滅度の願果を、真実証を得る。真実証を得て、そこに止まるのではなく、二十二願によって真実証に触れた利益をあらゆる世界に、今度は、自分が菩薩道を行じて如来の利益を分け与えることができると曇鸞大師はいう。

曇鸞大師のいわれる増上縁としての他力は、一応は行者の存在に対して、阿弥陀の力が外から加わって、行者を救ける形で用くと表現されている。ところが、親鸞聖人は、さらにそれを一歩進めて、その増上縁としての他力は何処に用くかというときに、まずは、真実行、大行のところに用く。大行の内容は仏の名ですから、仏の名前が単に対象的にあるというのではなく、仏道として用く。名前が行ずるところに、本願が用くことの内容として親鸞聖人は、増上縁として語ってある曇鸞大師の経文を引用している。

増上縁は、人間に対して阿弥陀如来が外側から救けるように用く力として教えられている。その用きを総合するお名前が法蔵菩薩です。その法蔵菩薩が、行者に対して因果を通して用くと、『無量寿経』も語っているし、天親菩薩、曇鸞大師もそういう形で教えを了解している。ところが、親鸞聖人は、天親菩薩がわざわざ回向を教えてくださっているが、その回向とは何であるかと問うた。何故、親鸞聖人がそんなに回向の問題にしつこく食いついたのか。法然上人は、南無阿弥陀仏について回向は要らない。浄土の行を行ずるについて回向は要らないといわれた。不回向の行であると。

親鸞聖人は要らないといわれて、回向など捨ててしまえばいいと法然上人がいわれた言葉を、『無量寿経』を読むと、どうしても無視できない。それを無視して経典を読めない。本願成就の文に、至心回向という一句がある。無視して読めば本願成就の文は、「願生彼国　即得往生　住不退転」と読んでおけばいい。しかし、そこに至心回向という言葉がある。本願文でいえば、第二十願に、至心回向という言葉がある。

そうすると、緻密な親鸞聖人の読み方からすると、本願成就ということは、二十願と十八願が一つになることなのかと。二十願も名号である。「聞我名号　係念我国」である。しかし、十八願成就として読もうとすると、法然上人が要らないといった「至心回向」が残る。これをどう理解するのかと。もう一つは天親菩薩は五念門として回向門をいわれる。天親菩薩がいわれる回向門を法然上人は否定されているのだろうか。法然上人が真実教といわれた浄土宗を成り立たせる、まさしく往生浄土の教えを説く経論として三経一論といわれたその三経一論が矛盾することになる。

そこに、まず親鸞聖人は、単に言葉だけではない、本当に南無阿弥陀仏一つで、仏教が苦労してきた人間の最後の課題、自利利他円満という課題をどう成就するか。本当にそのことが南無阿弥陀仏一つで成就するということを何処で確認できるか。南無阿弥陀仏が菩薩道をも成就するということが、どうして成り立つのか。そういう求道的な、自分が本当に菩薩になり得るか、単なる凡夫で終わるのか、本当に南無阿弥陀仏において天親菩薩がいわれる無上菩提を成就することが成り立つのかという、実践的な関心とぶつかり合った。

増上縁として教えられているが、単に外からあらゆる条件をもって人間を救けるのではない。阿弥陀とは一面そういう意味があります。増上縁とは、あらゆる縁を通して救ける。すべてのものが縁になって、ある一つのことを成り立たせる。

それが増上縁の意味ですから、阿弥陀如来が増上縁だと曇鸞大師がいわれる意味は、浄土はたとえ離れても、あるいは浄土に生まれていくこともすべてが、阿弥陀の力の中にある。阿弥陀の増上縁において救かることも、自ら救いを捨てて一切衆生の中に菩薩行を行ずることが成り立つのも、全部阿弥陀如来の力である。こういう曇鸞大師の教えがある。それをさらに、親鸞聖人は、法蔵願心が本願を建てたというだけではなく、本願を回向すると天親菩薩がいわれる意味は、五念門行、自利利他の行を通して、自利自他の成就を通してそれを衆生に回向するのだという。

自利利他の行を成就するということは、『無量寿経』に返せば、阿弥陀如来の因位たる法蔵菩薩の願行である。法蔵菩薩の願行において、自利利他を成就せんとして、兆載永劫の修行をなさる。兆載永劫の菩薩行が如来の自利利他の行を成就して、その内容をもって、一切衆生という課題、どんな衆生をも、どんな生活、どんな能力どういう状況、境遇であろうとも、本当に存在として満足せしめようという課題に、法蔵願心が兆載永劫の自利利他の願心とその修行内容とを全部与えて一切衆生をして無上菩提を成就せしめようと。

つまり、自利利他成就ということに兆載永劫の時間をかけるということは、人間の個人の努力ではできないことを表している。個人の努力ではできないような内容を回向する。無限なるものが有限に形をとることを、法蔵願心が衆生の上に具体的に用くために形をとろう、そこに回向ということがある。だから、回向は人間の小さな心で何かをするという意味ではなく、如来の大悲願心が我らの上に形を現ずる。現に用きをもって我々の上に用いてくる。

その形が回向といわれる。十方衆生が専修念仏で往生することの意味を法然上人がいわれても、まだ、自分で努力して念仏して救かろうとする思いが残る。その場合の人間の意識は、たとえ聖道門の行者のような修行や学問はできなくとも、たとえ自分はできが悪くとも一生懸命念仏ということを我が功徳にして修行をすれば浄土に往ける。

そのために法然上人は、生活の形を日課、三万遍とか五万遍という形をとられた。念仏の行は軽いけれど、それをたくさん積めば、それは聖道門の行にも匹敵する。そうすると行の意味が凡夫にとっては大事な行であるが、小さい行だとか劣った行だという了解になってしまう。人間が劣っている。その劣った人間が行じている行は、聖道門の行に対して劣った行だということになりかねない。そういう了解で、念仏を人間の行として行ずる。しかも、回向は要らないということになると無念無相で行じなければならないのではないかとか、一心不乱に我を忘れて行じなければならないのではないかという、人間の努力で一つの状態に入って念仏するというように了解する。

そこに法然門下が、同じく専修念仏をいただきながらいろいろの了解に分かれる。教義的な分かれ方、あるいは迷い方、そういう問題を本当に晴らして、人間の努力ではなく、すでに法蔵願心が自利利他を円満して、十方衆生一切に本当の意味で一人ひとりが充分な功徳と利益、そして存在の意味とを賜る。それが無上菩提を成就することだと教えられる。無上菩提を十方衆生に開こうと、法蔵願心自身が回向する。

そのように親鸞聖人は、法然上人が要らないといわれた回向の問題に、逆に本当に、実は要らないということは人間には要らない。しかし、人間が要らないという根拠は、如来がすでに成就しているからだ。回向成就だ。回向成就ということを天親菩薩はいわれるのだと了解された。

増上縁は、外から来るという意味を転じて、本当に内に用くという意味なのである。我々が外を依頼して、外から用くことを期待するというふつうの信仰ではなく、南無阿弥陀仏を念ずるときに内に用いてくる。南無阿弥陀仏の中に用いてくる。すでに南無阿弥陀仏の中に回向成就ということが成り立っていると親鸞聖人は読まれた。

そう読んだ場合に十一願・十八願・二十二願の問題はどう了解すればいいのかということが、親鸞教学から見た二十二願の問題として改めて問題になる。

## 往生浄土の問題

一般的な菩薩道の問題として見るなら、浄土と穢土があって、穢土から浄土へ往って還ってくる。一応、曇鸞の解釈でいえば、往相の回向とは、穢土から浄土に往くときに、一切の衆生とともに往く、それが往相の回向である。そして、一切衆生のために還ってくる。それが還相の回向だと、文面からいえばそう書いてある。

ところが、回向は衆生が回向するのではなく如来が回向する、如来が回向したもう、その用きに往相回向と還相回向という用きがある。こう読んだ場合に、いったい往相回向とは何であるか。つまり、一切衆生とともに安楽国に往生しようという願心、一切衆生を摂して安楽国に往生しようとする願心、これは法蔵願心である。

この法蔵願心が往相回向するというのはどういう形かと親鸞聖人はお考えになった。そのときに、往相回向の願として十八願・十一願・十七願を見い出してこられた。これは、本願成就の文の指示を受けている。本願成就の文は、十一願・十七願・十八願と次第している。

この三願をもって往相回向を明らかにされた。これは、親鸞聖人独特の構造をもって了解したわけですが、十一願の成就、必至滅度の願成就は、真実証であると了解なさった。浄土の真実証である。

浄土には覚りなんかないということもできる。しかし、親鸞聖人は、真実信心のところに、真実証は求めずして開かれている。「無上妙果の成じがたきにあらず、真実の信楽実に獲ること難し」（聖典二一一頁）といわれて、信心を獲るのは難しいが、真実証は放っておいても来る。覚りは求める必要すらない。真実信心を明らかにすることが困難至極なのだ、真実証はないわけではない。真実証は十一願が誓っている。

法蔵願心が往相回向して十一願を誓っている。真実証を得ようとか、浄土には覚りがないのではないかと心配する必要すらない。本当に信心を得るなら、十八願の信心は十一願を根拠にして、十一願の内容を孕んでいるから、必至滅度を願として孕んでいるから、十八願成就として正定聚の信を得れば、覚りを求める必要すらないほど本願自身が開くものだというのが、親鸞聖人にとっての真実証です。定散自心の努力で覚りを得る必要すらない。迷いのただ中にあって名号を信じさえすればいいという立場を明らかにされた。

曇鸞大師が明らかにされた回向のもう一つの相としての還相回向は利他教化地の益である。つまり、衆生を教化する、衆生に本当に大悲の利益を教える。その利他教化地の益として、還相回向が開かれている。真実証は、必至滅度というから、小乗仏教でいえば、滅度はニルバーナです。寂滅である、静かである、寂静である、一切の煩悩が消えた状態である。

そう聞けば人間のいのちが終わって無に帰する状態なのかと思うわけですが、親鸞聖人は真実証の内容として、十一願成就の意味として、滅度・涅槃・一如・法性という言葉を展開されて、実は阿弥陀如来はそこから立ち上がった、「弥陀如来は如より来生して、報《ほう》・応《おう》・化《け》種種の身を示し現わしたまうなり」（聖典二八〇頁）と「証巻」の課題を展望し、真実証の内容、本当の妙果の、阿弥陀の妙果の内容が本当に熟するところに、還相回向が孕まれているという。

その二十二願の内容として、『浄土論』の解義分の釈論としての『浄土論註』の下巻の文を長々と「証巻」の後半部分に引用しておられる。その内容は豊かな菩薩道です。聖道門仏教が求めて得られなかった菩薩道の成就を、真実証の内容して親鸞聖人は明らかにされた。

往相回向の立場から見ると、真実証は必至滅度という言葉が示しているように、「必ず」という形で未来性があります。今得たとはいわない。必ず与えよう、必ず至るという。十一願が正定聚を開いているということは、正定聚はすでに覚りを開いたという意味ではない。必ず覚りを開くという必然性を今ここに得たという意味である。覚りを今得たとはいわない。今は煩悩のいのちであり、迷いのいのちだけれども、その中に本願を信受するならば、必ず覚りを与えようという。だから、我々は覚りを求める必要すらない位に立てる。

覚りに対していえば、現在から覚りは未来である。未来性を孕んでいる。曽我先生はそれを純粋未来という言葉でいわれる。純粋という言葉をわざわざ付けられる。何故かというと、未来性をどう了解していいか分からないからである。江戸時代以来伝わってきた浄土真宗の教学では、死ぬのが未来だ、死んだら浄土に往く、死んだら浄土に往って覚りを開く、「死んだら」という条件を入れて解決してきた。それは、不純粋未来です。死んだら覚りというけれども死んで覚ったという証明は誰もできない。死んで迷っているかもしれないし、覚っているかもしれない。分からない世界を何故本願が誓っているのか。

何故、「死んだら」と人間はいわなければならないのか。生きている間、迷っているからだ。生きている間、迷っているから死ななければ覚りにならないというなら、本願なんか要らないのではないか。死んだら覚れるのなら、放っておけばいい。どんなに苦しんだって、死んだら覚れるなら、放っておけばいいということになりかねない。

回向はどう考えるのか。真実証は死んだら往くのなら、真実証の内容としての還相回向は死んだ人間が還ってくる。そう解釈せざるを得なくなる。しかし、真実証には、真実信に対して必ずということが置かれています。親鸞聖人は「「必」の言は、審〔あきらかなり〕なり、然なり、分極なり」（聖典一七八頁）と註を付けておられます。必ずということは、信心と覚りとの関係を必然性でつなぐ。

その必然性というときに、人間は（この世の中での）約束事といった場合には、時間をおいて未来、必ずしてあげるよと約束する。そこに時間が絡みます。今はできないけど、取らぬ狸の皮算用です。いずれはあげるよという解釈で一応納得する。

死んだら救けるよ、死んだら浄土だよ。それでもずいぶん安心するわけです。死んだらどうなるか分からないと思う不安に生きている人間にとっては、死んだら浄土だよといわれるだけでも救いになる。しかし、はたして親鸞聖人が、十一願の文をどう受け止めたかという問題になると、それでは、どうも不充分なのです。

## 還相回向についての誤解

第十一願の文を親鸞聖人はどういただいたのか。さらにその内容として、二十二願を含んだ証、つまり、証の中に十一願と二十二願とを見ている。真実証は単に冷たい何もないゼロのような、絶対零度のような所へ行くという意味ではなく、そこから二十二願として、本当に用き出る世界が与えられると親鸞聖人は真実証の内容を押さえている。真実証は、一応は往相回向の内容です。十一願という意味では往相回向の内容として教行信証ありといわれて、証も往相回向の内容である。その往相回向の終極が今度は還相回向を孕んでいる。往相、還相というのは円環的である。

我々がどうしても誤解するのは、円環になったり、往ったり還ったりするということが、自分の上に自分ができるようになることだと考える。親鸞聖人はどこまでも、我々は罪悪生死の凡夫であるとし、本願に遇う位は凡愚であるという。凡愚ということを一点も動かずに本願力をいただかれる。本願力をいただいたら自分が何かをしだすとは決して考えられない。何かしだすという発想は自力です。

私どもは自力の思いが消えませんから、どうしても自力の思いで本願力の教えを解釈する。往相回向は、本願力の回向をいただいて我々が往相する。回向は如来だけれど、往相は自分だと考える。それは言葉の了解の間違いなのです。

これは如来の回向で、その如来の回向の中に二つの相があると、曇鸞大師も親鸞聖人もいわれる。如来の回向に往相・還相という相がある。だから、親鸞聖人は、如来の回向は教行信証という形で我々に用くと教えてくださった。

教行信証というのは、我々がそれを持ってまた浄土に往くことをいっているわけではない。我々はどこまでも真実信を獲ればいいということを教えている。真実信を獲ればいい。真実信を獲て、それから浄土へ往こうという話ではない。真実信を獲るところに、求めて止まなかった浄土の功徳が来ていることを表すのが往相の回向である。私はそのことをくり返しお話しして、学界でも発表したのですが、どうしても理解してもらえなかった。昔からの了解は、回向は如来だけれど往相・還相するのは衆生の相だという了解でずっと講録が通っていますから、皆そう考えた。けれどもそれはおかしい。

親鸞聖人が了解した回向とは、法蔵願心が、無限なる願心が衆生の上に自利利他成就の功徳を廻らし向けることである。自利利他を求めて、自利利他を実践してみれば、自利もできない利他もできない愚かな人間の上に、一切衆生に、本願力が回向される。できる人間、できない人間、能力がある人間、能力がない人間ということをいわない。一切衆生に無上菩提を成就せんとする。これは、人間ではできない課題である。

そのできない課題を回向として、南無阿弥陀仏一つで、十方衆生に開こうというのが法蔵願心である。その用きの内容を往相回向、還相回向の本願、二回向の本願とも親鸞聖人はいわれる。

十方衆生を浄土に往生せしめんとする願いを往相回向として、十一願・十七願・十八願として誓い、還相回向としては二十二願を誓う。我々は愚かな凡夫として真実信心に立てばよい。そこに、真実証は本願自身が誓っている。行のところに、大悲を行ずる人という言葉が出てきますが、それを親鸞聖人は、信心の利益として、常《じょう》行大悲《ぎょうだいひ》の益という。

常行大悲の益も誤解が多い。常行大悲とか、利他円満というのは、愚かな人間の分位としては悲しいけれども成就しない。人間の行為ではない。人間の行為ということは罪悪深重、煩悩熾盛の衆生という立場でいただくなら、どれだけ願っても成就しない。

我々は願わないわけではない。凡夫は凡夫なりに自利利他円満を願う。自利利他円満を願わなければ幸せになれないということは、経験の上からよく分かっている。自分だけだったら自分も成り立たない。これは少し経験すればすぐ分かる。だから、自利利他円満が単に理想ではなく、人間にとって大切な課題だということはよく分かる。しかし、やってみるとできない。円満どころか、自損損他《じそんそんた》、あるいは自害害彼《じがいがいひ》であって、我々の生き様は、それこそ、「小慈小悲もなき身にて　有情利益は思うまじ」（聖典五〇九頁）と親鸞聖人はいわれましたが、小慈小悲すらないというのが深い実相です。けれども自利利他の要求がないわけではない。要求がないわけではないけれでも実際は成就しない。

南無阿弥陀仏の用きは常行大悲だといった場合には、常に大悲を行ずる。これは如来が常行大悲するのです。信心の利益として常行大悲する。その益を獲ることができる。

利他円満ということは、人間が利他するのではない。如来の利益が円満していることを表している。真実証は利他円満の妙位だというのは、人間が自分の努力で利他円満の位を獲るのではない。人間が利他円満の位を獲るということは、我らは愚かな凡夫として本願名号を信受する、そこに人間が要求して得ることができなかった位を如来大悲が必至滅度として成就してくださる。こういう信心を我らは愚かな生活の中にいただく。

親鸞聖人は、二十二願を、よくは分からないけれども個人の未来にきっと用く誓いだと読んでおられるのではない。我らは往還二回向に遇う、如来二種の回向に遇う、あるいは如来二種の回向によって信心を獲るといわれる。つまり回向が二種の用きをもって我らに信心を成就する。往相の回向と還相の回向という二種の回向の用きをもって我らの上に一心が成り立つという。

曽我先生は、親鸞聖人のいわれる還相回向は、往相回向の至極として真実証が用くことだという。それならば、これは我らに用く教えだと曽我先生は了解された。

いままでは還相回向というのは死んでから還ってくることだと了解して、いまでも布教する人も教学者も大概の人はそういう。還相回向は死んだ人間が浄土に往って還ってくることだという。私どもの思いとしては、亡くなった方、近くに肉親とか、先生とか、遠くは我々の宗祖親鸞でもそうです。亡くなって私どもに用いてくるのが還相回向だ。つまり、死んだ人間がいま生きている人間に用いてくるのが還相回向だ。そう考えても無理はないように、あたかも往って還ってくると曇鸞大師も書いているし、二十二願も残念ながら、死んでからという言葉はありませんが、そう読めばそう読めなくもない。

その場合には、往相するのも、還相するのも人間の相と読むことになる。そこに、私は、自力的な思いが切れていない解釈が出るのだと思います。自分の思いで浄土に往きたい、自分の思いで還ってきて人を救けたいという思いが残っている。往相・還相は自分でやるのだという解釈が残ってくる。

そうではなく、往相回向について教行信証あり、教行信証が往相の回向だと親鸞聖人ははっきりいわれるのですから、たしかに往相は一切衆生が共に浄土に往くという姿を持った方向性を成就する回向です。

それに対して如来の還相の回向とはどういう意味か。我々が還相の回向に出遇うというのはどういうことかが、分からないのです。親鸞聖人が還相回向を真実証の内容として押さえたわけですから、真実証は真実信に対してどういう関係になるかをはっきり押さえないと、議論も変になると思います。

真実証は十一願成就の文によって明らかにされるのですから、十一願成就の文を親鸞聖人はどう読まれたか。

「生彼国者、皆悉住於正定之聚」（聖典四四頁）という経文を、かの国に生まるれば、必ず正定之聚に住するという言葉を、『一念多念文意』で「かのくににうまれんとするものは、みなことごとく正定の聚に住す」（聖典五三六頁）とわざわざいわれた。これは、願生の位に正定聚が与えられるのが十一願成就の意味だというのです。ふつうは十一願成就といえば必至滅度だから浄土へ往って滅度を得ること。江戸時代までの教学、明治以降であっても古い教学は、死んだら浄土なのだから、難思議往生は死んで往生することである。そうすると、十一願成就の文は、わざわざ願生の位に正定聚があるという意味を表そうとしているのはどうなるのか。

十一願成就の文にある正定聚の利益を親鸞聖人は十八願の信心の益として、「信巻」の頭に持ってきておられる。正定聚は十一願成就の利益ではなく、十八願成就の利益だ。つまり、信心の利益として住正定聚の利益があると「信巻」の頭にも置かれるし、「信巻」の内容として押さえる。

「信」と「証」との関係は、そこに臨終だとか、死んだらということの入る余地はない。少なくとも『教行信証』の読み方としては、そんなことは入れてはいけない。真実証は本願成就の文なのですから、人間が死んで成就する話ではないのです。

十一願成就と十八願成就の関係をつなぐ必然性は何か。なにもそこに臨終とか死を入れる必然性はない。本願力回向の必然性は何か。「信」と「証」を分けたのは、私どもが証を欲しがるから、本願の信心をはっきりさせずに証を欲しがるからである。

名号を称えて、無心になれるだろうとか、名号を称えているうちに覚りが開けるだろうと、人間は証を欲しがる。だから信が本当は大事なのだ。信がはっきりすればいいということをいうために、わざわざ分けて、真実証は求めずして与えられる。欲しいだろうが、そんなものは本当は要らない。真実信さえはっきりすれば、真実証は求める必要がないような喜びが与えられる。信心歓喜とは、真実証などはどうでもいい、人間の立場としてはどうでもいい。本願力が誓っている。こういうことが明らかになる。法蔵菩薩の兆載永劫の修行の内容は実はここにかかっている。

信心が人間の上に成就するためには、兆載永劫の修行がかかる。兆載永劫の修行の背景は、実は十一願および二十二願にかかっている。自利利他成就ということが課題です。自利利他成就の内容が真実証の内容である。その内容は往相回向の方向としては、証果は未来の形をとる。しかし、実は本当に信心が成り立つという場合には、現在から未来へという直線的な未来ではなく、本当に信心の現在という場合には、むしろ未来が支えるような、真実証が支えて初めて成り立つような信心である。

阿弥陀の本願力の回向の信心とは、阿弥陀の本願力自身がいわば真実証を孕んで我々に用いてくる。迷いの側から用いてくるのではなく、迷いを破る側から用いてくる。ということは、単に人間の死後とか、いつか分からない未来というのではなく、迷いからすれば未来かもしれないが、迷っているいのちの根源から呼びかけてくる。それに触れることが私どもの信心である。私どもが本当に本願力を信受することができるという用きは、私の努力や思い込みではなく、私の思い込みを破って呼びかけてくる大悲の、無限他力の用きである。

その無限他力は何処から用いてくるかといえば、迷いの私からすれば、未来としかいいようのない絶対の覚りの世界から用いてくる。こう考えれば、むしろ真実証の内容としての菩薩道、二十二願の内容としての菩薩道は、単に未来にあるのではなく、行信を成り立たせる根源になるという了解もできると思います。だから、還相回向を証果から用いてくる力、その現れ方が教として用くという考え方もできるし、行信の根拠として用くという考え方もできなくはない。

しかし、そういう考え方に無理があるとすれば、二十二願の内容は、利他教化地の益として親鸞聖人が語られている菩薩が内容だからなのです。「十方の諸仏如来を供養し、恒沙無量の衆生を開化して、無上正真の道を立てしめんをば除かん」（聖典一九頁）と誓っていて、浄土の衆生の位を捨てて十方仏国に行って菩薩道を行じようとする菩薩を生み出すという。

そこに還相回向という二十二願の内容が、親鸞聖人も二十二願の内容として、曇鸞大師の不虚作住持功徳の釈文以下ずっと、本願力の阿修羅の琴の譬えのところまで長々と菩薩行の内容を引用しておられる。単に行や信の背景になる力というのではなく、人間を生み出す願ということが、この還相回向の願の特徴である。そこに還相回向という言葉が、死んだ人が用くと了解される面がある。

本当は如来の本願力の往相回向と如来の本願力の還相回向なのです。だから、個人が往相したり還相したりするのではない。如来の本願力の回向に往相と還相の用きがある。和讃に「弥陀の回向成就して　往相還相ふたつなり　これらの回向によりてこそ　心行ともにえしむなれ」（聖典四九二頁）とある。阿弥陀如来が、無上菩提など成就する能力も資格もない十方衆生に、無上菩提を成就させようとして回向する用きの相に二つある。個人の用きではない。

浄土真宗に二種の回向ありという。浄土真宗の内容は本願成就であり、本願成就の相に二つの用きがある。その場合に還相回向とはいったいどういうことか。浄土真宗を信じる人間は、ヒューマニズムや倫理道徳に従って人間として立派な生活をしなければならないのではないか。さらに、立派な生活の内容は、人に役に立つ生活をしなければいけないのではないかというところで、還相回向を了解する。これは、仏法の教えをヒューマニズムのところで了解しているわけです。

もちろん、ヒューマニズムや倫理道徳を無視するわけではない。しかし、ヒューマニズムのみでは苦しむばかりで、本当は救からないということがあるから仏法を求めるのである。愚かな凡愚は傷つき破れて本願力でしか救からない。そこに二つの用き方を仰ぐわけですから、自分が念仏して還相回向するということではない。

## 本願を生きる菩薩を生み出す

還相回向とは、如来の還相回向である。それでは、どういう用きを還相回向と私どもがいただくことができるか改めて読み直していくべきではないかと思います。自分が還相回向すると読んではいけないのです。我々は愚かな罪悪深重の衆生だと本当に目を覚ます。そのために教えが開かれている。

罪悪深重の衆生であるというのが、一つの視点なのです。罪悪深重の衆生もいるけれども立派な衆生もいるというのではない。大小凡聖、一切衆生は実は罪悪深重なのである。そこに、親鸞聖人の十方衆生を了解する視点がある。また法蔵願心もそう読んでいる。

一切衆生、十方衆生と呼びかけた場合には、大乗とか小乗、聖人とか君子、そんなことは取り払って、全部愚かな凡夫だという立場で本願力を読むときに、還相回向はどう読むのか。

親鸞聖人は、真実信心をわざわざ問題にされて、「信巻」を起こされた。十八願の信心の内容に信心を成立せしめる三つの要素として、至心《ししん》・信楽《しんぎょう》・欲生《よくしょう》という本願の言葉を三心と了解された。そのときに、至心も利他回向の至心。信楽も利他回向の信楽、利他回向の信心です。如来が利他回向して衆生の上に信楽を開く。真実は衆生にはない。衆生にあるのは虚偽であり、不実であり、顚倒《てんどう》しかない。至心を恵まなかったら、人間の上には真実はない。真実を求めて止まないにもかかわらず真実はない。そこに如来は、一切衆生をみそなわして回向の真実を開く。

欲生についても、人間の欲生心ではない。人間には欲生心などない。人間の欲生心は虚偽でしかない。そこに如来の欲生心を開く。その欲生心の内容として親鸞聖人は、『浄土論』『浄土論註』によって浄土の功徳、三種荘厳、三種荘厳は願心荘厳なりということで、往還二回向の文を引いておられる（聖典二三三〜二三四頁）。

これがいったい何を表すのか、大変分かりにくい。注釈をつけておられず、引用しているだけです。何故それを引用したのかという引用意図を親鸞聖人は書いていない。読んでも分からない。分かるように解釈している解釈書はない。

欲生心は、我々の欲生心ではない。如来の勅命だと親鸞聖人はいわれる。清沢先生の言い方でいえば、「人心の至奥より出る至誠の欲求」だ、一番の深みから出てくる要求だという。一番の深みといっても、私どもが意識して自分の意欲だと思うのは自分の煩悩が混ざった行為ですから、時には起こり、時には萎んでしまうような願いや思いで欲生も理解しようとする。そういう欲生ではない。本願力の勅命、法蔵願心の呼びかけである。

法蔵願心が衆生の中に立ち上がる、これが欲生心だ。その内容として往還二回向の文を引かれる。信心は往相回向の内容であるが、欲生心のところに、往還二回向の文を引かれる。これはどういうことなのか。本当の宗教的要求は、どういう要求なのかは人間には分からない。どういう形で私どもが自覚するかというと、出遇うことによって自覚する。そういうことがあるのか！　こういうものもあるのか！　と教えられたときに、要求していた以上のものを恵まれる。私どもがもともと持っていたから分かったというよりも、持っていたと思えない、無《む》根《こん》の信、持っていないようなものに出遇う。その内容として欲生心も如来の回向である。

如来の回向に往還二回向を開いているということは、出遇いの契機といいますか、二種の回向との出遇いを成り立たせる。その出遇いの因も、往還二回向を欲生心の因として、如来は衆生の虚妄の欲生を破って、真実の欲生心を勅命として、衆生に恵む。法蔵願心は信心の因位に私どもの内に蓄えることにおいて、初めて真実の浄土の要求に出遇う。

こういうことを親鸞聖人はお考えになったのではないか。還相回向という形で人に出遇う。こういうことを成り立たせる力が、本願力の還相回向なのではないか。往還二回向に値遇するというのですが、還相回向に出遇うということはどういうことか。「化身土巻」で親鸞聖人は『涅槃経』を引用されて、「この人の信心、ただ道あることを信じて、すべて得道《とくどう》の人ありと信ぜず、これを名づけて「信不具足《しんふぐそく》」とす」（聖典三五二頁）といわれるのですが、本願という道程あるいは南無阿弥陀仏の教えがある。しかし、本当に信じている人はいないだろう。本当にそれのみをいのちとしている人はいないだろう。これは信不具足だと。

道があるということは人がある。往相回向の用きとして教行信証があるということは、教行信証の用きを本当に身をもって生きている人がいる。人が還相回向するのではなくて、人の用きを通して本願力が用いている。

本願力に二種の相があるということは、本願力が教えの形を開き、本願という言葉となると同時にそれに触れた人を生み出してくる。生み出された人は、人を超えて本願力を証明している。還相回向とは阿弥陀が応化身を示して、本当に信じることができない疑い深い衆生に、人を示す。

道理があるだけではない、道理に触れた人がいることを後から後から示さんがために本願が回向する。往相回向の用きと還相回向の用きに触れて初めて私どもの上に真実信心が成り立つ。

私どもの上に真実信心が成り立つためのご苦労は、単に教えの言葉がたくさんあるというだけではない。教えの言葉を本当に衆生の上に用かせるためには、後から後からその本願の言葉を拠りどころとして生きる菩薩を生み出してくる。これが、本願力の回向だ。用くのは回向なのです。個人が還相するのではない。浄土から用く如くに人を生み出して用かせる力が本願力の回向であると親鸞聖人は頷かれた。だから、還相回向の文の内容に個人のことはいわない。

二十二願の内容を語るときには、親鸞聖人は、『浄土論』の解義分の釈文を初めから終りまできちんと引いて一言も注釈を加えないし、他の人の言葉も入れない。もし法然上人が還相回向の人だといいたいのなら、法然上人の言葉なり我の還相回向は法然上人だと書けばいい。しかし、そんなことは書いていない。だから、人が還相回向だと考えるのも、死んでから還ってくるのが還相回向だと考えるのも、人間の自力意識がそう解釈する。

用くのは本願力であって個人ではない。我らは本願力を信受すればよい。その我々の立場を動かすから、あたかも本願力を借りたら、今度は我が本願力に成り代わって何かをできると思うが、それは、人間の自力の思いです。還相回向は人を通す、人を通して用く本願力である。衆生の存在の本来性は一如《いちによ》ですから、威張る必要もなければ、卑下する必要もない。一如なのです。一如の用きに本願力の往還二回向が宿る。けれども、宿ったからといって人が威張ったりする必要はさらさらない。人はたまたま本願を聞く、愚かな衆生として本願をいただく存在である。

そこに立てばいい。本当に立たしめる力も本願力である。本願力の回向によって私どもに信心が与えられる。自分で立つわけにはいかない。立ち上がらしめる真実信心の根も本願力である。それをいただいて立てば、その位置を動かす必要もない。

## 人間万能主義

先ほど少し触れたヒューマニズムの問題は、一鳥一石にはいかないと思いますので、もう少し考えてみます。ヒューマニズムは一面、人間主義ですから、人間主義は悪い言葉を使えば人間万能主義です。人間理性を偉いものとして人間は立派な存在であるとして自己評価して、それに自惚れている。ヒューマンというのは人間ですから、人間中心主義で人間は偉いものだという考え方です。

人間には、自惚れもあり、自我の執心で偉いという思いがくっついている。仏教からいえば、根本煩悩としての我慢というものがヒューマニズムを成り立たせている。

つまり、人間の欲生心は、どれだけ人間が真面目であり、あるいは立派になろうとし、どれだけ正義であろうとしても虚偽性を孕み、不実性を孕む。この批判が如来の勅命としての欲生心だと思います。如来の勅命としての欲生心を忘れるから、自分を絶対化し、自分が正義になる。自分が正しくなろうとしていうから、皆もああそうかもしれないと思い、自他ともに迷うのだと思います。

サルトル（一九〇五～一九八〇）の有名な文章に〝L'existantialisme est un humanisme〞という文章があります。実存主義はヒューマニズムであるという文章です。実存、実存というけれど、それはヒューマニズムだ。サルトルにとっては、実存よりヒューマニズムの方に価値があった。共産主義的社会主義を評価していましたから、ヒューマニズムを尽くしていくことにおいて、人間が本当に成就していくと考えていた。だからサルトルはキリスト教を否定しました。人間以上の神を立てて、人間を押さえ込むのはヒューマニズムに反する。だから、本当のexistantialismeはhumanismeでなければならないという。ヨーロッパの思想としていったんキリストを否定することも意味があるかもしれませんが、ヒューマニズムを立てるときに、ヒューマニズムがいったいどこで真実といい得るのか。人間の真実性を人間自身がどこで肯定し得るかというときに、やはり自分が正義になると思うのです。

人間の純粋理性を、どこで本当に信頼できるか。本当の純粋理性は何か。法蔵願心のみが純粋理性だというなら、それはそうかもしれませんが、ふつう理性というと、人間の正義や人間愛を生み出してくる源にあるようなものを考えていますから、やはり人間中心主義的独善性が残ると思います。

## 二種の回向をひろむべし

往還二回向を孕んだ欲生心こそ本当の勅命である。そこに親鸞聖人は人間が本当に頷くことのできる根拠を見い出した。それ以外のものは全部虚偽だ。どれだけ威張っても、どれだけ言葉を出してみても全部嘘だ。全部嘘の中に、どれが本当といえるかと悩み苦しまれて、そして本願力回向という言葉に出遇って、これだけはたとえ地獄に堕ちても悔いないという真実性を見い出された。

二十二願は、法蔵願心の因位欲生心としていえば、真実信心を本当に生み出してくるような力、真実信心と出遇わしめる因位の背景という意味で、法蔵願心の、法蔵菩薩の還相回向である。そして、出遇わしめる人と出遇う。その人と出遇うという場合の人は、生きている人間の場合もあるし、親鸞聖人のように亡くなっている人もある。肉体の姿をとって現れているだけが人間ではありませんから、教えの言葉として、あるいは語り伝えられている人間像という相をとって実は本願力が用いている。

生理現象として用いているものに、我々が本当に真実として出遇うのではない。生理現象として生きて死んでいく人間の一番の源に本願力として用く相をいただくことが還相回向の意味なのではないかと私は思います。だから、キリスト教と違うところは、往還二回向として阿弥陀如来の本願力が用くということは、一人だけの必要はない。キリスト一人が神さまだという必要はない。

無数の十方衆生に開かれている。十方衆生を通して本願力が用く。たまたま出遇う人は、それは歴史的出遇いの原因にはいろいろのことがあるが、歴史的事実だからといって、それに限る必要もない。それこそお釈迦さまをはじめとして、無数の本願を語り、本願を伝えてくださった方々が、往還二回向に出遇い、往還二回向を教えてくださり、それによって私どもも往還二回向を語っていける。

往還二回向を出遇うべきのものとして、伝えるべきものとしていただくことができる根拠は、『太子和讃』で、二種の回向を広めるという言い方をしています。「十方にひとしくひろむべし」という言い方をしておられる。「他力の信をえんひとは　仏恩報ぜんためにとて　如来二種の回向を　十方にひとしくひろむべし」（聖典五〇八頁）という。

ということは、如来二種の回向を広めるのであって、如来二種の回向は本願力の回向ですから、本願力の回向を十方に広める。他力の信を得たならば、仏恩報謝のいのちとして、如来二種の回向を十方に等しく広むべしと課題形で語る。これを、聖徳太子の和讃として親鸞聖人は語る。聖徳太子からの夢のお告げかどうか分かりませんが親鸞聖人がお聞きになったのでしょう。聖徳太子の言葉にあるわけでもないし、聖徳太子の伝記に聖徳太子は念仏者だったということも書いてはいない。

親鸞聖人にとっては、寝ても覚めても聖徳太子が呼びかけて、親鸞聖人と法然上人との値遇、あるいは念仏往生の道を、それでよしと見ていてくださる。そして、如来二種の回向を広むべしと感じられた。還相回向は死んでからしかできないのなら、こんな和讃はできないと思います。死んでからでもやれと解釈できないことはないが、そういう意味ではない。

往還回向を広めるということは、念仏生活をしなさいということです。念仏生活をする、念仏の信心を得ることが、如来二種の回向との値遇を生きるということ、そして念仏の信心を縁があれば語るということが、この和讃の内容になる。

二種の回向は凡愚が出遇うべき本願力の用きであり、また、本願力の回向の用きを我々は証明し広めることができる。広まるのは本願力自身が広まる。本願力は、十方衆生に呼びかけている根源的用きですから、一人ひとりが目覚めていくところに用くわけです。

親鸞聖人のいわれる本願力回向の救いの意味が、どうも誤解されているように思います。二十二願だけを読もうとすると大変難しいのですが、親鸞聖人の了解された意味を通してうかがえば、これは決して個人の努力目標という意味ではなく、個人はもう努力する必要はない。

自利利他を円満したい、自分も覚りを開きたい、つまり、自分が救かりたい、同時に救かったならば、その救かったものを人に与えたいと思う。つまり、自利利他円満とは人類普遍の課題である。しかし、それを自分の力で成就できるかといったらできない。悲しきかな我らは自利も満足できないし利他も成就できない。そこに自利利他の円満を阿弥陀如来の本願力に帰託するという信念の立場がある。

自利利他円満は本願力にある。その利他の用きが往還二回向として開かれている。一つの誤解は、往相回向は自利だという理解です。往相の回向が自利だなどとは何処にも書いていない。

親鸞聖人は、「浄土真宗を案ずるに二種の回向あり、一つには往相、二つには還相」という。浄土真宗という教えを成り立たせる根源的な用きが往還二回向という形をとっている。その内容は本願です。本願力の回向は、如来の利他の用きです。往相の回向が衆生の自利などということは絶対にない。如来の利他なのです。

回向は如来の利他の用きである。その如来の利他の往相の用きが、行として用いたときが利他円満の大行であり、信心として用いたときは利他円満の真実信である。証としたならば利他円満の証果である。皆、利他円満なのです。回向が往相回向という形で用く場合もあるし、還相の回向という形で用く場合もある。

決して往相が自利で還相が利他などということはない。往相回向は自分が浄土に往く、だから自利、還相回向は還ってきて人を救けるから利他だ。これは誤解である。如来の回向が往相回向と還相回向という用きを持つと書いておられるのですから、そう読まなければいけない。もちろん、人を救ける一般的な利他行や慈悲行をここで否定するのではない。往相は自利、還相は利他という考えは、『論』『論註』からも、親鸞聖人の教えからも出てこないというのである。

人間の妄念妄想はいったん流布すると破り難い。けれども、東西本願寺の学者が皆そういっているのです。どこにも書いていないのに。往相回向は自利だと、ほとんど皆そういう。

如来の往相回向ですが、回向は如来だけれど、往相は衆生だという。これが長い封建教学の歴史だった。曽我先生が異安心とされて闘ったのは、元の親鸞聖人の教えに照らして理解しよう、親鸞聖人に返そうとして悪戦苦闘された。封建教学の長い誤解の歴史を破って元へ返そうとすると大変だったわけです。

往還二回向は、親鸞教学の根本概念ですから、これを間違っているということは浄土真宗を理解していないといってもいい。念仏についてはそれでいいのですが、念仏の信心の内容としては怪しくなってくる。念仏の信心を成り立たせる原理としての回向という問題になると、ますます怪しくなってくる。浄土真宗がまた、死んでから救かる妙な教えに戻ってしまった。

浄土真宗は死んでから救かる教えではない。本当に苦悩のいのちを生きている人間に現在の意味を与える。煩悩具足のいのちが意味がないのではない。煩悩具足のいのちが尊いのだ。罪悪深重のいのちがダメなのではない。罪悪深重のいのちが尊いのだということを与えてくださるのが往還二回向だと思います。

## 歓喜地の喜び

本願文は二十二願までで一段落します。十一願から二十二願までは、いわば、山脈の一番高い山。ヒマラヤ山脈のようなもので、それまでの裾野から一挙に連峰が続いて、二十二願で一応連峰が終わる。四十八願全部を通して本願なのですが、教えとして非常に意味のある、教学的に非常に意味のある願は二十二願までです。それぞれ実践的な意味を、その後の願も持ってはいるのですが、教学的には二十二願で一段落する。二十三願からは国中菩薩の功徳が語られます。二十七願だけなぜか国中人天に戻るのですが、人天とか菩薩という言葉は『無量寿経』においては、浄土の衆生には本当は位はない、畢竟平等である。けれども、人天とか菩薩という位は、前のいのちの時の位をとって仮に名づける、という言葉がある。曇鸞大師の『讃阿弥陀仏偈』にもそういう言葉があり、親鸞聖人が『浄土和讃』に、そのことを取り上げている。

人天・菩薩ということは浄土において意味があるわけではない。浄土では平等である。しかし一応その昔の菩提心の位、人天・菩薩という位は仏道の視点から見た人間の位である。政治的位とか経済的な位ではなく、仏法の菩提心の課題で人間の位を位置づけた場合に名づけられる。凡夫や、菩薩、声聞や縁覚と名づけられるのは皆、菩提心の位である。

浄土に触れれば、個人の菩提心を超えて横超の菩提心をいただくわけですから、一切平等である。浄土に触れた菩薩の課題を国中菩薩としてずっと語られる。浄土に触れるなら、触れる一切の衆生を菩薩道に立たしめる。我らは本当に愚かな凡夫であるが、本願に触れたならば、あたかも聖道門の菩薩の位をいただくようなものである。自分の力で菩薩になるわけではないが、菩薩と同じ資格を与えられる、というのが親鸞聖人の了解です。

真実行に触れるなら、真実行によって、我々には初歓喜地が与えられる。これを『十住毘婆沙論』の「易行品」によって語られる。歓喜地に住するのと同じだ。初歓喜地とは、菩薩十地の階梯では一番はじめですが、一番はじめの初地に住するということは、もう覚りまでまっしぐらだ。菩提心を我がいのちとすることが確定した。

歓喜地までは何をいのちにするか分からない。あっちこっちにふらつき、何を自分の拠りどころにするのか分からなかった。自分のいのちはどんな生活になろうとも、「菩提心をいのちにする」と自分で自分に確信したところに与えられる喜びが歓喜地の喜び。

歓喜地の喜びとそれ以外の喜びはどう違うか。歓喜地の喜びは仏果を必ず得ることを必然とした喜びだと、『十住毘婆沙論』では海に喩えております。海の水を全部汲んだとはいわないが、一滴を汲めば、海の水の味は、すべての海の水はそこに宿っている。一滴を汲んだようなもの、これが初歓喜地だ。

仏果を得たとはいわないが、仏果を得ることを必定した喜び。必定の菩薩の喜びという言葉を親鸞聖人は引かれて、真実信心によって愚かな凡夫に聖道門の菩薩の位と等しい位が与えられるという。菩薩といっても自分で私は菩薩になったという意味ではないが、菩提心をいのちとする。

菩提心といっても、横超の菩提心、あるいは浄土の菩提心ですから、それは信心である。信心が浄土の菩提心である。それを私どもは私どもの主体とする。本当の意味のいのちとする。そこに与えられる名前が菩薩です。そう読めば一応頷けるわけですが、本願の内容としての菩薩は、浄土に触れたならば、菩薩がこれだけの力を持つという功徳が展開されます。

しかし、浄土の功徳というなら二十二願の与える必至補処の功徳が最高の功徳でしょう。それをさらに補って浄土の功徳がずっと語られる。ですから付録的な意味になると思います。本願としては、教学的にはそう重要ではなくなるわけです。

親鸞聖人が重要視されるのは、三十三願と三十四願です。二十二願から十願ほどは国中菩薩ということが続いて、三十一願と三十二願は浄土の願といわれ、浄土自体、浄土の環境自体を誓っている。

『浄土論』では器世間荘厳のところで、三十一願・三十二願を受けたと考えられる荘厳があります。しかし、親鸞聖人は、ほとんど問題になさらない。三十三願・三十四願を注目される。どういう意味で注目するかといいますと、「十方無量不可思議の諸仏世界の衆生の類」という言葉があり、三十三願・三十四願で浄土それ自体でなく、浄土の周りの諸仏世界という言葉とその内容を、「信巻」の真の仏弟子のところに引用される。「真仏弟子」と言うは、「真」の言は偽に対し、仮に対するなり。「弟子」とは釈迦・諸仏の弟子なり、金剛心の行人なり」（聖典二四五頁）と。真の仏弟子といわれて、真というは、偽に対し仮に対するなり、と。真仏弟子といい得るのは釈迦諸仏の弟子である。釈迦諸仏の弟子ということが、還相回向の問題にもかかわる。

釈迦諸仏の弟子の証拠は何か。「信巻」では、釈迦諸仏の弟子と言い得るのは金剛心の行人である、「この信・

行に由《よ》って、必ず大涅槃を超証すべきがゆえに、「真仏弟子」と曰う」（聖典二四五頁）という。真実信心は、往相の一心と押さえていいます。往相回向の信心といってもいい。往相の一心によって、横超断四流を釈しているのですが、煩悩のいのちの私どもが本当の意味で煩悩を超えるいのちに立てる。

必ず大涅槃を超証すべきが故に真の仏弟子という。菩提心の問題と仏弟子の問題です。この仏弟子のいる場所は何処かというと、不可思議の諸仏世界、つまり、諸仏の世界。それぞれの縁があって、それぞれのいのちの宿縁で生まれ落ちて生きる場所、それぞれのいのちの場所において、釈迦諸仏の教えに出遇う。そして、必ず大涅槃を超証する。涅槃が仏教の旗印になるわけですが、その大涅槃を超証する。

大涅槃という問題は真実証の問題です。本当に大涅槃を確証できるかという問題。本願力回向の行信において大涅槃を超証する。そこに金剛心ということがいえる。仏弟子ということをここで親鸞聖人が押さえられるのは、明恵上人の論難に対するものです。明恵上人が「法然上人は外道だ、仏弟子ではない」と非難された。一つには菩提心の問題、他にいろいろの問題をあげておられますが、法然上人の教えを聞く者が諸仏を非難する。諸神諸菩薩を軽んじるという問題などがあって、仏弟子ではないと非難した。

これに対して、親鸞聖人はここで押さえ直している。真実証、つまり、大涅槃を証するか否かが仏弟子かどうかの根拠だという押さえをして、その内容として三十三願・三十四願を引いている。

三十三願は光明、三十四願は名号です。光明名号。触れる世界は、諸仏世界、つまり阿弥陀の国でなくて他方仏国、具体的には我々の生きている現実の穢土、娑婆世界です。そういう世界において光に触れる、名を聞く。

この行信によって必ず大涅槃を超証するのが仏弟子である。仏弟子ということを真実証の内容として押さえる。一方ここで、真は偽に対し仮に対すると。仮の問題は「化身土本巻」の問題として、十九願・二十願の問題として、偽の問題は「化身土末巻」の政治の問題、他の思想の問題、あるいは偽なる宗教の問題として扱われる。
それに対して、本当の仏弟子、釈迦諸仏の弟子であるといい得る者は金剛心の行人である。三十三願・三十四願をこういう内容として取られている。これも解釈はほとんどしておりません。『無量寿如来会』の文を付けて引用されるだけで、内容についてはほとんど触れていない。願文として、三十三願・三十四願に注目して、『教行信証』にわざわざ引用している。
『教行信証』では、「行巻」「信巻」「証巻」「真仏土巻」「化身土巻」、それぞれの巻に本願を立てて展開されるのですが、回向の内容としてわざわざ願を引かれるのは二十二願だけです。ところが、真実信の内容のときには例外的に三十三願・三十四願を引いている。

真実信心については、十八願で誓うだけではなく、十八願の内容にさらに十八願によって成り立つ仏弟子の内容が本願にあることに注意された。ここに親鸞聖人が、信心を重んずる、信心為本《しんじんいほん》といいますが、信心において成り立つ人間存在、名号の信心によって成り立つ人間の意味を非常に大切にしておられたことが思われます。

真実信心によって仏弟子が成り立つ。仏弟子を誓っている願が本願の中にあるとわざわざ注意している。『教行信証』には引用されていますが、他でこの願に触れて語ることはない。ですから、内容についてそれほど重要視していたかどうか分かりませんが、真の仏弟子を本当に成就するために、わざわざ本願が十八願の内容として三十三願・三十四願を誓っていると注意された。三十三願・三十四願を特に注意して見ておくことができると思います。

# 第2章　浄土の功徳［第二十二願〜第三十二願］

## 浄土の功徳が用く

二十二願から三十願までは、国中菩薩ということで菩薩の功徳が語られています。二十七願だけなぜか国中人天《にんでん》に戻るのですが、いずれにしても、浄土に触れた衆生としての菩薩の課題がずっと語られるのです。

浄土に触れて一切を菩薩道に立たしめる。我らは本当に愚かな凡夫であるが、浄土に触れたことによって、その浄土の功徳が触れた人間に用《はたら》く。その用くことの意味が改めて願として開かれてきている。二十二願が一生補処を誓って、いつでも仏になれるという。浄土に触れるならば、一生補処を与えよう。人間が自己完成、自分のいのちを本当に完成しようという要求を浄土において求めていく。人間のあらゆる要求を浄土で完全に満足させよう。そのときに、一生補処という課題は、仏の一歩手前、どこまでも浄土において仏と等しい功徳を一生補処として与える。

二十一願を見ますと、あたかも成仏と等しい利益を与えよう、三十二大人相、これは仏の不共の相ですから、仏だけが持つことができる相を与えようと誓っている。さらに二十二願では一生補処を与えよう、自分の課題を完全に満足させようという方向をより広げ、深める。むしろ、自分の課題は浄土によって与えられる。今度は、浄土の願を我がいのちとして苦悩の衆生の世界に目を転じていくという方向になっている。それが二十一願では自利の方向であり、二十二願からは利他の方向に方向が転じたように見える。

二十二願から方向が転じた場合に、「除其本願　自存所化」と二十二願で語られるその除かれた内容は、浄土に触れた衆生の意欲という形で語られている。それまでの、衆生の意欲を起こさしめた諸々の衆生の状況、衆生の意識からすると、浄土に生まれたいというのは、あたかも自利の要求の如くに起こる。願生とは、自分が利を得たいという要求の如くに起こる。しかし、本当は浄土に触れることができるのは、実は、法蔵願心の利他の用きの中である。利他の用きの中であって自利も満足すると曇鸞大師は阿弥陀如来の増上縁を教えられた。

私が自利と思っていることも実は利他の中にある。清沢先生の言い方では、自らの思うことも、他力の中にある。他力掌中の自己と。自分の力は実は全部本来は付与されたもの。自分に執着して、自分の領分を自分のものだと思っているが、そのこと自体が実は大きな他力の付与である。他力の掌中にあって我が分限が与えられてあるという自覚です。

願生ということも、親鸞聖人からすれば、内に欲生心がある。その欲生心は、利他の欲生心、回向の欲生心である。自力で起こすというよりは、根源から起こる意欲それ自体が事実は他力である。呼ばれて気がつく。自分で気がつくというより、気づかしめる力が用いて気がつくというのが、親鸞聖人の本願力の了解です。

二十二願以前の本願自身は、選択本願ですから、法蔵願心が呼びかけている誓いである。その内容が二十二願に来て方向を転じる。単純に自利から利他へというよりは、利他の中にあって育てられてきたものが、本当に浄土に触れたときに、その浄土の力それ自身が主体になる。

曇鸞大師はそれをいみじくも「本願に乗ずるを我が命となす」という言葉で釈しておられます。私どもは、この世の生活を、自分なりに計算し、自分なりに意欲して、自分が自分のいのちを与えられた有限の範囲内で、ともかく自分の好きに生きていこうとし、自分の自力で自分の思いで生きていると思っている。ところが、浄土に触れるときに、生活内容が、弘誓《ぐぜい》の鎧《よろい》を被《き》る。つまり、本願力が荘厳している浄土に触れるということは、本願力が着物になり、本願力がいのちになる。

生活の方向、生活の意欲が質を転じるということが、そこに教えられている。その内容が「除其本願」以下として語られている。それは、この世の凡夫の生活からすると、一応真実証の内容として未来である。未来であるということは、現実には、いま具体化されていない。現に私どもが意識する限りにおいて、私の意欲は煩悩の意欲であり、私の行為や生活は、自分中心、所有欲、権力欲中心である。ニーチェ（一八四四～一九〇〇）が権力意志のことをいいましたが、いまの政治抗争だけが権力意志なのではなく、私どもの具体的な生活も小さなところで、自己実現という自分の意志、力を具体化したいという小さな権力意志が動いている。

ところが、生活の目標は、凡夫のいのちでありながら本願力に触れる、浄土の功徳に触れる、法蔵願心の用きに触れるときに、本願力によって、ちょうど藍《あい》の中に麻を浸ければ全部藍色に染まる如くに、浄土の功徳に触れるところに真実証の用き自身として菩薩の願心を与えてくる。菩薩の願心は、自力聖道の要求とすれば自分の要求である。自分の要求といっても、『十地経』からいえば、八地以上という非常に高い理想、凡愚の生活などをはるか下に見下ろして純潔な理念そのものを生きる、はるか高みの要求である。そういう要求を、ふつう人間は我が要求として、我が願いとして具体的に生きるということは、とても考えも及ばない。

そういう話を聞けば立派だなあと思うが、私どもに興る意欲は日常意識で、細かなところで、悲観したり、また元気を出したりして動いている。ところが、そういう人間にとって、はるか高みにあるような意欲が浄土の功徳として、現在からすれば未来形の形で、しかし、本当の意味で現在が本願に触れる主体を見い出すときに用く。つまり煩悩の生活を自己としておりながら、それを悲しみ、それを本当に突破して、念仏生活をいただく。念仏生活が開いてくる心境は、自力の高みを要求するというのではないが、本願自身がここに生きてくるというときに、浄土の利益が、浄土のいのちの意味を語りかけてくる。

## 宗教的要求とは何か

「親鸞は父母《ぶも》の孝養《きょうよう》のためとて、一返にても念仏もうしたること、いまだそうらわず」（聖典六二八頁）と始まる『歎異抄』の第五条は、ある意味で浄土の利益は未来に、現在は自分でどうこうしようという立場ではないから、いまは救けるということはない。しかし、念仏して浄土の覚りを開いたならば、大悲をもって、有縁を度していく。

この用きは念仏が孕んでいる未来の用きとして、それを信じて念仏していく。念仏生活において、いま願って実現できないような、父母を救けたいとか、亡くなった人を救けたいという願いは、自らにとっては未来の課題である。自らは念仏において念仏が用く世界におまかせしながら、自力で救けようと思うのは実は矛盾している、できないことを願っている。そういう苦悩を超えて本願力に託する。自己の課題も、自己自身も本願力に託するところに大きな利他の功徳、大きな大悲心の功徳を感じていく。

現在が念仏において開かれるという用きを受ける中に、単に往相回向の利益ではない、還相回向の利益も用いている。「弥陀の回向成就して　往相還相ふたつなり　これらの回向によりてこそ　心行《しんぎょう》ともにえしむなれ」（聖典四九二頁）と曇鸞讃にある。信心を私がいま得るということは、往相還相の回向として開かれる弥陀の回向による。如来の回向によって信心が開かれる。

私がいま信心を獲得することが、如来二種の回向の用きである。現在は往相回向で、還相回向は未来だというのではなく、往還二回向の用きを信心の中に、信心を成り立たせる用きとして感じる。二十二願以下の内容は、個人の個人的要求ではなく、人類が要求して、しかも、このいのちにおいては目に見えた形では成就できない、自利利他円満という願いである。それは、いつも課題として、私どものいのちの間違っていることを教え、狂っていることを気づかしめる用きとして、私どもに呼びかける。しかし、それを自力の形で了解するなら、つまり自分の理想として自利利他を要求するなら、これは永遠に歩んでもできない、永遠に求めてもできない。

二十二願の言葉でいえば「常倫《じょうりん》」という言葉があります。これは、日常的人倫、日常的な人と人との間柄のことである。人間存在は間的存在である。英語でBetweeness、ドイツ語でツビッシェンメンシュリッヒカイト(Zwischen-menschlichkeit)といわれますが、ツビッシェン、between、間にある。間柄的に位置づけられてある。自分が一人で自分のことを決めているのではなく、むしろ間柄において、自分というものが立てられてくる。

子どもがあって親である、親があって子である、先生があって生徒であるという相対的関係であって、個人として何かであるということはほとんどない。そこに間的存在ということがいわれます。人倫性が人間存在です。その人倫性を成り立たせる大きな働きが道徳性や善悪感、つまり、人と人との間に約束事として一緒に生きていくための知恵、一緒に生きていくための法則が働いている。

何処までも有限と有限の関係において、お互いに譲り合ったり、バランスを取り合ったりして生きていく。片一方だけが自分の都合のいいようになっていけば、必ずそれは破綻する。自分を主張しながら自分を通していくことは難しい。特に中国哲学などは人間の中で自己を成就していく知恵のようなものが哲学になっている。「韓《かん》非子《ぴし》」とか、兵法とか、勝っていくための方法論が哲学になる。ところが、仏法の願いは、単に相対的人間として自己満足することではない。一言でいえば、「無限」ということになるのでしょうが、単に相対的に縛られ、相対的にしか意味づけられないいのちに止めたくないような願いがある。例えば、勲章を貰うとか人から誉められるという、人倫の中での勝ち負けだけではないいのちの意味がある。

どれだけ負けても、認められなくても、それ自身が何処かで本当に絶対満足するものを求めずにはおれないものを持っている。儒教などは、人倫の中で勝っていく道を教えています。儒教は根源的な人間の哲学というよりも、いかにして社会を治めていくかという政治学という面が強い。そういう人倫性をどこかで本当に超えて一人ひとりが絶対に満足する。無限の意味を獲得するのが宗教的要求である。

禅宗では、「随所作主」、随所に主《しゅ》と作《な》るという言葉を大切にする。本当に主体となる、本当に主であることを何処にあっても自覚する。自己とは何ぞやということを問題にした清沢先生にとっても、これは非常に大きな問題であった。人間の間にあるうちはどうしても自由な主体が回復できない。縛られっぱなしである。家族の人間関係、仕事の中での人間関係、地域における人間関係、その人間関係が相互に矛盾して、お互いにうまくいかなくどちらを取っても矛盾する。どちらを取ってもどちらも満足させる答えが出ない。そこに、随所に主と作るという仏教の要求、宗教的要求がある。これは、釈尊が「天上天下唯我独尊」といわれたことが大きな契機なのでしょうが、我一人尊し、本当に一人いて尊いといえるいのちを回復したいという願いである。

しかし、キリスト教だと、他の下僕となることなかれ、我が下僕となれと神が命令してくる。相対的なものの奴隷になるな、絶対者の奴隷になれ、それが相対の世界を突破する道だという教え方をする。だから、浄土教でいえば、他力ですから、「随所に主と作《な》れ」というより「随所に従となれ」、何処にあっても従うと。

清沢先生も、如来の奴隷という言い方をされました。よく誤解されますが、如来の奴隷となれということは、常倫の奴隷となるのではない。相対的な関係の中で奴隷になるのでなく、相対関係を突破して、無限なるもの、一如なるものの奴隷になる。奴隷になるという言葉は、主があって、その下僕となるという相対的な表現ですが、それが神とか如来ということになったときには相対的な存在者ではありませんから、何処にあっても、本当にそれ自身独立した意味を回復する。

清沢先生は、自他の自由ということをいうときに、「自由と服従」ということをいわれる。自由と服従はふつうは矛盾する。しかし、本当は自由と服従が一致するという。これは相対的な関係では絶対にあり得ない。服従するということは屈服したこと、自由ということは自分で自分を回復したことである。これが相対的関係ですから、片方が自由を主張すれば、一方は服従せざるを得ない。二人で旅行して、一方がこっちへ行きたい、他方はあっちへ行きたいといったら、どちらかに行くしかない。そうすると一方は服従ということになり、自由ではない。それが人間関係である。しかし、そこに矛盾しない道があると清沢先生がいわれる。これは分かりにくい。相対的関係の中で矛盾しない道があるような言い方をされる。実際は人倫性の中にある限りは絶対に成り立たない。人倫の中での限界です。

浄土の力、浄土の用きとして、浄土は本願力が呼んで、本願力が大地となる。私どもの相対的ないのちを成り立たせる大地ではなく、如来の願力、大悲心が大地となって、私どものいのちを受け止めて、そこから私どものいのちを改めて立ち上がらせる。そういうときに初めて常倫に超出するということが成り立つ。この問題は、往相の果である教行証の証、真実証の内容として二十二願による還相回向が開かれている。浄土の功徳は、私どもにとって常に未来性である。しかし、その未来性は現在と無関係にある時間的条件を加えて出してくる未来ではなく、常に現在にとって未来性である。むしろ、現在に何処かで用いて本当の意味で現在を成り立たせる。

天親菩薩は、阿弥陀仏の願力が用く力として、不虚作住持功徳の用きとして十地の菩薩ということをいう。平等に十地の菩薩の利益が浄土に触れたところから開かれてくる。

私どもは、有限のいのちを生きている間、有限に囚われながらも、有限を超えた世界をいつも未来に夢見る。単にこのいのちではない、単にこのいのちで止まりたくない、何らかの意味で、自分のいのちを人のために燃焼する、世界のために燃焼するという充分な意味を持ったいのちにしたいという願いが、いつも何処かにある。

人類的相対関係の中に自己がいるということを還元していきたいという深い願いがあって、私どものいのちを支えている。生きていることが何の意味もない、自分のいのちの意味を見い出せないということになったら、こんなつまらないいのちはない。浄土の利益に触れるならその深い願いが、人類の根源に用いて一切人類を摂取せんとする願いが、法蔵菩薩の願いとして、個人を超え、人類の課題、深い人間の願いを担って私どものいのちを支えてくださる。

私どもの自力の力で、我が思いの如くに人を救けるなどということはできる話ではない。けれども、十方衆生を救けずんば止まんという法蔵願心にまかせて生きよという本願を我がいのちとするときに、単に個人が救かるだけではなく、何処かで人類的課題が我が思いを超えて解決されていく、あるいは成就していく。そういう歩みをいただくことができる。

## 親鸞教学の自己完結性と還相回向

私はかつて、親鸞教学や信心が自己完結性を持ってしまっているのではないかという問題を突き付けられたことがあります。論理として自己完結性を持ってしまったら、相対有限のいのちをともに生きていく人間の中で用きを失う。小乗仏教の覚りみたいに、自分で救われたということになったら、信心を獲たらもう何もしないという信心なら、本当の意味で生きて用く信仰生活にならないのではないか、つまり、親鸞教学はあまりにも自己完結性が強すぎるのではないか、こういう問いを投げかけられた。

聖道門仏教は完結しないで、もがいて救かるのは一人もいないというほど歩み続ける。ところが、本願他力に託して、本願他力に帰して何もしないでいいのだと、有限の中で自己完結してしまう面が強いのではないかという問いを投げかけられた。なるほど、それは観念的救いといいますか、自分は宗教に立つのだから、政治にも経済にも関係しない、念仏一つで完全円満に救かったとなってしまうならば、そのこと自体が小乗仏教の解脱《げだつ》と似た、苦悩の人間とともに本当に歩むという課題を何処かでごまかしてしまう。

清沢満之先生が亡くなる一カ月ほど前に書かれた、『宗教的道徳と普通道徳との交渉』という論文が持っている意味は非常に大きいと思います。普通道徳とは当時の代表的なものは儒教です。人倫の道、君に忠、親に孝ということで代表される普通道徳に対して、信心にとって道徳とは何であるか、人倫とは何であるかを問題にするのは宗教的道徳である。その場合に、宗教的道徳とは、清沢先生は、信仰がなければ道徳に躓いて自殺するしかない。有限の中で完全な人格を作ろうとするなら、清沢先生のように正直に正義を求めた人は、矛盾にぶつかって自殺するしかない。私どもは何処かでごまかして平然としておりますが、本当に大事な問題を、もしそれを本当に生きようとしたら壁にぶつからざるを得ない。自分で自分の首を締めるようなことになる。

宗教的道徳とは、清沢先生の場合、信仰自身が歩むものだという。決して自己完結して、止まって、信心を得てそこでストップするという問題ではなく、念々に信仰自身が歩む。信仰を歩ませるものとして道徳性ということをいう。人間が相対的ないのちを生きているところに完結した信心を持ってどこかへ出ていくという発想ではなく、常に信仰自身が歩む。そういう問題として道徳の問題を取り上げている。

二十二願以下の問題とは、私どもが二十二願以下の意欲をもって何かをしようということではない。個人でいえば、はるかなる理想のような願いが、実は法蔵願心として私どもの根底となって、弥陀に帰命せしめる力となって私どもを歩ましめる。いかに私どもが有限であるか、いかに何処までも凡夫でしかないか。私どもがどれだけ思おうとも有限の身である限りはほとんど何もできないし、何かしようとすれば相手を傷つけるし、相手を縛り自分も縛るようないのちしか生きられない身であることをいよいよ教えてくる。そういう内容が二十二願以下の内容になるのではないか。

自分でできる世界を語っているのではなく、本当は本願力がこういう世界を衆生に与えようとして開いている。それは、私どもからすれば、信に立つ立場からすれば、証は必至滅度として未来です。その未来の内容として、信が開いている本当の本願力の世界として、自力で得ることはできないが、本願力に託するところに本願力の用きが二十二願以下の内容を持ってくる。『論註』の喩えで「阿修羅《あしゅら》の琴」というものがあります。自然に用く。阿修羅の琴とは、鳴らさずして鳴る。阿修羅が持っている琴は、阿修羅が弾かないでも、阿修羅が持っているだけで自然に鳴る。これは本願力を喩えている。そういう内容が、まさに還相回向の内容として教えられている。

二十二願に、「その本願の自在の所化、衆生のためのゆえに、弘誓《ぐぜい》の鎧《よろい》を被《き》て、徳本を積累《しゃくるい》し、一切を度脱《どだつ》し、諸仏の国に遊んで、菩薩の行を修し、十方の諸仏如来を供養し、恒沙《ごうじゃ》無量の衆生を開化《かいけ》して、無上正真《しょうしん》の道を立てしめんをば除かん」（聖典一四頁）とある。

弘誓の鎧を被って、つまり、本願を着物として、徳本を積み、一切を度脱する。一切を度脱するとは、解脱といってもいいし、「度」は度彼岸とか、済度《さいど》といって救われるという意味です。「脱」は解脱とか、得脱といわれ、縛るものから解放され、さえぎるものから自由になる。

一切とは、一切衆生が、煩悩とか迷いとか苦悩とかいわれる人間存在をさえぎるもの、人間存在のいのちを覆うもの一切から完全に解放された上で、諸仏の国に遊ぶ。「遊」という字が出てきます。これを曇鸞大師が大切にする。「遊煩悩林現神通」と『正信偈』に書かれますが、本当に縛るものから解放されるということは遊ぶことだ。

二十二願は、意識過剰で、何かをしてやろうとか何かを私はするのだという過度の重さを持った使命感、あるいは縛られて動いているような窮屈なものではない。新聞でよく騒がれるような、新興宗教に取り憑かれた人たちは、欲がらみか恐怖がらみのどちらかなのです。欲と恐怖心がなければ、新興宗教にかぶれる心配はない。欲があって、しかも恐怖心がある。恐怖心を突いてきて、もうじき世界は無くなるという終末論的なことをいう、地獄へ行くぞという。あるいは欲がらみで、もっといい世界、もっといい財産、健康があるぞという、その欲との両方で釣る。

仏教が教える本当の宗教性は、度脱、解脱、一切の縛られていることから解放される自由を得ることです。その自由は相対の中で我儘《わがまま》をするという意味ではなく、自己を縛っているものから解放されるという意味の自由です。その自由においてあらゆる世界に遊ぶ。諸仏の国に遊ぶ。法蔵願心が兆載永劫の修行をするのは、人間から見ると大変だが、法蔵願心からすれば、遊びですから大変ではない。願心自身が遊ぶわけです。願心自身が遊ばなければ、兆載永劫には続かない。使命感が重かったらくたびれてしまう。遊んでいれば、いつまでも続く。人間はなかなか遊べない。遊んでいてもくたびれるというのでは本当に遊べない。

まったく自由になる。しかも、そこに菩薩行を修する。この場合の菩薩行を修するとは、浄土に触れる前の菩薩行は果を求めんがための菩薩行ですが、浄土の功徳を得ての菩薩行は、まったく自由になった上で、しかも菩薩行を修する。そして十方諸仏如来を供養する。供養という問題が出てきていますが、安田先生は、浄土の生活はいったい何かというときに供養の生活だ、供養諸仏の生活だと押さえられる。そしてこの問題が、次の二十三願・二十四願にも出てくる。仏法の仕事は、諸仏供養なのだ。

浄土に触れて、浄土の意欲によって、いままでの意欲と違う意欲に転ぜられる。私どもの生活意欲が、浄土の本願力の願心を我がいのちとするというときに、諸仏供養の生活になる。

供養諸仏、開化衆生。これは聖道仏教ですと、自利利他は、自行化他、つまり「上求菩提　下化衆生」ということに代表されるわけですが、上求菩提ではなく諸仏を供養する。供養諸仏、開化衆生、恒沙無量の衆生を開化し、無上正真の道を立てしめる。無上仏道を成就する。そのように二十二願の内容が転じてきております。そして、二十二願は、「常倫に超出し、諸地の行現前し、普賢の徳を修習せん」という。つまり、人倫の生活を超えるところに諸地の行が現前する。困難至極であった十地の願行が自然に満たされてくる。

一人の個人にとって、往還二回向は如来の回向として我々が出遇うものである。そして、往相の回向が、教行信証として私どもに教えられてきて、還相の回向が、証の内容として開かれるという形で私どもに用く。未来から用くということが、実際は先に浄土の利益を得た人を通して私に用くという形を持つ。自己の未来から用くということが、実は先に浄土の利益を味わった人を通して本願力の用きが、私に呼びかけてくる。

善導大師は、往相の回向の中心は、一心正念にして直ちに来たれたという如来召《しょうかん》喚の勅《ちょくめい》命だという。それに対して、行けという発遣《はっけん》の声のところに還相の回向を私どもは感じることができるのではないか。有限なる人間が、お互いに往還二回向をいただく。その往還二回向の中の還相回向をいただくということは、声は人を通して響く。

一人ひとりが浄土の利益を捨てて、諸仏の世界に遊ぶという用きをもって菩薩道を修する。その力が還相回向の用きである。菩薩個人の用きというよりも、その菩薩を通して本願力が用く。本願力が深い意味の願いを法蔵願心として用いて、浄土の利益を失わしめない。浄土の力、本願力を証明する人を生み出してくることが、私どもにとっては、還相回向を未来に感じると同時に、現在の信を成り立たせる力として感じられる。

還相回向は、自力で回向するのではなく、「阿弥陀の回向成就して、往相、還相二つなり」ですから如来の回向です。自分の思いで還相回向するというのはとんでもない理解です。

還相回向に出遇う内容は、具体的には、個人で摑まえてくるという意味ではなく、私の信を促し、信を成り立たせる用き、南無阿弥陀仏の信、南無阿弥陀仏に一切の功徳をいただく生活を成り立たせる用きです。一切の功徳に優れたる南無阿弥陀仏、その南無阿弥陀仏一つを信じせしむる背景、根源のところに法蔵願心の還相回向が用いている。それに託するところに、私どもの個人の思いを超えて人類の祈りが念々に私を歩ませる。決して閉鎖的自己完結性、自己埋没性を許さない。

自分の力で、還相回向を自分で持って、人救けができるということをいっているのではない。人間は、一応何かを正義とし、何かを善とし、何かを決めて自分なりに選んでいくしかないのですが、それが還相回向なのではない。私どもは相対有限の世界へ往還二回向の絶対大悲の用きを前提して理解してしまう。むしろ、本当に自由に、本当に遊ぶが如く法蔵願心が用いている、そういう還相回向が用いているから、私は有限な罪の深い、本当に無知無能な罪悪深重ないのちを安んじて生きていくことができるという信念が開かれる。

私どもは有限の存在であり人倫的存在ですから、その間柄の中でもがき苦しむしかない。そのもがき苦しむ存在のままに「常倫」を超出する方向性を自分の力で開くのではなく、浄土の功徳においていただいて往くことができる。

二十二願の内容を、さらに二十三、二十四、二十五、二十六願と一つひとつ、より具体的に展開してきております。

## 宗教の定義と浄土教

### ✢第二十三願　供養諸仏の願

たとい我《われ》、仏を得んに、国の中の菩薩、仏の神力《じんりき》を承《う》けて、諸仏を供養《くよう》し、一食《いちじき》の頃《あいだ》に遍《あまね》く無数《むしゅ》無量那《な》由他《ゆた》の諸仏の国に至ること能《あた》わずんば、正覚を取らじ。（聖典一九頁・註釈版一九頁）

二十三願から、国の中の菩薩になってきます。浄土の存在、浄土に触れたということは菩薩という意味を持つ。

人天とか、菩薩とか、声聞という名前は、相対的な名前ですから、浄土のいのちを表す場合に適当だとはいえない。しかし、その相対の中で、位として与えられる名前をもって語る。

浄土の存在、浄土のいのちは、仏の神力、阿弥陀如来の神力を受ける。曇鸞大師は神力というときは、願力と神力という分け方をする。威神力《いじんりき》、これは、阿弥陀の果の力を語るときに神力という。願力は因の力、神力は果の力と分けます。

本願の教え、『無量寿経』の教えは、因願と果上、因果に分けて教えを開いている。果からいうと阿弥陀如来という名前と何か実体的な人格に似た、大変大きな力を持った神さまのような存在があるかの如くに語りかける。因からいうと、あたかも人間と同じくらいの大きさ、何処にでもある菩薩さまが悪戦苦闘して歩むような言い方で教えられる。しかし、そこに因と果の関係があって、因が果になり、また果が因になる。こういう形で、どちらかを絶対化するものでもない。因果の展開で教えが開かれている。

『無量寿経』の教え自身がはじめには、法蔵比丘から出発して法蔵菩薩となり、本願を興して修行して無量寿仏となるという展開です。はじめに無量寿仏がいるという説き方ではない。天に神がいる。それからキリストを生み出したというのではない。あたかも、何処にでもいる一人の人間が出家して比丘となった。そして歩み出したと展開している。

図式化して、阿弥陀如来がまずいる。無限なるものがまずあって、と考えると考えやすい。しかし、無限なるものがまずあってという前に、有限なるものがあって、有限なるものが歩んでいって無限になると教えが展開されている。人間は有限、神は無限である。その無限と有限が関係するのが宗教だというのが、religion という言葉の意味です。この宗教理解と浄土教は似ているようですが、本当は違うのです。無限、果上の阿弥陀となるという限りにおいては、無限なる存在を有限の前に立てる。しかし立てられたものは絶対的に外にあるというのではなく、むしろ摂取不捨《せっしゅふしゃ》として用いて、私を包み、私を支え、因なる力を通して今度は法蔵願心となって私の信心となる。そのときには、私の内に無限なるものが、有限となって用いてくる。

南無阿弥陀仏は、阿弥陀仏を外に立てて私が信じるという言葉ではない。南無阿弥陀仏それ自身が私の中に用いてくる。無限でありながら有限である。ヨーロッパ的図式で二元論的に神と人間とを立てようとすると、それだけでは説明がつかない教えです。

南無阿弥陀仏の信仰は、阿弥陀仏を信ずるというが、そうではない。南無阿弥陀仏を信じる。南無阿弥陀仏とは阿弥陀仏を外に出して信じるというよりも、南無阿弥陀仏という言葉となった阿弥陀如来の願心を信じる。信じること自身も南無阿弥陀仏である。だから、論理としてそれを出そうとすると大変面倒なことになる。

信心自身を私は尊敬する、信じる心自身を信ぜよと親鸞聖人はいわれる。信じる心自身を自己の主体として信頼し、それを尊敬せよと。そこに、『無量寿経』が因果の次第を取りながら、根本的に仏陀の自覚内容を衆生の自覚の中に明らかにしようとしている教えだということがはっきりする。

二十三願の場合は、仏の神力を受ける。これは果上の力、阿弥陀如来の力、曇鸞大師は不虚作住持功徳の釈文のところに、有名な、「願もって力を成ず、力もって願に就く。願徒然《とぜん》ならず、力虚設《こせつ》ならず。力・願あい府《かの》うて畢竟じて差《たが》わず。かるがゆえに成就と曰う、と」(聖典三一六頁)、という釈をおいて、法蔵菩薩の願心と阿弥陀如来の自在神力と、因願と果上の力が、願のままに力である。力のままに願である。

果となったから、もうおしまいではない。果になったことがいよいよ因の願である。因の願が単に因から果へかというとそうではない。因の願は果を満足している。因果が因から果へ離れているのではなく、因果一体でありながら、しかも因果として用く。これは西洋的論理では話してみようがない。本願である限りは果ではない。果になったらもう本願ではない。そうではない。果でありながら願だ。願でありながら果だというのが南無阿弥陀仏の信心です。

いまここで仏の神力、阿弥陀如来の神力を受けて神力として語る場合は増上縁、外から来る力です。如来の神力を受けて諸仏を供養する。諸仏供養ということも実は浄土の用きの中にある。浄土の生活は浄土の力を受けて生活する。私どもの生活はこの世の力の中にある。この世の大自然の力の中にある。大自然の力の中に、呼吸することも、栄養を摂取する力も、ものを考える力も全部与えられている。その中で私のいのちは成り立っている。一人で、自分で自分の力を作っているものはない。浄土の場合もそうで、浄土のいのちは浄土の力である。その浄土の力の前に諸仏供養という生活が成り立つ。

「一食の頃に遍く無数無量那由他の諸仏の国に至ること能わずんば、正覚を取らじ」、これは、天親菩薩の『浄土論』では、一念遍至の功徳として、菩薩功徳が語られています。浄土の菩薩は一念の間にあらゆる世界に行く。一食というのは一回食事をする間にということですが、短い時間を一回の食事で代表している。一回の食事をしている間、ちょっと食べて、休息している間に、無数無量那由他とは数えきれない無限なる世界ということです。とにかく、東も、西も、南も、北も、上も下もどの世界であっても行かない世界はない。全部の世界にあっという間に行ってくる。

浄土の場合は、仏の神力を受けてあらゆる世界に響く。あっという間にあらゆる世界に行く。これは結局、本願力を語っている。個人の力ではないということを語っている。本願力は、あたかも光の如くにあらゆる世界を常に照らしている。常にあらゆる世界に響いている。一つが響けば、あらゆる世界の音叉に響く如くに響き渡る。

それを浄土に触れた菩薩が証明する。ここで食事をしている間にあらゆる世界に響いている。自分の力でということだと、ここにいるだけで精一杯で、隣の家にも行けない。しかし、仏の神力を受けてというところに、諸仏供養の仕事が十方世界へ響いていることを象徴してくる。

つまり、個人の力ではないものに触れた。人類の背景、全世界に響くような背景に触れた。そこに居ながら、あらゆる世界に響いている。本当に広い世界、遊ぶが如き世界、法蔵願心が呼びかける世界は、本当に垣根をとった、民族、宗派、教義などという垣根をとって人類の背景を照らし出す願いである。

あらゆる諸仏の国。諸仏の国とは、一人の仏陀だけが正しいというのではない。あらゆる仏陀の国、どんな価値観、どんな習慣、どんな論理があろうと、その中に法蔵願心が響いていくという信頼が十方衆生に呼びかける本願の信頼である。人間の関心からすると、習慣が違う、言葉が違う、宗教が違うと絶対に相入れない。この世に現れたものは、教義とか、習俗とか、立てられた神さまという形を持ちますと、形同士がぶつかりますから、どうしても相入れない。しかし、阿弥陀如来が呼びかけている人間存在の根源は法蔵願心ですから、表に現れた形の背景にあるものを信頼する。

相対的な立場、習慣の価値は作られた価値でしかない。宇宙から見れば国境は無いというが、法蔵願心から見ても国境は無い。上から見るだけが無いのではない。下から見ても無い。地球の中心から見たって国境など無い。比喩的にいえば、太陽があらゆる大地のどの田圃にも、どの水たまりにも映るように、法蔵願心に響いているときにあらゆる世界に響いている。これがその前の二十二願で「諸仏の国に遊んで、菩薩行を修し、十方の諸仏如来を供養し」ということの内容になってくる。

## 一切智を演説する

### ✢第二十四願　供具如意の願

たとい我《われ》、仏を得んに、国の中の菩薩、諸仏の前《みまえ》にありて、その徳本を現じ、もろもろの欲求《よくぐ》せんところの供養の具、もし意《こころ》のごとくならずんば、正覚を取らじ。（聖典一九頁・註釈版一九頁）

この二十三願をさらに具体化して、二十四願では、この浄土の菩薩は、諸仏の国へ行って、諸仏の前で、その徳本を現ずる。徳本というと、功徳の根本です。諸仏を認めるということは、それぞれの価値観、それぞれの有限の意味を認めるということです。そこでその徳本を現ずる。親鸞聖人からすれば、善本・徳本とは念仏ですから、念仏一つでいいのでしょうが、一応は、諸仏の前でその徳本を現ずる。そして、供養諸仏の生活にはどれだけでも要求するままに、供養の具を与えられる。

二十四願には、成就の願があり、「仏、阿難に告げたまわく、「無量寿国のそのもろもろの天人、衣服《えぶく》・飲食《おんじき》・華香《けこう》・繒蓋《ぞうがい》・幢幡《どうばん》・微妙《みみょう》の音声《おんじょう》・所居《しょご》の舎宅《しゃたく》・宮殿《くでん》・楼閣《ろうかく》、その形色《ぎょうしき》に称《かな》う。……」（聖典四一頁）とある。

供養の具というときに、古い経典では、仏陀を供養する基本的な供養の材料は衣服・飲食・臥具・湯薬である。この四つは出家の比丘が身に着けていてもいいものです。四事供養といい、四つの事で供養する。衣服といっても糞掃衣《ふんぞうえ》を着るようにとお釈迦さまが指導されましたから、ぼろぎれでいい。それから、一日のいのちを支えるだけの食物（飲食）、臥具とは寝る道具。寝る道具といってもインドですから木の下に寝るだけのことで、蚊がいるなら蚊帳と寝るための毛布ぐらいです。後は病気になるかもしれないから、薬。薬といっても昔のことですから、おそらくゲンノショウコのような薬草でしょう。これが基本的な供養するもの。出家の比丘にはお金などは要らない。他のものは必要ない。これだけ貰えば充分である。

もともと四事供養ということがいわれたのを受けている。浄土の生活をするについて、どれだけでもさしあげたい物が与えられる。自分で欲しいということになると何も与えられませんが、供養したいと思ったら与えられる。それが、浄土の菩薩の生活内容です。『浄土論』では雨功徳といい、雨が降ってくる形で、浄土の雨とは生活物資をいくらでも欲しいだけ与えるのだと、安田理深先生はいわれる。雨の降るごとくに、意欲に応じて生活物資が与えられる。

私どものいのちが支えられているということは、そういう意味を持っている。私どもはあれも足りない、これも足りないとなりますが、浄土に触れれば、浄土の生活は、欲しいだけ与えられる。欲しいといっても自分のために欲しいのではない。諸仏供養の生活にとって必要なだけ与えられる。諸仏というのは別に欲しがりませんから、こちらからあげたいだけ与えられる。如意の生活といいますか、物に縛られない。物が自由に与えられるという形で浄土の生活が与えられています。

『論註』などでは、こういう願を解釈するときは、この世では供養したいと思っても物がない。供養したいにもかかわらず何も与えられないことがある。それに対して、浄土は供養したいだけ与えられる。これは、インドでは切実だったのだと思います。本当に飢饉でも来ようものなら、求道者が来ても自分が食べるものすらない。捧げることができないという悲しい事態がある。それに対して、浄土はいくらでも供養するということが願になるほど切実であった。

いまの日本は、こういう願を願とも思わないほど豊かですから、与えようと思えばいくらでもできるほど物が満ち足りている。心は満ち足りていないが、物だけは満ち足りているという時代ですから、願として分かりにくいのですが、浄土の力によって生活物資が与えられているということは、大変大きな意味を持っていたわけです。

## ✣第二十五願　説一切智の願

**たとい我《われ》、仏を得んに、国の中の菩薩、一切の智《ち》を演説すること能《あた》わずんば、正覚を取らず。**（聖典一九頁・註釈版一九頁）

第二十五願は、説一切智《せついっさいち》の願です。一切智の演説。第九地の菩薩の徳として弁才無碍ということがあります。説法自在という言い方もありますが、弁才無碍。言葉、文章が適切にそのときそのとき、本当に自在に相手を教化する。そういう力は、七地までの菩薩にはない。任運無功用は八地以上。しかも九地に至って初めて弁才無碍ということが開かれる。それぐらい言葉には障害が多い。言葉は、私ども愚かな凡夫が使いますと誤解だらけです。使う側も聞く方も分かっていませんからお互いに誤解する。本当に言葉を通して仏法の世界を的確に言い当てることは仏陀のみにできる世界です。

一切智、一切種智ということがいわれます。一切智とは如来の智慧です。あらゆることを知っているとは、一切の種類を知っているという意味だけではなく、一切の出来事の起こってくる根源を見抜いている。神話的に何でも知っているという、エンサイクロペディア（encyclopedia 百科事典）という意味もないわけではない。しかし、それよりも、説法するについて、その状況や相手の問題を、浄土の功徳では一番はじめに神通力ということがありましたが、神通力をもって、一切の根源を見抜いて言葉を出す。だから、たくさん喋ったからいいというものでもない。

安田先生は『三十頌』や『浄土論』などの偈文が好きでしたが、偈文になるということは、本当に思想として洗練されたからだといわれた。洗練されたということは要らないものを削り落としたということもあるが、本当に大事な問題に絞った、その大事な問題の中にいろんな問題を孕む。『浄土論』は短い偈文の中に、あらゆる宗教問題を包む。そこからいろんなものが全部答えられる。『正信偈』もそうです。

言葉はたくさんあればいいというものではない。一切智という意味は、一番大事な根源を知っている。そこからどんな問題が来ても、的確に対応していける位が第九地の菩薩として教えられている。その力が浄土に触れるところに開かれる。これは開化衆生の問題です。

救いたい、救《たす》けてあげたい、迷いを晴らしてあげたいといくら思ってもできるものではない。的確に相手の迷いを理解する、しかも相手を腹立たせては何にもならない。もちろん、腹を立てさせて、気づかせる方法もあるのですけれども、よほどの手です。だいたい腹を立てさせたら、それっきりおしまいになってしまう。腹を立てても帰って来るというのは大変なものです。説教師の中には、相手をうまく怒らせて考えさせることの上手な人もいます。しかし、どうすれば開けるかを知っていないと、単に手段でやっていたら、ふたたび使ったら分かってしまいます。またあいつ腹を立てさせる、となったらもう腹を立てませんから、もうダメです。

一切智を演説するということは、あらゆる手立てを知った上で的確に使うことです。それは人間技ではない。

凡夫が使うと問題ばかり起きますから、ほとんどできない。しかし、理想として無くていいとはいえない。我々には無いが、本当はそういう力が必要である。開化衆生は、そういう力があって初めてできる。

親鸞聖人は自分はそういうことができないと。法然上人が念仏成仏の道を完全に開いてくださったが、法然上人ですら、疑難が多いし、論難が多いし、弾圧された。ですから、如来の智慧をいただくことは、開化衆生という仕事は人間にとっては、本当にそういう力を頼んでしかできない。

一切智の演説ということは、我々はどれだけ頑張ってみても絶対に与えられません。しかし、無くていいというわけではない。やはり、こういう力が本願力として用いて、衆生を初めて開化する。たまたま私ども一人ひとりが何かの縁でふと気がつくということは、如来願心が、いわば、一切智の用きをそこに開いてくるわけです。そういう用きに触れて初めて私どもは、降参する。

開化衆生ということは因縁熟して、一人ひとりが本当に目覚めるわけですから、一人ひとりが目覚めるまで育ててくださる力は、この法蔵願心です。法蔵願心の因力と阿弥陀如来の神力とが相呼応して、二種回向として用いて本当に目覚めていく。こういう言葉が自分の力を超えた力が本当に用いているということを教えてくださっている。

第二十五願は、一切の智を演説する。根本智といってもいい。智慧という場合は、菩薩道では、無分別智と後得清浄世間智という分け方をする。無分別、無我、覚りを意味する智慧です。それに対して普賢行が見い出す人間生活の中にある智慧を清浄世間智といいます。世間のことをよく知る。如来は本当に人間の生きざま、人間の在り方をよく知る。単に理念的に霞《かすみ》を食って生きているような存在として見るのではなく、一人ひとりが、宿業生活、利害関係あるいは因縁関係が切れずにもがいているいのちの在り方をよく見る。清浄に見る。

後得清浄世間智といわれる。根本智に立って後得清浄世間智を用かせる。無分別といっても、一切空で何も無いということではなく、具体的に一々のいのちの在り方を全部よく知り尽していく。無分別智に立ちながら後得清浄世間智、本当に清浄世間智を用かせるということがあって初めて言葉が本当に使える。

一切智、一切智智と分けることもあるのですが、いわば根本無分別智とは、言葉を超える世界、超えるということは言葉でいえないような無我の境、そういう世界に触れる体験を持ちながら、そこに立って迷っている在り方をよく知る。唯識流にいえば迷っている在り方を本当に見抜くことなしに覚ることはあり得ない。

どう迷っているのか、どう苦しんでいるのかがよく分かれば、分かる智慧がもう覚りである。根本智と後得智は一応分ける。特に後得智に立って初めて、本当の言葉が使える。本当の教えができる。

菩薩が浄土に触れて、本願力に触れて本当に演説する。これは親鸞聖人が引用されている曇鸞大師の『論註』の結び、つまり第二十二願の内容を展開して、還相回向の結びのところに本願力を阿修羅《あしゅら》の琴で喩える。弾《ひ》かずして鳴る。無分別にしてしかも本当に分別するということを喩えている。

阿修羅の琴の喩え、本当に人が感動する、人の悩める心を本当に揺り動かすものは分別から出た言葉でなく、法蔵願心が自ら鳴っているようなものが法蔵願心に響く。こういう阿修羅の琴の喩えが出ています。本願力は、自然にして響く、遊ぶが如くになす。浄土の荘厳の生活に触れるということは、そういう力が与えられるということである。

## 予言者の宗教の限界

## ✣第二十六願　那羅延身の願

たとい我《われ》、仏を得んに、国の中の菩薩、金剛那羅延《こんごうならえん》の身を得ずんば、正覚を取らじ。（聖典一九頁・註釈版二〇頁）

第二十六願は、那羅延身の願、または得金剛身の願といいます。金剛那羅延の身には、金剛力士像があります。重い荷物を持つような筋肉隆々とした力士のような、肉体の力がものすごく強い存在。これは仏法守護の守護神の力を誓っている。

本当に仏法の仕事をするためには、強靭な肉体が必要である。曇鸞大師は、まず仏教の勉強をするために、仙経《せんぎょう》を求めた。安田先生は、曇鸞は体が弱かった、蒲柳《ほりゅう》の質だったのではないかといわれました。体が弱いと仏教の勉強がまともにできない。どんな勉強でも体が弱いとできません。学問をする、こつこつと勉強するためには相当の体が必要である。そのために、曇鸞大師は、健康法として神仙《しんせん》の法を習った。道教ですね。道教が伝える健康法を勉強した。それで菩提流支三蔵に会って、叱りつけられた。

人間が健康でありたいという願いと、宗教生活が欲しいという願いは重なることがある。浄土に触れたなら、本当に健康そのものの、金剛の体になることを誓っているともとれますが、金剛力士とは、自分で健康であるというよりも、その力を持って仏法を守護したいという用きを意味する。

四天王も東大寺の仁王像もそうです。自分が強いことに意味があるのではなく、自分の力をもって仏法を守護するという仏法守護の用きにおいて、金剛の力が生きてくる。そういう意味で、菩薩のいのちが金剛那羅延の身という意味を持つ。

これは、現世利益的に念仏をしたら健康になれるとか長生きができるといっているのではない。健康な精神を持つことによって、親鸞聖人がそうであったように結果的に長生きをする場合もあるでしょうが、別にそんなことを誓っているわけではない。浄土のいのちを生きることが、たとえこの世の寿命が短くても、体が弱くても、菩薩の意味として金剛那羅延の身を生きるという意味を持つ。実体的な意味ではなく、非常に象徴的な意味を持つ。私どものいのちはどれだけ丈夫であっても、生老病死はまぬがれない。どれだけ鍛えてみても縁が来れば崩れてしまう。そういう中に、壊れない金剛の力、金剛力士のような身を得ることが誓われるということは、象徴的な意味であると思います。

浄土の真実報土のいのちは、「虚無《こむ》の身《しん》、無極《むごく》の体《たい》」（聖典三九頁）という。つまり、一番強いのは虚無の身です。体が無いのですから、極まりがない、こういう体はもう壊れない。真実報土に往生した身体は虚無の身、無極の体である。実体的なるものは必ず壊れる。我々の願い、曇鸞が願ったような、私どものはかない願いをあたかも成就するが如くに語って、しかも、本当の本願力に触れた浄土のいのちの、金剛力士のような意味を教えている。

本当に普賢の徳を行ずる、普賢行を生きる意志のところに金剛那羅延という象徴的な意味が具せられてくる。支えるものは金剛信心でしょう。この身を支える心がなければ、身だけがあっても意味がありませんから、金剛心が内にあって、金剛の身というものを賜るわけです。

## ✤第二十七願　所須厳浄の願

**たとい我《われ》、仏を得んに、国の中の人天、一切万物厳浄光麗《まんもつごんじょうこうれい》にして、形色殊特《ぎょうしきしゅどく》ならん。窮微極妙《ぐみごくみょう》にして、能《よ》く称量《しょうりょう》することなけん。そのもろもろの衆生、乃至《ないし》天眼《てんげん》を逮得《たいとく》せん。能《よ》く明了《みょうりょう》にその名数《みょうしゅ》を弁《わきま》うることあらば、正覚を取らじ。（聖典二〇頁・註釈版二〇頁）。**

二十八願になると、また「菩薩」と出てきますが、間の二十七願には菩薩という言葉が出てこないで「人天」となっています。二十七願は、所須厳浄《しょしゅごんじょう》の願、または万物《まんもつ》厳浄の願といいます。この願は浄土の人天の一切万物。一切万物とは、一切の存在。物といっても、単に物質という意味でなく、仏教用語として物という字を使うときは衆生を包んできます。近代以降の「もの」という読み方をした場合には、物質になってしまいますが、仏教用語として読む場合は衆生を表す場合もある。一切万物の場合は両面を孕んでいる一切の存在ということです。

「厳浄光麗にして、形色殊特ならん」、浄土の存在が、厳浄である。清浄をさらに強めて厳浄と。厳浄にして光麗であると。本当の清浄性。存在が光り輝いている。本当のものになる。本当に存在が存在の未来性を回復する。そこに一切の万物が輝いている。そして、形色が殊特である。形が優れている。窮微極妙、極めてデリケートである。微妙だけでもデリケートで、繊細で、柔らかで美しい意味を持っておりますが、それを強めて極めて微妙であると。そして「能く称量することなけん」、誉めてみようがない。

この「称」は称名の称という字ですが、中国の漢字として、称という字は口で称《とな》えるという意味ですが、そのもとの意味は、はかるという意味です。それがもとになって称揚、ほめるという意味があります。はかるということは、きちんと量をはかるということから、ほめるという意味を持ってくる。それが、口で称えるという意味になってくる。

称名という場合、名を称えるという意味は、称えるという用きを表すについて、称という字を当てるということは、唱題の唱ではないということがいわれる。単に口を動かすのではなく、名を称えるというところに、称《ほ》めるという意味を具してくる。口で動かすという行為をいうのではない。仏の名を称める、そのもとには、はかるという意味がある。我々からするとはかり難い。不可称量といわれますが、はかれないものを如来の側からはかられる形で表してくださった。

この場合は、称量をすることなけん。はかることができない。浄土の存在は、存在の意味に底がない。これも非常に象徴的だと思います。私どもは、人間生活をする上において、人間生活の便利さや不便さ、役に立つか否かなどをいろいろ計算する。あるいは空間を区切り、時間を区切りさまざまな価値づけをして、その区切っている中にものの意味を位置づけ、ものをはかっている。

ところが、浄土の存在の本来性は、はかることがないことを象徴している。そして、「そのもろもろの衆生、乃至天眼を逮得せん」、浄土の衆生が、乃至天眼を逮得せんとここに出てきます。乃至とは何処から何処までということです。乃至逮得天眼ですから天眼に至るまで、人間の眼から天眼に至るまで、一応そういう範囲を包んでくる。何からと言い方を省略して至る方までという。

乃至一念の場合は、一念に至るまで、つまり一方はものすごくたくさん、一方は一つまでと片方は省略して「乃至……」といいます。ふつうの言い方では何処から何処までと表現しますが、中国語では一方だけ出して全体を包むという表現、言い方をすることがあります。

天眼とはふつうの人間が理想とするあらゆることを見抜く眼、天の神が持っているような眼のことです。たとえその天眼を逮得しても、「能く明了にその名数を弁うることあらば、正覚を取らじと」、天眼を持っても、明了にはっきりと、数えられることがあったら正覚を取らない。たとえ天眼をもってしても見ることはできない、見抜くことができない、と誓っている。

私はこの言葉を読んだときに、天眼とは、いまの我々の感覚からすると、予言者と考えたらいいのではないかと思った。霊感などがあって予言をする。宗教の中に、予言者が出てきます。砂漠の宗教は、たいがいが予言者の宗教である。ユダヤ教もイスラム教もそうです。予言者が人間の未来を見通して、人間にどういう生活をせよと予言する。

予言者が非常に大きな働きをする。またそれに多くの人が動かされる。予言者といっても有限のいのちを生きていて、いのちが終われば死んでいくわけです。優れた予言者であっても、自分のいのちのことまで予言して、それが当たるかどうかを確認するわけにはいかない。

予言者の宗教には限界がある。予言者は神の言葉を聞くということでしょうが、浄土ということになると、たとえそういう超能力者であっても本当に明了に見ることはできない、如来のみが見ることができると。この辺りいえば、仏教は非常にふところが深い、広大無辺際の大きさが思われます。一面、弱いというか、ある一人の人間が超能力を持って、予言者となって導いていくような強力な指導的能力を許さない。つまり、阿弥陀は独裁者ではない。

阿弥陀は、諸仏称揚であって、諸仏を俟って自己を立てながら、しかし、背景は広大無辺際であり、深広無涯底という底のないようなところをいつも持っている。そこが仏法のいいところではないかと思います。

## ✣第二十八願　道場樹の願

**たとい我《われ》、仏を得んに、国の中の菩薩、乃至《ないし》少功徳《しょうくどく》の者、その道場樹《どうじょうじゅ》の無量の光色《こうしき》あって、高さ四百万里なるを知見すること能《あた》わずんば、正覚を取らじ。**（聖典二〇頁・註釈版二〇頁）

次の、第二十八・二十九・三十願には菩薩ということが出てきます。この二十八願は、道場樹《どうじょうじゅ》の願または見《けん》道場樹の願といわれています。

インドでは、木の下で坐禅をしたり、聞法の会座《えざ》が開かれたりします。暑いけれども、木陰は涼しい。乾燥した大陸の風土では、木陰であれば充分聞法ができる。外で大きな木の下で聞法する。木の下が道場になる。浄土の道場はものすごく大きな木の下で、その木の下には広大な会座が開かれるというイメージです。

この第二十八願を親鸞聖人がどう読むか。一つには、「乃至少功徳の者」とある。これは『阿弥陀経』の「少善根福徳の因縁をもって、かの国に生まるることを得べからず。」（聖典一二九頁）という言葉と照らし合わせて、親鸞聖人は、これは第十九願と関係する願であると読んでおられる。

第二十八願の成就の文、「化身土巻」（聖典三三九頁）の文、および、『無量寿経』の正宗分の終わりに「もろもろの小行《しょうぎょう》の菩薩、および少功徳を修習せん者、称計《しょうげ》すべからざる、みな当《まさ》に往生すべし」（聖典八四頁）という言葉があります。つまり、弥勒菩薩に告げる場合には、浄土は、小行の菩薩、および少功徳を修習せん者、こういう人たちも数えきれないほど皆往生することができると誓っている。この少功徳を修習するということはどういうことか。

親鸞聖人は、第十九願の「菩提心を発し、もろもろの功徳を修し、……」とあるその功徳、これは少功徳である。人間が功徳と考えるような行為をもって往生するということは、第十九願で誓われている。こういう人は往生できないのではなく、第十九願の往生、これを双樹林下の往生と親鸞聖人は名づけられます。一応そういう包み方をする。少功徳の者を包む。みな当に往生すべし、この場合は、化土の往生、方便化身土、つまり、大悲が方便して浄土を広く開いている。その開かれた浄土の中で辺地《へんじ》懈慢《けまん》、端っこの方である。往生できないわけではないが、往生しても真実報土ではない。

親鸞聖人は浄土の往生に質の違いを設けて、第十九願の往生、第二十願の往生、第十八願の往生ということを教えます。そういう意味で、第二十八願の浄土は、浄土に往生する因が少功徳である。このことによって開かれる浄土は方便化土である。

この「化身土巻」と『浄土三経往生文類』において、三経の往生として、親鸞聖人が、往生という言葉を願文と成就の文とを短く引用しながら、往生に三種があることを展開しておられる。その場合に、『浄土三経往生文類』の「観経往生というは」というところがありますが、この観経往生の引文の中に、「道場樹の願成就の文」という言葉があります。その前に「『大経』に言わく」といって、「設我得仏　国中菩薩乃至少功徳者……」と、この願文が引かれています（聖典四七一～四七二頁）。したがって、親鸞聖人は、この道場樹の願と道場樹の願成就の文とをもって、十九願の内容を補充するものとして了解しておられることが分かります。

ふつうは、浄土があっていろいろ荘厳している中に、そういう面も作っていると考えるわけですが、親鸞聖人は厳密に、本願がこういうことを誓うのはどういう意味かを詰められて、第十九願の内容をここに見てこられた。真実報土は、無量光明土と押さえられますが、それに対すると見る。

広さが道場樹は高さ四百万里と限定していますので、そういう意味からも無限なる世界ではなく、どれだけ大きくても、道場樹が四百万里で数えられる功徳がどれだけ大きくとも、それによって開かれる世界がどれだけ大きくとも、本願が我々に与えんとする広大なる世界には遠く及ばない。人間の力で、人間の思いでどれだけ大きくとも、それは、太陽の前の蠟燭みたいなものだということになります。そういう意味が第十九願の具体的な内容として、ここに詰められてきている。

## ✢第二十九願　得弁才智の願

**たとい我《われ》、仏を得んに、国の中の菩薩、もし経《きょう》法《ぼう》を受読し、諷誦《ふうじゅ》持説して、弁才智《べんざいち》慧《え》を得ずんば、正覚を取らじ。**（聖典二〇頁・註釈版二〇頁）

第二十九願は、得弁才智《とくべんざいち》の願といわれます。弁才智を得る。そして経法を受読する、諷誦持説するということがあります。

『観無量寿経』の五正行の中に読誦ということがあります。三福のところに出てきます。浄土の経典を読むという行は、善導大師は、五正行の一つ、読誦ということで、『観無量寿経』の浄土の、助業《じょごう》として、念仏の正定業に対して、助業として教えているのです。それは、親鸞聖人の教えから見れば第十九願の功徳の内容になる。そう見れば、第二十九願も第十九願と深いつながりを持っています。

### ✣第三十願　智弁無量の願

**たとい我《われ》、仏を得んに、国の中の菩薩、智慧《ちえ》弁才《べんざい》、もし限量《げんりょう》すべくんば、正覚を取らじ。**（聖典二〇頁・註釈版二〇頁）

第三十願は、智弁無量の願、または智弁無窮の願、弁才無尽の願といわれます。二十五願に一切智を演説するとありましたが、ここでは、智慧弁才、智慧と弁才となっていて、国中の菩薩は、智慧と弁才とが無量でありたいと誓っている。智弁無窮の願といわれます。智慧と弁才とが無限であって欲しい。

第二十八・二十九・三十願が第十九願に続いてではなく、この位置に置かれている。二十二願をくぐって、浄土の内容として、菩薩が生み出されてくる。その菩薩の中に、第十九願とつながるような願が展開されてくる。親鸞聖人以前では、どう考えられたかというと、第十九願でも往生できる、第二十願でも往生できる、第十八願でも往生できる。だから、三類の往生があってしかるべきである。念仏でも往生できるし、諸行でも往生できるという考え方だった。それぞれ無関係にどんな行でも浄土が得られる。

法然上人は、願がいろいろあるが、他の願は要らない。廃捨《はいしゃ》せんがための願だ。第十八願一つが選択本願だ。第十八願が願の中の願であって、他の願は第十八願を浮き立たせるための願だ。浮き立たせるためには背景がないと浮き立たない。だから、いろいろ誓ったけれども、それらは、実は捨てんがための願だといわれた。そうすると、第十九願・第二十願は捨てられてしまう。念仏一つで他は要らない。

ところが親鸞聖人はもう一度、第十九願・第二十願とはどういう意味か考えられて、方便化身土《ほうべんけしんど》ということを明らかにされた。法然上人には化身土はない。廃立《はいりゅう》ですから、立てるか捨てるかどちらかである。立てるのは念仏、他は要らない。ところが現実の人間はなかなかそう単純にはいかない。歩みが必要であるということで、第十九・第二十・第十八の三願を欲生心の歩みとして、宗教心の歩みとして、あるいは宗教心の歴史として見てきた。そのときに、この第二十八・第二十九・第三十願はどういう意味か。ここに一つの問題が出てくる。

つまり、『教行信証』をどう見るかという問題と関係するのですが、往相回向の巻として、教・行・信・証という巻があって、「証巻」で一応結ばれる。そこから仏身土の巻が開かれる。その証の、真実証の内容として、第二十二願が還相回向の願として出された。

還相回向の願の範囲がどこまで響くのかということについては議論がある。還相回向の願は、「証巻」の結びまでだという理解もあるが、「還相の回向と言うは」（聖典二八四頁）から始めて、それの結びがはっきりしない。ここまでということをいっていない。ということは、化身土の一番結びまで行くという読み方もある。

『教行信証』六巻は、一応は回向の巻と荘厳の巻と分けることができる。往還二回向の巻は教行信証である。真仏土、化身土というのは仏身仏土ですから回向の範囲ではない。つまり、「教巻」の冒頭に「謹んで浄土真宗を案ずるに、二種の回向あり。一つには往相、二つには還相なり。往相の回向について、真実の教行信証あり」といわれたのだから、親鸞聖人は回向として、教行信証までを包んでいる。真仏土、化身土は回向の巻ではない、と考えることができます。

金子大栄先生は、回向の巻は教行信証、真仏土と化身土は荘厳の巻、これは仕事が違うという了解をされる。それから曽我先生のように教行二巻は、伝承の巻、教えと念仏、これが本願の伝承である。「信巻」以降は己証の巻である。親鸞聖人の主体的内容を問答として明らかにすると了解する。

安田先生は、また別の見方で、教行信証はそういう柱で分けているという見方もできるが、教行信証全体は、偈文と問答という見方ができる。『正信偈』と問答、主体的な宗教的課題を問答として明らかにする。そういう課題と偈文、三経の教えを偈《うた》を通して了解したと安田先生は了解された。内容から見れば、偈文と問答だといわれるのです。そういう非常に大きな見方と、もう一つは還相回向が、一番終わりの「化身土巻」まで包むのだという考え方もある。これは私は、無理だろうと思うのですが、そういう考え方が出てくる元はここにあると思います。

第二十二願の内容を語ってくる中に、第二十八願の道場樹の願が出てくる。還相回向の願が大悲して、衆生を教化せんとする中に方便が展開してくる。本願の側からすれば、大悲の願が方便を生み出してくるということは一応考えられる。したがって、荘厳の内容は、還相回向が荘厳を生み出してくる中に方便化土を生み出してくるといえば、つじつまが合わないわけではない。

親鸞聖人がはたしてそう考えられたかどうか少し問題がある。第二十二願から展開したというのは、穿《うが》ちすぎではないかと思うのですが、本願の展開からすると、そう読めなくもない。

第十九願の菩薩とつながる第三十願については、ここも智慧という問題が出てくる。『無量寿経』下巻に智慧段がある。そこでは、実は親鸞聖人を通すと第二十願の問題、つまり、疑惑の問題、本当の智慧がない故に仏智を疑惑する問題が出されていて、その問題と関係すると読めなくもない。したがって第三十願は、智慧弁才という問題が、二十願と関係していると読めなくもない。

智慧段の問題は弥勒の問題にかかわる。三毒五悪が終わって、「「世尊、何の因、何の縁なれば、この国の人民、胎生化生なる」と。仏、慈氏《じし》に告げたまわく、「もし衆生ありて、疑惑の心をもってもろもろの功徳を修して、この国に生ぜんと願ぜん。仏智、不思議智、不可称智、大乗広智、無等無倫最上勝智を了《さと》らずして、この諸智において疑惑して信ぜず。……」（聖典八一頁）とある。つまり、智慧の問題と疑惑の問題というので、ここを智慧段と名づけています。

親鸞聖人はこの内容を第十九願の内容として引用される場合もありますが、第二十願の内容として引用される場合もある。疑いとは何か。積極的疑いというよりは、念仏を信じながら、その念仏を自力で修するという発想自身が、実は深い意味で本願力を疑っている。積極的に疑うというよりも、信じて行じているその行じ方自身が疑いなのだという深い意味の疑いである。全面的に信じているのではなく、自分を変えずして、本願力を利用しようとする発想自身が疑惑である。こういう問題としてこの文を引用される。

そういう意味で第三十願は、第二十願の問題とも関係すると考えられなくはない。ただ、こういう願が、改めて菩薩の課題として出されてきているということがいったい何であるのかということになると、浄土として広く、方便化土まで包んで荘厳してあるのだといえるでしょう。

## 『観無量寿経』と『無量寿経』の浄土観

次は第三十一願ですが、第三十一願と第三十二願は、浄土の願といわれます。四十八願全体が浄土を誓っているようなものですが、浄土それ自身を誓う願というのは、第三十一願と第三十二願です。

**第三十一願　国土清浄の願**

**たとえ我《われ》、仏を得んに、国土清浄《しょうじょう》にして、みなことごとく十方一切の無量無数《むしゅ》不可思議の諸仏世界を照見《しょうけん》せんこと、猶《なお》し明鏡《みょうきょう》にその面像を観《み》るがごとくならん。もし爾《しか》らずんば、正覚を取らじ。（聖典二一〇頁・註釈版二〇～二一頁）**

**第三十二願　宝香合成の願**

**たとい我《われ》、仏を得んに、地より已上《いじょう》、虚空に至まで、宮殿《くでん》・楼観《ろうかん》・池流《ちる》・華樹《けじゅ》、国の中の一切万物《まんもつ》、みな、無量雑宝《ざつぽう》百千種の香をもって、しかも共に合成《ごうじょう》せん。厳飾奇妙《ごんじききみょう》にしてもろもろの人天に超《こ》えん。その香、普《あまね》く十方世界に薫《くん》ぜん。菩薩、聞かん者、みな仏行《ぶつぎょう》を修せん。もしかくのごとくならずんば、正覚を取らじ。（聖典二一頁・註釈版二一頁）**

この二願が浄土それ自身を誓っているといわれております。第三十一願は、国土清浄《こくどしょうじょう》の願といわれます。天親菩薩の『浄土論』では、第三十一願・第三十二願を受けて、国土荘厳が建てられています。この願の場合は、鏡が十方世界を写す。「無量無数不可思議の諸仏世界を照見せんこと、猶し明鏡にその面像を観《み》るがごとくならん」、国土自身が、阿弥陀の国土が、一切の世界を照らして観る。自分の国土を作って、他の世界が見えなくなるのではなく、その国土が、あらゆる世界を暸々と照らし出す。それはあたかも鏡に、明鏡にその面像を観るがごとくならんと誓う。不思議な願です。第十七願は、諸仏によって讃められんという願であり、二十二願では自ら他の国に行って菩薩行を行じようという願であった。浄土それ自体は、十方一切の諸仏世界を見る。

ふつうこの世の国だと城壁を作って、その中に閉じ籠る。敵を作り見方を作って、その中に自分たちの生活権を作るのが国という概念ですが、国土を作ったら、その国土を清浄にして、あらゆる世界を照らし見るように映してくると願じている。だいたい法蔵願心が国土の願を生み出すについて、はじめに諸仏世界を見るという行がありがます。諸仏世界を見て、「一切の諸仏世界の国土の麁妙・善悪を覩見して」といわれている。その生み出した国は、あらゆる世界を映す。阿弥陀の国が一切の世界を映すということが願じられている。これがどういうことを象徴しているか。

私が面白いと思うのは、『観無量寿経』は、西方阿弥陀仏ということを強調しますが、『無量寿経』は、本願自身は方向性を建てない。自らの国は十方世界を映す場所になろうという。広大無辺際をもって浄土とし、一切の世界を映す場所になろう。そういう国を建立したい。国でありながら、暸々として見て、国境を突破して、あらゆる国を包摂するような国にしたい。こういうところが特徴だと思います。

第三十二願は、地上より虚空に至るまで、宮殿・楼観・池流・華樹あらゆるものが、香りをもつ。芳香合成の願、または宝香合成の願、好香合成の願といわれています。宝が香りをもって成り立っている。香りとは、菩薩行を行ずるについて、香りと華と音楽をもって供えるということがありましたが、国土自身が、香りに満ちている。そしてその香りが十方世界に薫じていく。

「菩薩、聞かん者、みな仏行を修せん」、香りを嗅いだ者は、その香りにおいて仏行を修すると願じられている。光香荘厳ともいわれ、香りの光、香りの光となった、香りが智慧となる。香りは、鼻で嗅ぐのが我々の世界の香りですが、それをもって、本願力が用くという用き方を象徴している。

香りは薫ずるということがあります。染み付く、染香人という。浄土は、香りを染み付ける場所、浄土の香りが付いてくる、香っている。香りによって成り立っている。そうありたいと誓っている。面白いですね。鏡の如く、香りの如くと本願の中では誓われている。何か実体的なものを破ろうとする一つの象徴的表現であるとも考えられます。

四十八願を大きく三つに類別する分け方からすると、如来の法身を誓う願と、浄土それ自身を誓う願と、浄土の機を誓う願と分けた場合に、第三十一願・第三十二願は、国土それ自身を誓う願である。親鸞聖人は取り上げられませんが、第三十一願・第三十二願は浄土という国を建てるけれども、浄土それ自身を語るときに、限定的に語らずに、何か無限定的に語っている。

親鸞聖人はこれを取らずに、むしろ摂法身の願とされてきた第十二願・第十三願をもって真仏土を了解された。これは独特の了解です。第十二願・第十三願はふつうは仏が仏自身を誓う願だという了解があった。第十二・第十三・第十七願は如来が如来自身を誓う願だと了解されていたのに、第十二願・第十三願は、仏自身も誓うけれども、浄土を誓う願だと親鸞聖人は了解された。第三十一願・第三十二願をあえて取り上げない点に親鸞聖人独特の了解があります。

真の報土を、無限なる光、無限なる生命こそ本当の報土だと親鸞聖人は明らかにしようとされた。第三十一願・第三十二願を取り上げてもよさそうですが取り上げられない。本当の光、無量光明土、南無不可思議光といわれる。光の用き、その用く形を語ろうとすると、それに人間が囚われるから、本願の用きを光とする。仏は無量寿如来、土はまた無量光明土といって、世界と仏が、一方には名となり、一方には国土の名となるけれども、これは一つの願から生じてきて一体である。

天親菩薩はこういう願をとって、種々事功徳、三種功徳ということを誓っていますが、親鸞聖人は、いくつかの荘厳をとらえる中でそういう荘厳は取られない。浄土をできるだけ純粋に本願の意図に返して、選択本願が浄土を開くという意図を純粋に表したいというのが親鸞聖人の真仏土の意図なのでしょう。

ふつうでしたら、選択本願を読んできたら、浄土はこうだ、真実報土はこうだと読みそうですが、そうせずに独創的に読む。何故かというと、第十二・十三願にそれだけ重きを置いたわけです。阿弥陀の名は、果の名、十二光に代表される光の名である。

浄土は光が用く場所なのだ。光の世界、光明土である。それは智慧の内容は、本願力を受け止めた信心の智慧に応ずる。信心の智慧が見せる世界、あるいは信心の智慧を包む世界を表そうとする。ここに光明と寿命とが用く世界として、南無阿弥陀仏の信心と無関係の世界ではない。

南無阿弥陀仏の信心と相照らす世界ということを明らかにしようと、浄土の形を語ろうとする願をあえて切り落とされたといただくことができます。ふつうだと、四十八願をずっと読んでくると、これが浄土だ、浄土を誓う願だと学者は考えてきた。しかし、親鸞聖人はそれを取られない。一方には『無量寿経』の語る、胎生化生の方便化身土をはっきりと見すえると同時に、この第三十一願・第三十二願はどちらに属するかがはっきりしない。化身土に属するのか、真仏土に属するのかは、浄土一般を誓う願ということになると、どちらも取らないということなのかもしれません。ふつうに願自身として読むと大変面白い願です。

『観無量寿経』だと、日観、水観、地観、宝樹観とずっと形を見させる。形あるものを建て、それを見よ、その中に浄土を拝んでいけという見方をさせる。ところが、そういう方法論自体が化身土だと。努力意識の対象として浄土を見ている。努力意識では見られない世界、努力が破れて出遇う世界が光の世界、本願力の世界であると、十八願で往生をする浄土を明らかにしようとされます。浄土それ自身を語ろうとすると、どうしても対象化された人間の意識の対象として見る世界として了解してしまいますから、こういう願を取られなかったと推測されます。しかし、『無量寿経』の語る浄土の性格をよく表していることは事実です。

『無量寿経』が語ろうとする浄土はこういう世界である。勝報段（聖典二八頁）から、無量寿仏の世界が成就した形がずっと語られてきます。浄土を語ろうとすると形になる、荘厳というのは形であるわけです。形をとって語ってくる。浄土を語れば全部形になってしまう。

親鸞聖人は、それを浄土は願心荘厳《がんしんしょうごん》だという天親菩薩の言葉に還して、願心に還す用きをもっているところで了解する。形になってしまうと、結局形を通して観るということは、『観無量寿経』的になりますから、それをできるだけ避ける。一般の浄土と違って、南無阿弥陀仏一つでいいというときの浄土は何かということを突き詰めていかれた。

『無量寿経』では、西方浄土という性格が薄い。だいたい四十八願には一つも出てこない。成就したところにも出てこない。成就しても、行を通して法蔵菩薩が成就した。どこに成就したかというと、「すでに成仏して現に西方《さいほう》にましerます。ここを去ること十万億の刹《せつ》なり」（聖典二八頁）という、ここには初めて西方ということが出てくる。後はほとんど出てこない。

下巻に、「仏、阿難に告げたまわく、「汝、起ちて更に衣服を整え合掌恭敬《くぎょう》して、無量寿仏を礼したてまつるべし……」、釈迦如来が阿難に、改めて無量寿仏を礼せよといわれて、そこに阿難が、「面《おもて》を西にして恭敬し合掌して五体を地に投げて、……」（聖典七九頁）と、ここに西ということが出てきます。全然ないわけではない。一応西方浄土ということもあるのですが、その性格が、非常に薄いのです。特に第十二願・第十三願を取られたということは、十方世界を包んで無量無辺に用く用きということで、無量光、無辺光、無碍光、これはなにも西にある必要はない。

西方という方向性は無意味ではない。西の方というところに一つの意味がないわけではない。しかし、それを強調せずに、むしろそれは一つの宗教心が、本当に凡夫が頭を下げる場所の方向性を象徴するものとしていただく。東西南北の西という方向を出すよりは、十方浄土に映し、十方浄土と照らしながら、光に触れる場所を明らかにする。こういう性格が『無量寿経』の性格として強いように思います。

一応、西にあるということにも意味があると思うのです。どこにでも偏在するというのではない。曇鸞がいったように、「世俗の君子幸臨《こうりん》し　勅《ちょく》して浄土のゆえをとう　十方仏国浄土なり　なにによりてか西にある」、「鸞師こたえてのたまわく　わが身は智慧浅くして　いまだ地位《じい》に入らざれば　念力ひとしくおよばれず」（聖典四九一頁）。十方仏国浄土だということもいえるというのに対して西の方を拝んだ。十方仏国浄土というのは論理であって、愚かな我らとしては西の方を拝んだ。そういう意味の一つの方向を通して、自分の自覚を明らかにするという点では、大事な意味があると思うのですが、それはなにも方角としての西ということに意味があるのではない。

第二十三願から三十二願は、第二十九願については、親鸞聖人が第十九願として触れておられますが、後はほとんど積極的には取り上げられない。

## 天眼を得させよう

ここで、第三十二願まで振り返ってみたいと思います。第二十二願で本願が浄土を建立し、浄土へ往生せしむる課題を誓って、浄土に往生を得た衆生が得る利益を表す。二十三願以降は、その二十二願の内容をさらに詳しく表してくる展開になっております。国の中の菩薩、つまり阿弥陀の国土に生まれた衆生、特に菩薩の内容が展開される。

第二十五願には、演説一切智ということが出ておりました。「一切の智を演説すること能わずんば、正覚を取らじ」と。二十六願は、那羅延の身という。智に対して身ということが出ています。浄土に生まれた衆生の身体については、成就の文では、虚無《こむ》の身《しん》、無極《むごく》の体《たい》ということが出てきて、身体といっても、いわゆる私どもが感じる宿業の身体ではなくて、平等の身体である。

宿業《しゅくごう》の身、この世に業が形を受ける身は人それぞれの身である。一人ひとりがいのちを自覚できる場所は、身体である。身体が無いところに意識だけが自分を感じるということはあり得ない。身において私どもは自分というものを感じる。

宿業の身は一人ひとりの身です。他人を通して自分を感じるということはない。けれども、浄土の身はそういう宿業の身ではなくて、虚無の身、無極の体という言葉で押さえられていて、平等法身《ほっしん》、あるいは無為法身という言葉で押さえられている諸仏の平等の身体です。そういうものを浄土の衆生は身体とする。

二十六願では、金剛那羅延という言葉で身を表してくる。浄土の身が金剛の身として、金剛不壊といわれますが、壊れることがないことを、ことさらに金剛那羅延という言葉で、金剛力士という言葉で押さえて、浄土に受けた身が持っている用きを表してくる。

さらに展開して二十七願では、いただいた身体が、「一切万物厳浄光麗にして、形色殊特ならん」と、優れた形、姿を得ていて、量ることができないと誓われてくる。ここに「天眼」が出てきます。

浄土の衆生が持つ智慧を、浄土を誓うについて、第一願で三悪趣がないということから始まって、六神通の願が出てきます。神通力を誓う。第六願に「天眼」が出ている。苦悩無き場所、三悪趣の恐れがない、地獄の恐れがないことが誓われて、そこに生まれたら、人より優れた能力、精神力、神通力が与える場所だと展開されてきて、第十一願に来る。

第十一願に来ると、必至滅度の願といわれています。仏法独自の願になってくる。第十一願以前は、本当に人間が幸せでありたい、平等でありたい、あるいは本当に相手を理解したい、交互に本当に通じるような関係でありたいということを満足する場所として浄土が描かれてくる。それが第十一願に来て初めて、必至滅度、涅槃、無上涅槃ということが出てくる。

そこから、親鸞聖人が浄土の願と押さえられた第十二願・第十三願が出されてくる。そのように展開されてきて、第二十二願で、一応浄土の課題が結ばれてくるわけですが、さらにその二十二願の内容として、第二十三願以降、浄土に生まれた衆生が得る本当の意味の利益を克明に展開してくる。

第二十七願に来て、いま一度ここに「天眼」が出てくる。先に予言者ということをお話ししたと思います。『無量寿経』ではたいして重い場所には出てこないのですが、天眼とは、人間の眼を超えて未来際を見抜くような眼です。人間は現在の状況も本当には見抜くことはできないのですが、非常に短い時間の範囲内でしかものが考えられない。

天眼は、距離的に天文学的な遠くを見るというだけでなく、時間的にもはるか未来を見透す。過去のことは宿命通といいますが、天眼は未来を見抜くということも考えられています。その天眼が、如来の教えの意味を本当に見抜く智慧として語られているのは『観無量寿経』です。

『観無量寿経』で韋提希《いだいけ》が面白いことをいっています。『観無量寿経』は、聞法をしていた韋提希夫人の家庭に悲劇が起こる。その悲劇の中で韋提希が、お釈迦さまに愚痴をいう。その愚痴を通して、お釈迦さまが仏法を説き表すに先立って、身業説法《しんごうせっぽう》される。その身業説法のときに韋提希は、自分としてはお釈迦さまの願い、意味を身業説法を通していただくことができた。「その時に大王、幽閉にありといえども、心眼障《しんげんさわり》なくして、はるかに世尊を見たてまつりて、………」（聖典九四頁）と、夫であった頻婆娑羅《びんばしゃら》王が、心眼でお釈迦さまを仰いだと。さらに、「諦《あきら》かに聴《き》き、諦かに聴け。善くこれを思念せよ。如来いま、未来世の一切衆生の煩悩の賊《ぞく》のために害せられる者のために、清浄の業を説かん。……」と、いまから浄土の教えを説こうといわれています。

「如来いま、韋提希および未来世の一切衆生をして西方極楽世界を観ぜしめんことを教えん。仏力をもってのゆえに、当にかの清浄の国土を見ること、明鏡を執りて自ら面像を見るがごとく、かの国土の極妙の楽事を見ることを得べし」（聖典九五頁）と。仏力をもって、釈尊の力を背景として、浄土を見ることができる。そのときには鏡に自分を映すごとくに、浄土をありありと見ることができる。そして、「すなわち無生法忍を得べし」（聖典九五頁）と。韋提希および未来世の衆生をして、浄土を見せしめようと釈尊が語りかけられて、「仏、韋提希に告げたまわく、「汝はこれ凡夫なり。心想羸劣《しんそうるいれつ》にして未だ天眼を得ず、遠く観《み》ることあたわず……」（聖典九五頁）と釈尊が語りかけられ、「天眼」が出てきます。

天眼とは、凡夫の眼を超えた非常に優れた眼を天眼という言葉で押さえている。心の眼が開けるとか、天眼が開けるとは、いわば、仏の心、仏智、仏陀の心に触れるための智慧の力を表そうとしている。天眼で見られるかどうかは、また、別の問題です。天眼は、凡夫の眼より優れているということを表すわけです。

『無量寿経』では五眼ということが出てきまして、「五眼まどかに照らし」という言葉があります。第一は肉眼《にくげん》、これは凡夫の持っている眼。第二番目は天眼です。三番目が法眼《ほうげん》、四番目が慧眼《えげん》、「慧眼見真　能度彼岸」（聖典五四頁）という。親鸞聖人は明治十九（一八八六）年に、明治天皇より見真大師《けんしんだいし》という大師号をもらいました。これはそこから出たといわれています。五番目が仏眼です。

ここで天眼とは、「天眼通達して無量無限」（聖典五四頁）といわれて、通達して無量無限が見える。しかし、法眼、慧眼、仏眼よりは位が低い。遠く見えるというが、覚りが見えるかどうかは別問題である。天眼のみでは、仏智の境界は本当は見えないのでしょう。しかし、人間からすると、天眼は大変優れた人間の眼では見えないはるか未来のことまで見透すような能力、神通力を浄土の衆生として得ることができる。

浄土を建立してくるについて、第六願に天眼を誓っております。国の中の人天、天眼を得ずしては自分は正覚を取らない。六神通の一つとして天眼を誓っているのですが、第二十七願でもう一度、浄土に生まれたならば、「乃至天眼を逮得せん」。乃至天眼ということは、神通力一切の中でも天眼を強調しているのではないかと思うのですが、天眼を得させようということが出ております。

## 阿闍世コンプレックス

第二十五願で、一切智を演説すると、言葉にして説き表すこと、第二十九願では、「経法を受読し、諷誦持説して、弁才智慧を得ずんば」と、弁才という言葉で出てきている。「弁才」とは弁舌する才能です。弁才無碍といわれる。教えの内容を的確に表現していく力です。さらに第三十願では、もう一度、「智慧弁才、もし限量すべくんば」と、弁才ということがくり返して出されてくる。

ここで一番問題になるのは、浄土に生まれたら浄土の力を得た衆生が菩薩という意味をいただくときに、その菩薩の能力で一番大切なものは、人間の中に法を生きて説いていく言葉の能力が、特に浄土を得た場合に非常に大事だとくり返して表してくることです。

その言葉の能力と重なって天眼ということも意味を持つ。天眼とは、単に自分が、はるか先まで見透す能力を持っているというだけではない。天眼に表される神通力は、仏陀が神通力を持てば、各々の衆生はどういう宿業があり、どういういのちを、どういう生活環境を生きてきて、いまどういう問題に苦しんでいて、将来どういう問題にぶつかっていく可能性があるかということをスパッと見抜く。そういう力を持って説法をする。相手を知らずして、やたら自分のことを吹聴するのは、相手に対して何の意味も持たない。だから、相手を本当に慈悲を以って苦悩の存在から脱脚せしめるためには、相手を愛情を以って見抜くということがないと本当の説法はできない。

仏陀は六神通を得ておられるので、対機説法ができる。一番悪い例は、提婆達多《だいばだった》です。提婆達多はお釈迦さまの弟子として神通力を一生懸命勉強したが、それは何のためかというと、相手を騙すためである。相手を騙すために六神通が使われたらかなわない。

阿闍世《あじゃせ》も提婆達多に野心を見抜かれた。お前は、本当は父親が死んで欲しいのだろうと見抜かれてしまった。

これについては、古沢平作（一八九七〜一九六八）が精神分析学の立場から阿闍世コンプレックスということを創唱され、それを小此木啓吾（一九三〇〜二〇〇三）が、広く世に広められました。

フロイト（一八五六〜一九三九）は、母親に対する息子のコンプレックスをエディプス・コンプレックスといった。ギリシャ悲劇のオィディプス王の悲劇から取ってエディプス・コンプレックスといったのですが、それに対して、それをもじって古沢さんは阿闍世コンプレックスといったわけです。

男の子は、父親に対して早くに父親を凌駕したいという潜在的要求を持っていると、精神分析からいわれます。それが経典では父親を殺し母親を殺そうとする家族悲劇の形で出ている。古沢さんの理解は少し違う面もあるようですが、そういうことを中心にして阿闍世コンプレックスという理解を出してきた。親鸞聖人の理解をくぐって、『観無量寿経』や『涅槃経』を読み、精神分析学の用語として使ったのです。それは、表の生き方や言葉にはほとんど現れていないが、見抜く人間が見れば見抜ける。精神分析学者から見ると、何か悩みを持っている人は、背景や生活環境を聞けば、どういう問題が根にあるかを見抜くことができる。

お釈迦さまの時代は、精神分析のような学問ではないが、直観的に、この人間はどういう過去があり、どういう問題に悩んでいるかを姿を見ただけで見抜くことができた。提婆達多の場合は、その力を悪用した。悪用するために六神通を身に付けられたらかなわない。お釈迦さまが六神通が大事だという場合は、苦悩の衆生を本当に救け出すための智慧として、説法するための必要な心得として誓われている。浄土の場合もそうである。そのために六神通の願が誓われてきた。そして、浄土の衆生が菩薩という位をいただいて生きるときの大切な仕事のための眼として、天眼を与えようといま一度ここで誓っている。

四十八願は、第五願から第十願までの六神通の願から、利他の願が始まっているといってもいい。はじめに浄土を建立してくる場合の六神通は、自利的なといいますか、自らが人間としての眼の狭さ、愚かさを超えられる智慧を与えようということから願が出発している。それが浄土を得た、浄土の力が加わった、本当に説法ができる力を与えるというときに改めて天眼を与えようと出されてきている。その辺に、法蔵願力を浄土を通して衆生に与えようという願心の意図が思われるわけです。

## 『浄土論』の浄土理解

二十七願をくぐって第二十八願に少し変わった願が出てくる。第二十八願と第三十一願・第三十二願に、浄土の姿が描かれてくる。第二十八願では道場樹ということが出てくるのですが、その道場樹について、無量の光色があって、高さ四百万里であるということを見ることができないならば、正覚を取らないと誓っている。

この道場樹の願に親鸞聖人は少し注目をしておられます。『無量寿経』の正宗分の終わりに「もろもろの小行の菩薩、および少功徳を修習せん者、称計すべからざる、みな当に往生すべし」（聖典八四頁）とある。小行の菩薩や、少功徳を修習せん者は皆往生して欲しいといっている。

仏が、弥勒に告げるには、「この世界において六十七億の不退の菩薩ありて、かの国に往生せん。一一の菩薩、すでに曽《かつ》て無数の諸仏を供養せるなり。次いで弥勒のごときの者なり」（聖典八四頁）と、ここまでは「信巻」（聖典二四九）に引用しておられます。そして、「もろもろの小行の菩薩」以下を「化身土巻」に引用しておられる（聖典三二九頁）。このように押さえられて、どういう位置かというと第十九願の内容です。

第十八願を受けて開かれている第十九願の内容は、人間が努力意識を以ってさまざまな善行を積んで浄土に往生しようと思う心を中心に誓っていると親鸞聖人は押さえられた。その願に対応する内容を語っているものは『観無量寿経』であるということも、親鸞聖人がはっきりと押さえられた。

その『観無量寿経』の浄土を表している内容として、この『無量寿経』の第二十八願の成就の文（聖典三五頁）を『化身土巻』に引用しておられる。「また『大経』に言わく、また無量寿仏のその道場樹は、高さ四百万里なり。……」（聖典三二七頁）という言葉は、いまの願文の道場樹の無量の光色を受けている。これは「少功徳の者」と「道場樹の無量の光色あって……」という二つの内容から成っている。願の方ではそうなっているが、成就の文ではそれが分かれている。二つの場所に分かれている両方を、親鸞聖人は第十九願の内容として「化身土巻」に引用しておられる。

第二十八願に親鸞聖人は大変注意しておられる。『観無量寿経』の浄土を『無量寿経』で押さえると何処かというときに、第十九願とそれを補う形で第二十八願を親鸞聖人が見ている。何故ここに第二十八願が出てくるのか、何故、第十九願の次にこれを置いてないのかはよく分からない。

機の三願は「説我得仏　十方衆生」ですから、十方衆生が相手である。十方諸有の衆生、十方仏国の迷える衆生に呼びかけている。「十方諸有の衆生は　阿弥陀至徳の御名《みな》をきき　真実信心いたりなば　おおきに所聞を慶喜せん」（聖典四八一頁）という和讃があります。十方諸有の衆生に対して、機の三願が誓われている。いまここでは、浄土に生まれた衆生の中に第二十八願が改めて誓われてくる。

『無量寿経』『観無量寿経』『阿弥陀経』という三経も、三経それぞれの思想的な課題があって決して同じ課題ではない。それぞれ違う課題があり、違う面を表していると見ていかれた。三経の在り方は決して並列的ではない。立体的であって、真実と方便という意味を持っていることを明らかにしていかれた。これは親鸞聖人独特の了解です。そして、浄土も三経それぞれ表し方に違う面がある。三重の構造を持った浄土を見ていかれる。大きくは、真実報土と方便化土の二重構造を厳密に教えの伝承から見い出してこられて、明らかにしていかれた。その願文の中にあって一番元になるものはこの辺だと思います。

いままでは、行として第十九願・第二十願があって、諸行を捨てて念仏を取るといわれていたが、その第十九願の往生、第二十願の往生は、内容としては、十九願・二十願の位置でははっきりしていなかった。それを広く真実報土の問題を展開してこの二十八願へ来て、少功徳の者も往生するが、その場合に、道場樹を見るという課題が出ている。こういう言葉がいわば『観無量寿経』に相当すると親鸞聖人は見られた。

広く包む場合は、四十八願が全体を包む。そうすれば、『無量寿経』の中に『観無量寿経』が位置づけられている。浄土でいえば、真実報土の中に方便化土が見い出されてくる。段階としては、自力から他力へ、第十九願から第二十願を通って、第十八願へというけれども、実際は、真実報土に触れると、その中にあってまだ救われざる自己、まだ問題がはっきりしない自己がいよいよ見えてくる。

こういう形で単に過去の信仰の歴程というよりも、信仰問題が内面化してくる。そういうところに方便化土が見えてくる。願文でいえば、第十八願から第十九願、第二十願と展開する。十九、二十、十八と展開しているのではない。十八願があって、十九願・二十願が出てくる。その展開と同じように、ここでも二十二願を受けて二十八願が出てくる。こういうところにも、願が展開していることが分かる。どれだけ自覚的に経典作者がこの展開を作ったのかは分かりませんが、はかられざる大きな課題の展開があるように思います。

親鸞聖人は第二十八願を第十九願の意味を表す文として「化身土巻」で引用している。これをはっきりと分かりやすく引用しているのが、『浄土三経往生文類』です。『浄土三経往生文類』では、三輩の文を結んで、少功徳の願文と道場樹の願成就の文を引用している（聖典四七二～四七三頁）。

親鸞聖人がこの願文に大変注目をしておられたことがよく分かります。無上功徳に対して、少功徳という言葉が特徴的であるし、道場樹という言葉に注意されるのは、次の三十一願・三十二願と関係するかと思います。四百万里というと、私どもの目の届く範囲を超えている。天眼でもなければ、望遠鏡でもなければ見えません。私どもの見る眼は、ほんの狭い範囲しか見えません。私どもの眼はとても小さくて何も見えない。四百万里の大きさを見られるような能力を与えようといえば、大変な浄土の功徳だと思うわけですが、親鸞聖人はそういうものの考え方自身が第十九願だと見られた

「化身土巻」を見ていただきますと、「謹《つつし》んで化身土を顕さば、仏は『無量寿仏観経』の説のごとし、真身観《しんしんかん》の仏これなり」（聖典三二六頁）と、『観無量寿経』が表す如来、仏陀が持っている根本的な限界を親鸞聖人はここで押さえている。

『観無量寿経』では、定善十三観が、日想観、水想観、地想観……と展開してきて、第七華座観がある。仏の華座、仏が座っておられる、あるいは立っておられる座です。そこで韋提希は得忍した、そこで覚りを得たと善導大師は解釈される。その第七華座観をくぐって、第八像観。像観とは、如来の姿を観る。それをさらに展開して第九真身観という。

如来の真実の身体を観る。如来の本当の身を観る、一切諸仏の身を観るということは仏の心を観るということである。仏身を観ずるは仏心を観るといわれて、ふつうの『観無量寿経』の解釈の立場からすれば、これが本当の如来である。像観ではまだ対象的だ。真身観へ来ると対象を超えて心を観る。これが本当の如来だと了解してきている。

ところがそれを親鸞聖人は方便化土の仏だという。親鸞聖人が見ておられる如来は何かということが、そこに出ている。つまり、『観無量寿経』という経典は観無量寿、相手を観ていく、浄土を観ていく、そして浄土の如来を観ていく。そこにどれだけ観ていく心自身を徹底していっても、観ということが付いている限りにおいて、十九願を親鸞聖人が押さえた問題がくっついている。

自分と如来という二つの存在があって、こちらから向こうを観るという心で仏を観ていく。その場合にはいくら観たといっても、観る心と観られる内容とが一つではない。聖道門の学者が考えれば、真身観に出遇ったら、もうこれは単なる対象ではないと見る。

第九真身観のところに「念仏衆生　摂取不捨」（聖典一〇五頁）という言葉が出てきます。そういう内容を孕んでいますから、ふつうは努力して最後は如来と一体になったと見る。ところが親鸞聖人からすると、それが第十九願の問題だと。つまり、『無量寿経』が何故説かれたかということが、そこで落ちている。凡夫でも仏を見ることができる立場で仏を考えている。

しかし、親鸞聖人からすれば、法蔵願心に触れないで、自分の力で如来を見ようとしている限りにおいて、見られた如来は、どれだけ純粋だといわれても第十九願を超えていない。自力の思いで対象的な如来を見ようとする心を超えていない。そういう意味で、化身土の仏は、真身観の仏これなりと押さえたことは、非常に鋭い、いまだかってない解釈です。

真身観は真実の仏だというのがふつうです。ところがここに観という字が付いている。観が付いている限りにおいて『観無量寿経』を超えていない。『観無量寿経』全体を親鸞聖人は、方便化土を顕す経典である。その中には、なるほど善導が解釈したように、『無量寿経』の本願を顕す言葉はある。しかし、『観無量寿経』の中にあって、『観無量寿経』の中で全体でほとんど隠されている如来の密意を気づかせんがためである。その如来の密意は表に出ていないと『観無量寿経』をご覧になった。これにより、この第二十八願が重要な願になる。つまり、本願の中にあって方便化土を顕してくる願である。

どれだけ大きくとも、どれだけ能力があるように見えても、少功徳の成就である。少功徳とは人間の功徳です。無上功徳は如来の功徳。それに対して、少善根功徳は、人間からの功徳である。それは人間の条件や人間の能力において、たとえどれだけ優れた者であっても人間的であり、限りがある。条件が合わない場合には救いにならない。かえって苦しめる場合もある。そういう意味で、大功徳ではなく少功徳である。親鸞聖人がこの願を注目されたのは、この問題があるからです。

第二十九願・第三十願は、弁才として、言葉を語るということがくり返される。浄土に生まれた人間が、菩薩の仕事ができる存在として生きるというときに、弁才の能力が与えられる。これはどういうことなのか。誰でも説得できるように上手に話ができるという能力なのか。

つまり、浄土について、『無量寿経』が顕そうとする浄土と、『観無量寿経』が顕そうとする浄土では全然性格が違う。『観無量寿経』では、人間が見ることができる美しく、清き、優れた世界として浄土を語り、それを観よ、観ぜよと呼びかけている。本当に救いが欲しいならこの浄土を観よと呼びかけて、教えを展開する。『無量寿経』では、法蔵願心が十方衆生を包まんがために、我が国土を建立したいといって教えを展開する。法蔵願心自身が国を作ろうとする物語として展開している。人間が観るか観ないかとか、人間に観よという呼びかけをするのではなく、浄土を建立するのに、法蔵願心自身が建立しようという物語が展開している。

この二つの経典を包んで一つの論、『浄土論』がある。『浄土論』の浄土の理解は十七句これなりという。器世《きせ》間《けん》荘厳は、十七の言葉、十七の句で押さえた。浄土といっても句、言葉です。荘厳功徳を翻訳した中国語では、偈文で四行ずつで一句になっております。十七句の荘厳功徳で浄土を表している。清浄功徳から始まって一切所求満足功徳まで十七句で浄土を表している。浄土とは十七句だと天親菩薩自身が押さえている。

天親菩薩は広略《こうりやく》相入《そうにゅう》という。浄土を観よ、浄土を奢摩他《しゃまた》、毘婆舎那《びばしゃな》の行を通して観よと呼びかけて、略説一《いっ》法句《ぽっく》、略説すれば一法句だという。一法句とは清浄句、真実の智慧無為法身だと天親菩薩はいわれる。天親菩薩は、唯識の学者でもありますから、根本的な智慧、根本無分別智のところに来ると、分別を超えた智慧それ自身は言葉ではないという。言葉で言い当てられた限りにおいて、言い当てられた内容は智慧ではない。

特に分別した智慧ではなく、如来の智慧、覚りの智慧といった場合には、その智慧を言葉で表せば、言葉は煩悩の衆生が生活する共同体に通ずる言葉ですから、その言葉は分別される内容です。良きにつけ、悪しきにつけ、概念とか、何かを指す言葉は、人間にとって、その言葉を使う限りにおいては、それは覚りではない。覚り自身は分別の対象を超えているというほかないことを、もし略説すれば一法句だという。

一法句とは、本当はいってみようがない。清浄句であり、真実の智慧無為法身である。それを広説すると二十九句、つまり、浄土の器世間荘厳、衆生世間《しゅじょうせけん》荘厳として浄土の姿となり、如来の姿となって開かれてくる二十九行の偈文になる。しかし、この広略は分かつことができない。一ではないけれども異ではない。一にして同ずべからず、異にして分かつべからずと曇鸞は解釈する。そういう関係だと分からないと、浄土の教えの意味が分からない。

浄土とはどういうことを表そうとするのか。願心荘厳する世界が浄土である。その二十九句の荘厳功徳を通して、衆生が如来の心を主体化するために荘厳している。それは一法句を本当に得んがためである。一法句を得んがために二十九句を開いている。

二十九句を単なる外界の説明として考えて分析したりしていたのでは、一法句には還れない。だから、如来の教えの意味を理解しなければいけないと、天親菩薩は『浄土論』の「解義分」で語っている。

親鸞聖人はそれを、二十二願の内容として、「証巻」に長々と引用しておられる。浄土とは、『無量寿経』でいうと、法蔵願心が自分の世界を作ろうとして生み出した。『観無量寿経』では、美しき清き世界を観よという形で衆生の観る内容として浄土を展開している。その二つの意味を天親菩薩は総合して、こういう言葉で表そうとした。

曇鸞大師の言葉でいえば、一法句とは法性法身、二十九句とは方便法身である。どちらも、法身であるけれども、法の用き、つまり、如来の教えの用きが衆生の身にまで来るために、法性法身から方便法身を生じる。そして方便法身から法性法身を出すと。言葉ならざるものが、言葉を生み出してくる。生み出した言葉が、言葉ならざるものを現してくる。方便法身→生現→法性法身、法性法身→顕出→方便法身となります。こういうことが、浄土というあたかも空間のごとき世界を願って、そこに衆生を摂取せんとする如来の教えの意味であるということを天親、曇鸞が表している。それを親鸞聖人は非常に大切にして浄土を考えようとしている。

浄土とは、単に死んでから行く世界とか、何か分からないけれど仏さまがお前なら救けてやるぞといっているとか、遠い世界、十万億土の彼方だという形で説かれているが、その教えの意味はいったい何かということを端的に押さえたのが『浄土論』『浄土論註』である。それを親鸞聖人は大切にされた。そういう立場から見直すと、対象的に説かれて、人間がそれを見ようとする限りにおいて、それは本願が表そうとする浄土ではなくなってしまう。人間が体験しようとする内容になりますから、一法句の内容とはほど遠い世界になってきます。そこに非常に厳しい視点がある。

凡夫の自覚をくぐって人間がどれだけ体験を純化しようとしても、本当の体験には行けない。どれだけ三昧に入っても、その三昧自身が本当の純潔な法蔵願心ではないと親鸞聖人ははっきりと見定めて、化身土の仏とは、真身観の仏これなりという。たとえどれだけ純化されたように説かれていても『観無量寿経』の観察の内容としての真身は、化身だと押さえられたのです。

## 浄土を誓う願

次の三十一願は、「たとい我、仏を得んに、国土清浄にして、みなことごとく十方一切の無量無数不可思議の諸仏世界を照見せんこと、猶し明鏡にその面像を観るがごとくならん。もし爾らずんば、正覚を取らじ」（聖典二〇頁）とある。非常に大事な言葉として「国土清浄」という言葉が出てくる。おそらく、天親菩薩はこれを根拠にされて、二種清浄といわれるのでしょう。清浄句とは、二種清浄世間、器世間と衆生世間、二十九句全体を清浄のもとに包んでいる。そして、第一の荘厳功徳は、清浄功徳であるという。清浄ということは浄土の第一の規定です。清浄なる世界である。そして、「明鏡にその面像を観るがごとくならん」という明鏡の喩えです。

明らかな鏡というと、すぐ気がつきますのは、『無量寿経』に、釈尊が説法を始めるについて阿難に映ったお姿として、明鏡に面像を観《み》るがごとしと。「明らかなる浄鏡《じょうきょう》の表裏に影暢《ようちょう》するがごとし」（聖典七頁）という言葉があり、読み方が二通りあります。「明らかなる鏡の浄《きよ》き影《かげ》」という読み方もあります。ここでは「明らかなる浄鏡の」と読んでおりますが、親鸞聖人は「教巻」に引いて、「光顔魏魏とましますこと、明らかなる鏡、浄き影」（聖典一五二頁）と読んでおります。テキストが違っていたのでしょう。浄鏡、あるいは鏡の喩えがここに出てきている。

鏡の喩えは、大変大事な喩えとして出てきています。存在を本当に映すときに、鏡のように映すと。例えば、閻魔大王の持っている浄玻璃の鏡は、一切の宿業を映す。鏡といっても、単に物質的鏡ではなく、何か存在を映す鏡であるといわれます。明鏡に面像を観るということは、大変いい言葉のように見える。ところが、次の第三十二願は、「地より已上、虚空に至るまで、宮殿・楼観・地流・華樹、……」とあって、『浄土論』では、第三十一願と第三十二願に似たような荘厳が出てきます。それなら第三十一願・第三十二願を当然取り上げてもよさそうなものですが、親鸞聖人は『教行信証』でいっさい取り上げられない。

四十八願の中で、浄土をまともに誓っている願はこの二願です。第三十一願と第三十二願は浄土を誓っている願である。ふつうでいえばその他の四十八願は、浄土の衆生、菩薩、あるいは阿弥陀の光などを誓っている。だから国土を作りたいという四十八願にとって、この願は非常に大事だというのがふつうの考え方です。ところが、親鸞聖人はこの二願を取られない。

親鸞聖人は、浄土を建立する願というときに、第十二願・第十三願を根本の願と見られる。慧《え》遠《おん》などはこれを摂法身の願と理解している。仏自身が仏を誓う願が第十二願・第十三願である。自分の光が無限でありたい、自分のいのちが無限でありたいというのですから、法蔵願心が、阿弥陀になるについて自分自身を誓っている願だというのがふつうの了解ですが、親鸞聖人は真実の仏身・仏土の願であるとご覧になった。

ここに、それまでの浄土教の流れを受けながらも、親鸞聖人の浄土理解が非常に独創的なものがある。我々からするとあたり前に思うところもあるのですが、そう読まれたということには、よほどの問題があった。単に何処かの世界を誓っているのではない。阿弥陀の願は、いったい何のための願か、何を我々に本当の意味で与えんがための願かを徹底して明らかにしていかれた。

あたかも空間を荘厳するごとくに誓っている願は、たいして重要ではない。「化身土巻」に引用してもいいわけでしょうが、そういう引用の仕方すら要らない。浄土それ自身は報土、願が成就した世界である。本当に願が成就した世界はどういう用きを持つかを表せばよい。それは光が無限であり、いのちが無限である世界を表せればそれで済む。どんな形が清浄であるか、どんな光を放っているかなどという細かいことは要らない。

対象化してものを考えていく人間に、対象化を超えさせるための場所が真実報土である。対象化して説けば、『観無量寿経』が了解する方便化身土に堕する。方便化身土を表す位置づけなら、それも意味はないわけではないが、方便化身土の問題としては、あえて引く必要もない。ふつうの学者から見れば、この願を除いたら浄土は成り立たない、この願をもとにして他の願も意味を持つということですが、親鸞聖人からすれば要らない。

ふつうのものの考え方を、法蔵願心に帰して破っていく。顕浄土、真実の浄土を顕すためには、真実か方便かという位置づけをはっきりさせていく。方便を方便たらしめる人間の問題は何であるか、真実を真実たらしめる如来の願いは何であるかを、いつもはっきりさせていく。それ以外のものは要らない。こういう親鸞聖人の非常に厳しく経典を読む眼が貫いている。

## ソシュールの言語学

第二十九願と三十願で弁才ということが出ているのは、言葉の問題が一番大事な問題だということであると思います。言葉は今いったような、単に美しい世界とか、立派な世界を語らんがための言葉では意味がない。つまり、言葉自身が方便法身の意味を持って、法性法身を表す用きを持つか否か。

浄土が弁才の能力を持つ場所になろうと、くり返して誓っている。私どもの言葉の世界は、私ども自身がどういう国に生まれ、どういう言葉を使うかという限定を受けてものを考えていて、それを超えることはできない。例えば、インド人がインド語で、サンスクリット語でものを考えるのと、中国人が中国語でものを考えるのと、日本人が日本の歴史を受けて日本語で考えるのとは、どうしても一つにはならない。それぞれ限界がある。仏法からすれば、人間界で使われる言葉である限り限界があって、究極的にいえば、一人ひとりに問題が残って、一人のいうことが他の人には本当の意味では通じていかない。

宿業の身が違ったら経験が違うわけですから、似た経験にはなるかもしれないが、本当の共通の経験にはならない。私どもは似た経験を同じような経験だと信頼して共同生活をしている。

我々の感じている色や形、あるいは概念の内容にしろ、だいたい同じことを感じているのだろうという信頼関係で成り立っている。これが、全然違う感覚を持った人間が全然違う経験をしていたら、共同生活が成り立たない。

同じ環境で同じようにものを感じ同じ言葉を使っていると、話さないでもだいたい同じような経験を持っていると、お互いに信頼している。特に日本の場合は、閉鎖された空間の中で長い歴史を経てきていますから、厳密に突き詰めなくても、だいたい同じようであろうと済んでしまう。

外国人の場合は、たくさんの小民族同士が殺し合ってきた歴史を背負っていますから、厳密に吟味していかないと納得しない。だから、言葉が無かったら絶対に社会生活が成り立たない。言葉と言葉で吟味し合って、納得のいくまで言葉と言葉を突き合わせるということが社交生活であり、政治生活でもある。それが、特に、ヨーロッパでは根本となっています。

仏教からすれば、どれだけ似ていても、本当は最終的には違う。宿業の身である限りにおいて厳密に同じということはない。特に唯識からすると一人ひとりが一人ひとりの宿業の身を受けているわけですから、根本体験として同じ経験というのは絶対にあり得ない。似てはいても、同じ小説を読んだら同じように感動したというけれども、何処がどう感動したのかと詰めていけば違ってくる。

言葉を通して覚りの世界へ翻えさせようとする場合には、そちらの方向へ行かせるためにはどうしたらよいかを考える。百万の迷いの言葉を重ねても絶対覚りには行かない。そういう意味で、浄土の衆生が弁才を持つことを願うということは、面白くおかしく笑わして聞かせるというような話芸のことをいっているのではない。

言葉を通して言葉では触れられない人間の根源的体験をいかに聞くかということは、人間技ではないわけです。絶対に人間の分限ではできない。一人ひとりが違う宿業を受けながら、宿業を超えた平等法身と教えられ、無為法身と教えられる覚りそのものに還らしめんがための言葉を何処から出せるか。こういうときに、浄土に触れなければ、諸仏は諸仏の世界で自分の経験でいうしかない。そこに阿弥陀は浄土を開いて、十方衆生がそれに触れたならば、菩薩として本当の言葉をいえるようにならしめようという。

善導大師がいうように、発遣の言葉、つまり、自分の所へ来い、自分と同じ経験をしろというのではない。自分もそれに触れることができるような、一如法界に還すような、浄土に還すような用きの根源を、そこから出てきた力をそこに還さしめる力を与える言葉が出せる。それは自己の体験を人に押し付けるのではない。言葉を通して言葉を超えた世界は、我が経験となっても、我が経験の世界ではなく如来の世界である。

如来の世界が如来の世界へ還す言葉を開いてくる。法性法身から出てくる言葉のみが法性法身へ還す言葉です。浄土に触れて、浄土の力を得た衆生のみが、浄土へ還す言葉を出すことができる。こういう意味の弁才です。経《きょう》というものは、法性《ほっしょう》、証《しょう》から出ている。証から教が出ているということを、曽我先生はくり返しいわれました。それは唯識の立場で、言教、言葉の教えが、はたして本当にそれを通して覚りに行くことができるのかと疑うなら疑い得る。言葉である限りは迷いである。

言葉をやめよ！　不立文字《ふりゅうもんじ》！　禅などではそういうわけです。文字では覚れない。言葉がはたして覚りの手掛かりになるのかということは、疑えばいくらでも疑い得る。しかし、人間は、言葉を持った存在です。言葉を持って文化を作り、共同体を作り、歴史を作っている存在ですから、人間存在の迷いの深さを言い当てて、人間なるが故にそれを超えることができる智慧を開くためには、言葉が絶対必要です。

言葉を無しにするということは、人間の歴史に対する冒瀆です。人間の苦悩の歴史をいっぺんに消し去るようなことになる。どれだけ迷いが深くとも、その迷いの深さを作ってきた言葉をくぐって言葉の根源にまで突入する。そのために、言葉を信頼し、言葉の本当の働きを見い出してくる。その場合には、言葉は単なる民族の言葉とか、社会生活の言葉とか、単なる記号とかではない。もっと根源から存在を言い当てようとする場所を与えて、そこから言葉が出てくる。

言語学者にソシュール（一八五七～一九一三）という人がいます。フランス語でものを考えるスイス人です。ソシュールの有名な言葉に、シニフィアン（signifiant：記号表現、外面）とシニフィエ（signifie：記号内容、内容）という言葉があります。シーニュ（signe）は英語のサインです。それを動詞にしてシニフィエル（signifier）は、意味づけるとか、表現するとか、表記するという意味を持っている。それぞれ言葉を能動形（能記）、受動形（所記）といいます。シニフィアンといった場合は、表記しようとする働き、シニフィエといった場合は受身形ですから、表記された限りの働きという言葉。その二面を分析して、表現しようとする意図と、表現されているという言葉があって、いつも二面があることを非常に厳密に分析した人です。

中国語的にいえば、能所です。中国仏教の言葉に能詮（のうせん：経典の文句）、所詮（しょせん：その言わんとする道理）という言葉があるのですが、表そうとする側と表された文面、所詮の教えと能詮の願と分ける。シニフィアンは能詮に当たり、シニフィエは所詮に当たるわけです。

教えの言葉も、教えられた言葉である限りは、言葉として、表されたという意味において限定されている。例えば、漢文で表現されている場合には、漢民族の文化や歴史、使われてきた言葉の限界を所詮の限りでは超えられない。しかし、そこには、能詮がある。表そうとする願いがある。それを読み取ってこなければ、言葉の意味がない。その場合は近い言葉でいうと、唯識では名義ということを分ける。名というのは表された言葉です。

日本語の場合は、「言葉」という単語が一つしかないから厳密な思索はやりにくいのですが、フランス語でいうと、パロール＝parole（ランガージュ：language：ソシュールの用語、言語活動と訳す。人間の持つ言葉を使う能力と、言葉を使って行う具体的な活動を含む。これを言語学では、それぞれの言語共同体において歴史的に構成された記号体系としてラング＝言語と、ラングの規制に従って個人が意思を表現・伝達する一回ごとの行為であるパロール＝言との両面に分けて考察する。『広辞苑』より）という言葉とラング（langue：ソシュールの用語、言語と訳す。言語活動の能力の歴史的・社会的所産として、同じ共同体の成員の脳裏に貯えられた共通の記号体系を指す。『広辞苑』より）という言葉があります。パロールというのは単語です。それを表そうとする意味、単語は同じ単語を重ねることによって何か意味を表すことができる。一つの単語だけだと違った意味も孕んでいる。

教えの言葉は表そうとする、能詮の義といいますか、義というものが言葉を選んで、言葉になっている。それを元に帰そうという用きが聞法ということになる。そういう意味で教えられた言葉の世界があり、言葉を通して教える願いに帰らなければ意味がない。

ところが、浄土という言葉がこの世に出てきて定着すると、死んでから往く世界という妄念の内容になってしまう。そこには、教えが説かれなければ必ず誤解され、宗教の言葉が言葉を持った限り、妄念の世界に引きずり落とされる。宗教の言葉は、しばしばひどい使われ方をして、往生をこいたとか、馬の耳に念仏だとか、お題目にすぎないとか碌なことに使われない。大事な言葉が無茶苦茶に使われてしまう一面がある。言葉になった限りにおいて、それに触れない人間からすると無意味に見える。無意味どころか、邪魔にする人さえある。お説教は一番大事なのですが、お説教などして欲しくないとなると、聞く耳を持たない。

言葉になった限りにおいて元の意図がいったんは自分を曲げるわけです。言葉にならざるを得ない。ならなければ共通の財産にはならない。人に用きかけることができない。だから、お釈迦さまは、教えを説こうとするときに、説いたら必ず誤解される、自分は説かないで死んでいこうと思ったわけです。しかし、それでも説こうというときに、法性法身から方便法身を生じる。ここに大悲がある。どうでもいい言葉を吐くのではない。落語家が言葉を出すように芸として出すのではない。大悲がやむをえず誤解されることを覚悟の上で言葉にする。

方便法身ですから、言葉になった限りにおいて迷える衆生の中に共通に理解されざるを得ない。迷える衆生が理解すると、どこか一部分を取ってきて、間違って理解するから誤解される。これが宗教用語の宿命です。どんな言葉を使っても必ず誤解されるというほかかない。しかし、それを通して法性法身に還す用きを持ち得る。これを信頼しないなら、もう言葉は出さない方がいいということになる。

浄土教が浄土を建立して、浄土に生まれた衆生は必ず言葉をもった存在になって生きて欲しい、これは大切な願いだと思います。覚ったなら、言葉を吐かないで欲しいとはいわないで弁才無碍であって欲しいという。弁才とは、どうでもよい言葉をべらべらしゃべるという意味ではない。義を表さんがために言葉を出す。浄土でいうなら本願を表さんがためにいかに言葉を出してくるか。浄土の力を受けるならそういうことができるようになって欲しい。これが法蔵願心の願いであり、しかもくり返し出されてきている。

これは日本にいると忘れがちである。言葉なしでも何とか生きていられますし、あまり言葉を重視しないでも社会生活はなんとか成り立つ雰囲気の国ですので、問題を少し矮小化するのではないか。民族が違い、言葉が違い、価値観が違うと、本当に浄土を語りかけようとしたら大変なことになる。浄土とは何であるかということを本当にいうためには、言葉を吟味してどれだけ誤解されてもその言葉をくぐって、本当のものに帰していくための新たな言葉を生んでくる。こういう意味の言葉です。

法蔵願心が、特に「信巻」で親鸞聖人がお引きになった勝行段の言葉に和顔愛語《わげんあいご》という言葉がある。法蔵願心が和顔愛語という言葉を誓っていて、それを親鸞聖人が「信巻」で引いている。至心釈で法蔵願心の行として引いている（聖典二二五頁）。

私は経典を読んでいて改めて思い直したのですが、本当に言葉を愛するということは、人間を愛するということです。人間存在は分別臭い存在で、言葉に執着している存在である。言葉を通して言葉を本当に破るような体験を開きたい。このために法蔵願心が国土を開いて国土の利益を衆生に与えようと誓っている。この辺が、二十二願以降では非常に大事なところではないかと思います。

# 第3章　触光柔軟の願［第三十三願〜第三十四願］

## 『観無量寿経』の真身観

### 第三十三願　触光柔軟の願

たとい我《われ》、仏を得んに、十方無量不可思議の諸仏世界の衆生の類《るい》、我《わ》が光明《こうみょう》を蒙《こうぶ》りてその身に触《ふ》れん者、身心柔軟《しんじんにゅうなん》にして、人天に超過《ちょうか》せん。もし爾《しか》らずんば、正覚を取らじ。（聖典二一頁・註釈版二一頁）

第三十三願は、触光柔軟《そくこうにゅうなん》の願といわれます。浄土はこの世に対して彼の土として、彼の世界として荘厳される。その彼の土として荘厳される彼岸性の本質を、第一に光明として押さえる。これは此の土の性質が黒闇だからです。無明《むみょう》の黒闇といわれますように、本当の明るみがない。我々は何か明るい生活を生きているように思ってますが、何処に向かって行くのか、何のために生きているか、どうすればいいか、本当の意味では分からない。しょうがないから生きている。与えられた宿業の中でもがきながら、良かれと思い、自分のいのちとしてはこの程度だと思って生きている。しかし、そのこと全体がはたしてどうなのかは分からない。そういう意味の暗さ、生きること全体の暗さの根を仏道では無明という。

無明とは智慧がない、愚痴ということでもあるわけですが、本当の明るみを持っていない。それを照らすものとして、光は智慧の形であると教えられる。浄土を作る元、光明の願は智慧を誓っている。本当の智慧を与えたいという願いから、十二願の光明無量の願が出てきている。光は姿を照らす用きとして、形を明らかにする。形を通して、本願の姿を知らしめる。本願が浄土を荘厳するときに、光を根源として荘厳する。それは無明の闇に生きる衆生を照らさんがためである。

ところが、この浄土の願はさらに、第十七願を生み出してきた。本当に精神生活を明るくする用きをさらに具体的に、単に光が光として用くだけではなく、より具体的に衆生の言葉になる。そこに、『無量寿経』の本願の一番大きな特色がある。つまり、救いを光を通して与えたいという光明の願だけならば、諸仏平等であるといってもいい。仏々相念といいますか、諸仏平等の法界が光を持っている。闇を照らす、一如の覚りに触れた諸仏の持っている明るさです。

仏像にはみな背後に光があるように、諸仏はみな光を持っている。その光だけではなく、さらに具体的に名を通して衆生に用きかけるところに、『無量寿経』の本願の選択本願たるゆえんがある。これが、法然上人が見い出した選択本願の意味です。単なる本願ではない、選択本願である。何故、選択かといえば、一切衆生を摂せんがために名号を選択する。その名号を選択するということが、我々凡夫にとっては一番分かりにくい。

しかし、法然上人は、それが如来の五劫思惟の選択である。選択摂取の思惟が名号を選び取った。大悲をもって十方衆生を潤さんがため、平等に摂化せんがために、名号を願とする。ですから、善導大師は、「光明・名号を以て十方を摂化《せっけ》したもう。ただ信心をして求念せしむ」（聖典一九〇頁）という言葉で、光明・名号の用きを押さえられた。

親鸞聖人は「行巻」で名号の意味を展開するところで、善導大師の光明・名号の釈を押さえて、光明名号の因縁が浄土真宗を成り立たせるという。浄土真宗とは宗派のことではない。凡夫の上に仏道が成り立つ。一切人類の上に本当の意味の大涅槃を与える智慧が開く。衆生の上に仏道が成り立つ。そのために、必要十分な方法として光明・名号を与える。それが、選択本願の意味だと押さえ直された。名号を通して光が用く。外に荘厳された浄土は浄土だけで用くのではない。衆生の中に仏願が用くための名号、名号を通して光が用く。

仏の光がそのまま衆生を照らす形で教えるのが『観無量寿経』です。『観無量寿経』では、韋提希《いだいけ》夫人が釈尊の教えを通して、阿弥陀仏を空中住立《じゅうりゅう》の仏として仰ぐ。阿弥陀如来が現れたというのは、光の形で現れたということです。それを拝む。そこに『観無量寿経』という経典が、ある意味で聖道門仏教のように、自分で仏の世界に行こうとする要求に応えるべく光が直接現れる、光が姿をとって現れるという教え方をする。それを親鸞聖人は方便である、真身観の仏といってもまだ方便であると。

『観無量寿経』自体としては、これが真実の仏であるという現れ方をしても、『無量寿経』の本願からすれば、まだ本当の意味の本願ではない。方便である。それは光が直接照らすような救いを人間が要求している。本当に生活が真昼間のように明るくありたいと願ってそのようになると教える。あたかも人間が光を体験できるかのように教える。ところが、親鸞聖人は、何故、本願が念仏を誓うかという問題をずっと追求していかれて、光明・名号、つまり、光明のない名号ではない、名号抜きには、光明だけでは衆生の上に因縁を結ばないと押さえられた。

## 精神主義への批判

曽我量深先生は、若いころ清沢満之先生の教えを批判した。清沢先生の教えはまだ本当の他力の信心ではない、自力的な観念的な仏教ではないかという疑いを持っておられた。本当の他力本願ではないという疑いを持って清沢先生にぶつかっていかれた。それが、清沢先生のあの激しい生活をかけた求道心の前に、曽我先生の問いがふっ飛んでしまった。

曽我先生は大変遠慮深い、引っ込み思案なところがあった。晩年の曽我先生からは想像ができないのですが、ご自分がそういわれる。自分は少し暗いところがあって、暁烏《あけがらす》敏《はや》さんや多田鼎《かなえ》（一八七五〜一九三七）さんのように清沢先生の前に行って面と向かって質問して、叱られたり誉められたりということができない人間だった。そういう席では、陰の方からこっそり聞いていたが、内には疑問でいっぱいであった。だから、疑問を持って清沢先生の話を聞いていて、論陣を張るときには堂々たる論陣を張って清沢先生を批判する。けれども面と向かって前へ行くと、とても問答することができない。

講談社から出ました『浄土仏教の思想』の中に、伊東慧明さんが曽我先生のことを紹介しておられて思い出したのですが、『清沢満之全集第八巻』（法蔵館刊）に紹介されていたエピソードがあります。

京浜仏徒の会という会合が上野精養軒で持たれて、その席に、曽我先生、多田鼎さんもおられた。そのころ清沢先生に内からも外からも批判が集中していた。外からは、世界列強から植民地にしようという圧力が来ているときに、物質文明や西洋の科学思想を早く取り入れて富国強兵をしようという日本の国情に対して、いまの日本の国の状況を見ないで、精神主義というようなことをいっているのは、敗北主義ではないか。退嬰主義、あるいは羸弱《るいじゃく》思想ではないかと非難された。

また、内からは、親鸞教徒を任ずる人からすると、清沢先生の精神主義の表現は哲学宗であって、親鸞聖人の信仰とはほど遠い。宗派となった本願寺を中心とする真宗教団は、親鸞教というよりは蓮如教団であった。つまり、『御文《おふみ》』中心の教学と教化であった。もちろん、一心帰命の名のもとに阿弥陀一仏を仰ぐという大変すっきりした信仰になってはいたが、清沢先生の信念は、名号を表に出さない。『我が信念』にありますように、如来ということはいわれるが、念仏を表に出さない。

日記を見ますと、「何時から何時まで念仏」とあり、晩年の療養生活の中で朝早くから一時間ほど念仏生活をしておられる。「7時から8時念仏」と書いておられる。その間ずっと念仏されたのでしょう。けれども、それを表に出さない。出さずに他力の信念とはどういうものかを語っておられる。書かれた文章を読むだけの人は、これは、親鸞聖人の念仏の信念ではない、蓮如上人の南無阿弥陀仏ではないと、内からは清沢批判がごうごうと起きる。外からは、いまごろ何をいっておるか、と批判される。

それに対して、清沢先生は、一応『精神界』では、そうではないということをいわれています。清沢先生の能力からすれば、そういう批判に対して、充分の反駁と、相手を打ち砕くだけの智力を持ち合わせておられたでしょう。そういう内外の状況の中、京浜仏徒の会で清沢先生が立たれた。皆固唾をのんで見守ったわけでしょうが、清沢先生は、「我々は何等をも主張するのではなく、唯、自己の罪悪と無能とを懺悔して如来の前にひれふす計りである」（曽我量深「自己を弁護せざる人」）とそれだけいって座られた。そのときの清沢先生の森厳なお姿に、曽我先生は生涯忘れることのできない感動を受けた。だから、曽我先生の論難に対して清沢先生がまともに答えて弟子になったわけではなく、問いと答はある意味で擦れ違った。しかし、清沢先生が、何のために「精神主義」をいわれたか、その根に触れたわけでしょう。曽我先生はそのとき、おそらく二十五歳前後だろうと思いますが、それから生涯、九十六歳で亡くなるまで、清沢先生を師として歩まれた。

二人のその出遇いは、明治三十五年です。明治三十六年六月には清沢先生は亡くなる。三十五年の秋には、真宗大学を辞めて養子先にお帰りになった。その後で曽我先生は浩々洞に入っておられます。

曽我先生は、はじめは清沢先生に論敵としてぶつかられて、ついには生涯の師匠と仰いだ。清沢先生は、曽我量深が弟子だとは思ってもいないでしょう。しかし、曽我先生は生涯、清沢先生を仰いで歩まれた。その当時の浩々洞の人たちは、救われた状態、一切の責任は如来が負うてくださるという清沢先生の言葉、清沢先生の教えを通して、ある意味で光に触れたといいますか、親鸞聖人の救済を現在に復活したという喜びのもとに、「他力救済の信念」を鼓吹して喜びの中に浸っていたわけです。

ところが曽我先生はいち早く、そういう信念は甘いのではないかという疑念を呈しておられた。清沢先生が亡くなられて十年ほどして、東京の真宗大学が潰されて、真宗大谷大学なる大学が新たに京都に建てられた。そして、浩々洞の崩壊ということがあって信仰が揺らいでいく事件があった。

## 曽我量深の法蔵菩薩論

清沢先生と出遇った曽我先生は、光となって来たる如来、これはやはり空中住立の仏を求めていた自分に問題がある、と気づかれた。自分は本願、本願といっていたが、どこかに『観無量寿経』的救済を要求していた。

『大無量寿経』の救いとは何か、いま一度求められた。

明治四十四年、曽我先生は真宗大学が潰された後は郷里に帰って、養子先に戻って一人田舎寺の生活をしておられた。そのころの曽我先生の青年期の孤独感は、書く文章に暗雲が被っているような暗さを感じさせられます。自分が学問をしようとしてかかわった大学が潰されて、郷里の田舎寺に帰ったが、誰も自分がいおうとすることを理解してくれるい者がいない。その孤独感と寂しさの中で、『観無量寿経』的救済が崩壊した。そのときに、「地上の救主」という論文が出てきている。それは、日蓮主義との対決です。その当時、精神主義に対立する大きな思想として、田中智学（一八六一～一九三九。日蓮主義を提唱して、日蓮の精神を現代に復活しようとした）という人が、日蓮教団は堕落しきっている、日蓮の教えでも何でもないと、『宗門の維新』という大変激しい文章を出した。高山樗牛（一八七一～一九〇二）や宮沢賢治なども、それに触れて日蓮教徒になった。明治末期に、一方で日蓮主義、それに対して精神主義があった。

曽我先生は、その日蓮主義の根をもって、精神界を復活するようなことをした。日蓮を論じて、実は法蔵菩薩ここにありといわれた。法蔵菩薩とは、『法華経』が叫ぼうとした地涌《じゆう》の菩薩、地を割って現れる菩薩である。それは常行菩薩だけではない。常行菩薩は、何処かで凡夫を下に見て高くかけ上がるような菩薩である。それに対して、法蔵菩薩は凡夫を担って、凡夫となって、凡夫と共に、「忍終不悔」である。

本当に凡夫となって用こうとする大悲の菩薩の精神、それはむしろ表に大法螺を吹くような、大日本帝国をわれが担うというようなものではなく、本当に愚かな凡夫の生活をそのまま黙って、表には何も華やかでなく、そこに大涅槃界を顕現するような歩みを持つ菩薩が法蔵菩薩であり、それこそ地涌の菩薩である。大地を割ってかけ上ってしまうような菩薩ではない。大地を割りながら大地とともにある、いわば福寿草のような菩薩が法蔵菩薩である。

曽我先生は、親鸞教の救いをいま一度、自分の生活を通して確認された。そのとき曽我先生は、光へ光へというのではない、むしろ闇へ闇へと、法蔵菩薩の方向は我々の願いと反対の方向であるといわれて『地上の救主』という論文を書かれた。

法蔵菩薩の願心が、凡夫に用く。迷える凡夫は、本当の智慧なくして分別が働く。理性というけれども、理性がなすのは分別です。ものを考えたり、悩んだりするのも分別ですが、その分別を分別たらしめるものは言葉です。その言葉の中に割って入って、言葉の生活全体の根源を担って立ち上がる。そういう精神として法蔵菩薩の意味を、曽我先生は感得された。その根にはもちろん唯識教学を勉強しておられたことがあるわけですが、おそらく、それは単に理念的に考えるよりも、曽我先生は改めて新潟の田舎の寺の生活をしながら、親鸞聖人の生活を確認される。

新潟の三条あたりは大変な豪雪地帯ですから、雪の中に埋もれながら親鸞聖人の生活を憶念される。その生活の中から、人の身を通して用く本願を考えていかれた。そのときに、光が光だけを誓っているのではなく、光から名号へ、名号となって用く。本当に人間は愚かである。光が光として見えない。光を求めるが、光は救いにならない。仮の光でしかない。光に出遇ったというのは化身土でしかない。化身土は退転する。ずっと光り続けるというわけにはいかない。

電球でも切れるし、蛍光灯でも暗くなるように、信仰の光も光だけ仰いでいたのでは、いつの間にか、光の中に馴染んで、光が明るくなくなる。光の中で暗くなりだす。私どもは、どれだけ太陽が明るい砂浜にいても心が暗いということがある。ハワイに行ったとしても、明るくなるわけではない。一応は明るくなるかもしれない。

しかし、根源的には明るくならない。それは意識の本質が少しも変わっていない、経験的な明るみが智慧にはなっていないわけですから、そういう形で光に出遇おうとしても仮の形にしか出遇えない。

光は救いにならないという問題があって、あえて名号を通して本当の意味で自力無効ということを徹底していく。人間は光には遇えない。愚痴曚昧でしかないということは名号を通して本当に自覚される。光明は光明のまま直接来るのではない。『無量寿経』の本願は、名号を誓うことによって、必至滅度の願を衆生の上に具体化する。そこに選択本願たるゆえんがある。選択本願が名号を選択しなければならないゆえんがある。

## 浄土は拡大する

名号の問題について、『無量寿経』の十二願成就の文を見ますと、はじめに光が誓われてくる。「仏、阿難に告げたまわく、「無量寿仏の威神光明、最尊第一にして……」（聖典三〇頁）、ここで光が出てくる。

まずもろもろの形の中から光が説かれてくる。その光を説いて、十二光が出されてきます。無量寿仏を、無量光仏・無辺光仏・無碍光仏・無対光仏・焔王《えんのう》光仏・清浄光仏・歓喜光仏・智慧光仏・不断光仏・難思光仏・無称光仏・超日月光仏と十二光の名前が出され、「それ衆生ありて、この光に遇《もうあ》えば、三垢《さんく》消滅し、身意《しんい》柔軟《にゅうなん》にして、歓喜踊躍《ゆやく》し善心を焉《ここ》に生ず。もし三塗《さんず》・勤苦《ごんく》の処にありてこの光明を見たてまつれば、みな休息《くそく》することを得て、また苦悩なけん」（聖典三〇～三一頁）といわれ、これは第十二願の成就といわれます。つまり、光が名となって、十二の名となって成就する。その光に遇う場所は、三塗・勤苦のところ、三悪趣の地獄・餓鬼・畜生を三塗といいます。

これは、第三十三願で、「十方無量不可思議の諸仏世界の衆生の類《るい》、我が光明を蒙《こうぶ》りてその身に触れん者、身《しん》心柔軟《じんにゅうなん》にして、人天に超過《ちょうか》せん」といわれる。阿弥陀が光になるときに、今までずっと、国中人天とか国中菩薩といわれてきたわけですが、浄土の中の衆生ということが、ここで、十方諸仏の世界の衆生と変わっています。これも面白いところです。

はじめは浄土を建立する。諸仏の国土の善悪を観見して我が国土を作る。国土の麁妙を見て、一番良いものを選び取り、悪いものを捨てる。良い国を作るという形で展開してきて、浄土の形をほぼ作り上げたときに、実は浄土に対応する十方諸仏の世界をいう。

浄土を作るときには、第一願の無三悪趣の願から始まりました。三悪趣（地獄・餓鬼・畜生）なき世界を作りたい。六道輪廻の六道の中で、下の三つは三悪趣といわれる。五悪趣（地獄・餓鬼・畜生・人・天）という場合は修羅は落ちています。浄土からすれば流転《るてん》の生活全体は悪趣なのですが、人間の感覚からすると三悪趣、特に苦しい世界、地獄・餓鬼・畜生は悪い。「悪」というのは、この場合は憎まれるという意味です。「オ」と発音する場合がありますが「オ」とは憎まれる世界。その憎まれる世界としての三悪趣のない世界を我が国にしたいというのが、法蔵願心の一番最初の願いであった。

全部人間の世界といってもいいのでしょうが、その中で、人・天の天というのは何か。インドでは、天とは人間よりも上の世界、精神界がだんだん透明になっていく世界です。欲界の上に色界があり無色界があると教えられる場合の三界の構造からすると、上の方の生活をする存在を天という。人間でなくなるわけではなく、人間のある精神状況の中で非常に透明であり、純粋である状況のことです。安田理深先生は、現代の生活でいえば、芸術や学問、思想というものは、皆、天人の世界といってもいい。音楽を聞くとか絵画に浸るとかは、損した得したという欲界からすると上の方である。そういうものは天の世界といってもいいと、非神話化して語ってくださっています。

三悪趣は、人間でありながら人間らしい生活ができない状況とも考えられます。それこそ三悪趣を成り立たせるようなものは煩悩で、悪業の生活の果報として感じる世界ですから、外にある世界というよりも、それぞれ各々の自己の精神界が現ずる人間以下の生活状況を語っていると考えることもできます。浄土は、まず、三悪趣なき世界、つまり人間が人間として本当に人間らしい生活をする場所を開きたいというところから出発する。

いまここで第三十三願では、「たとい我、仏を得んに、十方無量不可思議の諸仏世界の衆生の類」という。浄土に救い取って、その浄土の衆生を照らすということから出発してきたが、三十三願まで来ると今度は、十方無量不可思議の諸仏世界の衆生の類を内容とする。

これは、実は第十二願と内面的関係がある。第十二願は光明無量の願である。光が無限でありたい。遮るものがない光でありたいということは、浄土を荘厳して、その浄土の中だけを照らすということでは、光明無量の願ではなく、光明有量の願になってしまう。ですから、浄土を建立する願が展開してきて、その浄土が崩壊するといいますか、浄土が破れて、十方無量の世界に用く。それが光明無量の願の用きになる。

安田先生が面白いことをいっておられた。浄土は拡大するのだ。光明無量ということは新たに新たに用きかけて拡大していくのだ。それが無量という意味である。阿弥陀の仏国は、無量無辺である。広大無辺際であるといわれる意味は、用きとしていつも拡大する、無限定に拡大する願いを孕んでいるという意味ではないか。

つまり菩薩を生み出してくる。前に述べた不虚作住持功徳に触れたならば、そこから新しく菩薩が誕生して、その誕生した菩薩は、その行く先の国も阿弥陀の国土の如くならしめんとする。法蔵願力に乗じて、法蔵願力の国の如くならしめんという用きを持ってくる。だから、浄土が拡大してくる。もともと無限大なのだから拡大しないでもいいではないかということですが、それが用きとして、また、私どもを包んで用いてくるといっておられた。

だから、あえて阿弥陀の国土に生まれた菩薩が他方仏土に行って、他方仏土で菩薩道を行ずる。他方の国を阿弥陀の国の如くにしていこうという用きを持ってくる。この世とあの世、此土と彼土という、我々の煩悩の生活と如来の浄土の世界を一応分けながら、しかしこの私どもの人間生活の中に現に用く、如来の願が用いてくる。用いてきてそれに出遇うところに、まさに浄土の用きに触れる。

浄土の用きに触れると我々のいのちが菩薩の意味を持ってくる。我々はどこまでも凡夫なのですが、凡夫のままに本願力をいただいて生きることが菩薩として立派な生き方をするという意味ではなく、愚かな生活、凡夫の生活が菩薩という意味を与えられてくる。仏になるいのちという意味を与えられてくる。そこに浄土が、単に神話的に何処かにあるという話でなく、摂取不捨の用きとして私どもに用いて、単に穢土を穢土的に生きて無駄に終わっていくのではない。穢土に生きながら穢土のいのちの中に愚かな凡夫として生きながら、その愚かな凡夫のところに菩薩道を生きる意味を与えられてくる。

## 真の仏弟子

十方無量の諸仏世界には、先ほどの成就の文の言葉を通すと、三塗・勤苦のところにあってと、つまり三悪道に生活する者に光を与えようという願になっている。親鸞聖人は、この第三十三願を、信心の内容を押さえるときの大きな特質である「真仏弟子《しんぶつでし》」のところに引用しています（聖典二四五頁）。

機《き》を成就して人間に本当に本願が用いたときに、その本願が用いた人間は本願の機となる。本願の機とは、釈迦諸仏の弟子である。どれだけ愚かな人間であろうと、罪の深い人間であろうと、宿業の違いを超えて平等に釈尊の弟子である。真の仏弟子といい得るものは大涅槃を必定とするからだと真仏弟子釈で押さえます。その前の横超断四流釈で「往相の一心を発起《ほっき》するがゆえに、生《しょう》として当《まさ》に受くべく生なし。趣《しゅ》として到るべき趣なし。すでに六趣《ろくしゅ》・四生《ししょう》、因亡《もう》じ果滅す。かるがゆえにすなわち頓《とん》に三有《さんぬ》の生死《しょうじ》を断絶す。かるがゆえに「断」と曰《い》うなり。「四流《しる》」は、すなわち四暴流《しぼる》なり。また生《しょう》・老・病・死なり」（聖典二四四頁）という。

凡夫の生活を、横超断四流、つまり本願力によって超越する。本願の信心は、我々の生活を、単に生老病死に悩んでいる衆生の生活に止めない。生老病死の生活を超える意味を与える。それが往相の一心である。

名号の信心を得れば、そのこと自身の中に迷いを超越する生活がある。それが一心である。横超断四流、縦に超えるのではなく、横に超える。本願力によって超えると押さえられて、往生の問題について善導大師の『往生礼讃』の「前念命終　後念即生」という言葉を引いてこられます。「前念に命終《みょうじゅう》して後念にすなわちかの国に生まれて、長時《じょうじ》、永劫《ようごう》に常に無為の法楽を受く。乃至《ないし》成仏までに生死を径《へ》ず。あに快《たの》しみにあらずや。知るべし、と」（聖典二四五頁）。この善導大師の言葉を引用されて、それの注釈はつけておられません。

この言葉の思想的な意味については、『愚禿鈔』で考えておられますが、それを受けて、「「真仏弟子」というは、「真」の言《ごん》は偽《ぎ》に対し、仮《け》に対するなり。「弟子」とは釈迦・諸仏の弟子なり、金剛心の行人《ぎょうにん》なり。この信・行に由《よ》って、必ず大涅槃《だいねはん》を超証《ちょうしょう》すべきがゆえに、「真仏弟子」と曰う」（聖典二四五頁）、大涅槃を超証することが仏弟子の証拠である、と。

小涅槃ではない、大涅槃。大涅槃ならざる衆生はない。けれども我々凡夫は、大涅槃を得られない。それは眼がない、大涅槃を知る智慧がないからである。しかし、大涅槃を横ざまに超越して与えようというのが本願である。本願の信に触れれば我々は大涅槃を超証することができる。大涅槃を努力してだんだんに得ていくという方向ではなく、本願力によって得る。その場合は必ずという。これは第十一願の課題である必至滅度を受けている。

本願力自身の用きとして我々は大涅槃を得る。これにおいて真仏弟子といえる。自分から努力したり、特殊体験をしたりして涅槃を得るのではない。そういう涅槃は得たとしても小涅槃である。大涅槃は本願力が必ず与えようという願力において私どもに誓っている。それを名号を通して信受すれば仏弟子の資格をいただく。私どもには何の資格もない。浄土に入るべきパスポートもないし、釈迦の弟子になるべき何の献《ささ》げるべき一物もない。差し出すとすれば罪悪深重しかない。そういう人間が本願力によって仏弟子とされる。

真仏弟子という問題をここで展開されて、その一番最初にいまの第三十三願を引用しておられる。「たとい我、仏を得んに、十方無量不可思議の諸仏世界の衆生の類《るい》」、この十方無量不可思議の諸仏世界の衆生の類ということは、「蜎飛《けんぴ》蠕動《ねんどう》の類」（聖典二〇二頁）まで含む。あらゆる衆生を照らす、三悪趣まで照らす。三塗・勤苦のところにあってこの光に遇えばというこの成就の文の意味を採って、真仏弟子たる資格は、光に遇う、遇光、如来の智慧に遇うことである。

光に遇うところに、我らは罪悪深重の凡夫のままに仏法の伝統の流れにあずかる。浄土に生まれた衆生が真仏弟子になるのではない。十方無量不可思議の諸仏世界の衆生の類といっていますが、対象は、穢土、暗黒の生活をする、愚痴の生活に傷ついている我ら凡愚です。愚痴の生活の中で光に遇う。「凡愚遇無空過者」（聖典四六一頁）と『入出二門偈頌文』に押さえられますように、愚かな凡愚が光に遇うところで仏弟子になる。その身に触れる。光は身に触れる。光が身に触れるという言い方も面白いですね。

曽我先生のよくお書きになった言葉に「開神悦体《かいじんえつたい》」(聖典三八頁)という『無量寿経』の言葉があります。心を開き体を悦《よろこ》ばしむる。光は智慧の形、智慧は意識を照らすわけですから、闇の意識の生活を照らす。本当に光に触れれば、身が悦ぶ、心身悦予の形である。信心の悦びは身が表す。身に触れる。

身というのは生活の場所ですから、意識も身なくして動くわけではない。身が傷つく、身が病気になれば意識も暗くなる。飲み過ぎたり食い過ぎたりして胃が悪くなれば、気分も悪い。二日酔の日には念仏しても一向に面白くない。身が正直に証明している。身が光に触れるというのも面白い表現だと思います。

心が光に触れるということがふつうですが、光は心を開き身を悦ばしめる。三塗・勤苦のところにあってということは、身をもって生活する場所は三塗・勤苦のところである。六道輪廻を三塗・勤苦で代表する。それが十方無量不可思議の諸仏世界の衆生です。

蓮如上人が諸仏の救いにこぼれたる者、落第者、諸仏の光で救からない存在が凡夫だといわれる。諸仏の救いに漏れたる者というのも面白い押さえ方だと思いますが、救いに漏れた、諸仏の救いに触れながら救からない、充分に救からない、完全に満たされない。

やはり諸仏は衆生を勧めて善に赴かしむ。「諸悪莫作　衆善奉行」という言葉が七仏通戒偈にある。人間の生活を善に向かわしめる、善を勧めて導こうとするのが諸仏の教え方である。

『観無量寿経』が教えているように、生まれてこの方、悪しかできない衆生という意味が、相対的には諸仏の救いに漏れたる者という意味です。「一生造悪」(『正信偈』)、つまり、悪しかできない人間と教える。

誰でも善を尽くしてこいといわれたら、自分は善ができると信じていますから、一応それに則《の》っていく。ところが、『観無量寿経』では上品《じょうぼん》、中品《ちゅうぼん》、下品《げぼん》と展開して、本当はお前は下品ではないかと呼びかけるわけですが、人間は自力善根意識が強いですから、そういわれても、これは私の話ではないとなる。何処かにそういう人間がいるのだろう、自分は上品だと、少なくとも上品に向いて行こうと意識が動きますから、蓮如上人は徹底して諸仏に漏れたる者と呼びかける。

我らの場所は善根を積んだ諸仏の浄土ではなく、「唯除五逆誹謗正法」といわれるように、罪の深い、本当に愚かな、まったく救いようのない衆生の穢土である。これは嘘、偽りのない事実である。

いくら隠してみても、罪悪深重の衆生ということは隠しようがない。如来の光の前に照らされれば、それこそ浄玻璃の鏡の前に立てば、罪悪深重の衆生ということは隠しようがない。本当に罪が深い、表向きは綺麗に見えるようなことがあっても、実は罪が深い。

## 身心柔軟

罪悪深重とは、反省して分かるとか、少し生活を通したら良くなるのではない。罪の重さは我々が相対的に善悪を判断しているレベルではない。人間存在の在り方が持っている罪の深さ、唯識で押さえれば末那識です。そのときそのときの因縁で腹が立つとか、ちょっと欲が起こるなどというのはまだ単純なのです。一番根の深いのは我執です。寝ても覚めても自我愛はくっついています。これは反省できない。反省したってなくならない。

これが実は地獄を作り、自己を閉鎖してくる。そういう衆生を本当に照らさんとするところに、浄土が浄土自身を破って、十方無量の三塗・勤苦のところにある衆生に光を与えようという。この光に遇うのが真仏弟子です。

真仏弟子とは、少しはましになった、少しは光に遇うことによって性質が良くなったというのではない。真仏弟子は大涅槃を超証する。大涅槃とは、十方平等の救いに触れるということです。底下の凡夫として、本当に救い難い、救いなどに本当は遇えない存在、曽我先生の言葉でいえば、光を求めて、光を救いとできなくなった存在という意味の反逆者です。

はじめから光に背を向けて逃げているというよりは、むしろ反逆的に対面しながら真向かいにならない。太陽の光をまともに見たら目が潰れるといわれますが、如来の光をそのまま見ることはできない。名号を反射して初めて自分が照らされる。そういう意味で、真仏弟子の自覚は、十方無量不可思議の諸仏世界の衆生の類として、しかも、諸仏の救いに漏れたる者という自覚である。諸仏の世界にいながら諸仏の光に救われないという形で阿弥陀の光に遇う者の利益が、願文では身心柔軟、身も心も柔軟になるという。成就の文でもそうです。身意柔軟にして善心生ずるといわれている。

身心柔軟の柔軟とはどういうことか。天親菩薩が『浄土論』で解義分の善巧摂化章に、「かくのごとく菩薩、奢摩他《しやまた》・毘婆舎那《びばしやな》を広略に修行して柔軟心《にゆうなんしん》を成就す」（聖典一四三頁）という言葉を出して、この柔軟心を曇鸞大師は、「不二心」と釈しておられます。

不二の心とは不一不異の心です。菩薩の菩提心の課題として、衆生と我々が別れている。別れている間は、本当に衆生のことを知り得ない。「知らんと思わば愛せよ」という言葉がありますが、対象化している間は絶対に知り得ない。

菩薩の行として四無量心という課題があります。慈悲喜捨という四つに代表させて、人間の心の中を表します。喜とは、相手の喜びと共に喜べ。悲とは、相手の悲しみと共に悲しめ。同慈・同悲・同喜・同捨といいます。抜《ばつ》苦《く》与《よ》楽《らく》といいますが、一般には、慈が与楽、悲が抜苦、しかし曇鸞はひっくり返して、慈が抜苦、悲が与楽と当てています。

相手の楽しみと一緒に楽しむ、相手の悲しみと一緒に悲しむ、相手の喜びと一緒に喜ぶ。相手の心と平等になることが、四つについて全部同じということが課題になる。

大乗仏教の場合は分別を超えることが課題です。例えば、布施という問題でも、我々凡夫の世間の行為としての物のやりとりは布施ではない。布施とは、仏法の世界に献げる。それを受け取る資格のある者は、煩悩を超えた存在、つまり、阿羅漢のみが布施を受ける資格がある。その場合、物を献げる側は物をあげたという意識が残ったら布施にならない。

献げたという意識を持ち、その結果の功徳を欲しがるという凡夫的欲求が残ったら本当の布施にはならないと教える。受けた方も、よしよし儲かったという心があっては布施にならない。だから、凡夫ではやりとりがあっても布施は成り立たない。

同というのは、本当に同体になる。同体大悲といわれます。如来がいて衆生を救ってやるというのは、上から下へと別体です。同体の大悲とは、まったく一つになること。

人間が相手と一つになろうという場合は、人間には分別がありますから、相手との壁が超えられない。菩薩の課題として、この「同」ということが重い課題になる。これは言うは易くして実際は非常に難しい行になる。それを徹底的に実践しようとしていけば、なんとか一緒になろうとして、例えば子どもと一緒になろうとした良寛さんみたいになってきます。それでもどうしても一つにはなれない。近づくことはできるが一つにはなれない。宿業の違いがありますから、それを超えて本当に相手になることはできない。私どもは相手と同じになろうという心を持とうとすればするほど、例えば、相手が楽しんでいると僻《ひが》むし、相手が苦しんでいればかわいそうにと言いながら、自分ではなくてよかったと思う。相手が喜んでいるなら、うまいことしたなと妬《ねた》む。

日常生活の中では、情けないことにそういう心しか起こらない。少しはましな心が起こってもよさそうなものなのに、何年生活してみても、そういう心が一向に変わらない。つまり、諸仏の教えを通すといよいよ凡夫性が、人間がいかに愚かであるかが明らかになる。

凡夫ではなくなる方向に歩めるかというと、反対にますますそうではない存在が明らかになる。そこに、諸仏の教えに徹底すれば、阿弥陀の本願によってしか救われないことがはっきりする。ところが我々は中途半端なところに生きていますから、凡夫の自覚がはっきりしない。凡夫、凡夫というだけで、凡夫であるが少しはましだと思っている。

実際の心は、少しもましではない。罪悪深重の凡夫でしかない。本当に、反逆的に教えに背く在り方しかできない。だから、曽我先生は法蔵願心に触れれば、闇へ闇へだと、ますます闇がはっきりしてくるという。明るみへ明るみへというよりは、ますます暗い自分、ますます闇を生きる自分がはっきりしてくる。「悲しきかな、愚《ぐ》禿鸞《とくらん》」（聖典二五一頁）である。こういうところに本願の教えに触れた仏弟子ということがはっきりしてくる。

身心柔軟という言葉が出てくる。柔軟心は、曇鸞大師は不二心だという。不二心とは、凡夫の上では人間と人間が一つになるというよりも、親鸞聖人の眼からすれば、人間の立場は罪悪深重の凡夫であるということになる。不二心が成り立つのは如来のみです。

我々の末那識で閉鎖された意識は、不二心どころではない。分別で一つとして一体になれないということが、本当に真仏弟子を明らかにしてくる。なまじの一体というのは虚偽です。一緒に酒を飲んだから、同じ釜の飯を食べたから、といっても虚偽でしかない。一皮むけば、相手の肉さえ食いかねないのが実際であり、それが凡夫です。

三塗・勤苦のところにあっても、この光に遇えば柔軟だというのは、凡夫が柔軟心になるわけではない。なるほど、信心を有難がっていると軟らかくなると現象的に押さえると分かりやすいが、実際はそういかない。親鸞聖人が真仏弟子というときに、釈迦諸仏の弟子なり、「柔軟心の行人《ぎょうにん》」なりとはいわない、「金剛心の行人」という。

金剛心は堅い方の代表です。金剛とはダイヤモンドですから、この世の中で一番堅い物です。何をもってしても壊れない。金剛不壊ですから、壊れない物の代表です。真仏弟子の在り方として、信心一つにおいて身心柔軟になる。私は、身心柔軟は決して生活態度として融通無碍になるということではないと思います。

身心柔軟とは、菩薩の不二心、菩薩の不二心とは、蓮如上人の言い方をすれば、勝ち負けの世界を超える世界を見い出すことによって成り立つ心なのではないか。

安田先生が指摘された「信心を獲たら身が軽い」という蓮如上人の言葉があります。我々は自分の身が重い。子どもを身籠った女性は身重《みおも》といいますが、凡夫は皆身が重い。我が身を我が身で取り扱いかねている。

信心の人は身が軽いというのは、我が身の執着を超えた軽さではないかと思います。仏法に献げた体において身が軽い。分別とか計算ずくだと実に身が重い。ところが、罪悪深重の身を摂する本願力に託したときに、一応表現は本願力があって凡夫がそれに託すというけれども、願力が主体となる。凡夫はそこで消える。凡夫があって託すというのは分別です。本当に願力を信ずるということは、むしろ願力が信心になる。

信心が主体になれば、信心が動く。信心が決断するときには、分別が動くのではなく、信心が動く。不二心のみが宿業を軽く引き受ける。

凡夫は分別と計算だけで生きていますから、実に身が重い。死ぬのは嫌だ、損するのは嫌だと、実に身が重い。我執の計算が付いていますから身が動かない。そういう堅さを破った柔らかさ、これはなにも世間に妥協するという意味の柔らかさではない。仏法に対する柔軟心です。

天親菩薩の言葉では、奢摩他・毘婆舎那を成就して柔軟心である。それを親鸞聖人は法蔵願心の修行が成就した柔らかさと見た。だから、法蔵願心が衆生になる。衆生と法蔵菩薩が別々にあるのではない。むしろ、衆生を破って法蔵菩薩が衆生になる。法蔵菩薩が我々となる。外に本願があって私がそれにお願いしますというのではない。本願力を信受すれば、信受した本願力自身が我々となる。

本願力がいのちになる。本願力がいのちになって生きるところに、身が軽いということがある。横超断四流でいえば、煩悩の生活を超えた柔らかさです。私という分別、煩悩の身が超えるのではない。煩悩の身を破って本願が超える。分別心を破って選択本願が我となったときに、宿業に身が柔らかくなるという形で本当に身が邪魔ではなくなる。身が本願の場所になる。

本当にいのちある間は、本願が用いてくださる。私どもの生活は身と心が別れている。心はこうしたいけど身が動かないとか、心はもっと頑張りたいけれど身がくたびれたと。身心一如というが、身と心がいつも割れている。その身と心が割れるもとは分別心、それが一つになるのは不二心です。

法蔵願心が菩提心だというのは、本当の生死罪濁の凡夫の生活の中に入りながら、煩悩と菩提を分けているのではなく、むしろ煩悩の生活のただ中に菩提を成就する願心が起こるところに、私の身の上に真の仏弟子が成り立つ。真仏弟子を成り立たしめる押さえは信心である。本願の信心が真仏弟子を成り立たせる。どういう行為をしたか、どういう罪悪をしたかということは関係ない。宿業の生活がどんな形であろうと、念仏の信心が大涅槃を超証する。ここに真仏弟子が成り立つ。宿業の身も、罪悪深重の心も、本願の信心において一心になる。一心とは二つに分けない心、二つに分けるのは分別です。親鸞聖人の言葉でいえば、疑いです。疑蓋《ぎがい》なきが故に真実である。疑いというのは私どもの理性の働きです。私どもに働く理性の働きはいつも二つの心。二つの心を離れない。どんな意識が働いても二つ心しか起こらない。それが人間を苦しめる。その二つ心を破って一心が起こる。その一心が柔軟の意味を持つ。信心を得たら人間が柔軟になるというのは、虚偽です。凡夫が柔軟になるのではなく、選択本願が柔軟になる、柔軟心を成就する。

第十二願成就の文を親鸞聖人は、「真仏土巻」に引用される。「真仏土巻」の一番はじめの文は、第十二願・第十三願の願文、続いて願成就の文として先ほど読みました十二光の文を引いております。さらに、「それ衆生ありて、この光に遇《もうあ》う者は、三垢《さんく》消滅し、身意柔軟なり。歓喜踊躍《ゆやく》し、善心生ず。もし三塗《さんず》・勤苦《ごんく》の処《ところ》にありて、この光明を見ば、みな休息《くそく》を得て、また苦悩なけん」（聖典三〇〇～三〇一頁）という言葉を真仏土の意味として、真の浄土を誓う成就の文の一番はじめに十二光の名を引き、そして用きとして、三塗勤苦のところも照らす光であることを押さえている。

法蔵願心の浄土を、天親菩薩は「究竟如虚空　広大無辺際」（聖典一三五頁）と量功徳で荘厳しておられます。広大無辺際とは、十方の中の一方というのではない。一応十方の中に西方を立てるけれども、それ自身が崩壊して十方に用く。だから、諸仏の浄土を破壊して自分がのさばっていくというのではなく、自分の方が崩壊する。むしろ、自分の方が壊れて諸仏の世界の根底に入る。

阿弥陀の本願は、自分は阿弥陀の浄土の衆生であるといって旗を立てて行くのではなく、それを捨てて何処へでも行く。光自身が無碍に十方衆生の中に用いていく。どこの誰がその光に出遇うか分からない。そして出遇った衆生は、金剛心を得る、身心柔軟になる。

信心の人は柔軟だというが、凡夫が柔軟になるということはない。凡夫はますます頑固になる。凡夫がどれだけ頑固になろうと、信心が柔軟性を持つ。柔軟性は仏法の前の柔軟性です。凡夫は世間に対しても法に対しても閉ざしていく。歳をとるとだんだん閉鎖的になっていく。歳をとってものを知って、いろいろな人と心が開けるかというと、お互いに自分の領域をますます固く作ってしまう、共感が持てなくなってしまうという問題が凡夫の生活の中にある。

例えば曽我先生は、どれだけ若い学生が来ても、信仰の要求の前に立ったときに、スパッと出遇う。片方は九十歳になって、こちらは二十歳前後の学生であっても、そういう宿業の堅さがない。問いに敏感に反応して、本願の問題、信心の問題にぶつかり合う。こういう柔らかさは世間的な柔らかさというわけにはいかない。宿業が違うと、お互いに了解不可能なところがあります。例えば、戦争体験があるかないかとか、腹を空かした経験があるかないかということをいいだしたら、宿業の違う者は出遇えない。しかし、どれだけ違っていても信心の問題になったら、バーンとぶつかれる。

これはやはり、人間の根源の問題に触れた柔らかさです。信仰を得たら世間的に柔軟になるというのは、了解が少し怪しいのではないかと思います。凡夫というのは、凡夫を止めて仏さまになれば別ですが、生活してきてますます頑固になっていく。どれだけ頑固であっても信心の問題になると柔らかい。金子大栄先生も我々学生が問題を出してぶつかっていけば、サッと同じレベルで話をしてくださる。

私どもは、どうしても開くことができない閉鎖性、本当に語り合うことができない閉鎖性を互いに作り合っていきます。けれども、光に遇えば、本願の光に遇えば柔軟性を持つということが実際ある。これは不思議な世界です。不可思議な用きだと思います。煩悩の氷が溶けるという親鸞聖人の表現があります。煩悩の氷が溶けて功徳の水となる。煩悩の味が邪魔するのではなく、煩悩の味が転じて本願力の信心の内容になる。こういう経験のところに、たとえどんなに頑固な人間であっても、安田先生も、曽我先生も絶対譲らないような頑固さがありましたが、本願の一点では非常に柔らかでした。

なまじ世間的に柔らかになるというのはだらしがないだけであって、なにも身心柔軟だということではない。酢を飲んで体を柔らかくしたとか、念仏を称えて心を柔らかくしたとか、そんなものではない。

本願力に遇うという柔らかさ、これは仏法の柔らかさです。それだけが、頑固な本当に愚かな、お互いの我執深い人間の中に、本当の意味の柔らかい共同体を開いていくことができる原点なのではないでしょうか。そういうことを第三十三願が誓っていると親鸞聖人はご覧になって、真仏弟子の第一の利益だと押さえてくださっていると思います。

## 国土建立の願い

第三十三願では、真仏弟子が成り立つ場所は、十方無量不可思議の諸仏世界である。浄土に往生して仏弟子になる、一応そういう教えの形をとっている。けれども光に出遇ってみれば、光に出遇う場所が真仏弟子になる場所である。その場所は、阿弥陀が浄土を建立して衆生に利益を与えようと誓った真仏土、その真仏土自身の中に諸仏世界の衆生を包む。

人間はどうしても、何かを立てれば、その立てたものを中心にして世界を考えます。どんな大きなもの、無限なる神を考えても、神を中心にして世界を考えると、どうしてもそこに、漏れる者や零《こぼ》れる者が出てくる。そこに非常に閉鎖的な世界を作り出して、零れる者を敵視するという運動が起きる。これが人間の歴史です。どんな立派な神を立てても、立てた神自身が何かをするというよりも、神の名のもとにそれを信じる人間が神の願いに背く排除活動をする。神の名において異端を絶滅する戦争を起こすのが人間の歴史です。

仏教は、法執《ほうしゅう》という言葉で、我執の根にあるものを見い出してきた。自我を破る大きなものを見い出しても、その破るものに執着して、結局自我を立てる。そういう法執をいかにして破るかという課題を特に大乗仏教は、中心課題として見い出してきた。本当の智慧、大悲の智慧は、理性的な知恵ではない。合理性の知恵の場合は、合理的でないものを排除する。その合理性を組み立てる人間の理性には必ず我執がついています。合理的といいながら、その合理性を構築する根に、自分で分かる範囲で合理性を組み立てるわけですから、分からないものは拒否し、切り捨てる形で整理して、一つの作り上げた人間的世界を正当化する。

閉鎖的な世界から落ち零れた者は、あたかも存在に背く、人間に背く、さらには神に背く者として、単に切り捨てて忘れろというよりも、徹底的にやっつけて人間扱いしない。絶滅させようとする。それが長い人間の歴史である。現代の一番大きな問題は、皆それぞれ拠りどころを立てながら、正義として立てながら、お互いに救からない。

自分が正しいものを立てれば、間違っている者を許せない。間違っている者を許したら正義が成り立たない。ですから、人間としては、間違った者を叩き伏せて、やっつけていくのが正しさである。その正しさを立てている根に、単なる我執ではない、個人ではないものがある。民族や神など、個人を超える大きなものを頼りながら、実は深い意味で自我を立てているというのが、仏教の見方です。

人間としては同じ構造を持っていますから、仏教者といいながら、仏教といいながら、発想はドグマ中心であり、派閥中心であり、自我中心である。そういう存在を超えられない。これは人間の持っている根本問題です。しかし、それを肯定していたのでは、人間として本当の存在には還れない。ここに、阿弥陀が阿弥陀の国を建てずにはおかないと誓い、阿弥陀の国を建立しようとして第十二願が建てられる。その国土は他を排除した国ではなく、十方諸仏の世界となって用く国である。十方諸仏の国とは別の国を建てる（別願）といいながら、建ててみたら別に建てたのではなく、十方諸仏の国の中に解消するわけではなく、むしろ十方諸仏の国を本当に諸仏の国たらしめる土台になろうとする。

それぞれ有限の国であり、有限の社会や歴史、風土があり、それぞれの倫理や正義感、価値感がある。全面的に、皆同じにして、全部阿弥陀の国土にしようというなら、征服意欲ということになる。諸仏の国を認めながらということは、そうではなく、阿弥陀の国が建つということは、十方諸仏の国が建つことと同時である。十方諸仏の国の人々に身心柔軟を与えようとする。

身心柔軟ということは、親鸞聖人が引用されている『如来会』を見ますと、「もし我《われ》成仏せんに、周遍十方無量・無辺・不可思議・無等界の衆生の輩《ともがら》、仏の威光を蒙りて照触《しょうそく》せらるる者、身心安楽にして人天《にんでん》に超過せん」（聖典二四五頁）と、身心安楽という言葉で翻訳されています。これは浄土、無量荘厳、あるいは清浄平等覚と翻訳されることもあります。阿弥陀の特質を中国人は安楽国、安養界と翻訳した。親鸞聖人は、安楽国という言葉はあまりとられず、安養界という言葉を使われています。

安楽国というと、私どものこの三界で、要求すれば与えられると我々は誤解しますから、親鸞聖人はあまり使われませんが、その場合の安楽も、「真仏土巻」で吟味しておられ、涅槃の徳であることを明らかにされます。我々の感情の楽しみではない。この世で我々が煩悩の楽しみを得る如くに浄土で楽しいという意味ではない。涅槃の徳である。常楽我浄という涅槃の四徳ということを出されます。無苦無楽、我々の生活感情からいう楽しい苦しいという意味の楽しさではない。苦でもないけれども、楽でもない。感情的表現をとるが、感情が安まるという世界ではない。

阿弥陀の光に、阿弥陀の智慧に照らされるところに成り立つ身心が柔軟である。十方世界ということを手掛りにして考えますと、東方諸仏国という言葉が出てきて、『東方偈《とうぼうげ》』といわれる偈文があります。その冒頭に、「東方諸仏の国、その数恒沙のごとし。かの土の菩薩衆、往《ゆ》いて無量覚を観《み》たてまつる」（聖典四七頁）とあるので、『往観偈《おうごんげ》』ともいいます。「観」というのは阿弥陀如来を拝見することです。

東方諸仏の国の人々に阿弥陀仏を観たてまつる。そのときに、自由に観《み》に往《い》って、また還って来れる。往ったまま帰って来れないのではない。自分の本国を失わずして、しかも阿弥陀の功徳を得る。こういうことが『東方偈』で語られてある。

第二十二願の意味も、そういう意味です。第二十二願は、「他方仏土のもろもろの菩薩衆、我が国に来生《らいしょう》して、……」で始まっています。どうぞあらゆる世界の人たちが来てください。そしてどうぞ還って往って仕事をしてくださいというのが阿弥陀の願の内容になっている。

こういう国を作りたい。国でありながら閉鎖性がまったくない、それぞれの国において本当の用きができるような国を作りたい。どの国にいても、その国が本当に自分の国にならない。あらゆる国が、この国に触れるなら、自分の国に還ってその国を生きることができる根源的な国を作りたいというのが、阿弥陀の国土建立の願いである。

我々の意識の中に、自分に近い閉鎖的関係をもって国にしようとすることが破られる。『無量寿経』の上巻の最後に、「かくのごとき諸仏、各々無量の衆生を、仏の正道に安立せしめたまう」「各々安立　無量衆生　於仏正道」（聖典四三頁）という言葉があります。

各々に、無量の衆生が仏の正道に安立する。各々が各々を失わずして各々のままに仏の正道に立つことが、なかなか人間関係の中ではできない。どうしても、自分の我執があり、自分のいうことを聞く仲間という形で人間関係を作ろうとする。そういう人間の在り方を本当に破って、明るい、柔らかな、身心柔軟である。『無量寿経』には「開神悦体」（聖典三八頁）、心を開いて身を悦ばしむという言葉がありますが、我々は身も堅いし、心も堅い。

本当に心が柔らかくなるということは、自分で柔らかくするわけにはいかない。自我心がありながら自分を柔らかくするわけにはいかない。我執の心が自分を固めて防御壁を造り、たとえ仏教を学んでも、柔らかくなるどころかますます堅くなる。鎧を着ていく。言葉の鎧を着けて、党派を作り、壁をますます厚くする。そういう人間の方向性に対して、人間の作る堅さを本当に破るような柔らかさ、それが阿弥陀の光明の願いである。阿弥陀の光明のもとに、人間の心の堅さを本当にほぐそうという。

親鸞聖人がそれを真仏弟子の内容とした。本当の信心は阿弥陀の願心が立ち上がった心、本願自身が本当に成就した心です。それが心を柔らかくすると同時に身も柔らかくする。その場合の身とは肉体という意味ではない。べつに信心を得たらアクロバットができるという意味ではない。

この場合の身は、いわゆる有漏の色身に対する、法身だと思います。有漏の色身とは、私どもは限定された、身のところに、同時に我々は法身をいただいているというのが、仏教の身の見方です。生老病死を感じる有限の身である。しかし、生老病死を感じるいのちだけがいのちではない。生老病死を生きる

これを「真仏土巻」で、親鸞聖人が語られる。私どもは法身をいただきながら法身を感じることができない。我々が感じるのは、業報《ごうほう》の身として自分の記憶に感じることができることでしかない。自分の意識面に感じることのできる過去の生活背景、あるいは近い肉身との記憶の関係にある生活歴、それだけが私ではないのです。

## 柔軟性の主体は法蔵願心

存在して生きている身に、信心のところに、法蔵菩薩が用いている。我々の心の中に起こる意識であるが、それは私の心ではない。私がいままで聞いたり考えたり経験したりした心の歴史で感じることのできる内容ではない。むしろそういう私を破るものである。自我に閉鎖されて心の暗さを作っていく人間の歴史、生きれば生きるほどますます閉鎖的になっていく人間の歴史を破って、広大無辺際の浄土を感じるような身を、親鸞聖人は、法蔵菩薩という『無量寿経』の主体の菩薩のお名前のところにお聞きになったわけです。

それが、曽我先生が「法蔵菩薩、我となって、法蔵菩薩、我に来たる」といわれる意味です。宿業と離れていない。この身を離れていない。各々一人ひとりのいのちのところを離れてはない。しかし、そのいのちは単なる個人経験の歴史ではない。個人経験を破って平等に阿弥陀の願心に触れる。阿弥陀の願心に触れるような歩み、それを曽我先生は「宿業本能」といわれる。

宿業を離れて宗教心があるわけではない。しかし、単なる宿業ではない。我々が感じる宿業は、いまかくの如

き生活をさせてきたような過去の諸因縁、いま何故こうなったのか、過去を尋ねていけばいろいろの人が思い起こされて、あいつも憎い、こいつも……と、その悪業因縁の結果こうなったという。そういう宿業の感覚の主体ではなく、そういう宿業を離れないが、無限なる法蔵願心が生み出す浄土、つまり光明無量の世界を感ぜしめる主体が法蔵願心である。それは兆載永劫に苦悩の歴史とともに歩んで来てここにいま開かんとする主体、これは仏教の用語でいえば、法性法身だと思います。

法性法身とは何のことか分からないし、また、考えの対象として法性法身を考えます。法性法身というものが自分にくっついてもう一つあるのではないか。自分の影みたいに法性法身があると考えるが、そうではない。むしろ、それは法蔵願心だ。法蔵菩薩の願心が、第十八願の願因が我々においては、如来を信ずる信心となる。その信心は、どのような宿業の歴史があっても、わしは苦労したのにあいつは苦労していない、というようなことはない。

皆、同じように宿業の身を受けて、宿業がそれぞれにおいて、遠く宿縁を慶べといえる、各々の歴史が各々の歴史として尊べる意味を持っていただける。かくのごとき有為転変の歴史、長い間迷って苦しんできたことが、かたじけなくもこうして光に遇うときに、何も無駄でなくなる。何一つ無駄なものはない。そういう意味で宿業と離れない、宿業をいただくことができる主体がここに誕生する。その内容は光に遇って光明を蒙るところに初めて成り立つ。柔軟性の主体は法蔵願心である。法蔵願心が宿業を本当に引き受けていける。

私どもの自我の関心は、宿業を柔らかく引き受けられない。拒絶感とか、不信感とか、不平不満で、自分のいのちを生きながらいのちに拒否反応を持っている。これをヨーロッパの精神分析などでは、無意識という言葉で、意識下にあるストレスやコンプレックスという言葉で分析しようとする。

いま表に現れた精神の背景に、何か成り立たせる原因がある。「何か」という発想がヨーロッパ思想にはどうしても付いていています。その何かは見えないものであるが、何かがあるという発想で深層意識を表に出し、光を当てようとして、ストレスやコンプレックスを出してくる。しかし、もっともっと人間存在は根が深い。単にコンプレックスという個人の歴史だけではない。深い背景を持っている。それこそ遺伝子まで包まれるような、仏教的にいえば、無始曠劫以来の歴史を孕んだようなものがあって、単にその人が生まれてからの教育や家庭環境において蓄積されたコンプレックスというだけではないものがある。先祖以来のということでは言い尽くせない、どこまで分析しても分析しきれない背景を持っていまの事実が起こっている。それを唯識では阿頼耶《あらや》識《しき》という言葉で分析しようとする。

阿頼耶識とは単なるコンプレックスの主体ではない。一切の経験を蓄積している、全経験の可能性を秘めている主体ですから、迷妄の経験の一切を蓄積している。しかし、迷いの経験の中に、教えを聞けば迷いを自覚できる可能性も本来はある。こういう意味の深層意識ですから、これはヨーロッパの考えでは分析できないような背景だろうと思います。私どもは本当の主体が分からない。自分で主体と思っているものは主体の外面的な一つの層にすぎない。

本当の主体は意識できないほど深い。その本当の深さを担って立ち上がる、私の個人の思いをも破る、しかもそれは単に個人の、特殊な人にだけ出るものではなく人類一切に呼びかける用きとして、因においては法蔵菩薩、果においては無碍なる光明という言葉で阿弥陀の本願が語りかけている。こういうものに触れるときに、初めて私どもの頑なな、どこまでも閉鎖していくしかない心を本当に破る柔軟性が得られる。

我々はお互いに堅い心でしかない。堅さといえば、本当の堅さは金剛心、阿弥陀の信心である。我々の心は堅いというが、メッキのような堅さであり、本当は剝げてしまう、破れてしまう。堅くしているつもりだが、人間が経験を蓄積して自己を固めていくようだが、非常に弱いものである。いくら経験を積んでも一向に不安感が除かれない。どれだけ財を蓄めようと、地位を固めようと、固めれば固めるほど攻める人も多くなるし、自分自身もますます不安になる。

外に鎧を着れば着るほど内は不安になる構造を持っている。私どもは本当の主体が何か分からないで、主体を探しながら、その主体の外に主体を隠すようなものを積み重ねていく。自分が自分になりたい、自分が自分として満足できる生活がしたいと思い、いろいろ経験を積みながら、実際は自分からますます遠ざかる。ますます自分が自分で把握できなくなる。自分だけではなく、人との間で壁を作り、ますます孤立感を深めていく。

人間の作る堅さは、風が来れば折れたり倒れたりする堅さである。もし、堅さというなら、何が来ても壊れない、絶対に破壊されないような堅さが金剛心である。金剛心と柔軟心とは矛盾しない。本当の柔軟心こそ本当の金剛心である。

我々の考える金剛心は、柔軟心と相反する。堅いものは柔らかさと相反する。けれども、第三十三願の身心柔軟の願の成就が金剛の信心である。それは、本当の主体だからです。本当の主体は、法蔵菩薩の願心のところに、摂して自体と為し、安危を共同する。「摂為自体　共同安危」、これは阿頼耶識の性格としていわれている。『成唯識論』には、「摂して自体と為し、安危を同ずる」という言葉があるのですが、「共同」としているのは、解釈書（『唯識述記』）ですけれども有名な言葉です。

この場合、阿頼耶識とは、我々の迷いの生活を成り立たせている主体です。これは自我ではない。自我意識なら自分の思うように自分の生活を作ったり自分自身を変えたりしていけるはずだが、そうはいかない。自分は自分の思うままにはならない。

因縁のままに生きている。それは、自分の生活環境、自分の生活の歴史を黙って引き受けて、摂して、それを自分とし、安全も危険も運命共同していく。これが本当の主体である。その主体の性格は柔らかい。我々の自我心は、こんなものは嫌だとか、あれが好きだとかいって分別している。分別している理性あるいは合理性は、好きだとか嫌いだとかいう感情がついていますから、感情がついて理性を使っているにすぎない。理性そのものは用きを持たない。理性を動かすものは、もっとドロドロした利害や好き嫌いという感情です。

好奇心というが、純粋な好奇心は無い。その根には好奇心を起こさしめる欲求がある。我々の生活においては純粋な合理性というのは無いのであって、理性を動かす元に要求がある。

安田先生が、「仏法というのは、もちろん、知的好奇心というものがないわけではないけれども、単なる知的興味、つまり、趣味になったら、それは仏法にならんのだ。それは名利《みょうり》の学《がく》になる」といっていました。いろいろな学問があるが、好奇心だけで学問するのではない。好奇心の根に名利欲がある。自分の業績を上げたいなどという欲求が人間に深くありますから、それが学問をさせる。もちろん、その欲求を全面的に拒否すれば人間において学びは成り立たないが、単にそれだけであってはならない。

安田先生は、そこに菩提心をくり返していわれた。本当の要求とは何かを忘れてはならない。それは単なる理性の学ではない。本当の主体を要求するものをはっきりさせる学びの大切さを、くり返して厳しくいわれました。本当の主体といわれる阿頼耶識は、理性は第六識ですが、第六識をも生み出すような母体、理性をも包むような主体です。しかし、理性を拒否はしない、理性はダメだとはいわない。理性を包みながら、理性よりも深い。そういう主体を本当に明らかにする。

そこに曽我先生は、「法蔵菩薩は阿頼耶識である」といわれた。宿業の主体と別ではない。本当の宗教的要求といっても、宗教的要求それ自体が用き出すということはあまりない。たいがい、その動き出す根には、宿業の生活がある。煩悩の生活を拒否して法蔵菩薩がいるわけではない。

煩悩の生活をしながら、それに埋没しない。汚い生活が嫌だといって綺麗に取り澄ますという主体ではない。罪業深重の生活を担う。良いも悪いもない。引き受けて立つ。しかし、単にそれに埋没するのではない。こういうところに信心が凡夫において成り立つ。凡夫において純粋清浄なる信心が成り立つことをはっきりさせようとされた。これが親鸞聖人の「信巻」の大問題であった。

## 人倫の哢言を恥じず

第十八願が、選択本願が信心を成り立たせる根本願である。それによって成り立った信心を獲た人、「獲信見敬大慶喜」（『正信偈』）といわれますが、信を獲て多いに慶ぶ人の内面にあるものが第三十三願である。

場所はたとえ三悪道であろうと、信を得て柔軟心を賜る。極端な話になるかもしれませんが、私ども凡夫の生活は、ある意味で地獄みたいなものです。浄土とはとてもいえない。地獄というのは極端かもしれませんが、生き馬の目を抜くような、何が本当やら嘘やら油断など一つもできない生活です。

私どもの生活は、一応表向きは平穏無事の生活をしていても、内面はお互いに角突き合わせて、隙あらばというところを持っている。それほどまでしないでも食えるから、何とかなるから平穏な顔をしているだけの話で、いざ本当にいのちにかかわるような状況が来たら何をするか分からないのが人間存在です。それが『歎異抄』でいう罪悪深重です。そういう身を拒否しない。そういう身を止めて正しい人間になって浄土へ来いというようなことはいわない。

信心に立つ、信心をいただいて生きるということは、倫理の立場や政治の立場からの非難、人倫《じんりん》の哢言《ろうげん》が来る可能性は充分ある。来ないはずはない。「人倫《じんりん》の哢言《ろうげん》を恥じず」（聖典二一〇頁）と親鸞聖人が書かれている。清沢先生が、「許多《きよた》の凌辱《りょうじょく》、豈《あ》に意に介すべきものあらんや」（『絶対他力の大道』）といわれたのは、許多の凌辱に疲れ果てたのでしょう。けれども、信心に還れば、凌辱がどれだけ来ようと、凌辱に抵抗して立ち上がるとか、相手を叩き潰すというのではない。立場に立って安んじて生きていける。こういうところに、信心に立つ柔軟性が方向性として与えられる。もちろん、いつも逃げてどちらも選ばないというのではない。どちらかを選ぶこともあるでしょうが、その立場が、何処かで十方諸仏世界を平等に照らしている阿弥陀の光の前に立つことにおいて、なにか個人では立てない広大なる立場をいただくことができる。

我々が自分で心を開くなどというのはダメなのです。自分の都合のいいときは開くけれども、都合が悪くなるとたちまち閉じる。阿弥陀の願心は自分の世界を作って凝り固まるということはない。あけっぴろげ、八方破れである。八方破れであるがその立場に立つ人間は、本当の主体を生きてもらいたいというのが、第三十三願の意図ではないか。だから、三塗・勤苦のところにあって、ということは象徴的です。

三塗・勤苦であっていい。信心を回向するということは、如来の大悲が信心に来る。如来の大悲が我に来る。曽我先生が、回向がお救けだといわれたのは、そういう意味です。信心を獲ることが救いである。信心を獲てから浄土に往くことが救いなのではない。浄土に往くといっても、何処にもないのです。往くというけれど往かなくていいと書いてある。

十方諸仏のところ、三塗・勤苦のところにあって光明に遇う。そこに「休息《くそく》を得て」と書いてある。浄土は来るわけです。十方諸仏の国のところに浄土が来る。浄土が来るということは、自分の業報のところに立つ。そのこと自身の中にもう阿弥陀の光が来ている。阿弥陀という国を何処かに考えて往くとか来ないといっているのではない。

我々のこの苦悩の穢土、三界安きことなしといわれるこの苦悩の生活に対して、浄土を一応立てる。しかし、その立てた浄土は本当は何処にあるかといえば、光に触れるところに！　ここに来る！　と教えている。だからわざわざ回向するということは、教えとして教行証を回向しているだけではない。信心を回向するということは大悲が真に来ている。信心を獲れば、そこに阿弥陀自体が来ているから信のほかに救いを何処かに探す必要はない。本当の主体を感ずれば、清沢先生が言葉を尽くして「他力の救済を念ずる時」、信心に立つ時に光は来る、不安が晴れ生活が成り立つ。もしそれから離れれば死ぬしかないような身が安んじて生きていけることが、他力の信心の利益だといわれます。

浄土も名号も教えも、全部信心の内容なのです。信心を離れて考えるから往きたいとか何か言い出すので、信心を獲ればそれで充分である。信心の中に全部入っている。信心とは、「信」という閉鎖性ではない。「私」を破った心、穢土しか感じられない宿業の身を破って浄土を感じる主体がここに成り立つのが信心ですから、何処かへ往く必要はない。往きたいのは穢身が浄土に往きたい。けれども穢身を破って信心が成り立てば、信心は純粋清浄なる如来の心ですから、如来の心は何処にいようと如来の心である。

だから、三塗・勤苦のところにあって如来回向の信心が成り立てば、もうそこがいわば浄土であるといっていい。そういう構造が親鸞聖人がいう真実信心の内容です。如来の回向という言葉がはっきりしないから、回向でいただいた上でさらに何処かへ往くと考える。言葉を受け取るけれども、主体がないから考えるわけです。もっといえば、教行証、真仏土、化身土は全部信心の内容といってもいい。能信は信のみである。後は信がどういう内容を持った信かを明らかにする概念である。

身心柔軟という言葉が何をいいたいのか。差し当たっては、私どもの頑なな心、ますます堅くなっていく心を破るものが信心である。破らしめる用きは光の用きである。あたかも氷が太陽の光により溶かされていくように、煩悩の頑なな心が阿弥陀の光に照らされれば、戦うことなくして破れる。こういう形で私どもの信心に柔軟性を与えてくる。

## 聞名得忍の願

### ✢第三十四願　聞名得忍の願

**たとい我《われ》、仏を得んに、十方無量不可思議の諸仏世界の衆生の類《るい》、我が名字《みょうじ》を聞きて、菩薩の無生法忍《むしょうぼうにん》、もろもろの深総持《じんそうじ》を得ずんば、正覚を取らじ。**(聖典二一頁・註釈版二一頁)

第三十四願は、聞名得忍《もんみょうとくにん》の願といわれます。この願も、真仏弟子の内容として、第三十三願に続いて引用しておられます。そして、第三十三願と同じように、十方無量不可思議の諸仏世界の衆生という。衆生が無量にあれば、衆生に応じて無量に諸仏世界があるといってもいい。衆生とか諸仏という言葉を聞くと、私どものイメージでは衆生は低い、諸仏は高いと考える。安田先生は、「仏、菩薩、凡夫というけれども、そういう凡夫という人、菩薩という人、仏という人がいるのではない。凡夫、菩薩、仏というのは、仏法の上から見た人間の位なのだ。人間の位に仏法において凡夫、菩薩、仏という位が名づけられる。一人の上に三つ位が成り立ち得る」といっておられました。大乗仏教からすれば、凡夫は未来の仏です。「一切衆生悉有仏性」ですから、仏の可能性を孕んだ衆生です。そこに凡夫ということも意味を持つ。

方向性のない凡夫は何の意味もない。凡夫は仏法の方向を向いて、至らざるものとして自覚される。仏という在り方を憶念するところに、凡夫という自覚が成り立つ。単に凡夫ということは何の意味もない。愚かでない存在という方向において凡夫が意味を持つ。罪悪深重の凡夫ということが意味を持つ。

菩薩もそうです。仏道の願において菩薩が成り立つ。十方無量不可思議の諸仏世界は何処にあるか。何処にあるものでもない、十方衆生のところにある。十方衆生のところに諸仏世界が拝まれ、そして、無量の菩薩が拝まれる。それは、仏法の上からいえる。

「我が名字を聞きて」とあります。第三十三願と第三十四願を真仏弟子釈にお取りになった。一方は光明、一方は名号、光明と名号です。光は智慧の形ですから、大悲の本願の智慧の形としての明るみに触れるということが、我が名字、阿弥陀の名です。光が形を限定する。

光が光明無量の願の成就の文として、十二の名前に限定して、ということが出ていましたが、因願が成就するときに、無量光仏、無辺光仏以下、無量寿仏といってもいいわけですが、無量なる用きを名として限定する。

これが阿弥陀の願の独自性です。阿弥陀の願の独自性は、国を作りたいということと、一方に名になろうということです。名というところに、私どもはある意味で非常に抵抗がある。光だけなら融通無碍、何処でも行きそうなのですが、名を持ったところに、名が一つ仏の名として、他の仏の名に対して阿弥陀という名を持ったところに、ある意味で私どもが入りにくい抵抗がある。

私自身もそうでした。なぜ阿弥陀仏でなければならないのか。一つの神のようなことになりはしないかという抵抗感がどうしても出る。これは何故か。願が言葉を持つというときに、無数の言葉を持ち得るにもかかわらず、光の名をもって限定する。これが阿弥陀仏の願である。これが教えの一つの独特の形です。実体として阿弥陀という仏がいるという意味ではない。名になる。名となって呼びかける。名があるなら実体があると人間は考えるのですが、実体があるのではない。

実体があるのではないが、願として表現する。願いの名のもとに表現する。第十二願成就の文を引用した「真仏土巻」を見ますと、「無量寿仏の光明顕赫《けんかく》にして、十方諸仏の国土を照耀《しょうよう》して、聞こえざることなし。ただ我いまその光明を称するにあらず、一切諸仏・声聞・縁覚・もろもろの菩薩衆、ことごとく共に嘆誉《たんよ》すること、またかくのごとし。もし衆生ありて、その光明威神《いじん》功徳《くどく》を聞きて、日夜に称説し、心を至して断えざれば、意《こころ》の所願に随《したが》いて、その国に生まるることを得て、もろもろの菩薩・声聞大衆《だいしゅう》のために、共にその功徳を嘆誉し称せられん……」（聖典三〇一頁）とあって、光を無数の衆生のところに伝え、用かしていこうという。

このときに、名前をもって用こう。これが非常に具体的な意味を持つ。称名憶念という言葉がありますが、光を憶念するということは、理念としては分かりやすいけれども、現実には非常に抽象的になる。

名を通して用こうというところに、「仏いずこにましまず。名のところにまします」と曽我先生はいわれます。名となって光が来ているということが、具体的に本当に親しく私どもの煩悩生活のまっただ中に如来が現れることである。「そのときに光のままで現れたら私どもは、焼け焦げてしまう。目で見たら目が潰れてしまう」と安田先生はいわれた。光が光のままに突如現われるという形をとらずに、名を通して現れる。人間生活にとっては言葉が非常に大きな意味を持っている。言葉を抜きにした人間生活はない。言葉において気づくし、言葉において人間生活が方向を与えられる。また、思い出す作用というのは言葉です。

言葉を憶念するところに願いが聞こえてくる。言葉を抜きにして第十八願の内容を憶念することはできない。第十八願の言葉を名号のところに憶念する。親鸞聖人は名号を書かれて、第十八願文や成就の文、あるいは『浄土論』の文を名号の上下に讃として置かれた。そういう内容を孕んだ名号なのである。名号は願をもってここに用いている名前である。決して対象化して単に拝まれる名前ではない。名を通して用こうという。

善導大師が、「光明・名号をもって、十方を摂化《せっけ》したもう。ただ信心をして求念せしむ」（聖典一九〇頁）という言葉を書かれています。名号を持ったことが『無量寿経』の中心なのです。だから親鸞聖人は「教巻」に、「ここをもって、如来の本願を説きて、経の宗致《しゅうち》とす。すなわち、仏の名号をもって、経の体《たい》とするなり」（聖典一五二頁）、つまり経の体は名号、教えの具体的な用きは名号である。その名号は、ある意味で抵抗感もあるかわりに、名号が実は具体的な本願をいただくよすがである、本願が本当に用らく場所であるという内容を、親鸞聖人は真仏弟子釈の中に取られた。第十二願成就の浄土は、具体的には、第三十三願として、真仏弟子の内容になる。

第十七願の名号は、第三十四願を通して、真仏弟子の内容になる。真仏弟子を成り立たせる概念は、大涅槃を超証する、と。大涅槃を超越的に覚ることが真仏弟子の証明であると押さえるのですが、その大涅槃を得ることを成り立たせるものは光明・名号である。光明・名号の用きにおいて大涅槃を得る。大涅槃といっても、光明・名号の用きを信受するところに来る。「無上妙果の成じがたきにあらず、真実の信楽《しんぎょうまこと》実に獲《う》ること難し」（聖典二一一頁）と「信巻」にある。信心を獲れば、無上妙果は難しいことはない。本願力の必然として無上妙果は与えられる。

第三十四願を真仏弟子の内容にしているのは大変独特の了解だろうと思いますが、この名号も、「聞我名字」という、これも善導大師が取り上げている。そして、「我が名字を聞きて、菩薩の無生法忍、もろもろの深総持を得ずんば、正覚を取らじ」と、無生法忍は、無生無滅の法といわれます。その無生無滅の法を覚る。無生法忍の忍は、認めるという認識の「認」という字と通じている。

喜・悟・信の三忍と善導はいいますが、曽我先生は、「不生不滅の法は何だといったら、南無阿弥陀仏だ」、「不生不滅の法の認識、つまり信心だ」といわれました。別の言い方をすれば、現生正定聚と無生法忍は等しいといえます。

正定聚の信と無生法忍とがつなげられる。正定聚とは、邪定聚、不定聚に対して正定聚であって、必ず仏道を成就するという信心が成り立つ、必然性が成り立つというのが正定聚です。無生法忍は無生の法、法身です。常住なる法身、もう消えたり無くなったり衰えたり増えたり減ったりしない。人の生命が増えようが減ろうが、あるいは仏陀が生まれようが死のうが、そういうことと関係ない。減りもしないし増えもしない。滅しもしないし生まれもしない。

無生無滅の法を発見する。私どもは生老病死の無常の生命を生きている。いつ死ぬか分からない。不安でたまらない。そういういのちを生きている。しかし、生滅していく生命の中に無生無滅の法を見い出す。これが法身ということです。法身常住《ほっしんじょうじゅう》、常住なる法身をいただく。それを私どもは阿弥陀の本願においていただく。本願において南無阿弥陀仏を通していただく。南無阿弥陀仏において我々が生まれようが死のうが、病気になろうが健康になろうが、南無阿弥陀仏においては平等である。

蓮如上人は、生命あらん限り、寝ても覚めても南無阿弥陀仏せよ！　といわれますが、南無阿弥陀仏においては何も増えることもないし、減ることもない。称えたから増えるわけでもないし、我々が忘れたからといって減るものでもない。我々が頑張ったから南無阿弥陀仏が増えるものでもないし、我々が怠惰だからといって減るものではない。

しかし、本当に南無阿弥陀仏の法に触れるなら、生命のあらん限り、それに報いていこうというのが我々の感情である。そういうものに触れるのが無生法忍ということです。生滅するものに触れるのではない、無生無滅の法に触れる。これを通して我々の内に法身を感じるということでもある。

## 在家生活者の宗教

生滅する生命の中に法身をいただく。それが真の仏弟子の内容になる。我々の凡夫の生活をいえば、真の仏弟子であるはずがない。仏弟子に背く生活しかできない。仏の弟子などというものではないにもかかわらず、煩悩の生活者がそのまま仏弟子となれる。これを成り立たせるものは、阿弥陀の光と名である。名と光のもとに、凡夫の生活がそのまま仏弟子とされる。それが、第三十三願・第三十四願の意味になる。もろもろの「深総持」という言葉がありますが、総持というのは、もとの仏教の用語としてはダラニという意味です。

大切なものをまとめて総《たば》ねて保つ。糸の束ねを括《くく》るように教えを全部括って持つ。聞いた教えを束にして忘れないようにという記憶法みたいなものです。イメージで記憶する。例えば、『正信偈』で、「帰命無量寿如来」だけ忘れずにおけば、その後はずっと出てくる。途中から出すと前は出てこない。「五劫思惟……」その前の句は何だったかというと出てこない。そこで、はじめからやり直すと出てくる。そういうのを総持といいます。ずっとたくさん出てくる元だけを持っていれば、後は出てくる。

ダラニとは、それ自身はほとんど意味がないけれども、そこに全部を包むというのが元の意味です。それが真言密教へ来ると「阿（ア）」というのが文字の全部の元だから、「ア」一つに全部が入っているという。「ア」といったら全部入っているというわけです。それはちょっと誇大妄想みたいなものです。内容が出てこなければ総持にならないと思うのですが、これは観念です。教義にすぎないわけです。総持というのは、もともとはダラニのように総ねて保つという実際的な意味です。

『浄土論』にも「説願偈総持」（聖典一三五頁）とある。お経を願偈を通して総持するというのが元の意味です。つまり、『無量寿経』の教えを、「世尊我一心　帰命尽十方……」のもとに総持する。「願偈を説いて総持して、仏教と相応す」というのです。生活の中に具体的に内容全体を保つという意味です。

深総持は、本願を通せば南無阿弥陀仏が本願力全体を総持する。自分の力で持つわけではない。しかし、南無阿弥陀仏をいただけば、そこに『無量寿経』の内容が総持されるという意味を持ってくる。我々の生活は総持を持たないと、散乱していく。私どもの意識は、縁によって動いていきます。毎日、毎日いろいろの縁が来て引っ張っていきますから、何処へでも行く。対象が来れば動いていく。そういう動いていく意識の中に仏教をいかにして保つか。生活を切り詰めて、例えば、僧堂に入るとか、意識の対象を限定して、達磨《だるま》大師が壁に向かったように壁に向かっていれば煩悩は起こるまい。面壁《めんぺき》九年といわれますが、たいしたものです。

壁を見ていれば煩悩を忘れるかもしれません。やってみたことはないので分かりませんが、しかし、動いていくことは一応止められる。仏法を総持するのには、大変な苦労がいる。『無量寿経』ではそんなに苦労しなくてもいい。どれだけ動いてもいい。南無阿弥陀仏一つを持て。南無阿弥陀仏のもとに仏法を総持せしめよう。非常に具体的です。これにおいて初めて煩悩生活をしていてもいいということが成り立つ。それを離れたら、煩悩生活の中で仏法を保つことはできない。

名号以外の仏法だったら聖道門を取るしかない。在家の生活をして悟りを開くことはできない。どれだけ意志が強くとも、意志と意識とは必ずしも協同しない。意識はどんどん動いていきます。どれだけ堅固な心を持っていてもフラッと行く。だからそういう動く世界を切ってしまう。

道元禅師が、鎌倉幕府に陳情に行った弟子が帰って来たらその弟子を追放して、座った畳を焼き捨てさせて、その下の土を掘って捨てさせた。それぐらい権力に媚びることを嫌った。それぐらい潔癖にしなければ、聖道門仏教というのは堕落する。

ところが浄土真宗は、堕落などははじめから覚悟の上です。堕落するまいということは必要ない。もともと罪悪深重の生活者が本当に仏法をいただく道がある。真仏弟子とは何処に成り立つか。潔癖にして成り立つのではない。本願力を信ずる。我々の生活している煩悩の関心と違うものがここに立ち上がる。だから、これを信ずれば何が来たってべつに恐れることはない。こういう立場で在家の宗教が本当に成り立つわけです。

名号のない真宗は、空中楼閣みたいなものです。光では成り立たない、生活が成り立たない。名号のところに光が来た。これが在家生活を厭う必要がないということです。

在家生活の中に、深総持が与えられる。そして、真仏弟子の内容として第三十三願・第三十四願を取った。光明・名号をもって仏弟子を成り立たせる願とする。これはなかなか配慮の深いところであると思います。

# 第4章　女人成仏の願［第三十五願］

## 釈尊の時代の女性教団

### ✣第三十五願　女人成仏の願

**たとい我《われ》、仏を得んに、十方無量不可思議の諸仏世界に、それ女人《にょにん》あって、我が名字《みょうじ》を聞きて、歓喜信《かんぎしん》楽《ぎょう》し、菩提心《ぼだいしん》を発《おこ》して、女身《にょしん》を厭悪《えんお》せん。寿《いのち》終わりての後、また女像《にょぞう》とならば、正覚を取らじ。（聖典二一一頁・注釈版二二頁）**

第三十五願の願名について、法然上人は「女人往生の願」といわれる。親鸞聖人は和讃で「女人成仏の願」、「変成《へんじょう》男子《なんし》の願」といっておられる。また、存覚は『女人往生聞書』という著作で、「転女成男の願」「聞名転女の願」といわれます。

聖道門仏教では、中国、日本と、女性に対して大変厳しい限定を加えていて、一般的には、世間における差別以上の差別が仏道修行上に置かれていた。お釈迦さまは阿難の願いを受け入れて、女性の教団を認められた。比《び》丘《く》・比丘尼《びくに》といわれますが、比丘尼とは出家した女性の共同体です。お釈迦さまは、家を離れる、出家を仏道修行上の必要条件としましたので、お釈迦さまの時代とお釈迦さまを受けた小乗仏教では、出家主義、家を捨てるということがいわれた。

家庭という場所があると仏道を求める障害になる。家庭を抱えたままということになると、家庭の中の仕事、家庭を支えるための仕事、社会との関係を取り持っていくための時間と関心のために、世間的関心、あるいは生活的関心のために、四六時中頭を悩まさなければならない。生まれた意義、生きていることの存在それ自身を解明するという問いに立とうとするときに、生活的関心に引きずり回されていたのでは問題意識がはっきりしない。ですから、お釈迦さまは自らも出家されたように、出家ということを大変重んじられた。

まず、釈尊の弟子になろうとするなら、出家せよ。もし本当に出家するなら、男性・女性を問わないという意味で、男性の教団に対して女性の教団を作った。これが比丘尼の教団、女性の教団です。その場合、比丘の教団に対する戒律と比丘尼の教団に対する戒律とには違いがある。女性に対しては、男性に対する以上の難しい条件が加えられています。それは、結局生理的な問題です。女性の場合、妊娠と出産を含む生理的な問題がありますので、そのことを無視して比丘尼教団を作れない。

男女両性、雄雌両性という性の違いをもって生命がこの世に与えられてある。これを、生物学者、生命学者などがいろいろ研究しているが、どうしてか分からない。現代の研究では雌雄がない生命はないそうです。私どもが習ったころには、原始的な生命には雌雄がない。アメーバなどは雌雄がない、自己増殖すると習いました。ところがどうもそうではないらしい。生命が自分の生命に似た生命を作って、そして、生命自身をくり返していくこの要求は、ダーウィンによると種族保存の本能といわれます。種を保存していくこの不可思議な生命の在り方は、一神教でいえば神さまがお作りになったというのでしょうが、そう考えるしか考えようがないほど、不思議な現象です。

最近の科学でクローンといって、同じ細胞から自己増殖させてもう一つの生命を生み出す。牛などは、卵子の段階で手を加えて同じ牛を何頭も作るという実験がなされています。この場合は、一つの卵子を四つに分けるような操作をするのであって、一つの生命体からもう一つそれ自身で増殖するということではない。さらにクローン人間をいま研究している。もし出来るとすると、自然の法則に背くのではないかという議論がある。生命の在り方は、自然界の法則では、自分と同じものは作らない。これは不思議な生命の限定です。

必ず両性があって、まったく違う存在、雌雄、男女というまったく違う性の一対一から、まったく別個の存在が生まれてくることにおいて種が保存されるという摩訶不思議な生命の営みです。アメーバでもそういう構造で生命が増殖する。高等動物といわれる複雑な構造を持った染色体の在り方と、かなり単純化された生命の在り方との違いはあるかもしれませんが、雌雄両性の構造を持ってしか新しい生命は誕生しない。勝手に自分で生み出すということは、おそらく、自然の摂理に背くのでしょう。

キリスト教では、処女懐胎といって、神さまだけが自分で勝手に生まれる、腹は借りたけれど男性の力は借りないで生まれたというのですが、これは人間を超えている神さまを表す表現かもしれませんが、そういうことはしてはならないはずなのです。本当は、生命の在り方として、これは不思議なのですが、どれだけ自分に愛着して自分と同じ存在をもう一つ欲しいと思っても、そういう存在は絶対に作ってはいけないという自然法則があるようです。だから、まったく異質の、つまり性を異にするということは、体を異にし機根を異にするわけですから、まったく違う存在です。まったく違う存在との営みのところに新しい存在が生まれてくる。生命というものがある限り、生命は必ず死ぬものである。永遠に生きるものではない。生まれてきたものは必ず死ぬものであり、ある限定された時間を生きて死んでいく。そして、くり返して同じような存在がまた生まれてくる。しかし、まったく同じものは絶対に生まれてこない。二度と同じものは生まれないのが、自然が与えた生命の法則である。これは不思議なことです。

何千年、何万年という生命のくり返しがあるけれども、一回限りなのです。これだけたくさんあるのだから、何億年か前には、同じ生命があったのではないか。自分が前にもう一回いて、生まれ直してきたのではないかなどと考えることはできますが、そういうことはあってはならない。一回限りの生命を、不思議な形でいただくわけです。

その生まれる場合に、どちらの性を取るかというのは、キリスト教では、まず先に男性が生まれて、そこから肋骨を取って女性を生み出したということで、サルトルの恋人だったボーヴォワール（一九〇八〜一九八六）が怒って、そんなはずはない、聖書は間違っていると批判した。つまり、キリスト教の文化では第二の性ということから、常に女性は差別されてきた。それに対して、真っ向から抵抗の声を上げた。はじめは、皆、何をいっているのかという反応だったのですが、彼女の叫んだことが、このごろキリスト教会では取り上げられて、「天にましますわ我等《われら》の父よ」と「父」と翻訳されていたのを直して、中性にしなければならないという問題が出てきているようです。

## 仏陀の馬陰蔵相

お釈迦さまは、もちろん、生まれたいのちとしては男性です。お釈迦さまの場合は、仏になるときに、男性としての根、男根はどうなったのか。仏陀独特の姿を三十二相といいますが、ほかのいのちではない姿をとったというときに、「馬陰蔵相」ということがいわれます。お釈迦さまだけは別である。覚りを開いた、完全に煩悩を克服したということは、絶対に性欲を起こさない。そういうことは、身体的な現象としてどう成り立ち得るかという解釈で、小乗仏教徒は困っていたのではないかと思います。

お釈迦さまは、覚りを開いたことによって根が体の中に隠れたというのです。男性は生まれる前は、睾丸が腹の中に入っていて、生まれてくると出てくるといいます。そのときに出てきた穴が塞がらないと、腸が出てきて脱腸になる。女性にも脱腸があるらしいから男性ばかりではないといいますが、だいたいは男の子に脱腸が多い。つまり、中に入っていた睾丸が外に出てきて、不思議な話ですけれど、表の方がよく冷えて、冷えた方がいいといわれます。だからわざわざ冷やす人がいる。中に入っていると温まって働かない。お釈迦さまの場合はそれが生まれる前のように、また元に入ったと、中に納まったといわれます。本当はどうか分かりませんが、そういう形でセックスの問題を超えた、と。

男性として生まれてはきたけれど、仏陀になったときに男性ではなくなったという意味です。男性として欲が起きなくなったわけですから、いわゆるジェンダーとしての男性ではなくなった。そういう形で、小乗仏教ではお釈迦さまが仏陀になって煩悩を起こさない。梵行を完成した。梵行とは清らかな生活です。完全に清らかになった。つまり、性欲を離れたということを、身体的な現象としては、「馬陰蔵相」ということで真っ正直に考えている。こういう問題は具体的な問題で、大事な問題です。つまり、我々は生まれるときにどちらかの性をいただく。しかし、いわゆるセクシャルな意欲は賜った性の通りに起こるとは限らない。同性愛ということがいわれますが、人間の性欲の場合は、必ずしも自然の性の如くに起こるとは限らない。これは人間だけにある特異な現象といっていいと思います。

いま、アメリカでも日本でも、同性愛者の人権がいわれています。同性愛は悪いもの、ダメなもので、起こすべきではないという倫理感が変化しつつあります。たまたま、社会生活の中で、同性でないと愛が表現できない、あるいは愛情が満ち足りないという具体的な問題があって、それを無視して、ダメだということだけでは包みきれないほど、人間の愛情表現の問題は複雑化している。

私どものいのちは、感覚器官は五根として与えられている。これは、男性女性とも平等です。その他にも、『倶舎論』などでは、二十二根ということが教えられ、いろいろの機能がある。根という言葉は、インドリア（indriya）といいますが、これは身体の何処かの場所で独自の作用をする。そうすると、五根だけではない。そういう根として男根、女根ということも押さえられている。男性は男性の機能を根として与えられている。女性は女性の機能を根として与えられる。根がないということはない。どちらかの機能を与えられる。機能が十分でなかったり、遺伝子の障害などでいろいろのことが起こり得ますが、一般的にはどちらかの機能を与えられる。

さらに、身体の形として限定されるだけではなく、限定された上に、人間の場合は文化や歴史や社会状況を通して育てられるということがあります。全部の根についてそういうことがある。例えば、眼についても、どういう色が綺麗な色であるか、どういう色が冷たい色か、どういう色が嫌な色かは文化によって伝えられる。単に個人感覚だけではない。

味わいもそうです。料理には文化の背景がある。何が旨《うま》いかということは文化を受けて育った存在の一つの働き、基本的に舌が味を味わう機能として持っていないなら成り立たない。さらにお袋の味といわれるように、小さいときから教えられて蓄積された経験が味を知っているわけです。

根は生理的に働きを持っているということは必要条件ですが、その上に単に個人経験だけではなく、育つときに教育されて経験がつけ加えられ、機能として働きを持つ。そういう意味で、男女も男と女、雌雄、メスとオスという動物的生理機能だけでなく、その上に、歴史的、社会的な経験が蓄積された形で限定を受ける。科学者が遺伝子を研究して、キリスト教とは反対で、女性遺伝子が先に出てきて何かの因子が働いた場合に男性に変化するということが、最近いわれてきています。

科学的には男性の方が後からできたという説が出てきている。しかし、これは不思議な話ですが、鶏の卵と親鶏みたいなもので、どちらかが先にあって、後からできるということだと、一番最初の生命体は自己分裂したということになるわけです。ともかく、性を異にして私たちはいのちを受ける。

## 女性のための経典

第三十五願の問題は、本願が言葉として、本願文が作られてくる背景は何か。人間の生活をバックにし、その人間の生活の在り方、迷える存在、苦悩の存在に対して語りかけることによって本来のいのちに還っていくことができるようにしたいという願いのもとに、本願が文字になり言葉になって定着する。

何故、第三十五願が出てくるのか。インドの社会状況や翻訳された中国の社会状況を考える必要があります。ヒンズー教でもそうでしょうが、極端な女性差別、女性を大変貶《おとし》めるような社会の中で、お釈迦さまは、四姓平等と同時に仏道を求める上においても、男女平等であると明示された。

比丘・比丘尼・優婆塞《うばそく》・優婆夷《うばい》という。何故、男性の比丘を先にするかといわれると困りますが、比丘尼・比丘といってもよさそうですが、比丘・比丘尼という。言葉の配置も、もちろん、インド社会とそれを翻訳した中国社会を受けているのだろうと思います。

言葉が先になっているから、必ずしも現象として本当に上位になっているとは限らない。アメリカがよく女性上位といいます。ladies and gentlemen と呼びかけます。しかし、日本語に翻訳すると紳士淑女諸君となる。社会が持っている両性の位置づけが背景にあって、日本語に翻訳するときに淑女紳士諸君とはいわない。だから、ladies and gentlemen を翻訳すると紳士・淑女になってしまう。

アメリカの場合はヨーロッパから来ている文化なのですが、ヨーロッパ文明は、男尊女卑なのです。キリスト教、イスラム教、ユダヤ教。一神教は非常に男尊女卑がきつい。イスラム教をご覧になったら分かります。イスラム教は、女性は真っ黒なベールを着て、表へ出てはいけない。砂漠の生活、ないしは牧畜生活の中で、どういうわけか分かりませんが、仕事の振り分けだけでなく社会的位置づけでも、男尊女卑がつい最近まで非常に厳しかった。

ヨーロッパのスイスでは、一九七一年までは女性には選挙権も被選挙権もなかった。ヨーロッパで最も遅く女性が選挙権を得た。選挙権を持つについて大変な騒ぎだったわけです。それでようやく女性も選挙権を持てるようになった。日本では考えられないぐらいに厳しい。それは、結局、性の違いを権利の違いとして、法律的な違いとして（日本にもまだ残っていますが）、能力の違い、生活の違い以上に、社会的な制限を加えていることが、近年の女性運動家によるフェミニズム運動によって指摘されてきている。私たちは、指摘されないと、社会のさまざまな問題の中にどっぷり浸かっている場合には、当たり前だと思って、全然気がつかない。気がつかないどころか問題を指摘されると腹を立てるのが現実です。

フェミニズムの視点からすると、第三十五願はいらないということになるのかもしれませんが、何故この願があるのか。結局は性の違いから来る存在の在り方、あるいは発想法や生活形態の違いなど、さまざまな問題が指摘されると思いますが、第一には、インド社会において、虐《しいた》げられた女性が苦しんでいたということがあったに相違ないのです。

インドの社会的背景があって、原始仏教では平等だったのですが、その後、聖道門仏教では、特に砂漠地帯を通って中国に行って、山岳仏教になったときに女性は締め出された。朝鮮・韓国でもそうです。韓国の女性の仏教徒の方が、この間まで日本に来ておられて、たまたまこのお寺に来てくださる縁があったのですが、お話を聞いてみましたら、やはり韓国の仏教界は出家仏教が中心で（明治になり日本が蹂躙したころから妻帯者の僧侶が入ったそうですが、それまでは出家仏教が圧倒的に強い）、ほとんど女性はいない。

最近になって女性の出家者が多くなった。それは社会的状況の中で他では自分の能力は認めてもらえないので、坊さんになって勉強しよう、貧しさの中で、自分のいのちを燃焼したいということから出家して勉強する。それで出家する女性が多くなっていると聞きました。それはやはり、韓国が儒教文化の大変激しい男尊女卑の社会ですので、その中から女性がなんとか自分のいのちを十分に燃焼したいと思って出家するということがあるのだそうです。それでも、仏教界の中でも、男性の坊さんに対して女性の地位が非常に低い。

そういう仏教一般の状況の中で、女性に本当に呼びかける経典が、いくつかある。代表的なのは『観無量寿経』です。これは『観無量寿経』を聞く縁になったのが、韋提希《いだいけ》夫人ですから、女性が対告衆《たいごうしゅう》です。また、大乗仏教の代表的経典として、『勝鬘経《しょうまんぎょう》』があります。聖徳太子が初めて日本で解釈したといわれる『勝鬘経』の対告衆は勝鬘夫人、女性です。大乗仏教に来るとそういう経典があって、原則的には平等なのですが、社会現象的には、大変激しい差別がある。

こういうことが背景にあって、第三十五願が要求されることが考えられます。親鸞聖人は、浄土教が伝えている言葉として、「老少善悪のひとをえらばれず」「男女、貴賤《きせん》を論ぜず」、とにかく人間としてさまざまな違い、生まれや能力や善悪などの一切を超えて平等の信心によって救かるといわれます。『唯信鈔』や、親鸞聖人の仮名聖教の言葉にもありますが、そういうさまざまな違いを代表してきた言葉は、『歎異抄』第一条の「老少善悪のひとをえらばれず」（聖典六二六頁）です。

老少、年寄りか若いかを選ばない。これは人間の経験、年功を選ばないということです。経験の深さ、蓄積ではないということを、老少で代表する。そして、善悪を選ばずという。曽我量深先生がいわれるには、聖道門仏教では大変老少にこだわる。つまり、仏道を修行する、出家発心《しゅっけほっしん》をするということになれば、肉体的条件として若い方がいい。歳をとると心も弱るし、元気もなくなる。だから若くなければまずダメだ。例えば、禅寺に入門したいといったら、若くなければ修行に耐えられない。老少というのは身体の問題です。

聞法ということになれば、これは老少を問わないと曽我先生はいわれます。しかし、面白いことに蓮如上人は、「若きとき、仏法はたしなめ」（聖典八六七頁）といいます。若いころは柔軟性があり、記憶力もいい。本当に人生が変わるほどの感動を持つことができる。ところが歳をとってしまうと、残念ながら私どもはだんだん鈍くなる。何についてもそうらしいです。私は自分では分かっていないのですが、芸術的感動や運動能力、あるいは創造力もそうです。舌の感覚や音の感覚もだんだん衰える。残念ながらいのちが衰えるということは全体が衰える。自覚してないのですが、だんだんに衰える。

能力が全部衰えていく。老衰ですね。自覚的に老衰ではないのですが、そうなのだと思います。いのちは、生まれたら必ず歳をとる、生老病死の厳粛な事実を経て死んでいくように作られている。いくら嫌だと頑張ってもダメなのです。そういういのちを私どもは自然から与えられている。

老少とは身体の厳粛な事実としていやでも出てくる差別です。仏道の上では、何歳からダメだとはいわないのですが、いつの間にかそういうものがある。老少の区別、これは身体的区別である。おそらく身体的区別を老少で代表させているわけでしょう。

## 貴賤・緇素を簡ばず

曽我先生は、「身体は外の違いだ、内面の違い、これは善悪だ。人間の一番の問題は善悪の問題だ」といわれます。是非・善悪とか、いろいろの違いを『教行信証』の「信巻」で親鸞聖人は整理しておられます。どういう問題が人間において問題になるのか。「おおよそ大信海を案ずれば、貴賤《きせん》・緇素《しそ》を簡《えら》ばず、男女《なんにょ》・老少を謂《い》わず、……」(聖典二三六頁)、親鸞聖人は言葉を並べられるときには、おそらく無意識に並べられるのではなく、大きな問題から整理しておられると思うのですが、貴賤・緇素、その次が「男女・老少」です。

貴賤とは、生まれ育って生活している環境の違いです。貴く生まれるか、賤しく生まれるかという差別です。

それを簡《えら》ばない。現実の中で、人間の傾向性、ものの考え方などを規定する大きな要因として、氏《うじ》より育ち、育つ家庭ということがいわれます。もちろん、氏より育ちというけれども氏もかかわる。自分の意識の中に、どういう生まれであるかを自分の誇りにしたり、自分の自己同一性を意識するための拠りどころとして、どういう血筋の生まれかを意識したい。これは人間にとって非常に大きな拠りどころになる。したがって、また、これは差別になる。根の深い問題です。

聖道門仏教ではこれを本当に超えることはできない。お釈迦さまは本当にそれを超えられたわけですが、なかなか根が深い。お釈迦さまの伝記で伝えられていますが、ウパーリという十大弟子がいます。この人は生まれた家、職業は、床屋さんです。後から入ってきた貴族出身の弟子が、自分は刈ってもらう立場ですから、自分では床屋さんを自分より下だと思っている。頭を刈るという職業に対して差別意識を持っている。それで、自分の方が後から入門してきたが、ウパーリより上の席に行こうとした。それを、お釈迦さまは厳しくたしなめた。

お釈迦さまの教団では入門した順序で座れといわれた。何か順序がないことには混乱しますから、それを入門順序で定めた。はじめに縁があった人の方がお釈迦さまに近い所に座る。それはお釈迦さまが、仏法の上での人間の平等性を願っておられたということだと思います。

現実には厳しい根の深い差別があったと思います。本当は出家仏教は姓を捨てる。いわゆる戒名です。新しい仏陀の弟子としての名告りを貰うということは、実は生まれを問わない、新しく無一物で釈尊の弟子になるということ、出家ということを要求してきた。ところが、中国でも日本でも、だいたい出家するときにすでに生まれが問われる。出家の条件としても生まれが問われるということがあって、貧しい者は出家すらできないということが現実にあった。

「貴賤を簡ばない」ということは、簡単なようですが現実には大変厳しい指摘です。比叡山でも、上流貴族のみが天台座主の道を歩むことができるという、生まれによる厳しい差別があった。それを親鸞聖人は一番最初に取り上げて「貴賤を簡ばない」といわれる。

緇素というのは、出家か在家かということです。在家は世間生活者、出家は世間的関心を捨てて、単独者、一人になることを基本としている。そこに聖道門仏教では大変厳しい差別がある。つまり出家者優位、在家者は下にという人間の見方を、親鸞聖人はここで厳しく批判している。如来の本願の信心にあっては、「貴賤・緇素を簡ばず」、これが第一である。

その次は、「男女・老少を謂わず」、男女・老少は身体の限定、身体的限定です。お釈迦さまの教えには中性化して救かるような方向があるのではないかと思いますが、男女はどちらかであって中性ということはない。人間のいのちがあるということは、非常に厳しくどちらかの性の限定を受けて生まれる。単に器根が男根か女根かというだけでなく、その根の働きを受けた人間の感覚・判断・傾向性・好み、すべてに、セックスの限定というものがかかわる。

D・H・ロレンスの『チャタレイ夫人の恋人』(伊藤整訳など)という有名な小説があります。その中で私が忘れられない言葉として、「女性は子宮でものを考える」という言葉がありました。これも考えようによっては、差別だということになるかもしれませんが、逆にいえば、「男性は睾丸でものを考える」ということです。そのくらいものの考え方が違う。全然違う性の生活経験です。

もちろん、同じように感じるという面もあるでしょうが、男女というときには単に身体だけではない。その身体を生きる歴史的、社会的限定の中から性の違いによる精神生活が与えられる面がずいぶんあると思います。しかし、本願海（大信海）にあっては、「男女・老少を謂わず」と。

男女の違いは、文学の上でも、その他の芸術の上でも圧倒的な違いです。また違いがあればこそ、その間に違いを超えて愛を、あるいは家庭を生み出していこうとする無限の営みがある。失敗したり、傷ついたりしながら、そういう営みをくり返していく。大信海にとっては、そういう違いを超えた人間としての成就が要求される。

「信巻」では次に、「造罪の多少を問わず、修行の久近《くごん》を論ぜず、行にあらず・善にあらず・頓《とん》にあらず・漸《ぜん》にあらず……」（聖典二三六頁）とあり、この世で問題になるような違いをほとんど尽くして、「多念にあらず・一念にあらず」と結んでいる。『教行信証』の立場からすれば、当然、性ということは問題にならない。性を超えて一個の人間として、本当に如来の前に自己を投げ出して、自力を捨てて、他力に帰するという信心を持つことが問われる。

## 女性についての言葉

女人という問題を具体的に取り上げている浄土教の祖師は、天親菩薩です。天親菩薩が『浄土論』の荘厳の中に、「女人及根欠　二乗種不生」（聖典一三六頁）という荘厳を置いている。

これも大変問題を孕んでいる言葉だと思いますが、大義門功徳成就と名づけておられて、「大乗善根界　等無譏嫌名　女人及根欠　二乗種不生」（聖典一三六頁）という。そして「浄土の果報は、二種の譏嫌《きげん》を離れたり、知るべし。一つには体、二つには名なり。体に三種あり。一つには二乗人、二つには女人《にょにん》、三つには諸根不具人なり。この三つの過《とが》なし……」（聖典一四〇頁）と、天親菩薩はご自身が注釈を加えている。

親鸞聖人は、天親菩薩の『浄土論』に拠られて、『入出二門偈頌文』という偈文を作っておられる。『入出二門偈頌文』に、天親菩薩の言葉を使って、「女人根欠二乗の種、安楽浄刹には永く生ぜず」（聖典四六一頁）という。親鸞聖人がきちんと扱っておられるのは、この言葉と和讃です。『教行信証』では、女人ということはあえて取り出して問題にするのではなく、「男女・老少を謂わず」という形で、違いを超えて信心を明らかにすべしといわれる。ところが、どういうわけか『浄土論』を扱われるときにこの問題を取り上げられる。

曇鸞大師は、浄土には女性はいない、女性の名もないということを解釈されるときに、まっすぐで強くない、なにかおもねって諂《へつら》う、ニコニコしながら諂う女性の保身術のようなものがある。それは譏嫌の名、つまり誇《そし》る名前だという。そして、菩薩ということを、マハーサットバ、大士ともいう。それは、金剛堅固、菩提心に立ってもう破れない。世間の誹りに負けない強い姿勢、これを男性に喩える。

安田理深先生は、男性に比較して女性は生理的に弱いといいますか一般的には受け身であり、体力的にも弱い。そういう女性が生まれ持った自己保存本能からくる弱さを武器にするということがある。世間生活ではそれが武器になるが、仏法を求めるという点では障害になる。そういう態度では仏法は聞けないという意味で、女性は生まれないという、と解釈しておられた。

第三十五願について考えるとき、「聞我名字」を、つまり、第二十願の問題で指摘された問題を受けてきている。浄土真宗の上では、蓮如上人の『御文』に、女性が取り上げられている。現代において『御文』を読むことには、男性としても大変抵抗が多い。自分がそういう存在だとして聞くならば、それでいいわけですが、自分を横に置いて、それを女性に聞かせるものではない。

性の違いというよりも、たとえ性は男性であっても、悪人・女人といわれるような傾向性を持っていると聞くならばそれでいいのかもしれませんが、明らかに「五障三従の女人《ごしょうさんしょうのにょにん》」という言い方をしますから、これは明らかに男性の立場から女性差別を助長する言葉になるといわれても止むを得ない。根拠は何処から来るのかと探してみても、たいして根拠はない。インド伝来の浄土教の経典にはない。中国仏教がインド仏教の単なる継承ではないことを示す具体的事実としては、仏教学における儒教経典解釈学の全面的導入により、約四百に及ぶ偽経《ぎきょう》（中国選述経典）の出現、中国偽選説が出される。この言葉はその偽経といわれる経典に出てくる。

五障三従という言葉は、男女間の差別が非常に強い中国で出てきた言葉が日本にも伝わり、それがどういうわけか、存覚の『女人往生聞書』で取り上げる。当時、そういう言葉でいわれていたいろいろの差別感情があっただろうと思いますが、存覚がそれを真っ向から取り上げ、『女人往生聞書』という著作を作った。それを受けて、蓮如上人が、「五障三従の女人」といわれた。蓮如上人は、幼くしてお母さんに別れたので、女性に対して大変情熱的であり、女性を救いたいという念が強かったのではないかといわれている。

だから、積極的に女性に対して語りかけて自覚を促す言葉が『御文』に出てくる。それが「五障三従の女人」という言葉で表現されているから、現代からすると問題だということになるのですが、おそらくこういう言葉で罪悪深重・煩悩熾盛の衆生の自覚を呼びかけているに相違ない。ところが、そこに明らさまに女性に対しての差別用語が使われているから、現代からすると、もう少しふつうの言葉で呼びかけられないのかと思うのですが、蓮如上人の時代にはこれが効いたのでしょう。

こういう形で呼びかけられることで、女性が感動したのではないか。それぐらいひどい状況にあったわけでしょう。だから、こういう状況の人間を救けてくれる本願だということで、本当に回心していく大きな契機になったのだろうと思います。

蓮如上人にあっては、本当に本願の正機になるのは女性である。女性に目覚めて欲しいというのが、『御文』を一貫する願いのように思います。そうなった場合、第三十五願との関係はどうなるのか。第三十五願の出てくる場所は、名号を聞いてということを受けて、歓喜信楽し、菩提心を発してと、第十九願・第二十願にかかわる言葉がある。発菩提心は第十九願です。なにかそこに、名号を聞きながら、本願の名号に出遇いながら、「菩提心を発して、女身を厭悪せん」と。発菩提心が一つ問題だし、もう一つは女性という身を受けたことを厭《いと》うということです。

そして「寿《いのち》終わりての後」ということが出てきます。これも第十九願の問題と関係している。もっといえば、第三十六願にも、「寿終わりての後」ということが出てくる。第十八願には「寿終わりての後」ということは出てこない。第十九願では、他力を聞きながらそこに、それを利用する、それを依頼する主体自身の中に、自己を良しとする、自分の菩提心に立っていのち終わった後にまで響くような救済を要求していく。

女性を代表して語ってあるが、本当をいえば、男性に執着してもいけないわけでしょう。男性だから念仏して救かるわけでもない。女性だから救からないわけでもない。男性とか女性とかいう性の問題ということは厳粛な身体の限定で、これはおろそかにできない。また、変えることもできない。そういう問題と、本願に帰する、自力を捨てて他力に帰するという問題とは一線を画する問題である。けれども、そこに傾向性として、どうにも変えられない問題を変えて欲しいと願って、宿業を本当に引き受けることを嫌がって、本願を頼む。

親鸞聖人が第二十願のところに罪福《ざいふく》を信じる、罪福心ということを出しておられます。この罪福心とは、幸福になりたいと念じて念仏する。他力として頼むけれども頼む心は依頼心である。他力を外の力として頼むという構造の一つの代表的な在り方として、状況の悪い、ある意味で社会的に損な役割を与えられている女性が、女性自身を厭う、信仰によって男に変わりたいという。

もっと突き詰めれば、我々が現実にいのちを与えられるときの限定、機根の限定です。時代の限定、江戸時代に生まれたいといっても許されない。もう少し後から生まれたならばということも許されない。一回限りの、他人ではない、どうにもならないこの限定されたいのちを、いかに本当に成就するかという課題の前に立ちながら、そのいのちを引き受けない形で救かりたいという願いでしょう。

本当は自分は他人になれない。もちろん、連れ合いとは別ですし、子どもとだって違う、兄弟とも違う。一回限りのその人のいのちをどうやって本当に自分の生命として成就するかという問題で仏法に出遇いながら、仏さまの慈悲によって男性に変わりたいというのは、依頼心でしょう。親鸞聖人が第三十五願を『教行信証』には取らないのは、それを問題と見ておられたのだと思います。

## 第二十願的在り方

もう少し第三十五願の問題を整理して考えてみます。清沢満之先生は、親鸞聖人の教えに縁があって、若くして本願寺の給費生として東京大学を卒業した。そのご縁を得た清沢先生は、親鸞聖人の教えを本当に明らかにしなければならないという責任感を持っておられた。単に責任感だけでなく、この教えが本当だという直感もおそらくあった。しかし、本当にそれを自分が心から信じることがどうしてもできなかった。それが清沢先生の最後の壁、一番苦しまれた問題である。

清沢先生が、明治三十三年の十月に東京に出てこられて、沢柳政太郎（一八六五～一九二七）の書棚の中にエピクテタス（五五頃～一三五頃）の語録を見い出した。

エピクテタスに出遇ったときの問題は意念の問題であった。自分の意思は自分で自由になるというのがエピクテタスの自由です。自分にとっての絶対自由は自分の意思である。他は全部、自分（奴隷）の主人によって自由にされる。自分の学問も、自分の能力も全部使われる。もちろん、手足は縛られる。身体八腑が全部主人の物である。しかし、自分の意思だけは自分だけが知っている。領主も自由にはできない。そこにエピクテタスは、最後の自分の自由を確保した。たとえ首を切られても自分の自由は奪えない。

こういう文章を見て、清沢先生は結核を病みながら、もうほとんど他力である、自分の身体も、環境も、仕事も全部与えられたままだと思いながら、最後の決断のところで思い悩んでいた。それをエピクテタスを媒介にして、この意念も他力であったということがはっきりした。

つまり、全部他力である。他力を何処に見るかといえば、与えられたこの自分が他力である。自分が自力で、外に他力がある。だから信じようとしても最後に残る自分がどうしても抜けなかった。その自己の意念すら自分では思うままにならない。自分が何を思うかということも他力である、絶対他力であるとして、清沢先生は本当に回心した。そこから、『精神界』の文章が始まっている。そういう意味で信じる心自身が本当に他力だというのが回心です。信心が回向であるというとき、信心は自分のものだ、他力は如来のものだと思っている、その信心の質が問われるわけです。

私の信心と法然上人の信心では、法然上人の信心の方が優れている。私よりは、親鸞聖人の信心の方が本当だ、というのが常識でしょう。親鸞聖人が、法然の信心と我が信心とは一つだといえば、これは常識外れだということになります。しかし、親鸞聖人は、本願の信心だから、名号からいただく信心だから平等である。学問で作ったとか、知恵で作ったとか、経験で作ったというなら、かなうはずがない。

だが、如来の信心、回向の信心、如来が来ている信心、この点では誰においても平等ではないか。親鸞聖人は初めて、「信巻」によって回向を明らかにすることにおいて、本当の他力の信心を明らかにした。自力の一点も入らない。自分ということはすべて他力である。いただいた信心は如来回向の信心である。これをはっきりさせた。第十八願の信心です。第十八願の信心には、自力は一点もない。

死んでから救かるとか、後で男になるとか女になるとかは、第十八願に立ったら問題ではない。ところが、第十九願・第二十願にとっては大変大きな問題である。やはり死んでから救かりたい。それまでなんとか自分を尽くして生きたい。その心は自力です。私どもはこの心が抜けない。どうしても、我が思い、自分のものだという思いが抜けない。この思いを破る一つの大きな問題提起として、ここに第三十五願が出ているのではないかと思います。女性だけが自己執着が強いわけではない。

唯識で末那識とは、女性の末那識、男性の末那識などとはいわない。末那識は自我意識ですから、阿頼耶識に付いている意識ですから、誰にも平等である。悪人であろうと善人であろうと、男性であろうと女性であろうと、生まれが良かろうと悪かろうと関係ない。

我執は誰にでもくっついている。人が良かろうと悪かろうと我執の強さにおいては平等である。そういう末那識が阿頼耶識に付いている。阿頼耶識は、身体と環境とを感じているような意識です。身体の感覚としての男女差があるかもしれない。しかし末那識からすれば平等の愛着の拠りどころである。

傾向性として女性と男性はまったく違う存在だということは、これはっきりしなければならない。そもそも一人ひとりは違う。自分は決して他人にはならない。クローン人間を作ってはいけない。一人のいのちは完全に終わって死んでいかなければならない。たとえクローン人間があってもいまの自分とは違う。このいのちは厳粛ないのちで、限定された身体と時代と社会の状況に生まれ、決して取り替えることはできない。

宿業とは厳粛な事実をいう。その宿業を本当に担ってしかも満足することができるか、これが仏法の問題です。その問題に対して、他の性を取りたいということは、他の性の限定を受ければ他の人間になるのですから、生まれ直したいということです。生まれ直して違ういのちを生きたいという要求と、如来の本願を頼んで浄土に往きたいということが混乱している。その上に解釈として、さまざまな女性差別の社会現象を載せて解釈しているから、ますます混乱する。

そういう状況を削ぎ取って問題を明らかにするならば、一回限りの身体を受けた、この身体八腑を父母に受く、父母を縁として生まれたこのいのちを尽くして、一回限りのいのちにおいて本当に仏法に遇う。このいのちだけでは満足しきれない、もう一回生まれてでもなんとか救けて欲しいという要求に取り替えて、そして名号を信じる、如来を頼む。こういう在り方が、女性が亭主を頼ったり、子どもを頼ったり、あれを頼ったりこれを頼ったりして裏切られる在り方に似ているところがある。これなら五障三従です。三従とは、幼くしては親に従い、長じては夫に従い、老いては子に従う。従うというのは、従属するという意味だけでなく、愛情としてそれに懸ける、それに愛着し、自分の拠りどころにすることです。

自分のいのちの在り方を自分自身として立つことができずに他に求める。他の在り方を拠りどころとして自分を立てようとする。そこに人間の弱さもあるし、悲劇もある。そういう在り方を信仰で代替する。信仰でそういう要求を満たそうとする。

光明無量の願、寿命無量の願、南無阿弥陀仏は摂取不捨の大悲ですから、男性も女性もない。その摂取不捨の大悲において本当に宿業を引き受ける。いまの時代にあっては、こういう表現をとると誤解され、差別を助長する言葉だと仏教が蔑視されることがありますので、使わない方がいいかもしれません。

けれども、傾向性として他に依頼する心が女性に強かった。最近では、自立できない男の若者が問題であろうかと思います。もちろん、独立心の強い、独立独歩、責任を背負って立つ女性もいますが、傾向性として、どちらかというと自己保身的であり、他に責任は譲って自分は陰に隠れていたいという傾向性がある。傾向性があるのであって、絶対的にそうだというわけではないのですが、そういうことを縁にして、第二十願的在り方を教えんがための言葉として、この願があるのではないか。罪悪深重の衆生という言葉が徹底せずに、なにか自分は良しとして、自己肯定の心で他に依頼する。しかも、それが報われない。そういう我執的構造、人間の意識の在り方を代表的に表してきているのではないかと思います。

本願が第三十五願を誓っていることの意味が、社会学的解釈といいますか、女性が差別されていたから救わんがための願だと読んでしまうと、本願の展開として、「真仏弟子」を明らかにしてきて、さらに「聞我名字」の課題を展開したという位置づけがはっきりしなくなる。私は、この第三十五願は、第二十願の問題を、さらに性を媒介にして考えさせてくださると、いただいたらよいのではないかと思います。天親菩薩の『浄土論』と親鸞聖人の『入出二門偈頌文』の言葉も、解釈を通せばもっともと思うのですが、表現が足りないといえば足りない。何か大きな課題があると思います。

女性は女性として、男性は男性として、それのみでは本当に成就しない。つまり、性は性として成就しない。それは人間が持っている大きな課題ではないかと思います。異性を求めながら異性という形では人間存在は成就しない。男性からすればどれだけ遍歴しても成就しない。カサノバ、ドンファンではありませんが、いくら女性遍歴しても成就しない。女性からすれば、いくらいい男に逢ったからといって永遠に満足するものではない。性として異性を求めざるを得ないけれども、求めても成就しないのが人間生活のセックスの構造ではないかと思います。それを宗教で満足しようとしてもダメなのです。

身体はどちらかの性を受けて異性を求めるという構造、これは一つの身体的要求から来る煩悩ですけれども、そういう煩悩を縁として、仏法の問題を教えてくる。その問題を単に宗教で代替するという形では成就しない。そこに、第二十願・第十九願と第十八願との差異を、第三十五願を通して示すということではないか。

我々が避けて通ることのできない毎日の意識生活、性の意識は、生まれたときから死ぬまで、赤ちゃんから、金さん、銀さんのおばあちゃんまで存在する。性の限定は生まれて死ぬまで持っているものですから、ないがしろにできない問題です。しかし、それだけでは成就しないのが人間の哀れさであって、そこが大事な問題であると同時に、それを縁にして本当に独り立ちするとはどういうことかが問われてくる。

本願念仏を本当に主体にしながら、他を依頼する形で自分を成就したいという構造である限りは救からない。もともと、性が違うことが家庭を作ってくるわけで、家というものは基本的に父母から成り立ち、子どもが居る。子どもが居ない場合でも夫婦で一つの家庭が成り立つ。両性で一つの家庭が成り立つ。家というものを両性で構築する。

出家とは、そういう意味でいえば性を脱却することです。そういう形で成就しようとした面もある。けれども、結局それは、本当の意味では成就しない。単に単立になったのでは独立者としては成就しないというのが親鸞聖人の煩悩具足の仏道を明らかにする道であった。独身で過ごしても、結婚して過ごしても、独立者として明らかにならなければダメなのです。本願からすれば出家しようと在家であろうと平等です。出家・在家を簡《えら》ばず、貴賤・緇素を簡ばず。

しかし、一般的には世間生活の中にある性の役割、男女の差別の問題が大変大きな問題です。そこに他の性に依頼したり、どうしても私どもは、片方の性に立って他方の性を利用する、他に依頼するという発想しかできません。そういう一人の独立者としての問題性を示す願だと受け止めれば、ここに女という字を使ってありますが、男という字に変えてもいいと思います。限定された身体、機根を本当に受け止めるかということを教えんがための願だと読めないかと思っております。

## 救い難い存在を救う

第三十五願は、第三十三願・第三十四願を受けて出てきて、第三十五、第三十六、第三十七願を通して、「十方無量不可思議の諸仏世界」という言葉のもとに展開されていることに、何か一つの一貫した課題があるのではないか。第三十三願・第三十四願を、親鸞聖人は、真実信心を表す巻である「信巻」の真仏弟子釈に引いておられる。

信心を得ることが真仏弟子であると、善導大師がいわれた。その内容を押さえる願として、この二願を取り上げることの意味は光明・名号というところにあると先にお話しました。光明の方は第三十三願だけなのですが、名号の方を受けて、第三十四、第三十五、第三十六、第三十七願と展開している。

この名号の問題は後の願にも、くり返して出てきまして、『無量寿経』が、聞名不退の経典であることがよく分かるわけです。その名号を聞かしめんという仏の本願を通して、名号のところに本願を聞くという仏法、聞名を具体的な生活内容とする仏道ということが『無量寿経』の中心である。だから、曇鸞大師は、「仏の名号をもって経の体とす」といわれて、親鸞聖人がそれを受けて「教巻」で、「如来の本願を説きて、経の宗致とす。すなわち、仏の名号をもって、経の体とするなり」と押さえられた。その名号が出される第三十四願を受けて第三十五願が置かれてあることと無関係に一般的女性論を考えるのでは、第三十五願の意味から逸れてしまうのではないかと思います。

真実信心、つまり、第十八願を摂取不捨の誓願であるという押さえ方もできるわけで、十方衆生と呼びかけている。「至心信楽、欲生我国」という三心を誓って、真実信心を成就することにおいて「真仏弟子」が成り立つというのが、親鸞聖人の了解された本願の仏道である。その場合には、欲生心が一番難しい問題で、そのことが教学的に押さえられなければならない。その欲生心については、機の三願、第十八、第十九、第二十という三願を通して、「欲生我国」が展開されている。これを、他の祖師方は、三度呼びかけられている重さについて、それほど深く考察されたことはなかったのですが、親鸞聖人は「大悲の願」ということを深く考察された。

それが、「化身土巻」の内容になってくる。化身土を生み出す第十九願・第二十願には行についての条件がある。行について「修諸功徳の願」とか「植諸徳本の願」という名前がついているように、行についての限定があるが、第十八願については、親鸞聖人以前の呼び方では、「念仏往生の願」という名前が中心である。念仏して往生するための願である。

親鸞聖人は、第十八願は、選択本願の中心として、「信心の願」であるという視点を定められました。「信心の願」として見れば、これは三心の願、「本願三心の願」であると。これは己証《こしょう》の名前といわれますが、独特の名前として、親鸞聖人が初めて名づけた願名です。「至心信楽、欲生我国」という言葉に注意された。

それまでは、そういう言葉に注意せずに、「乃至十念」の方に注目して、「十念往生の願」とか、「念仏往生の願」とか、行の願だと理解していた。それを親鸞聖人は、行の願というなら、それは第十七願である、とされた。第十八願に、「至心信楽、欲生我国」という言葉がある。そこから見直して見れば、第十九願には「至心発願、欲生我国」とあり、第二十願には「至心回向、欲生我国」とある。それに対して第十八願は「至心信楽、欲生我国」とある。

ふつうなら、似たようなものだとその違いに大きな課題があるとは気がつかないのですが、親鸞聖人は『観無量寿経』の三心釈、至誠心・深心・回向発願心という三つの心、三心の釈を手掛かりにして、「至心信楽欲生」ということがいったい何であるかを明らかにされた。これが、『教行信証』の「信巻」で大変苦労して考察された中心課題になる。その「欲生我国」、これは第十九、第二十、第十八願と欲生我国が三度くり返されますけれども、第十八願では、「唯除五逆　誹謗正法」が付いている。

この問題について、曇鸞大師が『浄土論』の解釈をされるときに、『浄土論』の偈文の結びに「普共諸衆生往生安楽国」、「あまねくもろもろの衆生と共に、安楽国に往生せん」という普遍性の問題が出る。「普共諸衆生」というのは「十方衆生」と呼びかけている願を受けているのだから、当然だといえば当然で問題にもならないと思うところなのですが、そこに曇鸞大師は、衆生とは何であるか、どういう衆生であるかという問題をあえて出される。

衆生といっても、『観無量寿経』における衆生、『無量寿経』における衆生ということを考えて、『観無量寿経』の第十六観の中の下三品、最後の第十四、十五、十六観は、機が九品に分かれ、九つの機類として説かれている。そこでは、次第に機が落ちていって、最後は「五逆十悪　具諸不善」という悪人が出てくる。その場合には、どれだけ悪いことをしていても、つまり、五逆の罪業を犯しても救い取るといわれている。ところが『無量寿経』では、「唯除五逆　誹謗正法」とあって五逆と正法を誹謗するをば除くとある。『観無量寿経』では五逆を犯しても救けるというのに、『無量寿経』ではダメだという。これはどういうことかと。それを問題にして『浄土論註』の解釈の結びに、八番問答という問答を展開しています。

曇鸞大師は、本来は四論の学匠、龍樹系統の中観の学匠であった。空観の一切は因縁所生法だから空であるという悟りを説く。そういう哲学を説く学派に属していた曇鸞が、浄土教によって改めて、仏教を本当に主体化したという問題に絡んでいるのが、八番問答です。そこで、曇鸞大師が倫理的な罪よりも重い罪として正法を誹謗する、仏法を謗《そし》るという問題を取り上げる。これを受けて善導大師が、『観経疏』の中でやはり悪人の問題を論じるところで、『無量寿経』の第十八願の、「唯除五逆　誹謗正法」という言葉を「抑止門《おくしもん》」という言葉で押さえられる。抑止とは、いったん止める。五逆と正法を誹謗するものは除くといって、本願自身が、十方衆生と呼びかけたにもかかわらず、それを止めるという条件がついている。

その問題を親鸞聖人は、「信巻」の三一問答を結んで、信心によって生死を超える、横超断四流釈を置かれて、往相の一心を得れば、生死の苦悩を超越できると書いておられる。真実信心を得ることが、人間にどういう利益をもたらすかを表して、ほぼ信心について結び終わったところから、改めて、真仏弟子に対して仮と偽という言葉を出してこられる。

「「仮」と言うは、すなわちこれ聖道の諸機、浄土の定散の機なり」（聖典二五〇頁）、仮とは、聖道門および浄土の定散の機である。仮とは仏法の中の真実ならざるものである。「「偽」と言うは、すなわち六十二見、九十五種の邪道これなり」（聖典二五一頁）、偽というは邪偽異執、外道《げどう》、外教《げきょう》である。邪偽外教の異執を教誡するという問題、「化身土巻」の末巻の問題は、外教、仏教以外の思想の問題である。仮の問題、仏教の中の自力の問題は「化身土巻」の本巻で論じているわけですが、抑止門の問題については、親鸞聖人は、「信巻」の結びに論じてきている。

実はその問題を出すに先立って、仮・偽という言葉を出した後に、親鸞聖人は真実信心を得るとどういう利益があるかということを語った後に、「悲しきかな、愚禿鸞《ぐとくらん》」という言葉を出されて、自分の存在を真実ならざる存在として、「愛欲の広海に沈没し、名利の太山《たいせん》に迷惑して、定聚の数に入ることを喜ばず、真証の証に近づくことを快《たの》しまざることを、恥ずべし、傷《いた》むべし」（聖典二五一頁）と語り、『涅槃経』の引文に入られる。『涅槃経』の問題は、難治《なんじ》の機《き》、難化《なんけ》の三病といわれますが、中心は一闡提《いっせんだい》でしょう。大乗仏教で救い難い存在として教えられているものを三つ、『涅槃経』によって出されて、「世に三人あり、その病治しがたし。一つには謗大乗、二つには五逆罪、三つには一闡提なり」（聖典二五一頁）という。

大乗を謗《そし》るという問題と五逆罪と一闡提。一闡提が救かるかどうかという問題が『涅槃経』の中心の問題になっている。これを大乗の問題として、親鸞聖人は、ここで押さえられる。この難治の機という、救い難い、治し難い、救け難い存在として、この問題を論じるについて、一番はじめに親鸞聖人は、「悲しきかな、愚禿鸞」という言葉から出発している。ということは、抑止門を大乗仏教一般のテーマとして、大乗から落ち零《こぼ》れる人間を論じる、何か外に、対象的にそういう人間を論じるという問題ではなく、真実信心を得ることができる真実の機の内面に、仏法を聞きながらそれを本当に喜ばない存在を自分自身が抱えている、「悲しきかな、愚禿鸞」という事実と、真実信心を得て喜ぶ存在が、別の存在ではないということです。

このことを通して、本願文が摂取不捨の願、十方衆生を救うといいながら抑止する。止めるというのは十方衆生の一部分を止めるという意味ではなく、欲生我国として、我が国に生まれたいと欲《おも》えという呼びかけをするについてむしろ無条件的なのは、第十九願・第二十願である。ところが、第十八願は、摂取不捨の誓願なのに抑止する。止めるというのは、部分的に止めるという意味ではなく、抑止ということを通して本当に摂取不捨を自覚化する。親鸞聖人は、それはつまり、罪の重く深きことを知らせんがためなりと注釈している。

## 名聞と利養と勝他

浄土教の機というときに、私どもは、教えを聞けば聞くほど聞いたことによって自分を正当化する。仏教一般でいえば我執、人間の深いナルシシズム、自分を愛着する心は、自分を批判する論理を受け入れながら、それを包んで自分を愛着するという構造を持っている。だから、どれだけ厳しい教えを聞きながらも、それをもって自己防衛をする。人間の思いは、本願、摂取不捨の誓願ということを聞けば、摂取不捨の大悲を、自分を正当化するための場所として聞きますから、それは本当に如来に帰依するのではない。

『浄土論』は「解義分」でくり返し自分が自分を貪着する、心が我が身に貪着する、自分が我が身を恭敬することを超える、そういう心を離れることを解義分の課題として何回もいっています。これが実は、大菩提心の課題です。何を人間に呼びかけるのかということは、私どもが何か救いを要求するときには、どれだけ要求したつもりになっていても、自分が自分に愛着するという範囲を出られない。

法然門下の最優秀の弟子、能力のあった弟子ともいえる鎮西上人《ちんぜい》弁長《べんちょう》（一一六二〜一二三八）という方がいます。浄土宗の開祖ともいわれている。法然上人が鎮西上人を批判したときの言葉で、三つのもとどり（髻）、つまり名聞《みようもん》・利養《りよう》・勝他《しようた》を切っていないといわれた。名聞、名とは名誉です。利養とはそれで自分を養い利益を得る。そしてそれによって相手に勝つという勝他。名聞・利養・勝他というこの三つの髻。武士の場合は、髻を切るのが出家の形ですけれども、三つの髻ということをいわれたことが伝えられている。結局、どれだけ法然上人の念仏の教えを一生懸命ノートに取って聞いていても、その聞いたことを武器として我が弟子を作ろう、相手をやっつけようという論理に使う。

一番元にある自分自身の存在を破るといいますか、自分自身の存在を本当に翻すことにならない。これはどれだけ仏法を求めようとしても、どれだけ聞いていても、何年大学院にいようと、何年学者として講義していようと、その一番元の心は抜けない。これを親鸞聖人はここで、信心を得たといいながら、実はそれに背くものを自分が抱えている。法蔵願心をいただきながら、まだ、破れない自分を抱えているという。

この問題として、抑止の文をいただかれた。だから、欲生心を三度誓っているが、第十八願にだけ抑止が付いている。摂取不捨というなら、第十九願・第二十願の方は、この行を行ずれば、全部救うという。第二十願なら、念仏すれば全部救うという。しかし、第十八願はダメだぞといっている。ここで初めて、機が翻る、自分のなした行為によって認められる、自分のなした善根功徳で認められるというのは、結局、どれだけ激しく行じても、自分の延長でしかない。

念仏は一応自力を否定して、本願を仰いだといいながら、その念仏を行ずることを自分の善根功徳にするという問題を、親鸞聖人はそこに見定めた。だからこそ、第十八願には抑止がある。十方衆生を摂取する、無条件に摂取するというが、無条件の摂取ほど厳しいものはない。俗にただ酒ほど高いものはないというが、これだけの条件で救いますよ、というのはまだいい。全部受入れますよといわれると、そんなところに入りたいとも思わないし、有難いとも思わない。条件にパスして入ったということは、自分にとって誇りになるし、名聞・利養・勝他の材料になる。ところが、全部入るのなら、有難くない。

## 阿闍世の罪と慚愧

第十八願、摂取不捨の願は「唯除五逆　誹謗正法」という言葉が置かれている。それまでは、戒めの言葉として、そういう存在はダメだぞと、五逆と正法を誹謗するものをば除くと読んでしまう言葉であったものを、親鸞聖人は、真実信心の内なる課題として読まれた。化身土の問題ではなく、真実信心の問題なのです。真実信心だから、和讃に「真実の心はありがたし」とか「清浄の心もさらになし」といわれるのは、そういう真実信心自身が持っている、厳しい、何処までも透明に煩悩具足の凡夫を照らし出すような願心自身の厳しさがあるということです。

この第十八願の抑止文は、中心は誹謗正法にある。五逆はむしろ倫理的な罪ですから、犯さない者には犯すなと注意をする。未造業《みぞうごう》といいます。まだ造らない者には、そういうものを犯してはならないぞと注意して、已造《いぞう》業《ごう》、造ってしまった者には、罪は深いということを気づかしめて、摂取する。

善導大師は、同じ五逆を除くという言葉であっても、実体的に五逆はダメだというのではなく、五逆を犯していない者には、犯してはならないぞという注意をして、にもかかわらず犯してしまった者には、痛みを通して摂取すると解釈しておられます。この已造業、未造業という解釈を親鸞聖人は、『涅槃経』の引文を通してよく考えられた。これは大変大きな問題なのです。

倫理・道徳の教えは、こういうことをしてはならないという課題です。それぞれの社会の人間関係の中でお互いに一緒に生きていく場合に、罪とされるものがある。その罪を犯してはならないということが、社会によってそれぞれ内容の違いありますが、一応、そういう倫理がある。罪を犯してはならないということを押さえて、それを通して初めて人間に慚愧《ざんぎ》が生ずる。してはならないという戒めがないならば、人間に恥ということが出ない。してはならないということを教えられるから、そこに恥という意識が生じる。

人間は言葉を持って共同生活をしておりますが、その中に、人倫道徳といわれる、人間としてこういうことをお互いにしてはならないということが教えられてくる。教えられることを通して、外に恥じ、内に恥じるという課題が与えられるところに自分というものが照らされ、それに相応しない自分、それに反逆する自分を通して、恥ということが生じる。これを慚愧といいます。

『涅槃経』引文の中心テーマ、つまり抑止文を了解される親鸞聖人の中心テーマは、阿闍世《あじやせ》の回心《えしん》です。その阿闍世の回心にかかわって、他の六師外道《ろくしげどう》は阿闍世の苦悩を除こうとしたときに、阿闍世の犯した父殺しの罪を、阿闍世は苦しんでいるけれども、苦しむ必要がないことを、六師外道のそれぞれの立場でいろいろな形で説得しようとした。いろいろな論理を使って、阿闍世の罪は罪ではない、貴方はそんなことに苦しむ必要は全然ないといった。これは、阿闍世のナルシシズムに媚びたわけです。

阿闍世は実は、自分の野心と欲求から、提婆達多《だいばだった》に唆《そそのか》されて早くに王位を得たいという欲求から父を殺した。殺したら自分自身の身と心が寝られないほどに痛む。毎日毎日、昼も夜もその罪に苦しむという事実が起こってきた。これは予想しなかったのだろうと思います。

阿闍世自身はまさか父親を殺したら、これほどまでに身と心が痛むとは思っていなかった。思っていればやらなかったでしょう。殺すときには、自分は王さまになりたい一心で殺してしまった。ところが殺してみたら、その報いが身体に出た。身が痛むことを通して心が痛んだ。それを耆婆《ぎば》は「慚愧」だと読んで、お釈迦さまの教えの中に慚愧することが人間だと、慚愧なきは人にあらずといわれている、と。

「善いかな」と、阿闍世の痛みを痛んでいるからいいのだと呼びかけた。他の六師外道は痛む必要がないのだ、痛みを感じているあんたは阿呆じゃと。痛みなど感じる必要はないということをいろいろな形で説得しようとした。そこに恥を持つ人間の大事さを呼びかけた。慚愧の内容は恥で、慚も愧も恥じる、それが外に恥じるとか、内に恥じるとかいう心理作用。外からくる倫理に背いているという恥、内なる自分自身の課題に背いているという恥、どちらも心理内容は恥です。

自分が自分であることが自分で恥ずかしいという。人に顔向けできないと同時に、自分の心の中に自分が許せないという意識が恥です。アメリカの社会学者、ルース・ベネディクト（一八八七〜一九四八）が『菊と刀』という本を書いた。西洋人から見ると、日本人の意識がよく分からなかった。自分の主人にいわれたことができないときに、切腹をする、あるいは捕虜になるのをいさぎよしとしないで自決することの意味が分からなかった。何故、日本人はそういうことをするのか。死ぬと分かっているのに、ほとんど無駄と分かっているのに、神風特攻隊として死んでいく。そんなことがどうしてできるのか。

アメリカ人、ヨーロッパ人の意識からするとあり得ないことをする。そんな馬鹿なことを命令するなら、命令する奴が悪いのだといって反抗して当然なのに、死ぬと分かっていて突撃する。そういう心理を社会学者として解明して、恥ということを出してきた。『菊と刀』という題の書物です。「菊」は御紋、天皇を指す。「刀」は武士の魂を指す。天皇の名のもとに武士の魂として死ぬということの象徴です。

その論理の一番の根本問題として儒教倫理がある。人間の上下関係に対する恥の意識が強い。ヨーロッパの論理の場合は、人間の本当に恥ずべき対象は神さま（God）だ。人間同士の上下関係は間違いがあり得るし、どちらが正しいかは時の情勢による。本当に恥ずべきは神さまに対してだという。日本人の場合は、旅の恥はかき捨てで、上下関係のないところに行くと、まるで人間でないようなことを平気でやるということを見い出してきて、日本独特の「恥の文化」を解明した面白い論文です。

恥という言葉自体に限界があるのかもしれません。『涅槃経』が押さえている「恥」、さらに唯識などで「慚愧」という言葉で押さえている場合は、単なる人間関係ではない。仏法の課題に対して、教えの前に恥じる。だから、慚愧は善の心所。善の心所という場合に単に倫理的な善という意味ではない。慚愧を持つということにおいて、初めて聞法生活が成り立つということを押さえてくる。

つまり、人間として自己肯定して、何も問題がなければ聞法するということはあり得ない。自分のいまの生き方、在り方がどこかで恥ずかしい、慚愧せずにはおれないということがあって初めて本当のいのちを要求する。そういう意味で慚愧ということが、お釈迦さまが阿闍世を救わんとするときの一つの大きな契機になる。親鸞聖人は、「信巻」をずっと引用されるについて、「慚愧」という言葉を注意して引用している。

六師外道とお釈迦さまとは、ほとんど同じようなことをいっています。阿闍世の罪は罪ではないという論理の点だけからいうと同じようなことをいっている。どこが違うかというと、六師外道は慚愧ということを無視する。罪という意識を持っていることが間違いなのだ。貴方は、それで正しいのだという。

そうではない、仏陀の場合は、慚愧を通せば罪という実体はない。実体なきものに苦しむ必要はないということを教える。慚愧を通さないで、単に相手に自己肯定させるというのと、慚愧を通して囚われていたものを拭うというのとは全然違ってくる。そこが『涅槃経』の課題なのではないかと思います。その問題と抑止門とが絡んでいる。「罪の深きことを知らせんがためなり」というのは、罪の深い存在だということを本当に知っていくことと、真実信心ということは一つなのです。

それを善導大師が二種深信として教えている。「自身はこれ現に罪悪生死の凡夫、曠劫よりこのかた、つねにしずみ、つねに流転して、出離の縁あることなき身としれ」（『歎異抄』後序、聖典六四〇頁）、これは根の深い罪業の歴史です。過去・現在・未来にわたって救かる手立てがない。曽我先生は、これは人間の反省ではない、人間が反省するといえば、見えるところまで反省して、それを直し得ると考える。ところが、無始よりこの方の罪業は未来永劫に救からない。こんなことは反省内容ではない、これは法蔵願心の自覚内容だといわれる。そういう意味を抑止門を通して親鸞聖人は明らかにしようとされたのではないか。

真実信心を本当に明らかにするのに、「ただ除く」といった場合は五逆を除くという倫理の罪をまず出し、これは善導大師が押さえたように、否定媒介といいますか、倫理ということがないなら人間は成り立たない。人倫を無視して人間があるなら救いも何もない。人間は人倫の中に苦しむ存在である。教えの中に、人間関係として教えを受けながらそこに苦しむ存在である。けれども、倫理だけなら救いはない。立派な人間になれよといわれて、なっていけるのならいいが、なっていけるのは虚偽ですから、なっていけるという思いはあるが、いっこうに変わらない罪悪深重の凡夫性を抱えていますから、何処かで破綻します。

隠せば隠すほど尻尾が出てしまう。そこに初めて慚愧ということが出てくる。親鸞聖人の、「恥ずべし」「悲しきかな」というのは、教えに出遇わない人間なら恥ずかしいとも思わない内容です。名利は当たり前です。ふつうの在家生活の中で、人よりも名前を知られ、人よりも金を儲けるというのは当たり前ですから、悪いものではない。

けれども、菩提心からするとこれが一番深い課題、罪である。そして、定聚の数に入らない、正定聚の信念に背くという問題は、それこそ宗教的罪です。そういう問題を出して、そこに親鸞聖人は、「恥ずべし、傷むべし」（聖典二五一頁）という。同じ恥でも、慚愧の内容は単なる倫理の反省ではなく、真実の教えに遇いながら、真実ならざる自分であることを恥じるという問題として、「唯除五逆　誹謗正法」の問題を展開されるのではないかと思います。

## 女人・根欠・二乗の種

『浄土論』「解義分」で、一番はじめは、善男子・善女人が五念門を修して浄土に生まれて、阿弥陀仏を見たてまつると書いてある。主語が、善男子・善女人である。ところが、浄入願心章が終わって、善巧摂化章に入る。善巧摂化章から後が回向門の内容になります。善巧摂化章へ来ると、「かくのごとく菩薩」（聖典一四三頁）と菩薩になっている。

第二・起観生信章のところに、「いかんが観じ、いかんが信心を生ずる。もし善男子・善女人、五念門を修して行成就しぬれば」（聖典一三八頁）とあり、善男子・善女人として出発して、善巧摂化章へ来ると、「かくのごとく菩薩」となっています。つまり、善男子・善女人が菩薩になる、そのならしむるものが五念門である。五念門行が善男子・善女人に菩薩の位を与えるという展開になっている。

前にも少し触れましたが、第三十五願の問題に関係しているのは、「大乗善根界　等無譏嫌名　女人及根欠二乗種不生」（聖典一三六頁）という言葉です。大乗の善根、善根とは大慈悲だと性功徳で押さえられてきますが、大乗という課題を成就する力を持った善は大慈悲です。その大乗善根が生み出す浄土の世界、そこには「等しくして譏嫌の名なし」と。謗《そし》ったり、咎《とが》めたりする、嫌だとする名前がない。そして、「女人および根欠、二乗の種、生ぜず」と三つの存在が置かれている。

第三十五願は女人の問題、第四十一願に根欠という問題が出てきます。二乗の問題は大乗にとっていつも問題である。生じない、生まれないという形で否定されている。

だから、この論の文からするとおかしいわけです。善男子・善女人が菩薩になると書いているのですから、善女人をはずすということはしていない。善男子・善女人が菩薩になると。五念門を修して菩薩になると書いている。では、何故こういう問題が出てくるのか。

大乗善根の界という問題、その場合に、女人・根欠・二乗の種という。二乗の種の種とは何か。曇鸞大師は心だ、二乗心だ、二乗意識だといいます。大乗という課題は、一切を包むということですから、そこにあえて生じない存在を置くということは、論理的にいうと、抑止門に似たような構造になっている。けれども、親鸞聖人はこの第三十五願を信心の真仏弟子釈のところに取ることはなさらない。それだけでなく、真実信心を表す場合には、むしろ、「男女貴賤を論ぜず」ということを明らかにされる。

本当に大菩提心を求めていく、大菩提心に頷いていこうとする課題の前には一切の衆生は平等なのです。それでは、何故こういう名前が出されるのか。やはり、出されてくるだけの社会的事情か、そういう形で指摘されるような問題が何かしらあるのかもしれません。

特に曇鸞大師は、この三つの中で、一番の問題として二乗の種という問題を取り上げる。大乗に背く者として二乗という問題を取り上げられる。二乗心は、大乗の立場からすると、我執までは否定するが、法執が見えない、真面目だけれども立場が狭いと安田先生はいわれた。非常に煩悩を嫌い、教えに真面目に忠実である。我執を否定するということに一生懸命であって、阿羅漢位にまで行こうとする。けれども、否定していく論理の根にある法執、別の言葉でいえば法我、法によって我を立てる。

どれだけ自己否定していっても、その自己否定する論理に対する愛着、そこに根の深い我執があることを見い出したのが大乗仏教です。そういう問題が中心問題なのでしょう。この世で生活するについて不自由であるとか、条件が悪いとかいろいろある。しかし、大菩提心ということになれば、むしろそれは縁にこそなれ、妨げになるものではないというのが根本的立場でしょう。

浄土においては、菩提心を妨げるものがない。本当にそういうものがないということは何処で成り立つかを表そうとする。その場合に浄土の身というのは、親鸞聖人は、「即証真如法性身」（聖典二〇六頁）という。法性の身、つまり真如である。法性を身とするといわれます。天親菩薩は、真実の智慧、無為法身ともいう。浄土に生まれる身は、身というけれども真如である。法性である。法性や真如は根源的に条件を超える言葉でしょう。どういう状況だから真如ではないとか、どういう状況だったから真如であるというのではない。あらゆる状況が真如であり、あらゆる状況が真如ではないといってもよい。

そういう意味で、法身とか、法性身とか、無為法身というものが浄土の身である。浄土に生まれる身というと、まさに、男であるとか、女であるということは、因位の位ではそういう名がある。しかし、大菩提心に立って浄土の証を必定とする信心を得たなら、その信心自体には、信心の本質には、別に目に見えるとか見えないとか、耳に聞こえるとか聞こえないとか、男性であるとか女性であるとか、歳をとっているとかとっていないとかは問題ではない。

男女・貴賤・緇素、坊さんであるか在家であるかと、生活の中ではいろいろな違いがある。生活の上では感覚が違う、感情が違う、ものの見方が違う、受け止め方が違う、発想の仕方が違うとか、いろいろなことがある。しかし、大菩提心に立つなら、そこには、一切を超えて、「六趣・四生、因亡じ果滅す」（聖典二四四頁）といわれる。六趣・四生ということは、どんな状況であろうとも、それを超えてという方向性を本当に要求せしむるものが欲生心である。

ところが現実には、私どもはなかなか実際の欲生心というものを、意識してみようがない。私どもが分かるのは現世の感覚内容の中で、蓮如上人が「後生の一大事」といわれるように、その現世の宿業の違いや感覚の違い、いろいろの違いがある中に、それを超えたようなものはなかなか分からない。それを浄土教では究竟なるもの、願生心の果にあるものとして、これを浄土として教える。それを聞く側は、この世で生きている限りは状況の違いは超えられない。いのちが終わる時という一つの条件を設定して、本当の世界に生まれていきたいという要求にすり替えるわけです。

本当は死んでからという条件を超えて、直ちに来いと、「願生彼国　即得往生」だということを呼びかけているけれども、私どもは本願を本当に信受することにならずに、本願の世界を思い浮かべる。いまの自分を本当に批判する場所として聞くのではなく、いまの自分が何処かで自分を残しながら行ける場所として、死んでからと分別する。分別して、その後で、自分の思いがかなう場所を要求する。それが根の深い要求として、どれだけいわれても捨て切れない深い意味の自我の執心が、たとえ名号を聞いても残ってくる、根の深い課題としてあるということが、この願に出てくる問題なのではないか。

## 臨終と名号の問題

第三十五願は、名字を聞いて、歓喜信楽し菩提心を発しながら、女性の身を嫌う、厭う、だから寿《いのち》終わって後、また女像とならば正覚を取らじと。身を厭うという、身の形を相対的な形として、よりよき形が欲しいという。六道輪廻して、天人になりたいとか、もう一回人間に生まれたいというよりも、もっと切実な、同じ人間の中でもう一回違う性になりたいという要求を浄土で成就しようとする形で出ている。

そういう身に感ずるコンプレックスを浄土を通して解消したいという願い、これは男性にもあると思います。男性であっても、より良き身に生まれたい。そういう問題も出てきます。第四十一願の諸根闕陋《しょこんけつる》という問題ですが、第四十三願に尊貴の家という問題がある、これは貴賤の差別の問題でしょう。

もう一回生まれるならばこうなりたいと冗談ではいえるけれども、冗談ではなくもっと根の深いところにありはしないかということです。私どもがテレビを見ていて、タレントなどが結婚するのを、どうでもいいじゃあないかと思うが、日本国中が必至になって見ている。それは、何処かに深い憧れというほどではないが、生れ直したら、ああなりたい、みたいなものがないとはいえない。それは、理性としては否定しますが、何かそういうものがある。そんなものはないといいたいが、正直にいえば、そういうものがあるに相違ない。

地獄に往きたいなどと誰も思わないはずです。生まれ直せるならという課題も妙な課題ですが、そういうことを感じたときには、もっといいとこへという欲が付いていています。

コンプレックスの裏返しのようなものが必ず付いている。おそらく、そういうことが、第三十五願が現代においても深い意味を持つのではないかと思います。ただ、男女という違いにおいて、特に女性にだけかけると、差別を前提にした論理だということになりかねない。しかし、善男子・善女人が平等に浄土に往生していくというのは根本問題であって、その上に現実のより強く感ずる差別意識といいますか、私どもの日常生活の中で、いろいろの意味で、いくら理性的に感じてはいけないのだと思っても起こってくる根の深いものがある（人間だからでしょうけれど、猫や犬ならそういうものは持たないのでしょうけれども）。それを縁として、それを破らんがために出ている願ではないかと思います。

第三十五願を、変成男子と解釈する。これも伝承されてきた一つの解釈です。親鸞聖人は、そのように和讃しておられます。それもおかしな話で、十方衆生といっているのですから、男だけに呼びかけているわけではないことは、願としてははっきりしている。ところが、現実には深い差別があって、男性の優越意識、女性の劣等意識が現にある。それは単に女性の問題だけではない。貴賤あり、老若あり、いろいろのコンプレックスがあって、それらを解消せんがために浄土へ往くという。浄土は、そういう課題を本当に解消する場所だが、そこへ、死んでから、いのち終ってから往こうという意味ではないことをはっきりさせんがために第三十五願があるのではないか。ここに、私は第十九願・第二十願との深いかかわりを感じています。

第十九願に臨終ということが出てきます。臨終ということは、生きている限り、自分が積んだ善根功徳、自分の生活内容を条件にして死後に良い世界が欲しいという。臨終を媒介にして、いまは完全に満足できないから、いま積んだ善根功徳が完全に満足する世界を思い描く。そういう呼びかけ方が、ある意味で人間には説得力がある。人間は思いとしてこの世では満足しなくても、あの世ではという深い思いを抱く存在ですから、そこに呼びかける。しかし、それはどこまでも方便だというのが親鸞聖人です。

第二十願は名号が出てくる。名号の功徳に遇いながら、本当に全面的に降参しないで、名号の功徳を自分の功徳にしている。それが、私どもの根の深い抜き難い自力の執心です。人間の自力の執心、自己執着の心は、いろいろの形をとって現象する。自分が自分を威張るというだけではない。自分の持ち物をもって自分を威張る、自分が関係したものをもって自分が威張る、何でも自分というものをどこかに投影して自分に愛着している。これを自己批判できない。自分のことを自分で威張っていたらすぐ気がつきますが、自分を通して自分がかかわったものを威張っているときには自分は威張っているとは思わないから、見えない。

名号にまで行く、名号を称えていたら自分はないのだと思っている。名号を称えていることに執着している自分、これが根の深い法執です。真実信心は、それ自身の中に見抜く目を与えてくる。それが、抑止門が置かれる意味です。除かれるのはお前自身である、真実信心を得た、そこで初めて地獄に堕ちるのだと。それまでは地獄を恐れていた。地獄に堕ちざるを得ないということがはっきりするのは、真実信心に立ったからです。しかも、それを恐れない立場が開けるか否かという問題です。

名号を聞いておきながら死んでから後で救かりたい、願いを満たしたいというのが、第二十願の問題です。そんなことなら聞かないでいい、自分でやるというのは第十九願へ戻ることになる。

## 阿闍世の回心

阿闍世が、「月愛三昧《がつあいざんまい》」の釈尊の大悲に遇ったときに瘡《きず》が癒《い》えた。身の痛みが直ったときに、自分で奇跡にあったように思う。これは、釈尊を信頼することができた、精神の翻《ひるがえ》りの象徴なのです。瘡は、自分が作った罪業の過去が自分に現れている象徴なのです。父を殺したということは過去の事実です。いまは無い。現に無い。しかし、自分の意識の中に、自分の身の思いの中に、父を殺したことは抜き難くある。それが現生として、象徴として、身の瘡として出てきている。これは誰も直せない。いくら、お前は罪がないのだと論理的にいわれても瘡が消えない。ところが、お釈迦さまは、黙って「月愛三昧」に入られて、その月の光の愛情をもって阿闍世の身の瘡を癒した。

お釈迦さまのお姿を見ている中に、いくら論理でお前は罪はないといわれても消えなかったその不信感が、よくぞ来た、我は阿闍世のために涅槃に入らないといわれて消えた。阿闍世というのは一切煩悩の衆生である、といっておられます。そういう大悲を語りかけるのではなく、三昧に入るという形で阿闍世の前に立たれたお釈迦さまに遇ったときに、身の瘡が癒えた。言葉を生み出すもとにある大悲といえます。

言葉というのは、本当は願いがあって思いがあって出るのが、言葉が出るべき道理なのですが、全然思いがなくても勝手に言葉が出るのが、よく政治家に対していわれる言語明瞭、意味不明ということです。しかし、それはなにも政治家だけのことではない。

これが言葉の罪なのです。言葉は、人間独自のものです。人間が人間であるということは、言葉をもってあるのですが、それ故に、人間の罪は、言葉を発しながら、自身がその言葉とまったく無関係になり得るところにある。言葉が単に言葉だからということで、言葉が言葉を生んだ人間と無関係になる。言葉を出したからには、その人間の言葉なのですから、その言葉を吐いた人間が、その言葉とともに信頼されるのが本当にあるべき言葉と人間の関係なのです。言葉を出しながら、全然、その言葉を出した心根がここにないということになると、これは虚偽でしかない。それが六師外道であった。だから、阿闍世は信用できなかった。

釈尊は言葉を出す以前に大悲をもって阿闍世を迎えた。阿闍世を救うまで自分は涅槃に入らない。阿闍世を救うことをもって自分は喜んで死んでいこうと、待っておられた。この大悲に遇って阿闍世が回心した。そのときの阿闍世の言葉は、この不思議に出遇ったのなら、自分は衆生を救わんがために地獄に往きます。いままで、地獄が怖くてしょうがなかった。地獄に往く身だということは、この瘡を見ても分かる。身も痛み、心も痛んでいたのに、釈尊に遇ったときに、こういうことがあるなら自分は地獄に喜んで往きますという心になった。

これを親鸞聖人が、抑止文の内容として引かれた。喜んで罪を引き受けます。いままで罪を犯しながら罪を嫌っていた。それを、罪の事実を自分の存在として引き受けます。そのときに罪の苦しみを超えられる。それが宗教的救いです。宗教的な救いと人間の現実の執着の問題とが絡まって、本願力を本当に信受するということがはっきりしない。そういう問題をここに名号を聞きながら残る問題として指摘している。

この場合の菩提心の質の問題も課題になる。欲生我国といいながら、その欲生我国の中に展開を見ている。第二十願の課題として、同じ菩提心といっても、菩提心自身が無上菩提心ということにならない。あるいは横超の菩提心ということにならない。

そういう場合に残る問題、根の深い問題です。「厭う」と書いてありますが、厭うという心は、唯識で、阿頼耶識を存在証明をするときに出している。何故、阿頼耶識という意識があるのかというときに、もし阿頼耶識がないならば、自分が嫌だといって自殺することがある。しかし、自分が自分を嫌だというほど厭わせるものは何か。嫌だと思っている根に深い愛着があるのではないか。自分が嫌だというのは、先ほどの慚愧ではありませんが、自分を厭うという根に深い愛着がある。

愛着がなければ厭うはずがない。嫌だという思いの根には、より良き自分に愛着しているという思いがある。

だから、自分を殺す。自分を殺すということをするのは人間だけです。動物は何かのためにいのちをかけて事を行うこと、例えば、雛を助けるために、親がいのちをかけて敵に向かうというようなことはありますが、あれは自殺ではない。人間だけが自分を厭う、自分を自分で殺そうとする。その根に、深い自我愛がある。

表に現れた形を厭う、存在の在り方を厭うという形で実は深い自我の愛着がある。例えば、苦悩のいのちを厭う、私どもは、状況が悪いと厭う。状況を厭うだけではない、その状況に置かれた自分まで恨み厭う。なぜこんな自分なのだという思いです。そういう思いを残しながら聞法していると、そこに本当に、全面的に本願力に生きる主体になっていないという問題がある。

煩悩具足の凡夫が真実信心に立つときに、仏になれるかという問題があり、なれるという課題のままに死んでからなれると思うのが、第二十願の問題です。本当になれないほど深い執着があることをどこかで照らしてくる、そこに「悲しきかな、愚禿鸞」という名告りのもとに真実信心の行者として立ち上がることが可能なのです。

矛盾しているようだが矛盾しているのではなく、信仰生活が歩み続ける構造をもっている。これが、親鸞聖人の本当の意味での真実信心の深みといえます。もっと頑張れというのではない。頑張ってみたってダメなのです。人間存在の自我の意識の構造、存在の在り方が、本当に照らし出されて、決してこれでいいというわけにもいかないが、単にダメだというのでもない。それが本当に見えてきて、そこに歩んで行けるのです。

名字を信頼せよと呼びかけ、その名字を信頼する。本願力が名号となって呼びかけている。その呼びかけを聞いていく主体の内なる、見えざる課題を本願自身が展開してくる。第三十五願は、現象的には非常に分かりやすい形の、決定的な差別、性の違いですから、その問題を通しながら、菩提心の問題として呼びかけている。

「弥陀の名願《みょうがん》によらざれば　百千万劫《まんごう》すぐれども　いつつのさわりはなれねば　女身《にょしん》をいかでか転ずべき」

(聖典四九五頁)。善導和讃に女身という言葉、女人ということが出てくる。善導大師自身の伝記の上では、あえて、目を上げて女人を見ずといわれて、非常に女性を見ることを恐れた。女性を見ると煩悩が起きるから求道者として堕落するのではないかと、善導大師自身の伝説が伝えられている。ある意味で、そういう潔癖さを抱えながら、浄土教の聞法者として本願の教えを聞いていこうとした。そこに、善導大師の教えが、真仮相交じわるといいますが、ときには無常感をうたったり、ときには努力意識が混じっている。混じっているが、その一番の根本に本願力を取ろうとするものがある。『観無量寿経』の解釈で、『観無量寿経』は女人、韋提希の要求に応答しています。その韋提希に対して、お釈迦さまは、「如是凡夫」と呼びかけられた。そのときに善導大師は、韋提希は、凡夫、女人の相だと書いている。

　親鸞聖人も「化身土巻」で、貪瞋《とんじん》具足の凡夫の相だということを引用しておられます。「(般舟讃) また云わく、定散ともに回《え》して宝国に入れ、すなわちこれ如来の異の方便なり。韋提はすなわちこれ女人の相、貪瞋具足の凡夫の位なり、と」(聖典三三八頁)、韋提希夫人という一人の女性としての聞法者という相からいえば、貪瞋具足の凡夫の位である。女性であっても男性であっても、在家生活の形の上での相を押さえれば、それは凡夫の相である。

　無上菩提心ということになれば、韋提希は未来世の衆生の代表者だと、呼びかけられる。そのときには単なる女性ではなくなる。女性として聞く、これは単なる凡夫の相として聞くのだ。しかし、女性として出発したけれども、聞法するところに真仏弟子という位が与えられてくる。これが善導大師の解釈です。悩みが起こる場合には、諸状況、女としての悩み、男としての悩み、父であるとか母であるとか、親であるとか子であるとか、そういう立場として悩む。しかし、そこに起こるものは定散心、努力意識です。努力意識から出発しながら(第十九願意）、第十九願意として出発するところには、善男子・善女人なのです。

しかし、本当に法蔵願心の主体ということになれば、真如、法性身でしょう。真如、法性身は性もなければ、状況もない。こういうことが本当に救いになる。そういうものに触れないなら、残るものを理性的に解消しようとしても、それは虚偽でしかない。虚偽であっても努力しないとなると、先の教えと同じで、努力目標がないと人間は育ちませんから、相対的な課題を抱えて出発する。凡夫の位から出発するということは大事なのですが、そこに留まっていたら、永久に第十八願の問題に行けない。

出発点は、差別の状況から出発する。しかし、課題は本当の平等、法性身である。そこにそれを獲得せんとする欲求が欲生心と教えられ、あるいは菩提心と教えられる。それをいかにして主体化するか。そこに自力の心が破れて本願力に帰するという形で課題が我が主体の中に入ってくる。

違いがあるということは、どうしようもない事実です。性差がある、能力の違いがある、生まれの違いがある、性格の違いがある。こういうものは直せる部分もあるし、直せない部分もある。何でも同じというわけにはいかない。しかし、その上に、問題は人間の文化や歴史、教育などを通して、あってはならない差別を生み出したり、人間を苦しめたり、縛ったりするような条件があえて作られている。そういう問題は人間は努力して破っていかなければいけない。しかし、その問題は、人間の文化や歴史などによって作られてきた、あってはならないという面もあると同時に、あることにおいて、人間が本当に人間存在というものを考えたり、人間存在をより良き存在として自覚していったりする大きな縁でもある。

文化や歴史は人間が作ってきた罪業の歴史という面を必ず持っていますから、いい面と悪い面、プラス面とマイナス面があると思います。悪い面、マイナス面については、それを見つめ、それを課題として、乗り越えていくとともに、それを縁にして真実のいのちの方向に向かう、現実の課題を縁に流転輪廻を超えることが大切であると思います。

その辺が宗教の問題と倫理の問題との違いになるのではないでしょうか。倫理の問題の上では倫理的に一応善とされるものを設定し、あるいは良しとされるものを設定し、それを守っていこうという。宗教になれば、その課題を背負いながら、それを縁としながら本当の平等性、ないし本当の真実のいのちというものへ向いて行く、こういう点でどれだけ違いがあろうと、どれだけ状況が悪かろうと、ともに超えていける世界を見開いていくことが宗教的な課題である。

人間の生活の中で倫理の問題としてあってはならないようなことがある。私どもは、教えられたり、育っていく環境の中で、当たり前のごとくに思ってしまっている間違いがありますから、その間違いは教育を通したり、あるいは自覚を通したりして直していかなければならない。しかし、そのことと同時に、本当のいのちに還る、迷いを超えるという課題を、問題の根底に見ていくことが大切であると思います。

第三十五願を読むについて、宗教的課題という面と、社会的状況としての差別状況が出ているという面と両面あると思います。私は、その両面を分けて見ながらも、その両面を超えて行く道を歩むこと、宗教的課題として受けとめることが大切であると思います。

# 第5章　浄土の生活［第三十六願〜第四十八願］

## 『妙好人伝』と赤尾の道宗

### 第三十六願　聞名梵行の願

たとい我《われ》、仏を得んに、十方無量不可思議の諸仏世界のもろもろの菩薩衆《ぼさつしゅ》、我が名字《みょうじ》を聞きて、寿終《いのち》わりての後、常に梵行《ぼんぎょう》を修して、仏道を成るに至らん。もし爾《しか》らずんば、正覚を取らじ。（聖典二二頁・註釈版二二頁）

第三十六願は、常修梵行《じょうしゅぼんぎょう》の願、または聞名梵行《もんみょうぼんぎょう》の願といいます。まず、「十方無量不可思議の諸仏世界のもろもろの菩薩衆」となっております。その菩薩衆が、「我が名字を聞きて、寿終わりての後」ということで、寿終わりての後と、命終ということが出てきます。菩薩行が寿終わって後というところまでくり返される。諸仏世界の寿命の間には成就しないで、寿終わって後、さらに梵行を、清浄な行を修して、仏道を成るに至らんと。浄土の寿《いのち》は無量寿《むりょうじゅ》と誓っているわけですが、十方無量不可思議の諸仏世界の菩薩衆、それぞれの諸仏の世界の菩薩衆が寿を終えて、それからまた仏道を成らしめよう。阿弥陀の名字を聞きながら、寿終わりて後にまでという問題が誓われている。結局、菩薩道の課題が、悟後の修行とか、あるいは信後の修養というような言い方もなされていますが、何処かに、無限の歩み、尽きることのない歩みがあるということも感じられます。

他方には、一念慶喜といわれ、信の一念といわれる「時の成就」、時を観《み》るような信仰体験にも、第二十願の果遂の誓いを受けて、第二十願の問題を何処かにいつも孕んでいることが示唆的に、「寿終わりての後」という言葉で教えられている。信仰生活が持っている絶対矛盾、この世で悟ってしまうという方向ではなくて、そういう立場を取らないで、凡夫という身の自覚において本願の寿をいただいていくという場合、「至心信楽」「聞其名号　信心歓喜」という回心、本願に帰して本願を寿とするという決断、そういう視点をはっきりさせて、そこに立っても、それで悟ったと同じか、もう全面的に問題解決かというとそうではない。何処までも愚かな凡夫として、罪業深重の身を生きる身として、本願の寿を生きる。そこに光を仰ぎ、名に照らされて凡愚の生活を尽くしていく。そのことが持っている課題の重さです。

江戸末期に作られた人間像として、「妙　好人《みょうこうにん》」ということが喜ばれ、西本願寺の方の学者が、『妙好人伝』を編纂した。江戸末期になると、江戸中期からなされてきた教学も最盛期を過ぎて、新しい教学的、信仰的課題が動かない。ある意味で箱詰めになってしまって、箱詰めになった教学の概念を覚えるのが学問みたいになって、本当に生き生きとした信仰課題が動かないような状況があった。

そのときに、新たな魅力的人間像として、『妙好人伝』が編纂された。信心を獲ることが、こういう人間像を生み出すのだという形で、布教がなされた。特に本願寺派の布教などには、妙好人の生き方を出して、信心を獲ることは、こうなることだというお説教がいまでもなされている。そういう妙好人の在り方は、この世に生きていて全面的に自分の人生を喜ぶ。

讃岐の庄松《しょうま》とか、石見の浅原才市《あさはらさいち》（一八五〇～一九三二）という人たちの、伝説的になって伝えられているさまざまな言葉を拾い上げて、改めて『妙好人伝』に注目されたのは鈴木大拙師です。禅の立場でありながら、真宗の、本当に信心をいただいた人間は、躍如として面白いということから、『妙好人伝』を拾い直す作業をされた。確かに、他の宗旨にはない、他の仏教教団からは生み出されない人間像です。

一文不知の凡夫が、本願の教えを聞くことによって、人生の生き方に目が覚める。まったく違った視点でこの人生をいただく、喜んでいける。そういう点で大変魅力的な人間像として感銘深いものがあるのですが、その原像になる人は、蓮如上人の直弟子であった赤尾の道宗《どうしゅう》です。道宗が妙好人の一番はじめのモデルなのでしょう。しかし赤尾の道宗の人間像と、幕末に編纂された妙好人伝の人間像とには、私は大きな違いを感じます。

聞法の段階でずいぶん苦労しているという点では同じです。はじめから妙好人になるのではない。はじめは非常に自力の思いで苦しんだり、人生の中でつらい目にあって、苦しみを本当に主体的に乗り越えて本願の信心に立っていく。その点では妙好人といえども、因位の人生においては苦労しておられる。それは皆同じだと思う。ただ伝えられている妙好人の生き方という点になると、特に幕末の場合は儒教倫理的な色合いが非常に強くなって、本願を喜ぶことによって、親孝行であるとか、君主に対して忠実であるという倫理的に従順である傾向を強く出していく。

蓮如上人が教えた、「内に他力の信心をたくわえて、外には世法に順ずる」という、世法に順ずる方を非常に強く出して、内に他力の信心があることを喜んでいく中に、本当に現在をいただくということを、何処かで、

「後生《ごしょう》の一大事《いちだいじ》」という言葉で教えられた実存的課題を、文字通りの死後の救いと置き換えてしまった。

死後の救いを阿弥陀にまかせるのだから、現在はどんな状況であろうとも、世法にそのまま順じていくというニュアンスが強い。その点では赤尾の道宗の場合には、「後生の一大事」といいながらも現在の疑いを晴らす。本当に疑いを晴らして信心を確認していくことに力点がある。雪の道をお寺にお参りに行って聞法してくる場合の行き方でも、聞法一途に行く、聞法のために本当に生活をかけて行く態度が一貫している。

赤尾の道宗の伝記で一番激しいのは、四十八本の薪を敷いてその上に寝ていたことです。これでもか、これでもかといって四十八本の薪の上に寝ていた。薪の上に寝ながら法蔵菩薩のご苦労を味わおうとし続けた。信心を獲るということは、課題がなくなったり、それで解放されたという面だけではない。一面で確かに他力の信心、本願力に帰するということがあった上で、やはり本当に生きるというときに、疑いを晴らしきるというよりも、疑いを通して信心に立ち帰っていくその一点を現在のいのちの意味にする。もう回心したのだから救かってしまったという図式的な生活内容ではなく、一念一念の中に、煩悩の生活を生きていることを批判材料にしながら、信心の生活を明らかにする。

南無阿弥陀仏を信じたからもう煩悩が無くなったということではなく、何処までも煩悩具足の凡夫の生活、罪業深重のいのちを生きていることを踏まえて、しかも念仏をいただいていく。矛盾を孕みながら歩むという面影があると思うのです。そういうことが、尽きることのない菩薩道の歩み、「寿終わりて後」にまでかかわるという表現をもって呼びかけられてくる。

しかし、第十八願の信心からすれば、「信心歓喜　乃至一念」という時を破るような一念をいただくことと、一方で、「寿終わりて後」という課題を孕むことが別のことではない。もっと大きな言い方でいえば、三世に渡るような課題と、しかし、一念において時を破るような意義をいただくこととは決して矛盾しない。

三願を三段階でポンポンポンと第十八願に入ったという信仰生活ではなく、本願を信じて念仏をしていく生活自体が、遠大な課題を常に孕んで歩み続けるということがある。信仰を獲たという場合に、もう解決して終わった、信仰の完全解放という面だけを強調したり、要求したりするけれども、実際は本当に本願に帰したところから歩みが始まって、永遠に尽きないという面を持っている。それが親鸞聖人が明らかにしようとした信心なのではないか。

## 浄土の生活

### ✢第三十七願　人天致敬の願

**たとい我《われ》、仏を得んに、十方無量不可思議の諸仏世界の諸天人民《しょてんにんみん》、我《わ》が名字《みょうじ》を聞きて、五体を地に投げて、稽首作礼《けいしゅさらい》し、歓喜信楽《かんぎしんぎょう》して、菩薩《ぼさつ》の行を修せん。諸天世人、敬《うやま》いて致《いた》さずということなけん。もし爾《しか》らずんば、正覚を取らじ。**（聖典二二頁・註釈版二二頁）

第三十七願は、人天致敬《にんでんちきょう》の願、または作礼致敬《さらいちきょう》の願といいます。第三十六願では「菩薩衆」でしたが、第三十七願では、「諸天人民」と位が変わっております。

菩薩衆、諸天人民いずれもが、「我が名字を聞いて」とあります。一応、凡夫・菩薩・仏と位を大きく三つに分けて教えますが、第三十六願は菩薩の位、第三十七願は人民の位です。しかし、我が名字を聞いて菩薩の行を修していく。第三十六願では梵行を修する。清浄行、清浄なる生活です。第三十三願から三十七願までが、一貫して、「十方無量不可思議の諸仏世界」という言葉でいわれています。第三十八願・第三十九願でもう一度、「国中人天」ということで問題が戻ってくる。これは、阿弥陀の国の中の人天ということです。

### ✣第三十八願　衣服随念の願

**たとい我《われ》、仏を得んに、国の中の人天、衣服《えぶく》を得んと欲《おも》わば、念に随《したが》いてすなわち至らん。仏の所讃《しょさん》の応法《おうほう》の妙服《みょうぶく》のごとく、自然《じねん》に身にあらん。もし裁縫《さいふ》・擣染《とうぜん》・浣濯《かんだく》することあらば、正覚を取らじ。（聖典二一二頁・註釈版二二二頁）**

第三十八願は、衣服随念《えぶくずいねん》の願といいます。浄土の生活に必要な衣服です。

生活をする場合には、着る物と住処と食糧が基本的な三つの生活材料です。衣服について、浄土の人間には欲しいと思ったらすぐに来る、ひとりでに身に与えられてくる、着る物についての願が出されています。さらにそれに加えて、裁縫する、染める、洗濯するということがあれば正覚を取らない。衣服について縫い直すとか、破れたら繕うとか、違う色にしたいとか、模様を変えたいとか、汚れたから奇麗に洗いたいということは必要がない。衣服については、思いのままに身に与えられるのであって、何も手を加える必要がない。浄土の生活を語るについて、我々のこの世の生活が、衣服が思うにまかせない、あるいは衣服について、形を変える、汚れを洗う、色を変えることが不自由であることが背景にあって、浄土の生活は、着る物が自由自在である。

願には経典が生まれてくる時代の生活が反映している面がある。いまなら、ミシンや染料、洗剤や薬品が自由にいくらでも手に入りますから、あまりピンときませんが、古い時代には何もないわけですから、縫うといっても、裁つといっても容易ではない。材料も少ない。染めるについても、古い時代の染めは、色を染めるだけで大変な苦労をしています。

テレビで見ましたが、アフリカの人が、布をピンクに染めるために、海岸まで歩いて行って、その色を出す貝を集めて大変な時間と努力をした上でようやくその色に染める。結婚式のときだけ、それを一カ月ぐらい時間をかけて染める。その苦労はいまでは考えられない。その困難さが現世にあったので、浄土にはそういう面倒なことは何もないということで浄土の生活を荘厳している、浄土の生活を呼びかけている。浄土の生活はいったいどういう生活なのかを、もう一つ押さえなければいけない。

第二十二願ですでに出されてあったように、諸仏如来を供養し、恒沙無量の衆生を開化するのが浄土の生活であるということが『浄土論』などで押さえられてきます。供養の思いというものに、生活をするについて、衣や香り、色や音などが自由に与えられると教えられております。現在では、衣服などは浄土に行かなくても、ほとんど有り余るほどこの世で手に入りますから、そういう願の意味が分からなくなっている。不自由で、手に入りにくいために時間や労力を費やさなければならない。よほどの地位や財産がないことには手に入りにくい時代に、浄土の人民は平等に衣服が自然に与えられると誓われている。

四事供養（衣服・飲食・臥具・湯薬）、仏教の生活をするについて四つだけが必要だといわれる。比丘に供養する場合にこの四つが必要だということが古い経典でも教えられている。衣服、飲んだり食べたりする食糧、寝るための寝具、病気のための薬、この四つを比丘の生活は必要とする。他の物は要らない。浄土の生活の場合には衣服は自由に与えられる。念に応じて与えられる。衣服に代表される生活材料が充分に与えられる。『浄土論』では、「雨天楽華衣　妙香等供養」（聖典一三七頁）と、雨が降る如くに、天の音楽と華と衣とが与えられるといわれます。

浄土の生活、仏法の生活、あるいは菩提心の諸仏供養の生活にとって、生活材料が自由に応分に与えられると誓われています。お釈迦さまは比丘の生活については、糞掃衣《ふんぞうえ》といわれた。捨てるようなぼろ布をつないで、とにかく身を包めばいい。最低限度の衣服です。それ以上に飾り立てたり、服によってイメージを変えたりする必要はない。

お釈迦さまは主体的に、煩悩を超えるような意欲を教えて、それを求めさせましたから、出家の比丘については、特に糞掃衣と無住処、固定した土地や家を持たない。食べ物については、一食一飯で一日一食を乞食をしていただく。昼を過ぎて食事をしない。一食だけで生活する最低限の生活を比丘の生活内容に指示されました。余分なエネルギーや欲を捨て去って、仏陀の悟りの生活一筋にならせるための生活の形です。

特に比丘・比丘尼、出家の男女については非常に厳しかった。在家の生活者については、比丘に対する供養を中心にして、そんなに厳しい戒は設けなかった。八戒斎ということで、一週間に一度とか、月に一度とかに限って、比丘の生活に近い生活を求めさせるということはされましたが、そんなに厳しいことはなかった。ある意味で、要求が一つの方向にはっきりすれば、他の物は要らない。

清沢満之先生が、ミニマム・ポシブルで実験されたように、人間にとって本当に最低限必要な物は何かということは、我々はふだん分からなくなっている。あれもこれもと欲しい物のために突き動かされて、私どもはいったい何が欲しいのか分からなくなっている。

在家生活の中で意識が散漫になっている。それを仏法生活一途にする。本当に仏法の生活を求めよという場合に、清沢先生はお釈迦さまの生活を思い起こして、『阿含経』を読んで、その『阿含経』の生活の如くになろうとして、最低限必要な生活を自身で実験しようとされた。そういうことから考えると、何でも与えられるというのは、我々が思ったように与えられるという意味ではない。浄土の人天ということは、浄土に生まれるような意欲をもったその意欲に応える生活内容です。浄土に生まれたいという意欲は大菩提心ですから、そこに大菩提心に応ずる生活内容が与えられることを象徴している。

我々がこれを煩悩の生活が満たされる場所だと読んでしまうなら、浄土の意味ではなくなる。浄土は我々の欲界の生活とは異質の純粋清浄の生活が与えられる場所だと教えられている。それを我々が聞くと、いまの不自由な生活がそのまま何でも思うようになる世界だと聞いてしまう。そのように誘いかける仏さまの方便の意味はもちろんあるが、聞いていけば、なにも煩悩生活が満足するという意味ではない。

裁縫、擣染、浣濯は、生活内容として思えば、比較的軽労働です。昔は洗濯は、水につけて踏みつけたり、叩いたり相当大変な重労働の面もあるのですが、それでも、狩猟などからすれば比較的静かな生活、どちらかといえば女性の仕事とされることが多い仕事内容です。そういう意味で、この世での生活が毎日の日常生活でほとんど費やされるということからすると、仏法の生活が本当にしやすい、仏法の生活が本当に成り立つことを望むのです。忙しい生活をしておりますと、何かをしたいと思っても、雑事に大変時間を取られる。

現実の生活は、諸々の日常生活に必要な雑事を抜きにしては成り立たないのですが、そういうことにかまけて逆に私どもは聞法をおろそかにする。忙しい忙しいといいながら、そちらの方に気を取られて、一大事の方向性を取りたくない言い訳にする。

浄土の生活は雑事がない。これは、ある意味では大変厳しい。言い訳のきかない場所という面も当然持ってきます。雑事がなければ私どもはただ楽になるだろうと思うがそういう意味ではない。浄土の生活には休息がないとも教えられている。私どもはすぐ休息を要求する。浄土は休息できる場所であろうか。

安養とか安らぎの世界と教えられる場合もあるのですが、そうではない。むしろ、いのちが本当に燃焼する、いのちを尽くして本当に生きていることを証明できるような生活です。そういう意味で、休息のない生活ということがいわれます。仏教の時間の感じ方は、例えば、菩薩の生活にしても、釈尊についてもそうですが、一回のいのちで終わったという場合もありますが、七度も生まれ変わってという、特に法蔵菩薩の場合は兆載永劫の修行という言葉でいわれ、一回のいのちが終わって休みということではない。

だから還相回向ということもいわれてくる。むしろ、本当の意味で用くいのちになれると、わが身に賜ったいのちを感じていく。最近は、キリスト教の影響が非常に強くなって、亡くなった人に贈る言葉として必ず、「安らかにお休みください」といわれますが、この世でたいして忙しく働きもしないのに、亡くなったら「休んでくれ」というのはどうかと思います。むしろ本当に自由に思いのままに用けるようになる。いまは働きたくても体が疲れるし、能力は限られるし、時間も限られるので思ったように働けない。それがむしろ本当に用けるようになるのが、浄土の荘厳として教えられている。

この世は一つの身体に限定され、その身体は生老病死のいのちですから、働くといってもろくな働きができないうちに終わってしまう。浄土では、いのちは無碍に自由に思いきり用けるようになる、無駄な時間がなく用けるようになる場所として呼びかけられているというのは、無量寿の寿、第二十二願を通せば、自ら発意して、何処ででも修行し続けようという願いに立つということです。そうなれることが人間としての本当の意味である。ですから、第三十八願を読むについても、この世の思いが満足するということだけではなく、本当の願いが満足する場としていただくことが大事だと思います。

## 仏法に触れる楽しみ

### 第三十九願　常受快楽の願

**たとい我《われ》、仏を得んに、国の中の人天、受けんところの快楽《けらく》、漏尽比丘《ろじんびく》のごとくにならずんば、正覚を取らじ。**（聖典二二頁・註釈版二二頁）

第三十九願は、快楽無染《けらくむぜん》の願、受楽無染《じゅらくむぜん》の願、または常受快楽《じょうじゅけらく》の願といいます。

漏尽とは、第十願に、「もし想念を起こして、身を貪計《とんげ》せば、正覚を取らじ」という言葉がありました。身を貪計するとは、その前の天眼・天耳・他心・神足・宿命に加えて六神通の内容としていった場合は、漏尽通といわれます。漏尽通とは神通力の中で、煩悩（漏）が尽きる。煩悩が尽きるということが神通力として教えられている。神通力とは、精神力ということですが、その精神力が通す、自由になるといいます。

天眼・天耳・他心という私どもの感覚器官、あるいは予想力が徹底して、本当に未来をも過去をも読み透す力を持つ。これはお釈迦さまが、人間が自分を磨いていくときの方向性として教えられた。本当に悟りを開いたとき、その教えを人に伝えるときに、人間はどうなったらいいかという一つの方向性として神通力が教えられた。能力を身に付けるというのは単に自分のためではない。本当は仏法を伝達するための力として、お釈迦さまが身に付けるべく努力せよと呼びかけられた。

ところが提婆達多のような本当に菩提心が持てない存在にとっては、神通力の方が魅力だった。神通力は、人を教化するためにも使うけれども、悪用すれば人を騙すためにも使える。つまり詐欺《さぎ》にも使えるし、相手の心を動かして催眠術などの力を使って自分の思うままにしてしまうこともあります。

催眠的な方法を使って相手の心を縛って反省力を麻痺させる。疑うことを許さない形で人間を洗脳してしまう。人間の精神には正しく育てられない場合には、洗脳されてしまう弱い面がある。外から変えられてしまうのを断ち切って、自らの力で本当の存在を見ていける力を持つようになれとお釈迦さまが教えられた。漏尽通とは煩悩を超えるということです。お釈迦さまの直弟子の時代には、生活内容として煩悩を絶っていく、漏尽ということが大変大きな課題であった。

大乗仏教に来ると、煩悩を敵とするというよりも、煩悩がつらい、苦しいと思う、その思いの方を本当に解消することが中心になった。煩悩が起こっても煩悩を苦しむということの意味を解放すれば、別に敵とする必要はない。そういうところに大乗仏教が、煩悩の問題について課題を深めた、大きい立場を見い出してきた。それを受けて、第三十九願は、浄土の快楽が漏尽比丘の如くになる。

曇鸞大師は楽に三種ありと、外楽・内楽・法楽楽といいます。ふつうの快楽は外楽である。願生心はこの世のいのちが死んで、もう一回違ういのちになることだということなら、生のくり返しではないか。迷いのいのちのくり返しではないか。そういう問いに対して、曇鸞大師は本当は阿弥陀如来の無生《むしょう》の生である、単なる生ではない。願生というけれども無生の生であると教えている。それから、安楽浄土は楽しいところか。楽しいと聞いたら生まれたい。それはダメだ。それは本当の願生心ではない。願生心というのは菩提心だ、無上菩提心だということを曇鸞大師は押さえている。

楽しいといってもいろいろある。いわゆる楽しみとは外楽だ。外楽とは、五識所生の楽だ。眼耳鼻舌身という感覚が感ずる楽しみです。私どもがふつう楽しいというのはその楽しみです。眼で楽しむ、耳で楽しむ、この世間生活の中で何かを楽しむという場合は、そういう感覚器官が楽しむ。それに対して内楽とは、意識所生の楽である。これは理性です。理性が楽しむのを内楽という。少し分かりにくいとは思いますが、内楽ということになると、思想の楽しみとか、学問の楽しみというものでしょう。感覚器官の楽しみ、目で楽しむ。その眼で楽しむのもいろいろありますが、相当高度の美術とか音楽といっても、どちらかといえば、外楽に近いものです。もちろん、内容と無関係ではない。意識の楽しみというものに無関係ではない。一応分ければ、感覚器官を通しての楽しみと理性の楽しみです。

それに対して、仏法の楽しみとは、法楽楽だ。「仏の功徳を愛するより起これり」という。仏陀の徳に対する楽しみ。法楽楽という楽が与えられるという意味であって、浄土の楽は私どもがふつうの在家生活で楽しいと感じるそういう楽しみが永遠に続く場所だと妄想するのは間違いである。

漏尽比丘とは、一切の煩悩を断じ尽くした修行者である。漏尽、煩悩が尽きたということになると、ふつう私どもの楽しみは煩悩が絡んだ楽しみです。外楽は欲界、内楽はいくらか欲界ではなくなって色界ということになってくる。そうすると思想生活の楽しみということになってくる。しかし、煩悩が絡んでいて完全に純粋ではない。漏尽比丘は煩悩を超えている。それはふつう凡夫からすると楽しみでも何でもない。けれども、本当に純粋な精神、菩提心に立てば、いわゆる外楽や内楽以上の楽しみが見い出されてくる。

仏法に触れる楽しみは、不思議な楽しみであって、外楽でもないし内楽でもない。何か心に響いて、ああ生きていてよかったという喜びが与えられる。確かに、美しい景色を見たり、美しい音楽を聞いたりする喜びもある。それとは違って自分という存在に生きている意味が与えられるという不思議な喜びがある。私の聞法経験からすると、聞法の生活は行くときは気が重いが、足を運んで聞いてみると、そこに時間の充実感、生きていることの意味が本当に充実するような喜びが与えられる。

浄土の楽しみは、「漏尽比丘のごとくにならずんば、正覚を取らじ」と。浄土の楽しみは楽しみとして呼びかける。楽しみ、幸せが欲しい人間に対して呼びかけるという方便の意味がありますが、この前の願と同じように、漏尽比丘の楽しみ、浄土の楽というのは、浄土の楽に触れるような要求を持った者の身に感ずることができる楽といえます。本当に浄土を生み出す本願の方向性に感応することがなければ、浄土の楽しみは、あっても無きが如きである。

本願力に触れる楽しみは漏尽比丘の如しである。我々が浄土の教えに触れたり浄土の楽しみに触れるのは、凡夫が摂取不捨の利益にあって浄土の利益を受ける。しかし、浄土の利益としていただく場合には漏尽比丘の如く、自分は煩悩がなくなって感ずるのではないが、煩悩生活の中に、煩悩が尽きた純粋透明な精神生活の喜びになってくる。浄土特有の快楽は、あたかも漏尽比丘の如くである。漏尽通を具足した比丘の喜び、浄土の人天が受ける楽しみはそういうものです。

第三十八願・第三十九願が国中人天の復習のようにして出ている。はじめから、本願が興ると第二願からずっと国中人天が続いて、第十一願まで続いてきた。第十二願・十三願は浄土そのものを誓う光明と寿命の願があって、第十四願は国中声聞、第十五願・十六願はまた国中人天で、第十七願が十方世界の無量の諸仏、第十八願・十九願・二十願が十方衆生、第二十一願が国中人天と。国中人天は背景にずっと展開してきたが、第二十二願で他方仏土の菩薩が出てくる。そこから国中菩薩ということで菩薩の位で本願が展開してきて、第二十七願だけ国中人天となっている。

異訳の経典では、国中菩薩となっておりますから菩薩でもいいと思いますが、それから国中菩薩が第三十一願と第三十二願が浄土の形を誓う願で、第三十三願から、十方無量不可思議諸仏世界がテーマになってきている。それが第三十七願で結ばれて、第三十八願・第三十九願と国中人天が総ざらいのような形で出ている。どうしてこういう展開になるのかは分かりませんが、中心が国中人天としてずっと展開してきている。

人天や菩薩や声聞は、『無量寿経』自身で、そういう名前があっても、「他方に順じて名を連ねる」と和讃でいわれる。他方とは、浄土に生まれる以前の位としてそれぞれある。『観無量寿経』でいえば「三福九品」といわれます。そういう位があっても浄土に生まれれば平等である。平等であるが、一応他方の生活の在り方に順じて名をつけてある。浄土ではそういう名すらない。皆、本来平等であると『無量寿経』自身でいわれる。

「安楽声聞菩薩衆　人天智慧ほがらかに　身相荘厳みなおなじ　他方に順じて名をつらぬ」（聖典四八〇頁）、讃阿弥陀仏偈和讃で親鸞聖人がうたっておられます。これは成就の文の展開の中で出てまいります。ですから、人天や菩薩とは本当はたいして意味がないのでしょうが、本願の展開では、ずっと人天として呼びかけることが中心になっております。

人天とは、人間と天上ですが、仏道からすれば凡夫ということです。それが菩提心に立つなら菩薩、菩提心が成就すれば仏。人天と呼びかけるということは、要するに善男子・善女人と同じであって在家生活者という呼びかけが中心になって本願が荘厳されてきている。人天と呼びかけた場合と菩薩と呼びかけた場合のそれぞれの生活の在り方は、この世の生活の在り方の違いに応じて、浄土の荘厳も少しく形が変わると考えればいい。

## あらゆる世界を見透す

### 第四十願　見諸仏土の願

**たとい我《われ》、仏を得んに、国の中の菩薩《ぼさつ》、意《こころ》に随《したが》いて十方無量の厳浄《ごんじょう》の仏土を見んと欲《おも》わん。時に応じて願のごとく、宝樹《ほうじゅ》の中《うち》にして、みなことごとく照見せんこと、猶《なお》し明鏡《みょうきょう》にその面像を覩《み》るがごとくならん。もし爾《しか》らずんば、正覚を取らじ。（聖典二二～二三頁・註釈版二二～二三頁）**

第三十九願までは、いろいろの願が位を変えて誓われましたが、第四十願から第四十八願までは、菩薩が中心になります。特に第四十願は国中菩薩ですが、第四十一願からは他方仏土ということが出てきます。

第四十願は、見諸仏土《けんしょぶつど》の願といいます。第二十二願のところに出てきましたが、人天と呼びかけた場合は、人間の生活が自分自身を充足するという方向を持っている。人間存在そのものが本当に充足する。ところが菩薩という名前になると、課題が衆生、他の世界という広がり、深まりという方向を持ってくる。

ですから、第二十二願で、「衆生のためのゆえに」という言葉が出てきて、「諸仏の国に遊んで、菩薩の行を修し、十方の諸仏如来を供養し、恒沙無量の衆生を開化する」と誓われてきた。続いて第二十三願では諸仏を供養するという菩薩の生活内容は、供養諸仏、開化衆生という人類的課題を担う場合、そういう方向を担う場合、位が菩薩という名前でいわれてくる。

第四十願の場合は、随意に十方無量の厳浄の仏土を見たい。時に応じて願のごとく、宝樹の中にして、木に実がなるごとくにあらゆる世界が見えてくる。それは、明鏡にその面像を観るがごとく、鏡に映る顔を見るようにあらゆる世界が見えてくる。浄土の菩薩が他方の十方無量の仏土を見通すという願が出てくる。浄土の菩薩が浄土の中の生活を見るというのではなく、あらゆる世界の浄土の世界を自由に映すことができる。

次の第四十一願から後は、ずっと他方国土が課題になってくる。阿弥陀が国を荘厳してそこに十方衆生を摂取せんとする、その願に触れて、その生活を始めんとする菩薩は、他方の世界を本当に課題にすると、願が展開してきている。本当の願いに触れることにおいて自分が課題になるというよりも、自分が本当に照らされる十方世界の姿が見えてくる。法蔵願心が本当に自分の願を摂取せんとするときには、十方浄土を見て、国土の麁妙、粗かったり細かったり、善悪、あらゆるものを観て我が国土はかくの如き国土にしたいと願を興したということが発願の段階でいわれておりましたが、他の国土に超越したような我が国土を創りたいと、国を創りあげてきたわけです。

インドにおいて他方国土を課題にすることが誓われたということは、現代の問題に照らして考えればどういうことか。本当の願心の世界に触れるときに、人間が作っている国、人間が五濁の世界に生きる形で作り出してきた国は、お互いに相手が見えない。お互いに本当に相手の生活内容、願いが見えないで、蹂躙し合い、殺し合っている。そういう人間の苦悩の生活に対して、浄土に触れる、阿弥陀の国に触れてそこで本当の菩薩の生活をするというときには、道に十方無量の仏土を観たいと願うならば観えてくるという願が出てくる。全世界を映すことを浄土の願として持っている。

これは、大菩提心が閉鎖的になっていく方向性ではなく、本当に開けていく大いなる課題、法蔵願心の課題が、わが国を創るといいながら、わが国に触れたなら十方世界が本当に観えてきて、十方世界の何処へでも行って用《はたら》けるようになるという。ふつうの国を作ってその中に閉じ籠って、その中を立派にしていくという考え方ではなく、ふつうは内は内、外は外と、内を守って外を排除するということになっていくが、本当に内を建立しようとするなら外が内になる。内が外になり、外が内になってくるという関係です。

曽我量深先生はよく、「仏法の生活ということは、私生活がなくなることだ。全部が公になる」と語っていました。内外という分別が、内外が転換するということが、無我といっても単に我がないという消極的な表現ではなく、もっと大いなる課題の前に破られて、大いなる視野が与えられてくる。それが浄土の菩薩の仕事になる。浄土の菩薩、浄土の生活を憶念するなら、その生活は十方世界を見通しておられる。こちらからはほとんど見えないが、向うからは十分に観ていてくださる。そういう形で私どもの閉鎖的な眼、閉鎖的なものの考え方が明らかにされてくる。

明鏡という言葉がここに出てきます。お釈迦さまが『無量寿経』を説くについて、阿難が呼びかけたときのお姿が、「明らかなる鏡、浄き影表裏に暢るがごとし」（聖典一五二頁）といわれ、存在が明鏡になっているという言葉が出ておりました。本当の浄土のいのちに生きることが持っている方向性として、あらゆる世界を明鏡の如くに見透し、明鏡の如くに映す存在になっていく。そこに、私どもの愚かな人間の知恵が、本当のいのちを映さなくなる、本当の世界を閉鎖して映さなくなっていくのを逆に映し出す。

結局、私どもの煩悩を自己関心として、ますます閉鎖的になっていく欲界の煩悩生活の方向性、ますます自分の自我を鎖で固めていく方向性に対して、浄土の生活は、本当に解放された内外が転換する方向性を示す。これは、法蔵願心が人間のいのちに呼びかけて教えている大きな方向性ではないかと思います。

展開として、国中人天の生活材料ということが出て、国中人天の感じる楽しみという言葉が出て、快楽が漏尽比丘の如くなるということから、国中菩薩という名前が出てくる。その国中の菩薩がむしろ十方無量の仏土を映し出す存在になる。十方無量の仏土を観る存在になる。

浄土を本当に明らかに自覚していくということは、あらゆる世界を本当に見ていくということと別の仕事ではない。本当に浄土を知るということは、あらゆる世界を知るということと一つである。それが自己を知ることでもある。何か批判するとか、何かを知るといっても我々の視点は非常に狭い。独断と偏見を免れない。本当に知る、批判するということは、どこのレベルから批判できるかということが大事な思想の仕事になる。そういうことが法蔵願心の浄土が象徴的に願っていることの意味なのではないかと思います。

曽我量深先生が、大谷大学の学長になられたときの学長就任の講義が、「内を転じて外とする」という内容でした。それはつまり、大谷大学という大学の構想について、大学の内は外であるということをいわれた。それは本願論だったのです。本願論に立って大学を見るときに、開きを持った大学ということを願っておられて、宗派が建てている閉鎖的大学というのではなく、本当の人間存在を見すえていくような人物を育てていく大学という願いがあった。「外をもって内とする」ということをいわれた。そんなこととも関連して、第四十願が思われます。聞法生活の広大な課題は、人間として成長するというよりも、人間を超えて仏陀の持っているような課題をいただく。我々は、煩悩具足の凡夫でありながら、聞法生活の中にそういう課題をいただいていく。それが浄土荘厳を通して教えられてくるのではないかと思います。

## 菩薩の問題が展開

第三十八願・三十九願が国中人天となっていて、第四十願から菩薩という言葉が出てきます。何故、菩薩になるのかはよく分かりません。第四十六願に国中菩薩が出てくるのですが、第四十一願から以降は他方国土の菩薩と展開しております。第三十一願に国土清浄ということが出てきて、その国土清浄というときに、「十方一切の無量無数不可思議の諸仏世界を照見せんこと」と、国土が清浄であるということは、十方不可思議の諸仏世界を照見せしめる用きがある。それは鏡に顔を映し見る如く、十方不可思議の諸仏世界を照らし出す。そういう清浄性は、国土が清浄であることを十方世界を映し出す用きとして第三十一願で浄土の姿を語ってあり、第四十願ではその浄土の菩薩（国中菩薩）が「十方無量の厳浄の仏土を見んと欲《おも》わん」というときに、「明鏡に面像を見るがごとくならん」とあり、第三十一願と第四十願とは関係しております。

第三十一願は浄土それ自身の用き、第四十願は浄土の用きを受けて十方無量の仏土を観ることができるとなっております。曇鸞大師が『浄土論』を解釈するときの方法をお借りすれば、我らの世界を浄土に対応させて考えてみますと、国や民族や地域、そういう特定の場所に身を受けることによって、それに対する知識や愛着を持って私どもは生活をする。したがって、他の国というものはよく見えない。お互いにそういう限界を持って私どもは生きている。

現代のように交通機関やメディアが発達して、ほとんど地球の裏側であっても瞬時に情報を得ることができる状況になっても、本当にそこに歴史や文化、さらには歴史の中で他の民族、隣の国との関係の中に生きてきた人々の在り方は、反対側の国にいたのではほとんど知らないか、知っていても単なる知識にすぎない。現代においてもそういう状況で、この願が書き留められた時代などでは場所が変わればほとんど理解は不可能という状況だったのですが、そういうことが人間生活に非常に妨げをなす。ふつうの日常生活であっても大変不自由をもたらす。

特に仏法の法の道理の流通という場合に、場所が変わることによって本当に伝わりにくいということが起こる。仏法がシルクロードに沿って中国に伝わり、日本に伝わったということは、むしろ不思議である。どうして伝わったのかは不思議なことで、民族が変わり、言葉が変わり、文化が変わり、歴史が変わる中で、本当に人間を解放すべき宗教が伝わるということは実に難しい。そういうことを思いますと、この法蔵願心が浄土の菩薩、浄土の菩提心を得た衆生には十方国土が瞭々として見えることが大切な願であるといわれる意味が、我らの世界に照らして見ると何か思い当たる節がある。

阿弥陀の浄土を建立し、阿弥陀の世界に触れた衆生も阿弥陀の願によって、あらゆる世界を観ることができる。そういう願がこの第四十願で押さえられる。第三十九願は快楽無尽、快楽が漏尽比丘の如くであるといわれ、極楽といわれる楽の世界だと。安楽と教えられる楽の質が煩悩を超えた楽であると押さえられてくる。天親菩薩の『浄土論』では無諸難功徳ということがいわれ、諸々の難が無い。難とは批難の難です。諸々の難が無いというときに受楽無間といわれている。

「永離身心悩　受楽常無間」(聖典一三六頁)。身と心の悩みを永く離れて、受楽が常にしてひまなし、と天親菩薩がうたっている。受楽について、本願自身は漏尽比丘の楽しみと押さえられている。曇鸞大師は、この楽を解釈するについて、浄土を願生する心は菩提心であると押さえられ、楽しいと聞いて生まれたいという要求、楽しさの要求、いわゆる快楽の追求としての浄土、そういう要求であるなら浄土を獲ることはできない。だから楽といっても、いわゆる「楽」ではない。「楽」とは私どもにとって身心の楽、身と心の楽しみ。それは苦楽相半《なか》ばするこの人生の中で、苦を離れて楽を取りたいという楽、これは仏法からすると、たとえ楽であっても本質的には苦であると。

苦楽相半ばする楽は現象的にいっても、私どもに一時的な楽しみであっても、毎日それが続けば飽きてしまう。たとえ旨い物が食べたいといっても、毎日、同じ物を食べさせられたら、それは地獄の苦しみ、もう堪忍してということになる。苦楽が交代する楽は感情の愉悦ですから、感情が楽しむのは状況的に動くわけです。

仏教の求める楽は、涅槃の楽、大楽と押さえられてくる場合には、「不苦不楽」を楽とする。私どもの日常の経験で得る楽のごときものが浄土にあるのではない。苦楽を超えるような楽。

涅槃の楽は寂滅の楽、静かなる楽しみという面を持つのですが、この本願は寂滅から立ち上がった、寂滅をくぐって立ち上がったと『無量寿経』が語っている。法蔵発願のところに、「その心寂静にして、志着するところなし」（聖典一四頁）、寂静の心から無上殊勝の願が興る。激しく揺れ動く感情の中から発った願ではなくて、寂静の心をもってしかも無上の願が興ると語られている。別の言葉でいいますと、三解脱門といわれます。空・無相・無願の三つです。空・無相・無願をくぐって願を興す。はじめから願として発るというよりも、無願をくぐって願となる。ただ楽しいと聞いて得たという浄土は如来が説かんとする浄土ではない。楽といっても漏尽比丘の如き楽しみです。煩悩の楽しみではない。

ヨーロッパにも、自分を非常に痛めつけて克己するという実践を伴った哲学がある。他方では楽しみを追求していくことを立場とする哲学もある。けれども、どちらも突き詰めていくと似たようなことになる。楽しみを本当に追求していくと、いわゆる楽しみが楽しみでない、感情的楽しみにすぎないということがはっきりしてきますから、それよりも深い楽しみを追求していくと、少欲知足のようなことが出てきます。

仏教の場合は煩悩という課題を見い出しますから、煩悩を突破するような楽しみ、これはふつう私どもの感覚からすると分かりにくい。楽という言葉で語らざるを得ないのは、言葉で語ろうとすれば人間の要求に訴えなければなりませんから、楽ならざる楽だと語ろうとする。浄土の楽は極まりたる楽、極楽だといわれるわけです。その内容として第四十願が出てくる。第三十九願を受けて第四十願が出てくるわけですが、第三十九願では「人天」ですが、「人天」と「菩薩」というのは、菩提心に立った場合の人間の位になるわけですが、衆生・菩薩・仏と分けます。

第四十願以降は、菩薩が出てくる。遠くは第二十二願以降ずっと菩薩の問題が展開してきた。「国中菩薩」ということが展開してきた。ところが、第四十願をくぐって、他方仏土、十方仏土の菩薩と内容が変わってくる。第三十三願に「十方不可思議諸仏世界の衆生」という言葉があって、親鸞聖人が、第三十三願・第三十四願をもって、煩悩熾盛の我ら衆生が信心を獲たときの位は、真仏弟子という位だという。

真仏弟子という位の内容を押さえる願として第三十三願・第三十四願を用いられた。ここには「諸仏世界の衆生」とあります。衆生は、人・天・菩薩・仏という位で分けることができるわけですが、どうして分けるのかについては、『無量寿経』の言葉でいえば、浄土に来れば平等だが、浄土に来る前の位を映しているのだという解釈があります。浄土に触れる以前の心の在り方によって、菩提心の位が与えられますから、そういう本願力に触れる前の在り方を映して、浄土の衆生に一応、位の名を与えると曇鸞大師が解釈し、親鸞聖人がいただいておられます。

松原祐善先生の『無量寿経に聞く』には、聖道門の学者の解釈を紹介されて、『無量寿経』の本願は、「本為凡天兼為聖人」、凡夫を中心にした本願だが聖人をも包む。そういう意味で菩薩をも包んだ願になっているという解釈があると紹介しておられます。浄土の広さということで、凡夫のみならず菩薩も包むと解釈している。

本願が菩薩という課題で第四十願以降語りかけているものは何か。親鸞聖人はほとんど第四十願以降の願については触れておられませんから、我々は凡夫の立場で本願をいただくのですから、菩薩ということはいじらないでいい、別に無くてもかまわないといってもいいわけです。

一応、菩薩に呼びかけて願が興っている。それを願の如くにいただくならば、これは第二十二願の展開ですから、浄土に生まれた衆生が浄土に止まらずして、本願の力によってあらゆる世界に出て行ける。出て行きながら浄土の用きを離れない。浄土の力を失わない。こういう願が第二十二願です。そういう課題を受けて菩薩が出てきている。聖道門の学者が見るような意味で見ないでも、本当の意味で菩提心が用くことができるのは、本願力を受けたからであると読んでいくならば、また違った形で読めるのではないかと思います。

## 諸根具足の願

第四十願には、浄土の国中菩薩は、十方仏土を観ようと思えば自由に観ることができるとある。観られた内容として第四十一願が展開してくる。十方無量不可思議の世界を、今度は他方国土という言葉でいってくる。他方ということは、西方浄土に対して他方、九方全部ということになります。

他方国土の菩薩衆に呼びかけて、「我が名字を聞きて」ということで、これが一貫します。他方仏土に呼びかけて、他方仏土の菩薩に対して、我が名字を聞いて、阿弥陀の名を聞いて、聞其名号のもとで成り立つ仏法の意味を呼びかけている。それが第四十一願以降展開している。第四十六願だけは、「国中菩薩」となっておりますが、他方国土とは具体的には私どもの穢土です。南閻浮提といいますか、人間世界といただければいい。ただ仏法では人間の生きている世界だけが世界ではない。

いろいろの衆生がいる中にたまたま我ら人間存在もある。自然界からいろいろのいのちの形が与えられる。その中にたまたま人間という形が与えられているという世界観です。

人間が神様に似ていて、一番偉いのだという考え方ではありません。十方世界の中の一つの国土としての我々人間界ですから、そういう意味で他方国土と呼びかけている。代表的には我々人間界です。そこの菩薩が我が名字を聞いて、仏名を聞いて、もちろんその仏名は阿弥陀の仏名ですから本願の名です。その名のもとに本願を呼びかけんとする用き、その誓願不思議、名号を通して本願力に触れしめんとする用き、その名のもとに他方国土の菩薩衆が菩薩道を成就して欲しいという願いが展開されている。他方国土の菩薩衆は第二十二願と別ではないわけですから、本願力を受けて名号を聞いて菩薩道を歩むときの内容になっている。

## ✣第四十一願　諸根具足の願

---

**たとい我《われ》、仏を得んに、他方国土のもろもろの菩薩衆《ぼさつしゅ》、我《わ》が名字《みょうじ》を聞きて、仏を得んに至るまで、諸根《しょこん》闕陋《けつる》して具足《ぐそく》せずんば、正覚を取らじ。**（聖典二三頁・註釈版二三頁）

---

第四十一願は、諸根具足《しょこんぐそく》の願、聞名具根《もんみょうぐこん》の願といいます。ここに「諸根闕陋《しょこんけつる》」という言葉が出てきます。何度か触れましたが、『浄土論』に、「女人及根欠　二乗種不生」（聖典一四〇頁）という荘厳があって、大義門功徳、また大乗門ともいいます。大義門の功徳として、女人と根欠と二乗という三つの問題を出している。

第三十五願で女人の問題について触れましたが、本願でいいますと、第四十一願で根欠ということが出てくる。二乗については、声聞無数の願ということがあり、浄土に触れるならば声聞根性が直ってしまう。浄土に触れるという要求のところにもう二乗の障りを離れるということがいわれるわけですが、第四十一願は、他方仏土の菩薩衆が、我が名字を聞いて、仏を得んに至るまで、成仏するまで、「諸根闕陋して具足せずんば、正覚を取らじ」という。

一般に聖道門の修行については、仏法を求めて成仏しようとするならば、その課題は、龍樹菩薩は、三千大千世界を挙《あ》ぐるよりも重しといわれますが、何回生まれ変わってもやり遂げようとする、三大阿僧祇劫の修行が必要であるといわれます。三年や五年やって成仏するというわけにはいかない。何回生まれ変わってでも、一回のいのちで成仏するなどという生易しいものではないと教えられる。それで、第四十一願を読むときに、流転のいのちを何回でもくり返して菩薩道を歩んで行く。その中にひょっとして、根欠の状態でいのちを受けることがあるかもしれない。そういうことがあっては不自由だから、浄土の阿弥陀の名を一度聞けば、成仏に至るまで諸根が欠けないという願だと解釈されているようです。文字通りの本願の内容を一般論的に解釈すれば、そういう解釈になるだろうと思います。けれども、よく考えてみますと根欠については八難ということがいわれ、仏法を求めるに碍《さまた》げになる（難は碍げです）ことだという。

仏法を求めるときに、根欠でないことを喜べという言い方がなされる。一般に「根」というと眼耳鼻舌身意の六根のことです。感覚器官を中心にしていのちを成り立たせている機能です。その機能が欠けるのは、生活に非常に不自由である。

けれども仏法を求めるについて根が欠けていることが、どういう意味で不自由かということを押さえてみますと、それは単に感覚器官が欠けている、眼耳鼻舌身意の、身が欠けていたのでは困りますが、身という言葉で身根といった場合には環境を総合的に感覚する力です。眼根は見る眼の働き、対象界を感じる力。耳根は音として対象界を感じる力。鼻根は香りを中心にして感覚する力。舌根は味わいです。そして身、身根は暖かいとか寒いという空間を感覚する力であると同時に、身を通して宿業を感じ取りますから、感覚器官全体を総合的に感じ取っている。そういう私たちの生活内容を成り立たせる機能でもある。そういう機能が欠けているということは確かに不自由であるには相違ないが、仏法ということになった場合にはどういう意味か。

仏法は存在の意味を獲得して諸々の障りを突破する。そして、本当の意味で主体を回復する。解脱というのは二乗の要求なのですが、大乗の要求は大涅槃だといわれる。大乗の涅槃は無住処涅槃だと。不住生死不着涅槃ともいわれ、迷いにも止まらない、覚りにも止まらない。

宗教としての仏法は何であるかというときに、小乗仏教が教えた解脱ということは非常に端的なのです。煩悩からの解脱、苦しみ悩みからの解放、非常にはっきりしている。大乗仏教の立場では、その解脱が目的になった場合には、人間が生きている方向から死の方向、生から死の方向を中心にした生き方になるのではないか。つまり、迷いを嫌って覚りへ、煩悩を嫌って解脱へという方向だけだったら、はたして本当のいのちがそれで回復されるか。こういう問題を出して、人間の問題は煩悩の根にある分別だという。

人間の考え、そこに実は深い問題の根がある。だから、煩いをなくすという課題だけなら、三昧に入って、ほとんど死に近い、感覚を失うような三昧に入れば救かる。けれどもそれは本当の正覚の智慧、覚りを開いたのではない。その証拠には、また戻って来ると迷いの世界だ。三昧から覚めればまた元の木阿弥だ。これは本当の宗教体験ではない。大乗仏教では煩悩を嫌う分別、人間の考えについている問題を本当に明らかにするということで、大乗仏教の性格が押さえられてくる。その場合に、大乗の菩薩は煩悩を病と見るのではない、分別を病と見る。むしろ分別こそ本当の煩悩だと押さえてくる。

安田理深先生がくり返しいわれたのですが、仏教は、エクスターゼ（ekstase）、脱我ではない。宗教には必ず神秘主義が混じる。煩悩にしろ分別にしろ、人間が自分に苦しむときに、苦悩を超えたいというときに、その解放をどうしたら得られるか。苦悩する自我を破る。どういう形で破るかというときに、エクスタシスというのは、自我の外に出る。恍惚境《こうこつきょう》といいますか、ものを考えて苦しんでいる自分から出てしまう。ここに身体を残して自分自身が外へ行ってしまう体験が付いている。そういう体験がなければ宗教は成り立たない。

キリスト教でも、キリストが亡くなった。十字架に架かって亡くなり、それが三日の後に復活した。その復活を見たというときに、どういう復活なのか。見たといっても私どもからは分からないのですが、確かに見た人はある意味の神秘体験です。そのとき、パウロは自分が生きるのではなく、キリストが我になった。キリストが乗り移った。キリストが復活してここに生きている。「我生きるにあらず、キリスト我にありて生きるなり」。キリストがキリスト教になることができたのは、こういう体験、神秘体験がキリスト教の原点になっている。そういうものがないと人を説得できない。

人間生活のふつうの分別の在り方に死んで、違った自分になる。生き返る、新しい生を得るという宗教体験がないと、宗教現象としては説得力がない。だからどんな民族的な信仰、例えば恐山のいたこみたいなものであっても、いっぺん死んで甦《よみがえ》るような体験を持つ。そういうことが説得力を持つ。また、自分でもいったん違う自分になるような体験を持つことが宗教だと信じる。そういうのをエクタシー、神秘主義という。

いままでの自分ではなくなるような体験を人間は要求するのです。そうなることによっていままでの汚れた身、苦悩の身から脱脚できる。事実そういう体験を得れば、いままでの自分の一面を切り捨てることができる。仏教の中にもそういうものが入ってきている。

安田先生は面白いことをいっていて、仏教の中にも二通りの神秘主義が入ってきている。一つは感情的な神秘主義。これは遠く探ればヒンズー教から来ているような没我体験だ。この代表的なものが日本には宗教という形で入ってきている。だから護摩を焚《た》いたり、呪文を唱えたりしているうちに何か朦朧としてきて自分が自分でなくなって自分が仏さまになったような感じになる。自分の上に仏が乗り移ったような体験をする。こういう神秘主義です。

それに対して、禅というのは元は禅定という、ディヤーナ、これは精神統一の方法でヨーガです。精神統一の方法でそれまでの分別を越えた分別以前の意識、意識の分別以前の経験に入ろうとする。そういうことから来るのでしょうが、中国で禅になると、禅体験は公案《こうあん》という、言葉を通して分別を破る体験を持とうとする。これはやはりある意味の神秘主義だ、知的神秘主義だということを安田先生はいわれました。

## 法蔵願心の菩提心

宗教が宗教といい得るもの、これは単に理性ではない。単に合理的理性で解釈したり分析したりできるものであるなら宗教にはならない。宗教といえるからには、自分の中に教えの言葉なり方法を通して、何かの形で自分の中に新しい体験、いままでになかった体験が起こらないなら宗教とはいえない。科学であったり、ふつうの日常生活の延長であったりするだけなら宗教にはならない。宗教といい得るからには何かに死んで何かに甦《よみが》る。こういうものを持たなければならない。ふつうは宗教といえば、どうしても神秘主義としてエクスタシーとして何処かに確保しようとする。だからキリスト教では、それを何処かでという場合に、洗礼を受けるとか、何かの聖なる儀式などの中でいままでの自分ではない自分になるものを宗教として見ようとする。

そういうときに、精霊が来たとか、例えばパンを食べてキリストの肉だとか、我々からすれば思いにすぎないものでしょうが、向こうは思いとは思わないでこれは体験だと思う。キリストが自分の中に入った、確かにキリストはここに入ってくださったと感じると、はたから見れば単にパンを食ったにすぎないのだが、そうではない。葡萄酒を飲んだのもキリストの血だと、そこに何か違った体験を持つ。

安田先生は、親鸞聖人が明らかにしようとした念仏は何処までも、「言」だといわれる。「言葉だ」、言葉を通して自覚する。だから没我ではない。いままでの自分を忘れはてて違った経験を持つということではない。だから、名号はダラニではなく、本願の名号だ。本願の名号において、自分は愚かな凡夫であることをはっきりする。自分が特殊体験をして仏になるということはない、ということをはっきりさせる宗教、これは他に類がない。

宗教とは何かというと、無限と有限の関係を一つにするもの、あるいは有限が無限に超越するものである。そうなると、どうしても何処かに有限の自分が無限になる、自分が神の体験をする、あるいは仏の体験をするということが成り立たなければ宗教にならないと、人間が人間を超える体験を求める。そういうことを根本的な宗教的要求として、それをはっきりさせるのが菩薩道であるとするなら、根が欠けるとは具体的にはどういう意味か。

何故、本願で説かれ、『浄土論』でも押さえられるのか。生活が不自由だというのはよく分かります。ふつうに経験していたことができなくなる。例えば、感覚が麻痺して味が分からなくなるだけで、ずいぶん不自由でしょう。聞こえていた音が聞こえないということは人間関係の対話が不自由になる。見えていたものが見えなくなる。これは不自由です。

いままで私は有難い目をいただいて、どんな細かいものでも眼鏡を掛けずにずっと見てきた。だんだん老化してきて、この間、川江登さんがくださった道路地図の細かいのが見えない。それは不自由です。だから、生活についで根があってもよく働かないというだけで不自由ですから、無かったら、欠けていたらものすごく不自由です。けれども、成仏という課題にどれだけ邪魔になるかということになると、確かに聞法生活にとっても邪魔になるし、いろんな意味で邪魔になるかもしれませんが、菩提心にとって根源的に邪魔になるとは思えない。

何故、こういうことがいわれるのか。これは二乗の問題のところで、曇鸞大師が解釈しています、二乗というのは問題は二乗心だ。二乗的な人間というのではなく二乗心だ。これが仏法を殺す。本当の仏道・菩薩道を死に至らしめる問題を持つということを押さえている。

そういう意味でいえば、根欠ということは仏法に対する感覚が鈍るということではないか。生活感覚が鈍る。仏法の生活にとって何が本当の邪魔になるかといえば、菩提心の大切さに対する感覚が鈍る。これは仏法にとっては致命傷です。私どもに起こる心、つまり、人間界に対する興味によって、仏道の問題に対して感覚が欠落する。これは八難の中に、「世智弁聡《せちべんそう》」ということが押さえられることで感じられるのですが、八難を教える中に盲聾瘖瘂、つまり、目や鼻や口などの感覚器官が不自由であることによって、言葉が不自由であったり、目がよく見えなかったり、音が聴こえなかったりという難に加えて、「世智弁聡」ということが加えられる。世法に長けて、言葉は巧みで、賢い。これが仏法にとって難であると。感覚が鈍いからダメだ、目が見えないからダメだというのと比べると、方向が反対です。何でもよく分かる、目から鼻へ抜けるような賢さ、そういう人はダメだ。仏法の器になる一番の碍《さまた》げとして押さえられる。これは結局、関心だと思います。

ティリッヒが「究極関心」と押さえられました。宗教心というのは究極関心だと。菩提心は、世間関心のような、何でも分かるという関心とは違う。むしろ、ソクラテス流にいえば、何も分からない。清沢先生でいえば「善悪の二つ総じてもって存知せず」と。「何が善だやら、何が悪だやら知り分くる能力のない私」というところに本当の宗教的感覚が与えられてくる。

何でも見通してよく分かる人は、菩提心に触れにくい。禅の方では、「運鈍根」といいます。悟れるか悟れないかは運鈍根だ。運は他力みたいなものです。どれだけ努力しても運の悪い人は悟れない。悟りにまで運がつくのかなと思います。それから鈍でなければダメだ、賢い人はダメだ。あと一つは、根気の強い人、諦めない人、そういうことを禅宗のお坊さんはいいます。そういう意味で、何でも恵まれ過ぎている人間は恵まれ過ぎてその中に漬っている場合にはそこから脱脚できない。幸せ過ぎるというのは、いいようだが、一番大事な問題に関していえば、不幸なのです。

「諸根闇陋」という問題は、現象として不自由であることは、根本問題にとってはかえっていいかもしれない。私どもの世智弁聡的考えからすると逆になることが多いのです。例えば、病気しない方がいいと思っているが、病気する方がいい場合だってある。病気したからいいというわけではないが、病気することが縁になることがある。そういう意味で、文字通りの意味ではないのではないか。

仏を得るまで欠けることがないという意味は、菩提心の用きを、本当に菩提心に対する感覚を失わないことを象徴しているのではないか。文字通り「根欠」というのを、この世での生活機能が不自由な人に対する差別だと読んでしまうと、本願の意味がはっきりしなくなる。もちろん、それはふつうに人間に本願を呼びかけて浄土を要求せよというのが本願の根にある要求ですから、そういう意味では、いったん本願に触れるなら、何回生まれ変わってでも根欠の身にならないというのは誘いとしてはもっともらしい。

しかし、それだけでない。より深くは、本当に菩提心を失わない存在として生き抜けることを教えているのではないか。聞名、名字を聞く、本願の名を聞くところに、機法の混乱を来たさない。自分が没我のような状態で仏になるということを思わない。やはり、法は無限であって機は有限である。

如来は大悲であっても、機は愚かな罪業の凡夫であるという限界を忘れない。そういうことを成り立たせる願の名のもとに本当の意味の他方仏土の菩薩道が与えられると読んでいくことができる。天親菩薩が無諸難功徳と名づけた難では、「永離身心悩」、身と心の悩みを離れる。そして大乗を成り立たせるというときに、「女人及根欠　二乗種不生」という問題が出てきます。つまり、大乗という問題です。大乗ということは、終わりのない課題です。法蔵願心の菩提心でいえば、永劫修行、兆載永劫に終ることのない願心が大乗の願心ですから、相対的な不自由な状態は本当は突破されて、一番の問題は菩提心を忘れることではないかと思います。

「他力の救済を忘れる時」という言い方を清沢先生はなさいますが、それは方向性を忘れる時です。私どもは日常生活の中で、跪いたり、奢り高ぶったり、あるいは卑下慢に陥ったりして、また元の苦悩の闇に落ちる。名号を憶念する、思い起こすときに、また、菩提心の根本問題に立ち返ることができるということを呼びかけている願なのではないか。そう読んでいけば、第四十一願以降の問題も決して不要な願ではない。やはり四十八願全体が大事な願である。菩薩道を明らかにする大事な願である。

# 清浄解脱三昧

## ✣第四十二願　住定供仏の願

たとい我《われ》、仏を得んに、他方国土のもろもろの菩薩衆《ぼさつしゅ》、我《わ》が名字《みょうじ》を聞きて、みなことごとく清浄解脱《しょうじょうげだつ》三昧《ざんまい》を逮得《たいとく》せん。この三昧に住して、一意《ひとたびこころ》を発《おこ》さん頃《あいだ》に、無量不可思議の諸仏世尊《せそん》を供養《くよう》したてまつりて、しかも定意《じょうい》を失せじ。もし爾《しか》らずんば、正覚を取らじ。（聖典二三頁・註釈版二三頁）

第四十二願は住定供仏《じゅうじょうくぶつ》の願、聞名得定《もんみょうとくじょう》の願といいます。ここに三昧の願いが出てきます。清浄解脱三昧という三昧です。後で第四十五願に普等三昧というのが出てきますが、サマーディーです。念仏も念仏三昧ということがいわれます。

法蔵願心のはじめに願を発起するときにでも、『無量寿経』にはないのですが、異訳の経典では、弥陀三昧ということが出てきます。大寂定弥陀三昧といわれます。浄土和讃に親鸞聖人は、「大寂定にいりたまい　如来の光顔たえにして　阿難の恵見をみそなわし　問斯恵義《もんしえぎ》とほめたまう」（聖典四八三頁）といわれます。

三昧とは、インドの一つの修行の方法、仏教だけではなくてインドの精神生活の形です。外道でも三昧、精神統一が盛んに行われる。その三昧の伝統を引いている仏教が坐禅です。『観無量寿経』ではそういう三昧の方向を求める心を「定善《じょうぜん》」といいます。自分の力で自分の心を静めて、自分の思いを止めていこうとする。息慮凝《そくりょぎょう》心《しん》といわれます。心を凝らしていこうとする。そういう努力を定善といいます。

定善に対して念仏三昧というのは、頭で考えている理念を統一して、分別の思いをなくしていく努力ではなく、仏の名のもとに私どもの意識自身が自ら統一される。こういうところに「念仏三昧」が出てきている。自力修行の方法なのですが、それを包んで念仏の用きとして教えてきている。

ところが、念仏三昧というと、どうしても念仏という方法を通して三昧に入っていくと私どもは考えてしまう。だから、親鸞聖人はあまり念仏三昧という言い方をなさらない。法然上人は、積極的に念仏三昧をいわれる。念仏を称え続けていく中で、エクスタシー、脱我状態になる。それが念仏の功徳のように思う。本当はそれは定善なのです。善導大師はそう押さえている。他の方法で脱我状態に入る代わりに念仏で入ろうとする。そういう場合には、親鸞聖人は第十九願の念仏だといわれる。

努力意識の念仏で苦悩の心をなくそうとする。念仏と三昧とを合わせると、どうしても努力の果てに与えられる脱我の境のように考えますから、念仏三昧という言葉を親鸞聖人はほとんど使わない。しかし、もともとはある。「諸仏現前三昧」という。念仏三昧というのは諸仏現前三昧ということ、諸仏が現前に現れる。諸仏と共なる世界に入る精神状況として念仏三昧ということが教えられる。『般舟三昧経』という経典があります。善導大師も「般舟三昧」といわれます。

天親菩薩は、礼拝・讃嘆・作願・観察・回向という五念門を開かれて、作願門のところにシャマタ（止）、定といってもいいのですが、シャマタの行が修められる。ビバシャーナ、観察の行は観察門に開かれますが、作願門にシャマタ（止）の行が含められる。そこに、三昧という意味を持ってくる。定善の努力の内容ではなく、念仏の中に三昧の意味を持つ。これは、その場合の三昧はエクスタシスではないと思います。

『歎異抄』第一条に、「弥陀の誓願不思議にたすけられまいらせて」という言葉がありますが、弥陀の誓願不思議の不思議は、護摩を焚いて神秘境に入るような不思議ではないのです。本願を信受して南無阿弥陀仏を念ずるときに、救かるはずがない地獄一定の私が救からずして救かる。それは決して神秘境に入るわけではない。自分が仏になる恍惚境に入ることではない。どこまでも愚かな凡夫である。

しかし、南無阿弥陀仏において、本願力に乗託する。その本願力に乗託するところに救からずして救かる。救かるはずがない、罪悪深重の身であるこの生活が変わるわけでもないし、いままでの自分が何処かへ消えてなくなるわけでもない。しかし、本願力を信じて念仏するところに救かる。その救かり方は、救からないままに救かる。少しも救かってないけれども救かる。救かるようになって救かるのではない。

救からないということが本当に頷けて救かるという救かり方です。水が氷になって救かるのではない。水が水のままで水であることに安んじられるような救かり方。煩悩具足の凡夫が聖人になって救かるのではない。煩悩具足、罪悪深重であると本当にそこに立ったままで救かる。自分の理想や自分で作っている枠に苦しめられていた在り方から、自己解放され、本当の自分になる。こういう自分でいいのだという自分に帰れる。愚かな自分に帰れる。賢くなって救かるのではない。愚かなままに救かるという救かり方です。

自身の中に仏教が、存在を見る方法として教えてきた三昧の用きの意味がそこに与えられる。自己回復、自分が自分であることを回復することが人間の課題だというならば、そういう意味で本当の自分が、正直な自分が回復される道が念仏の道である。念仏の智慧として精神統一のような意味が与えられてくる。努力して自己集中するという意味ではないが、念仏三昧という意味は充分にあった。

「他方国土の菩薩衆、我が名字を聞きて、みなことごとく清浄解脱三昧を逮得せん」、清浄は浄土の功徳です。

解脱は仏の持っている煩悩を超えた智慧です。そういうものを孕んだ三昧を与えよう。逮は捕まえるということです。捕まえて得させる。名字を聞かずして求めるならば、清浄解脱三昧はほとんど得られない。ふつうは三昧に住すれば動かない世界です。しかし、名字を聞いて得た三昧は、心が動いて無量不可思議の諸仏世尊を供養する。念仏三昧は諸仏現前三昧だといわれますが、諸仏平等、諸仏阿弥陀といわれる。阿弥陀一仏のもとに無数の諸仏が拝まれる。無数の諸仏が拝まれるところに、その諸仏世尊を供養する。供養諸仏の行です。供養諸仏の行、心を動かして行ずるというのは「散善《さんぜん》」です。行為なのです。

三昧というのは動かない寂静の精神境です。ふつうは矛盾する。名字を聞くところに清浄解脱三昧を動かずして、無量不可思議の諸仏世尊を供養して、しかも定意失せじと。これは努力でできる世界を教えているのではない。努力ではできない世界を名号の功徳で与えようという願になっている。聖道門の自力の行からすれば、清浄三昧に入ってその三昧を失わずして、無数の諸仏を供養して回ろうと。これは大変な行になる。動きながら静かな心を失わない。これは言うは易《やさ》しいが、実際はそんなことを成就できる人はほとんどいない。動けば、心は動く。動いて心が動かないということは矛盾です。三昧に入ったら動かない、動かないから寂定三昧なのです。そこから立ち上がって動き出したらもう三昧は失ってしまう。それが矛盾しない。

『浄土論』で天親菩薩が菩薩功徳を語るときに、動かずしてあらゆる世界に行く（不動遍至）、一時に無数の場所に現れる（一念遍至）ということを、阿弥陀の浄土の菩薩が行じることができるという。そういうことの内容になる願です。

現実には私どもの意識ではどちらかしかできない。動くか静かです。ところが静を失せずして動である。動を失せずして静である。こういうことを成り立たせるのが、阿弥陀の願である。阿弥陀の願のもとに動静一如ということが本当の意味で成り立つ。聖道の修行の究極を阿弥陀の願のもとに成就せしめようという意味を持ってきます。菩薩の願ですから、私どもは凡夫であるということを本当にいただいて念仏していく生活を信受していく。その立場を離れずして、願の意味をいただいていけば、そういう菩薩道を成就する意味がある。

　第四十二願は第三十五願とかかわりがあると思いますし、第四十三願は諸根闕陋の問題とか、第三十五願の性の問題とも響き合う課題があると思います。第四十二願は、天親菩薩では菩薩功徳に一念遍至、不動遍至というような徳が語られておりますが、『浄土論』の不虚作住持功徳を受けて菩薩荘厳が語られる。その一番はじめに、「一仏土にして身動揺せずして、十方に遍じて種種に応化《おうけ》して、実のごとく修行して常に仏事を作《な》す」（聖典一四一〜一四二頁）とある。菩薩の用きが、自らの身は一仏土にいて動かない。しかし、一所にいながらあらゆる世界に用くことが第一番目の功徳であるといわれ、「安楽国清浄　常転無垢輪　化仏菩薩日　如須弥住持」という。お日さまが動かずして全世界を照らすように、須弥山（須弥山説というインドの世界観）が真ん中にあって、その周りに世界がある。真ん中の山が動かずして全世界を治めるという世界観ですが、それに喩えて、菩薩が一仏土にいながらあらゆる仏土で用くといわれます。

「二つには、かの応化身、一切の時に前ならず後ならず、一心一念に光明を放ちて、ことごとく能く遍く十方世界に至りて衆生を教化す」（聖典一四二頁）と。こちらの方は、あらゆる時に時をへだてずして、一念に用く。

「無垢荘厳光　一念及一時　普照諸仏会　利益諸群生」（聖典一四二頁）と。

　菩薩が阿弥陀如来の本願力を受けたことにおいて、一所にいながらあらゆる世界に用く。また、あらゆるときに、一瞬にしてあらゆる世界に用くと荘厳されております。こういうことと第四十二願とが深くかかわっているのではないか。

阿弥陀の本願力が十方衆生に用いている。その用きを受けた存在があらゆる世界と感応する。大千世界が震動すると『嘆仏偈』でいわれておりましたが、あらゆる世界と感応することを象徴しているのではないか。比叡山を開いた伝教大師最澄（七六六〜八二二）が一隅を照らすといっております。自分のできる範囲で、仏者として働くのだという、ある意味で謙虚な言葉として、天台宗では大切にしている。

大きなことをいって広い世界を照らすなどということはできない。自分の身の周りだけでも照らせばたいしたものだ。自分の力でということになると、自分の身さえ照らすのは難しい。自分の闇を明るくすることすら難しい。できると思うこともあるけれども、すぐまた暗くなってしまう。私どもの精神生活は、自分の力で思ったとたんにほとんど無力という感じになる。

親鸞聖人は愚禿《ぐとく》と名告られる。その愚について伝教大師は、「底下の最澄」という言葉を願文に残しておられ、非常に自己反省の強い方であった。どこかに自分でできる限りやりたいという思いがあるから、なおさらできないという反省が強い。そういう言葉として、「愚の中の極愚、狂中の極狂、塵禿の有情、底下の最澄」と、狂っている中の一番狂っている、最低の最澄であるといわれます。阿弥陀の本願に触れるということは、一隅も照らすことすらできない、本当に真っ暗闇に生きる存在を自覚するときに、本願力によって生き返る。

清沢先生の言葉でいえば、「絶対無限の我等に付与せるものを楽しまんかな」、絶対無限が我らの上に用き、絶対無限によって我らが生きている。こう自覚し直したときには、自分の力でというのではない。

本願力が私どもを支え、私どもを乗せ、私どもを生かしめているといただいたときには、一切衆生が本願力の中にある。自力ではできるはずがないのですが、世界と感動し合って、一つの存在があらゆる世界に用く。あるいは、一つの存在が一時のうちに、あらゆる世界に用く。奢りとか自惚れではなく、本願力をいただくという世界においては、自分だけがいただくのではない。自分ですら照らされるその用きは全世界に及んでいる。その全世界に用く光の証明をここにする。自分の力でできるできないという発想法からすれば、法螺《ほら》になるかもしれませんが、むしろ自分から何もできない、まったく無知無能の私でありますという自覚のもと、如来の本願の用きを受ける身として立ち上がれば、解脱三昧を失わない。

ひとたび心を発す一念において無量不可思議の諸仏を供養する。自力でいえばこんなことはできるはずがない。けれども無限他力の用きを受けた精神界においては、何の無理もなくいただける。我が名字を聞いて、矛盾もなくいただける。如来の名字のもとにこういうことが成り立つということを誓っているのではないか。これが第四十二願の内容の一つだろうと思います。

## インドの社会状況

### ✦第四十三願　生尊貴家の願

**たとい我《われ》、仏を得んに、他方国土のもろもろの菩薩衆《ぼさつしゅ》、我《わ》が名字《みょうじ》を聞きて、寿《いのち》終わりて後、尊貴《そんき》の家に生まれん。もし爾《しか》らずんば、正覚を取らじ。（聖典二三頁・註釈版二三頁）**

第四十三願は、生尊貴家《しょうそんきけ》の願、聞名生貴《もんみょうしょうき》の願といいます。これも大変大きな問題です。「名字を聞いて、寿終わりて後」ということが出てくる。寿終わりて後ということは、第三十五願・三十六願にも出てきています。

この問題は、第十九願・二十願の問題として押さえたところと重なってくる。第四十三願は非常に具体的な問題として、菩薩衆が名字を聞いたならば、菩薩道を行じて、四十一願には諸根闕陋ということが出ていましたが、尊貴の家ということが出てくる。

いったん名字を聞いたならば、寿終ってもう一回生まれた場合に、尊貴の家に生まれる。貧窮の家に生まれないという願です。これも文字通りの意味としていただくならば、名号を聞いて何回でも菩薩道を行じようとして生まれ直してくるときには、境遇のいいところに生まれてくることができるという願である。それがふつうの表の意味です。それが浄土を願えという呼びかけになる。欣慕の願という意味を持つ。けれども、「寿終わりての後」という課題を前の願と同じようにいただくならば、名字を聞いてもう一回寿終りて後ということは、いかにも妙な話である。こういう願を生み出してまで呼びかけなければならないほど、インドの具体的な国の状況、人間生活の在り方が大変な状況であった。

差別と貧困、人間として生きることが難しい状況がずっと続いている。インドも大陸ですから、民族同士の戦争と戦争後の民族差別が背景にあり、さらにヒンズー教が絡んで、生まれつきの家筋の差別状況を変えることができない。一度その階級に生まれたら、そこから出られない。非常に厳しいカースト制度がありますから、そういう願が強い意味を持ってきている。本当は「貴賤・緇素を簡ばず」ですから、どういう身分に生まれるかは、念仏を本当にいただくについては全然障害にならないはずなのですが、こういうことが願われてくるということは、そういう状況がとても宗教を要求するところまで行かないほど酷い。

「三悪道が無い世界をまず願うということは、三悪道では仏法は聞けないからだ」と安田先生はいわれた。「衣食足りて礼節を知る」という言葉もありますが、ある程度の生活が確保されない場合には、とてもそれ以上の要求は起こしようがない。一応の生活がある上に初めて菩提の要求が起こり得る。地獄のような状況では、とても地獄を超えるような願いは起こすことができない。

この願を文字通りに取って差別を肯定して上流階級に生まれる願だと理解すると問題ですが、本願が呼びかける意味を先ほどの諸根闕陋の問題と合わせて、そういう読み方をするならば、人間的貴賤という意味の貴い家というよりも、本当に菩薩道を忘れない生活が成り立つ状況を呼びかけている。表には相対的状況で語っているが、実は本当に尊貴な家に生まれたからといって菩提心が相続するとは限りません。

菩提心は宿業因縁というほかないほど不思議なことであって、状況がいいから興るわけでもないし、悪いから興るわけでもない。たまたま、催して興ってくるものです。金持ちの家に生まれたら菩提心が興るかといえば、そんなものではない。世智弁聡が邪魔だというなら、かえって経済問題などに頭を患わすことの多い家の方が、案外宗教心など興らないかもしれない。

何がいいか悪いかは根源的には分からないのですが、お釈迦さまのように、国王の家に生まれたら菩提心が興るかといえば、そういうわけではない。ほかの国王は誰も起こさないが、たまたまお釈迦さまが動いたのであって、仏法の願いから読み直してみれば、本当の菩薩道にとって、もう一回、菩提心が興るような家という意味で読むことができると思います。これは状況ではないので、どんなところだったら興るというわけにはいかない。たとえ、親鸞聖人の息子であっても、背くような子になるわけですから、どういう状況だったらどうなるということはいえない。

不思議な因縁で興るものですから、菩提心にとって都合のいい状況というものはない。稲やら麦ならある程度都合のいい状況を与えれば、いい実が育つということがあるでしょうが、菩提心にとっては何がいいか悪いかは分からない。ただ、決定的にほとんど無理だという状況を与えないようにしようという意味でいただければいいのではないかと思います。

こういう願を語らざるを得ないほど現実の社会生活が酷い状況である。擣染・浣濯のところでも触れたことですが、現代の日本の状況では、言葉がピンと来ない。インドの金持ちは、日本の金持ちと桁が違うらしいですから、ちょっと想像がつかない。何百人という召使を家の中で使って、自分の庭の中にプールもあり、テニスコートもあり、何でもある。一方では、本当にその日の食べ物も着る物もない人たちがたくさんいる。インドにはそういう状況が何千年来ある中に、このような願が生まれてきている。願を状況的に読めばそういう意味がある。しかし、それを超えて読めば、菩提心が本当に生まれてくるような、菩提心の家、如来の家ということを裏には持っているのではないかと思います。

## 法相宗の「五姓各別」

### ✢第四十四願　具足徳本の願

たとい我《われ》、仏を得んに、他方国土のもろもろの菩薩衆《ぼさつしゅ》、我《わ》が名字《みょうじ》を聞きて、歓喜踊躍《ゆやく》して、菩薩《ぼさつ》の行を修し、徳本《とくほん》を具足せん。もし爾《しか》らずんば、正覚を取らじ。（聖典二三～二四頁・註釈版二三頁）

第四十四願は、具足徳本《ぐそくとくほん》の願、聞名具徳《もんみょうぐとく》の願といいます。「聞我名字　歓喜踊躍」はまるで第十八願と同じようなのですが、「修菩薩行　具足徳本」となると、これは修諸功徳の願と似ているところがある。

何を誓っている願か分かりにくいのですが、「我が名字を聞きて」とあります。ずっと名号の願が展開している。他方仏土の菩薩衆が名字を聞いて歓喜踊躍して、菩薩の行を修して、徳本を具足せんという菩薩行の成就、おそらく、その歓喜踊躍という文を受けて、その内容として次の第四十五願が出てくるわけでしょう。

### ✢第四十五願　住定見仏の願

**たとい我《われ》、仏を得んに、他方国土のもろもろの菩薩衆《ぼさつしゅ》、我《わ》が名字《みょうじ》を聞きて、みなことごとく普等三昧《ふとうざんまい》を逮得《たいとく》せん。この三昧《さんまい》に住して、成仏《じょうぶつ》に至るまで、常に無量不可思議の一切の諸仏を見たてまつらん。もし爾《しか》らずんば、正覚を取らじ。**（聖典二四頁・註釈版二四頁）

第四十五願は、住定見仏《じゅうじょうけんぶつ》の願、聞名見仏《もんみょうけんぶつ》の願といいます。第四十二願の清浄解脱三昧が普等三昧と変わっております。三昧の性質がいろいろの名前でいわれます。これはインドの三昧の伝統から来る。普等三昧とは、普く等しい三昧、そしてその内容については、無量不可思議の一切諸仏を見たてまつる。念仏三昧について、「般舟三昧」という伝統があり、別名「諸仏現前三昧」ともいわれ、三昧の中に一切の諸仏が現前してくる。こういう三昧が念仏三昧であるといわれます。

その普等三昧という言葉をもって、『無量寿経』を解釈している方が朝鮮の憬興です。『無量寿経』を解釈しておりまして、親鸞聖人がそれを用いておられる。『教行信証』の「教巻」で出世大事の文といわれる箇所（述文讃、聖典一五四頁）を引文されていますが、「今日世雄住仏所住」の解釈、五徳現瑞の第二番目の功徳について、「普等三昧に住して、よく衆魔《しゅま》・雄健天《おうけんでん》を制するがゆえに」という注を付けております。釈尊が、今日は仏の所住に住しておられると阿難がほめた。それをこのように解釈しておられます。「住仏所住」でなく「住諸仏所住」という「諸」が入っている本もありますが、親鸞聖人が用いておられる『無量寿経』では「諸」が入っていない。如来の住したまう所、それが普等三昧である。その普等三昧の用きが、衆魔・雄健天を制する。降魔です。魔を恐れないという用きです。

仏教で魔というのは、キリスト教の悪魔ほどではないのですが、インド以来仏道を妨げる存在、広くはいのちを妨げる存在として恐れられている。親鸞聖人は、この魔の問題については化身土末巻で詳しく扱っておられますが、私どもが魔を感じる、魔として恐れるのは、結局生きているということは自分の思うままに生きていない、自分の思いのようにいのちが与えられたわけではないし、状況が与えられるわけでもない。そして、どう変わっていくかも分からないという不安感の中に、五蘊所生の身が、諸行無常の身が、いつも自分の思いにまかせないところに魔を感じる。

一番恐ろしいのは死魔です。死をもたらす働きを魔と感ずる。仏道を碍げるという場合は、睡くなるというのも魔です（睡魔）。いまでも「魔がさす」という言葉が使われています。私どもの存在で、自分の思いを何処かで超えて私どものいのちを碍げてくる働きを魔と象徴します。魔を征服しているのが普等三昧の力であると解釈しておられます。

三昧は深い精神統一、精神的な集中ということで考えられますが、その三昧の力を第四十二願では、清浄解脱三昧という。清浄解脱ということは煩悩を超えているという意味です。煩悩からの解脱において自由に仏道が、菩薩行が行じられる。第四十五願では、普等三昧において平等である。そこに一切の諸仏を観るということは、あらゆる存在を仏の用きとして仰ぐと言い換えてもいいかもしれません。私どもでは生きている存在として対応するときにどうしても、そこに差別を見、好き嫌いを見、まだ機が熟していないとか、宿善が開発していないとか見がちです。

結局、因位の立場であればどうしても、例えば、法相宗などでは、「五姓各別《ごしょうかくべつ》」ということを立てます。声聞、縁覚、菩薩、仏と仏道の段階で差別をしたり、あるいはこの人は仏法に触れられないと見て、一闡提《いっせんだい》であると見ていく。現に現れている状況で判断する。しかし、果位の如来からすれば、因の状況はどれだけ違っていても仏性は平等である。あらゆるいのちに仏になる可能性が備わっている。一切衆生悉有仏性とご覧になる眼からすれば平等です。そういう意味で、普等三昧とは、人間の状況、果である仏果の立場に立ち得ない差別状況を生きている人間にあっては触れることができない。にもかかわらず、我が名字を聞いて、つまり如来の本願力をいただくときに、罪悪深重、煩悩熾盛という深い痛みとともに、如来の側からの果の位から初めて見えるような普等三昧の利益を本願力を通していただく。

自力であらゆる衆生が平等だと見ようということになれば、どこかに無理がある。法相宗が「五姓各別」を主張して、それに対して天台宗が「一仏乗」だといって、天台宗と法相宗が大論戦をくり返したのですが、事実的には法相宗の方が人間の事実を押さえている。天台宗の方は理念的ですから、理念的には法華一乗だというのですが、現実には全然一乗でも何でもない。差別状況を人間は生きているわけですから、出家する人間もいれば、全然仏教と関係なく生きている人間もいる。事実を押さえる立場からすれば、法相宗の方が正確に押さえているということになる。けれども、事実と矛盾せずして、一切衆生が平等に愚かな凡夫であると見る。

程度において仏に近いとか、菩薩の高い位だとか低い位だとかというのは、自力からすれば当然そういうことが成り立つわけですが、本願力からすればそういう差別は畢竟平等である。そういう意味で他方仏土のことを語っている願において、阿弥陀の願、阿弥陀の名号を聞いて初めて平等が成り立つ。菩薩でありながら如来の力をいただく。そういうことが、本願力に帰するところに、本願力から我々がいただく大きな利益である。

親鸞聖人が『入出二門偈』で、仏土不思議ということをいわれ、「一には業力、いわく法蔵の大願業力に成就せられたり。二つには正覚の阿弥陀法王の善力に摂持《しょうじ》せられたり」（聖典四六一頁）という。因からの力と果からの力、これも曇鸞大師の解釈によっておられるのですが、その二つを語られて、「女人根欠二乗の種、安楽浄刹には永く生ぜず。如来浄華のもろもろの聖聚《しょうじゅ》は、法蔵正覚の華より化生《けしょう》す」（聖典四六一頁）といわれる。

大義門功徳は大乗門ともいわれますが、そこに出てくるのが、「女人根欠二乗」という言葉です。その問題について安楽浄刹には永く生ぜずといわれ、その次には眷属功徳の文です。眷属とは親戚、如来の親類という意味ですが、眷属功徳のところでは如来浄華の聖聚、浄土の衆生は法蔵の正覚の華より化生する。因位法蔵が正覚の華を開き、そこから化生してくる。それが浄土の親戚である。結局、「女人根欠二乗」とはこの世の差別です。穢土で世間生活をするところに見られる差別です。

仏法の上でも二乗とは、自分の解脱関心、自分が救われたいという要求の強い機。仏法の機ではあるが、そういう問題について声聞・縁覚ということがいわれる。二乗は、如来が真実報土を荘厳して摂取しようという課題には入らないと、いったん切りながら、次の行で親鸞聖人は、眷属ということを出されて、法蔵の正覚の華より化生すと。『無量寿経』の本願を説くときの主体が法蔵菩薩です。十方衆生と呼びかけて、法蔵菩薩が正覚を取るときに正覚の華から生まれてくる。差別状況を破って法蔵願心、つまり、あらゆる宿業を超えて開く救い、こういう願いが開かれてくる。

その次の、「諸機は本《もと》すなわち三三の品《ほん》なれども、今は一一の殊異《しゅい》なし」（聖典四六一頁）はまた、大義門功徳の釈文です。大義門功徳の曇鸞大師の解釈の文を、親鸞聖人はここに押さえられた。諸機とは、『観無量寿経』でいえば、三福九品や人間の努力、人間の与えられた行や能力など、性格によっていろいろな機類がある。善機もあれば悪機もある。そういう機類、諸機は三三の品である。『観無量寿経』では、上中下品の中にさらに上中下三品が分けられる。こういう九品、もとは状況存在としていろいろな機類がある。しかし、いまはまったく異なりがない。平等である。

法蔵正覚の華から化生することにおいて、もとはそれぞれ差異があるが、本願力から生まれた場合には平等である。人間の状況でいえば、わずかながらの小さな差異がいろいろある。ところがそれは本願力の前には無に等しい。比喩的にいえば、大海に浮かぶ藻屑の如く、あるといえばある、しかし大海に比べれば無きに等しい。もとは小さな差異ですが、それに我々は執着する。

けれども如来の大海の前には、本願力の前には無に等しい。そこに諸機はもとは三三の品である。善もあれば悪もある。自分ごときは悪の悪、下下品だといっても、上でも下でも、如来の大悲の前には平等である。いまは異なりがない。これが本当の意味の大乗の門。本当に差異を超えた世界である。人間の立場では差異がある。人間でいえばどうしても差異がある。しかし本願力、法蔵願力の華から生ずる場合には全部平等である。

次に、「同一に念仏して別の道なければなり。なお淄澠《しじょう》の一味なるがごときなり」（聖典四六一頁）、これも曇鸞大師の釈文です。皆念仏していく、皆本願力の誓っている名号によって生まれていく。そこに別の道がない。別の道があるという立場は三三の品の立場、九品の立場です。

全部大悲願心の前には平等である。ここの「同一念仏無別道故」は眷属功徳の文です。それから下の半分、「なお淄澠《しじょう》の一味なるがごときなり」は大義門功徳です。何故、親鸞聖人は、一見全然違った言葉をごちゃまぜにして付けたのかと思うのですが、よく見ますと、大義門／眷属／大義門／眷属／大義門と一つ一つ挟んでいる。こういう形で仏土不思議の用き、仏法不思議によって成り立つ用きを親鸞聖人は押さえている。

これは、人間界にあっては差別、コンプレックスがある。しかし、安楽浄刹にあっては平等であるという対応です。如来の眷属となっていくときには、法蔵正覚の華から化生する。つまり、平等に本願力に摂取されて、本願力の前に平等になっていくということ以外には、本当の意味では私どもは平等を仰ぐことはできない。

自分の心の中で平等を作ろうとしたら破れる。分別が働く、分別意識は差別意識です。その意識で平等を作ろうとしてもできない。私どもは一切を献げて如来の本願力において、そういう世界をいただく。こういうことが、他力の救済を念ずる時というその一念に与えられる。忘れればもう私どものこの意識は救いがないような差別意識、自己中心の意識、自分さえよければいいという自我中心の意識が逆巻いている。そういう煩悩界のただ中に、他力の救済を念ずる時という、本願力摂取の一念が開くところに、私どもは、本願力の開く正覚浄華の功徳に遇っていくことができる。

他方仏土、他方仏国とは何か。本願力の世界を開きながら、私どもが自らを自覚する場所は穢土です。穢土とはいわば釈尊が出られた場所ですから、法蔵願心が直接に開く場所からすれば一応他方仏土である。しかし、他方仏土を単に外だというのではなく、名号を通すことによって、他方仏土に本願力の世界の功徳が来たる。こういう用きを願が教えている。私どもの信仰生活においては、自覚する場所は穢土である。我らは煩悩具足の身である。本願力が用くのは、単に本願の浄土、死んでから後の浄土だけに用くのではない。我らは一応は他方仏土として浄土から外に脱落している。しかし、むしろそこに本願力が名号となって用いてくる。この願のもとに私どもは、本願力の用きを受ける生活をいただくことができる。二つの世界を開くと曽我先生はいわれますが、浄土と穢土と二つ開きながら、その二つは、二つ開くことにおいて一つの事実の二面といいますか、私どもが存在を自覚して生活を本当に明るくいただいていく、その生活の二面といってもいいかもしれません。

浄土は何処にあるか、何処か遠くにあるのではない。いうなれば、一念同時に動かずして来る世界として、私どもの念仏生活の中に浄土は開けつつある。あるいは浄土があちらから用いて来ているといってもよい。しかし、どこまでも愚かな凡夫の世界は煩悩の生活者として穢土である。

矛盾しているようだが、本願力を通さないで自力ということになれば、とてもそういう世界は届かないし、死んでから行けるかどうかも分からない。死んで来迎を仰ぐしかないということになる。そうでなく、本願力に本当に乗託する、無限他力掌中にある自覚のところには、闇の生活と光の生活が矛盾しない。闇だなあということと同時に光の利益にあずかるということが成り立つ。

如来が住しておられる三昧、その三昧の利益を名号を聞くところにいただくことができるという願が第四十二願、第四十五願です。第三十九願には「漏尽比丘」とありましたが、第四十三願では幸福を願う、寿《いのち》終わりて後にまで幸せを願う思いに呼びかけている。

尊貴の家に生まれたいというのは、文字通りだったら輪廻転生の願です。もう一度人間のいのちを持つのなら良い状態で生まれ直したいという願。寿終わりてという言葉があるところに、正直な人間の深い願いといいますか、愚痴深い人間にどこかで絶対満足できないからもう一度生まれ直したら、という願いが消えない。もう一度生まれ直しても今のいのちでいいといえるかというと、仏法に触れながらも、もう少しいいところに生まれ直したい。そんなことはできないと知りながらも、もし生まれ直すことができるなら、といわれたら欲が出る。それぞれ、コンプレックスや不平不満を抱いていますから、そういうものの無いところに生まれ直したいという欲を持っている。そういう欲に呼びかけている。そのため、『無量寿経』に少し変な願があるといわれたり、成就の文の中にもこの尊貴の願が映っており、そういうことがいわれる箇所があります。

菩薩道の願、菩薩が本当に我が名字を聞いて自由無碍に用きができるという願をくぐって（第四十願・第四十二願など）、なぜこうした願が出てくるのか。これを単なる世間的な欲求ととらずに、菩提心の願の展開として見るならば、より大きな仏法の仕事ができるという願である。そのためには、この世では大金持ちがたくさん寄進する。国王などが供養するときには、たくさんの僧侶を招いたりして会を催すことができる。しかし、貧しい人は、乞食に来た僧侶にその日の一食を与えることすらままならない。そういう意味で仏法の仕事をするについての願いととれなくはない。

こういう願が何故あるのか分かりませんが、何処まで行っても寿終りて後ということが残ってくる。法蔵願心の展開が何処までも漏らさず、人間の心の問題を何処までも逃さずに包んでいこうといただくことができます。第三十八願のところにもそういう問題が出されていましたが、私どもの生きている場所が、本当に差別多き場所なるが故に、それを本当に超えた世界、本当に平等に超えた世界に触れていってもらいたいという法蔵願心の願いがくり返しくり返し出てくる。

これはなにも差別を助長したり、差別を肯定したりしているのではなく、本当に人間は、三三の品の生活といいますか、本当に因縁所生で条件的存在ですから、その条件の成り立っている生きている在り方にはいろいろの特徴、状況がある。そこに人間は上下差別を付けたり、好き嫌いを付けたりするわけですが、そういうことを超えた本当のいのちの平等性、いのちの尊さに触れて欲しいという法蔵願心の願いが、漏れることなく、いろいろの課題を包んで、本願力の用きに摂取していくということではないかと思います。

## 本願力による聞名不退の道

**✣第四十六願　随意聞法の願**

**たとい我《われ》、仏を得んに、国の中の菩薩《ぼさつ》、その志願に随《したが》いて、聞かんと欲《おも》わんところの法、自然《じねん》に聞くことを得ん。もし爾《しか》らずんば、正覚を取らじ。**（聖典二四頁・註釈版二四頁）

第四十六願は、随意聞法《ずいいもんぼう》の願といいます。他方菩薩がずっと展開されて、この願だけ国中菩薩ということが出てくる。これは阿弥陀の国土の中には名声が、つまり説法が満ちている。本願力の声が満ちている。浄土の菩薩はその志願に従って、聞きたいところを聞くことができる。

本願力の生活の中で聞法したいと思うとき、聞法ができないということはない。聞法したいところに、志願に応じて、自然に聞くことができる。自然聞法です。本願の中で自然ということが出てくるのは珍しいのですが、成就の文の方では自然がよく出てきます。自らというのは願に従ってということです。

『無量寿経』の自然の解釈に三自然ということがあります。無為自然《むいじねん》・願力自然《がんりきじねん》・業道自然《ごうどうじねん》ということがいわれる。インドの思想では自然外道というのがあり、人間の意思を認めない。運命論みたいなもので、因縁を認めない。それは仏法ではない。この場合の自然はそうではない。何も因縁なくしてという意味ではなく、聞かんと思うなら、志願に従ってというところに因縁が熟したという意味があります。

「たたけよさらば開かれん」ということがありますが、要求するところに応えられてくる。志願に従って応えられてくる。こんな願をわざわざ出す必要はないのではないかと思いますが、やはり、この世では聞法ということもなかなか容易ではない。聞きたいところがなかなか聞けない。何処が聞きたいかがはっきりしませんし、聞きたいところがある程度あっても、そこにきちんと応えてくれる言葉がなかなか聞けない。そういうもどかしさがある。

聞きたいと思っているところにピタッと聞こえてこない。では何処が聞きたいのだと確認しようとしても、それもはっきりしない。要求する方の願もはっきりしないし、応えもはっきりしない。私どもの聞法歴の違い、問題意識の違い、出会っている状況の違いがあって、自分が聞き取りたいものになかなか出遇えない。そういう問題に対して浄土を荘厳するということだろうと思います。

浄土の生活の中では願に従って教えが開ける。つまり、聞法に満足できる。聞法生活に絶対の満足をいただけるという喜び。私どもでも聞法していても、なかなか「ああ、聞いていてよかった。聞きたいことが聞こえた」という感動はない。ところが、それがいつでも与えられる生活である。

四十八願が衆生を誘う、方便の願といわれます。第十八願一つが真実で、選択本願で、他の四十七願は欣慕の願だと、浄土を慕わしめるための願だといわれますが、そういう意味で読めばよく分かります。

聞法自在の場が浄土である。教えられて、「なるほどそうだなあ」という感動があっても、これは面倒なもので二度も三度も同じことがいわれたのではまだダメなのです。一度は満足した。二度目にいわれたのも真理性なのですからその通りと感動しそうなものですが、何度もいわれているので耳馴れ雀になってしまってまた聞けなくなる。聞きたい要求が単に物珍しさを要求する知的要求になったり、あるいは自分の教養主義、カルチャー・センターによくあるように、少し文化を身に付けたいという要求を満たすのみになると、南無阿弥陀仏の真実があまり有難くなくなる。

物珍しいことは仏法でも何でもないのですが、迷いを覚ますような真理の事実にいつでも出遇うことは、この世ではなかなか難しい。この世に生きている人間関心が必ずしも仏法に向いているわけではないということがありますので、仏法の言葉になかなか出遇えない。そういう意味でわざわざ聞法自在の願というものをここに設けてくるのではないかと思います。

自然得聞といっても、口をあいて待っていたら聞こえてくるというものではない。やはりそこに志願ということが大事だと思います。何が聞きたいのかがはっきりしていないから、口を開いて待っていても一向にぼたもちが落ちてきてくれない。

浄土の菩薩ですから菩提心の要求です。世間心の要求に応えるという意味ではない。世間心の解決策に浄土の声が応えるという意味ではない。この志願は菩薩の根源的な要求ですから菩提心の要求に対して仏法の言葉が応えてくる。闇を照らす光は、闇を苦しみ、闇を晴らさんとする要求なしに光があるわけではない。闇が闇であることを知らされる、本当に知らされるということは光の中にあってできることなのですが、光の中にありながら闇であるというその痛みが、闇を晴らして欲しいという要求が本当の光の用きを受ける事実になる。

因位法蔵願心が果である阿弥陀の光となって、因となり果となって、私たちの迷いの心をどこまでも摂《おさ》め取り、説き開き、浄土の菩薩としてのいのちを与えようということが願われている。

## ✣第四十七願　聞名不退の願

たとい我《われ》、仏を得んに、他方国土のもろもろの菩薩衆《ぼさつしゅ》、我が名字《みょうじ》を聞きて、すなわち不退転《ふたいてん》に至ることを得ずんば、正覚を取らじ。（聖典二四頁・註釈版二四頁）

第四十七願は、得不退転《とくふたいてん》の願、聞名不退《もんみょうふたい》の願といいます。第四十四願では歓喜踊躍でしたが今度は不退転です。不退転の要求に応える力を我が名字として与えよう。聞名不退という願です。不退転とは、「聞其名号　信心歓喜　乃至一念　至心回向　願生彼国　即得往生　住不退転」（聖典四四頁）と第十八願成就文にありまして、実は不退転の利益とは信心の利益だ、現生正定聚の内容であると親鸞聖人が明らかにしています。

正定聚と不退転とは同じ意味だと了解してこられます。不退転とは文字通りの意味でいえば、「阿惟越致《あゆいおっち》」という菩薩の課題、菩薩道を歩み続けて、たとえ何回生まれ変わってでも菩薩道を歩み続けて決して二乗には落ちない。こういう願心、大菩提心といわれます。

凡夫に堕ちないということではなく、二乗に堕ちないということは一人賢く悟りすますという方向を絶対に取らない。たとえ煩悩を起こしてでもいま一度菩提心に立ち帰る。煩悩から離れた一人の小乗の解脱に入るという方向こそ退転である。少し考えると煩悩を起こして凡夫になるのが退転だと思うのですが、菩薩道にとっての退転は二乗に堕ちるということである。だから、龍樹菩薩は、『十住毘婆娑論』の初地の解釈のところで、不退転地（阿惟越致）を獲得することが困難であるという。

早くに悟ってしまいたいという二乗の要求、二乗の要求に堕ちるということは歩みが止まるということだ。だから菩薩道にとっては菩薩の死だ。人間が死ぬよりも菩薩として死ぬのは、無限に歩もうという菩提心を失って、悟りが開きたいという心が起こったら菩薩としては終わりだといわれる。

二乗地に堕するは菩薩の死なり。菩薩にとっての敵は二乗である。煩悩は恐れない。これは大乗仏教の菩提心を龍樹菩薩が押さえている言葉です。その要求に立つときに、易行ということが大きな意味があると語るのが『易行品』です。どうしても自力で菩提心を成就しようとするとくたびれる。時間がかかる。困難にぶつかる。久しくして二乗地に堕する。こういう難関があってとても自力では行けない。

「怯弱下劣の菩薩」と龍樹菩薩はいいます。そういう言葉に対して、「大乗仏道に立て」というために、二乗地に堕するは菩薩の死なりという。しかし、人間で永遠に退転しない心を獲得するのは、容易ではない。どうしてもくたびれるし、困難にぶつかるともうダメではないかということになる。そこに易行の要求、本願力による聞名不退という道が開かれる。

龍樹菩薩はこのように教えられるのですが、それはおそらくこういうことから来る。名字を聞いて即ち不退転に至る。本願の名号において不退転を得る。そこに本願力の住持、不虚作住持の力をいただく。そういう点から龍樹菩薩の教えを受けて、親鸞聖人は本願成就の文を通して、「現生正定聚」ということを積極的にいわれる。浄土に生まれてから不退転ではない。他方仏土で不退転をいただける。

この穢土の生活のただ中で不退転がいただける。煩悩具足の身のままでいただける。努力や自力ではなく、本願力をいただけばそこに不退転がいただけると、親鸞聖人は現生不退ということを積極的にいう。本当に他力の信心を獲得すれば、名号によって不退転がいただける。

## 南無阿弥陀仏こそ無生法

### ✣第四十八願　得三法忍の願

たとい我《われ》、仏を得んに、他方国土のもろもろの菩薩衆《ぼさつしゅ》、我《わ》が名字《みょうじ》を聞きて、すなわち第一・第二・第三《だいさん》法忍《ぼうにん》に至ることを得ず、諸仏の法において、すなわち不退転を得ること能《あた》わずんば、正覚を取らじ。（聖典二二四頁・註釈版二二四頁）

第四十七願と同じような願が第四十八願です。第四十八願は、得三法忍《とくさんぼうにん》の願といいます。第一・第二・第三法忍とは、音響忍《おんこうにん》・柔順忍《じゅうじゅんにん》・無生法忍《むしょうぼうにん》といいます。菩薩道で無生法を本当に認識することは、なかなかできない。生きていればどうしても全部生滅するものですから、そこに無生無滅の法、無為法を本当に自ら認識することは容易ではない。

私どもの考えは、真理を対象的に考えます。考えはどんどん変わります。生じもしない、滅しもしないものを本当に身に付けるということは、どういうことか。生滅のいのちを生きながら無為法をいただくということがなかなかはっきりしない。無生法忍は悟りの内容ですから、悟りがなかなか開けない。その要求を本願力を通していただくことができる。

『観無量寿経』では、韋提希《いだいけ》夫人が無生法忍を得たといわれます。釈尊の教えを通して無生法忍を得た。どこで得たかというときに、善導大師は、第七華座観であるという。華座とは如来の台座、如来が立っておられる、あるいは座っておられる座です。阿弥陀如来の座を拝む、それを華座観といいます。

『観無量寿経』では、第七番目に説かれてあり、善導大師は第七華座観で無生法忍を得たと。『観無量寿経』の経文では何回も得忍したように書いてある。どこが本当の得忍かという場合に善導大師は、第七華座観と押さえる。何故かというと、そこに、「法蔵比丘　願力所成」（聖典一〇二頁）という言葉がある。その言葉を通して善導大師は、如来の座を拝んだ。そこに韋提希夫人は不虚作住持功徳を得たと。つまり、自分で自分自身で無生法を得た。もう動かないものを自分が身に付けた。

本願力に触れるところに無生法忍にかなった。自分の心は移りいく、変わりいく、うつろいやすい心である。すぐフラフラする、すぐ疑う、そういう情けない心である。しかし、本願力を本当に信受するときに、状況がどんなに変わろうと、つらい状況になって心がフラフラすることがあろうと、本願力を憶念する。本願力を頼む心自身は金剛心だ。

自分の心を金剛のように固めることになったら、いくら努力してもくたびれる。たちまち虚偽の心が入ってくる。絶対に迷わないぞといくら頑張っても、すぐ魔がさしてくる。私は絶対悪心を起こすまい、善心だけで生きていこうといくら固めても隙間だらけで、どこからでも魔が入ってくる。ところが本願力を頼めば全部あけっ広げみたいなものですから、罪悪深重であっても、煩悩を恐れない。本願力を頼む心の前には変わらざる心が誕生する。どれだけ変わっていっても変わらざる心をいただける。こういう意味で韋提希夫人が第七華座観で得忍したという。善導大師の解釈は、如是凡夫と、愚かな凡夫よとお釈迦さまが呼びかけた韋提希が、如来の華座を仰ぐところに得忍したと解釈される。そこに無生法忍といわれます。

作られもせず作りもしない、生滅する存在の根底にある無生無滅ということを考えるわけですが、そんなことをいくら考えてみても身に付かない。私どもの心は常に動いていますから、動く心に即しながら動かないものとは何なのか。それは法蔵願心だ。さらに法蔵願心の成就としての名号だと、曽我先生は解釈されます。南無阿弥陀仏こそ無生法だと。本願成就の名を本当にいただくと解釈されます。

「諸仏の法において、すなわち不退転を得ることを能わずんば」、すなわち不退転を得ることできないならば、正覚を取らない。これも第十八願の補足のような意味を持っております。成就する場所は他方国土である。他方国土の菩薩衆において、名字を通して本願力の利益を与えようという願になっております。

四十八願の終わりの方は、全部他方国土の願です。国中人天、国中菩薩という願よりも、むしろ他方国土の菩薩の方に重きが置かれている。こういうことが、法蔵願心の広がり、法蔵願心が、一応わが国を作りたいといって、わが国の利益を語りながら、わが国の用きが名となって用く。その名となったということにおいて、他方国土、十方諸仏世界に用いてわが国がわが国に留らない。わが国の利益はあらゆる世界で用く。

人間のものの見方をより根源的に批判しつつ、しかも自信を失うのではなくて、自信を持って、十方世界と響き合う真理性を求めていく。小さく遠慮して自分のところだけ、などというのは自力なのです。わが思いやわが力を頼りにしているから、家族ですら仲良くなれないし、自分一人でもうまくいかない。自力に立ったら欲求不満だらけです。

本願力に託すれば、そこから広大無碍の利益が感じられてくる。法蔵願心が呼びかけている浄土の利益、広大無辺なる浄土、その用きを具体的に私どもに感じさせ、その利益を得て、生きていって欲しいという願いであると思います。

# 鈴木大拙の浄土観

鈴木大拙先生の集中講義が大谷大学であったころ聞きに行きましたが、あの方は存在が法を語っているような感じがしました。落語家が台に座ってジロッと見ると皆笑い出す、名人になると座っただけで皆ゲラゲラ笑い出すことがあるそうですが、鈴木大拙さんの場合も、講壇に出てきてジロッと学生を見ると、不思議な雰囲気を与えた人でした。わざとやるのではないのですが、ひとりでにそういう雰囲気、生きた禅者という雰囲気を持っておられました。

坐禅の方の専門家からは、悪口をいわれたそうです。理屈ばっかりいっているとか、学者だとか、野狐禅《やこぜん》だとかいわれたようですが、鈴木先生のなさった仕事は、思想界に仏教の持っていた禅の意味を開いたところにあるのです。

大拙さんは、若いころ、東京帝国大学の（インド）哲学科の選科に身を置かれて学生生活を東京で送られた。大拙さんの母上は浄土真宗の門徒らしいのですが、何かもよおすところがあって鎌倉の円覚寺で今北洪川《いまきたこうせん》（一八一六～一八九二）とその弟子の釈宗演《しゃくそうえん》（一八六〇～一九一九）という有名な禅者について、坐禅したのです。そのときの坐禅の仕方がすごいのです。学生でしたから土曜日と日曜日だけ時間があるが、お金がない。そこで金曜日の夜、東京から夜を徹して鎌倉まで歩く。そして坐禅をし、日曜日の夜、また、お金がないから歩いて帰ってくる。

明治二十六年（一八九三）年、二十四歳のとき、釈宗演が、シカゴ万博付属の宗教会議に（清沢先生の『宗教哲学骸骨』を翻訳して出したのですが）禅を紹介するために乗り込むときに、通訳として大拙さんを連れて行った。向こうでたまたま、アメリカに来ていたドイツ出身の事業家が、禅に興味を持って東洋の宗教を研究するために宗教研究所を作るから、お前の弟子をそこに一人寄越してくれといわれた。

すると釈宗演は「ちょうどいい、大拙そこに残れ」といわれて、そこに預けられることになった。それで大拙さんは一度帰国してまた渡米したようです。大拙さんはまさかそんなことになるとは思ってなかった。だからはじめは迷ったらしいです。ところが帰る汽車賃も何も貰えずにそこに入ってしまったから逃げるに逃げられない。ラサールというシカゴから五十キロぐらい離れた田舎町で、町全体で二、三百軒の村でしょうか、小さな教会が一つ、その中に精練所か何かで成功したドイツ人が自分の私財で作っている研究所。研究所といっても自分の家を少し大きく建てたようなものです。

研究生は鈴木大拙さんだけです。そこに十年間、アメリカのど真ん中に、日本人はほとんどいませんから、まったくたった一人でおられた。そこで英語を徹底的に身に付けたわけです。十年間そこで悪戦苦闘した。早く帰るお金を送って欲しい、早くとにかく日本に帰りたいという手紙を知り合いにたくさん書いている。そのことを私は全然知りませんでしたが、大拙さんが亡くなって二十五周年で手紙をいろいろ調査してみたら、大拙さんの泣き言がたくさん出てきた。人間らしくて面白いなあと思いました。

大拙さんは自分がそこにいたくていたのではない。帰れないのです。だから仕様がなくそこでやった。しかしさすが大拙さんです。そこできちんと業績を残している。『大乗起信論』を英語に翻訳している。それが後に評価されて、帰ってきてから学習院大学の教授に招聘されたわけです。

学習院大学の教授になったのですが、金沢の四高時代の友人、西田幾多郎《きたろう》（一八七〇〜一九四五）が、「宗教学を本当にやりたいのなら、大谷大学に行け」と勧めたらしいのです。そこで、時の佐々木月樵《げっしょう》学長（一八七五〜一九二六）が、その当時の破格の給料を出した。大谷大学は宗門立の貧乏な大学ですから、教授といっても名ばかりで給料などないようなものです、ほとんど奉仕みたいなことでやっている。その当時、学長の何倍という給料で鈴木大拙さんを迎えた。

鈴木大拙さんは意気に感じて、大谷大学の宗教学を盛り立ててくださった。その恩義があって大拙さんは、終戦のころに『浄土系思想論』と『妙好人』という本によって浄土系の仏教とは何かということを、英語でアメリカに紹介してくださった。それからずっとコロンビア大学に行ったりしておられましたが、大谷大学には毎年集中講義に来てくださった。最晩年の八十八歳から『教行信証』の翻訳に取りかかられ、九十歳までに『教行信証』の四巻を翻訳して、東本願寺に出してくださった。そういう因縁が面白いなあと思いました。

はじめから菩薩だったわけではなく、若いころは凡夫だったわけです。けれど単なる凡夫ではない。やはりそこがすごいところで、逃げ出さなかった。私がアメリカに行きましたときに、小さいころに鈴木大拙さんに出会った、その研究所の後を継いでいる、創立者の娘さんがいました。私がアメリカに行ったのは、大拙さんが亡くなって十五年以上経ってからです。その老婦人は、子ども心に八十年以上前の大拙さんの印象を忘れないで覚えているといっていました。やはり強烈な印象だったらしい。青年の大拙さんはアメリカ人の前では泣き言をいわずに過ごしたらしいのです。その方が子ども心に、慈悲深い人で動物に対しても人間に対しても本当に平等だったとか、自分のような子どもに対してきちん挨拶してくれたとかということを覚えておられました。

鈴木大拙師における「浄土」の意味、禅宗と真宗についての質問がありました。

大拙さんは浄土に行く必要はない、浄土を両脇に抱えて生きていればいいのだという言い方をしていました。

念仏者を大変尊んでおられましたが、念仏についても、親鸞が念仏するのは、「猫がニャーンと鳴くのも犬がワンと鳴くのも同じだ」という方でした。禅の発想だなあと思いました。

名号なしに犬がワンと鳴き猫がニャーンと鳴くようなわけには人間はいかないという悲しみの面を、大拙さんは禅によって超えてしまったところがあって、親鸞聖人が「信巻」で罪悪深重という面を掘り下げていくことについては嫌がるのです。理屈っぽい、大行だけでいいのでないかという感じ方をされます。だから『教行信証』があったら浄土は要らないということでしょう。『教行信証』に浄土が来ているのですから、要らないといえば要らないのです。しかし、『教行信証』は何のためかといえば、浄土を顕わすためだ、その浄土は何かということが、一つのテーマとして、親鸞にとっては大事な求道上の課題としてあるわけです。

大拙さんは、そんなことはいわなくてもよい、行があれば浄土だというのでしょう。やはりそこに禅者としての浄土教理解という面がある。大拙さんの話は分かりやすい。単純明快といえます。親鸞がナンマンダブというのも、犬がワンというのも同じだというのです。人間がナンマンダブを選ぶ、そこには選びがあります。犬はニャーンといいたくないからワンといっているわけではない。ワンを選んでワンといっているわけではない。人間はいろいろのことがあるのに何故、南無阿弥陀仏なのかということについては、大拙さんはあまりそういう掘り下げ方をしたくなかったようです。

曽我量深先生は肝胆相照らすということをいいますが、仏教の本質を身に付けている人としての鈴木大拙師のそういう発想を許しているところがありました。けれどもどうしても相容れないのは、教えとして、義《ぎ》として明らかにするということです。大拙さんは、体《たい》として、それ自身として明らかにするという態度の違いです。

「曽我さん、あんたはそういうけど、念仏で悟ったのやろ」と大拙さんはいうわけです。「そうはいわないのだ、親鸞聖人は罪悪生死の凡夫とおっしゃっている」。それに対して、「親鸞はそういったけれど、あんたはどうや」と大拙さんは追求していうわけです。「いや、親鸞聖人はこういっています。善導大師はこういっています」と曽我さんは答えられる。「善導大師はわかったが、あんたはどうや」と大拙さんはそういうわけです。曽我先生がいっているのは、親鸞がこういっている、善導がこういっているというのは、私とは別にといっているのではない。私はそういただいていますということです。教えをいただいておりますと。

大拙さんは、体験としてどうだ、という。禅には体験があるのです。禅はその人がその人として仏になっている立場ですから、「体、それ自体はどうだ」という。真宗ではそうはいわない、教えとしてこうだという。「我が信念」それ自身を体験していないのだという言い方はしない。もちろん、清沢先生がいわれるように「我が信念」として表白できるのですが、その内容はいただいたもの、賜ったものとして表白する。

我が獲得しても、その獲得した内容はいただいたものだという語り方をします。同じことをいっているのですが、言い方が違う。念仏で悟ったといってもいいのだけれどいわない、いわないところに意味がある。意味を厳密に表すのが真宗の学びなのではないでしょうか。行信とか機法とかははっきり分けて、教えとしてこうである。私はかくの如く教えをいただきましたという。私がこうだとはいわない。曽我先生は、「我が法蔵になるのではない、法蔵、我となる、それが信心だ」といわれます。論理でいえば同じではないかといわれますが、そうはいわないのです。

浄土の問題は、浄土は要らないからか、時間が無いからか、未完成なのか、大拙さんは何もいわれなかったから分からないのですが、浄土も穢土も心が作ったものだという考え方です。教えとして聞くものだということを納得しない、教えは分別だというわけです。人間は分別する存在だから分別を通して真実を聞いていくのだというのが真宗の立場です。禅ではそんなまどろこしいことをしなくてよい、体を押さえよ、体は何だ、体を悟ってみれば浄土ではないかというようにとる。

悟ってみればというけれども悟れないのだというのが真宗の立場です。浄土は名号の信心にあるわけですから、名号の信心においていただいている、その眼から見れば、煩悩が転じて菩提の水となるという言い方からすれば穢土が浄土だといっても悪いことはないのですが、そういうと教えが混乱してしまう。願生ということが成り立たなくなる。

教えとしてはっきり立てる。浄土と穢土は違う、違うところに一枚になる。そういうことを明らかにしてくるのです。浄土は何処にあるのか、教えとして私のいただく世界、有るとか無いとかいうことを超えてある。言葉の約束として穢土は穢土であり、浄土は浄土である。穢土を超えて浄土を要求せよと欲生心が呼びかけている、そこに教えが成り立つわけです。

# 第6章　三誓偈［重誓偈］

## 超世の願

仏、阿難《あなん》に告《つ》げたまわく、「その時に法蔵比丘《ほうぞうびく》、この願を説き已《おわ》りて頌《じゅ》を説きて曰《い》わく、

我《われ》、超世《ちょうせ》の願を建《た》つ、必ず無上道に至らん、
この願満足せずは、誓う、正覚を成らじ。
我《われ》、無量劫《こう》において、大施主《だいせしゅ》となりて
普《あまね》くもろもろの貧苦《びんぐ》を済《すく》わずは、誓う、正覚を成らじ。
我《われ》、仏道を成るに至りて、名声《みょうしょう》十方に超《こ》えん。
究竟《くきょう》して聞《きこ》ゆるところなくは、誓う、正覚を成らじ。
離欲《りよく》と深正念《じんしょうねん》と、浄慧《じょうえ》と梵行《ぼんぎょう》を修して、
無上道を志求《しぐ》して、もろもろの天人の師《し》とならん。
神力《じんりき》、大光を演《の》べて、普《あまね》く無際の土《ど》を照らし、

三垢《さんく》の冥《みよう》を消除して、広くもろもろの厄難《やくなん》を済《すく》わん。

かの智慧《ちえ》の眼《まなこ》を開きて、この昏盲《こんもう》の闇《あん》を滅《めつ》せん。

もろもろの悪道を閉塞《へいそく》して、善趣《ぜんしゅ》の門を通達《つうだつ》せん。

功祚《こうそ》、成 満足《じょうまんぞく》して、威曜《いよう》十方に朗《ほがら》かならん。

日月重暉《にちがつじゅうき》を戢《おさ》めて、天の光も隠《かく》れて現ぜじ。

衆《しゅう》のために法蔵《ほうぞう》を開きて、広く功徳《くどく》の宝を施《せ》せん。

常に大衆《だいしゅ》の中にして、法を説きて獅子吼《ししく》せん。

一切の仏を供養《くよう》したてまつり、もろもろの徳本を具足せん。

願慧《がんね》ことごとく成 満《じょうまん》して、三界《さんがい》の雄《おう》たることを得たまえり。

仏の無碍《むげ》の智《ち》のごとく、通達《つうだつ》して照らさざることなからん。

願わくは我《わ》が功慧《くえ》の力、この最勝の尊《そん》に等しからん。

この願、もし剋果《こっか》すべくは、大千感動すべし。

虚空のもろもろの天人、当《まさ》に珍妙《ちんみよう》の華《はな》を雨《ふ》らすべし。」（聖典二四～二六頁・註釈版二四～二六頁）

四十八願を読み終わりまして、次の段に入りたいと思います。四十八願の願文が終わって、続いて、「この願を説き已りて頌を説きて曰く」（聖典二五頁）といわれて偈文が出てまいります。この偈文は『重誓偈』、あるいは『三誓偈』といわれています。四十八願の願文を説いて重ねて願を説く、重ねて誓うという意味で重誓偈といわれます。また、はじめの三つの誓いで四十八願の内容を押えているという意味で三誓偈といわれています。

四十八願を説くに先立って、「無上殊勝の願を超発せり」（聖典一四頁）と、超発という言葉が出ておりましたが、この重誓偈は、「我、超世の願を建つ」という言葉から始まっております。浄土の願、浄土建立の願をまとめて、超世の願、無上殊勝の願とその本質を押さえていうわけです。

これは天親菩薩が、『浄土論』の荘厳の一番はじめに、清浄功徳と名づけている荘厳があります。その清浄功徳は、「観彼世界相　勝過三界道」といわれ、三界の道に勝過せりという言葉で、浄土の願ではあるが、その浄土という意味は、この世に相対した世界を作るという意味ではない。この穢土の延長上、あるいは穢土を改良して穢土の理想上にあるという意味ではなく、超世だと押さえております。

注目すべきは、親鸞聖人が「信巻」の「二双四重《にそうしじゅう》」の教判といわれます、横超の菩提心を明らかにするについて、この言葉を取り上げられる（聖典二四三頁）。「無上殊勝の願を超発す」、先ほど指摘しました本願に先立って法蔵菩薩の発願の段にあります言葉をここに押さえている。続いて、三誓偈のはじめの、「我、超世の願を建つ、必ず無上道に至らん」という言葉をここに取っている。本願の超越性、無上殊勝の願である。

超世の願、願自身が超越的意味を持っているという言葉をここに引かれるということは、信心という問題について、名号の信心ということがどういう意味を持っているのかを「信巻」で明らかにしようとするについて、名号の信心ということは、大菩提心であるという。大菩提心であるという指摘は曇鸞大師に依られるわけで、『論註』の「願生浄土というのは、無上菩提心を要す」という曇鸞大師の教えを受けて、無上菩提心という意味を明らかにする。

法然上人が、他力易行、称名によって救かる、称名往生をいわれるについて、『選択集』で、「菩提心等の余行」といわれて、菩提心を発すというのは廃捨した諸行である。『観無量寿経』で念仏以外のたくさんの行を、九品に配当しておりますが、いろんな人間がいろんな機縁で起こす行為は諸行である、その諸行の一つとして菩提心を、法然上人は押さえた。

明恵上人が、法然上人の亡くなられたあと印刷された『選択集』をご覧になった。それまでは法然上人という方を仏者として尊敬してきた。しかし、『選択集』を読んでみると、菩提心は要らないと書いている。噂ならともかく、書物にこういうことを書いてあるとは許せないと、『摧邪輪《ざいじゃりん》』（『選択集中摧邪輪』）という書物を即座にお書きになった。「法然は外道《げどう》である。仏教であるなら菩提心が一番大事である。菩提心は要らないということで救かろうとするのは、それは外道だ」と厳しい批判をされた。

『摧邪輪』を読みますと、なるほど法然上人の言葉を押さえて、それに反論するについては曇鸞大師、道綽禅師、善導大師などの浄土の祖師方の菩提心に関する言葉を引用され、菩提心をいかに大切にしているかという証拠を挙げて、法然は浄土の祖師方に背いている、仏法に背き、浄土の教えにも背いているという厳しい批判をしている。それに対して、法然門下の側からは続々と反論を発表しております。

親鸞聖人は「信巻」で、明恵上人から提起された、「菩提心がないような信仰なら外道である」という批判を真向から受け止めて、菩提心論を展開している。その一番大きな内面的根拠は、菩提心をして菩提心たらしめるものは「願」である。菩提を要求する心、発菩提心、発心の根にある願心、それを曇鸞大師は、「願作《がんさ》仏心《ぶっしん》　度《ど》衆生心《しゅじょうしん》」と菩提心の内容を押さえているわけですが、その願作仏心たるゆえんは、仏になることを願うのは、まさに無上殊勝の願を超発する。無上、つまり比較して優れたるものという意味ではなく、比較を絶して殊勝なる願を超発する。

法然上人がいわれる意味の菩提心は、人間心、人間として要求する悟りへの心である。人間が迷っている心から悟りを求めて修行する、修行を要求する発心と、浄土の願を建立する法蔵願心との違いを、「横竪」という言葉によって親鸞聖人は区別された。横と竪というのは空間的なのですが、空間的なる表現をとって、竪というところには、人間の努力が含められてくる。横というときには、如来の本願力を象徴してくる。

行を受け止める信心の本質に、本願力回向ということをいわれるわけで、人間の側から超発することはできない。人間の側からなら、神秘的直感のような形になるか、少しずつ努力をしてということになるか、どちらかである。いずれにしても個人的体験を出ることはできない。あるいは時間的条件を超えることができない。そこに、法蔵願心が無上殊勝、超世の願という意味を信心の中にいただかれた。

発《おこ》るのは人間の心の中に、名号の信心が発るが、発った名号の信心の本質は法蔵願心の回向である。法蔵願心の回向という意味において、個人の努力や意識や特殊体験を超えて、超越性を内面に孕んでいるということを親鸞聖人は明らかにされた。

## 名声超十方

「名声超十方」という言葉は、「重誓偈」の第三誓です。

我建超世願　必至無上道　斯願不満足　誓不成正覚
我於無量劫　不為大施主　普済諸貧苦　誓不成正覚
我至成仏道　名声超十方　究竟靡所聞　誓不成正覚

三度、「誓不成正覚」と誓うわけですが、その三度目に「名声超十方」ということが出てくる。この「名声超十方」によって親鸞聖人は、『正信偈』に「重誓名声聞十方」という言葉を置かれるわけです。これは名声、名であり声である。如来の名号であると。如来の名告りである。如来の声である。声となって衆生の上に呼びかけんとする行、その行を、「名声超十方」という言葉で誓ってくる。

親鸞聖人は、行ということを経典によって表すについて、「我《われ》仏道を成るに至りて、名声十方に超えん。究竟して聞こゆるところなくは、誓う、正覚を成らじ、と」(我至成仏道　名声超十方　究竟靡所聞　誓不成正覚)、この言葉を「行巻」に引いておられる(聖典一五七頁)。経典の次第からすると、『三誓偈』は、「我建超世願」、超世の願を発すという意味で、仏法の本質を超世の願と押さえた。これは当たり前のようですが、改めて確認しておく必要があるわけです。

世間内在的な願ではない。世間の中に幸せを作ろう、平等を作ろうという願ではない。超世の願だ。仏教の本質は、ある意味で人間性を払拭する。ヒューマニズムを超えるといいますか、人間が人間らしく生きようという要求である限りは仏教には出遇えない。人間が人間らしくありたいと思って、それに破れる、それに挫折して、初めて、人間が救かるためには、超世の願に出遇わなければ救からないことがはっきりしてくる。

人間は内在的にこの世で矛盾を解消し、腹が立つことを無くして、要求を満足していく努力を営々と積んでいる。ところが、それでは本当に人間として生まれて、人間の課題を成就することはできない。そこに、お釈迦さまが出家され、そして世を超えた理由がある。そのことが示している大きな課題がある。

しかし大乗仏教からすると、超世の願ということを聞くと、この世を捨てる、この世を諦めるという方向になって、「実際を証する」(証実際)といわれますが、声聞・縁覚が求める覚りは、文字通り静寂性、あるいは寂滅性としての涅槃です。それを大乗仏教からは、有余依涅槃とか無余依涅槃とかいいますが、煩悩を持って生きている人間、揺れ動く心に苦しむ人間が、文字通り動かないものを求める。動くものを捨てて動かないものを求める。その意味の辺際、あるものを嫌ってない世界へ行こうとする方向で求めることになった場合に、それは際（きわ）という意味を持つ。辺（ほとり）という意味を持つ。それを龍樹菩薩は邪見だ、有に執するのも、無に執するのも邪見だ、有無の邪見だと批判された。

本当の意味の超世とは、この世の動きを止めて、違う静寂を求めることではない。相対性ではなくて超越性だ。そういう大乗の願心が本当に貧苦を救う。「我、無量劫において、大施主となりて」、施しをする主となって、あまねく諸々の貧苦を救う。貧しさに苦しむ者、この貧苦は、物質的、経済的貧しさだけではない。智慧なき者、愚かなる者という意味を持っています。相対的な貧しさというよりも本当の豊かさを知らない者という意味でしょう。「普くもろもろの貧苦を済わん」という願、一般的には、「度衆生心」という願、「度衆生心」という言葉で教えられる菩薩の衆生救済の要求を第二誓で出してくる。この施主は、お釈迦さまが施すという場合は、法施という言葉でいわれますが、仏法を施す。

比喩的に仏伝で伝えられている言葉で考えますと、後で、「功祚成満足」ということが出てきますが、お釈迦さまは乞食《こつじき》をされました。乞食をされたのは、お釈迦さまは自分の生を長らえるために物を貰うという精神ではない。むしろ自分の持った涅槃の徳、真実の存在の在り方を見抜いた智慧を、生きる存在の功徳を執着心で苦しんでいる衆生に与えよう、目を覚まさせようという要求から乞食という形をとった。

布施をした者に、涅槃の功徳を分与しようという願いで乞食をされた。だから貰った方が有難いのではない、布施をした側が感謝する。ふつうの常識では物をあげれば貰った方が感謝するのですが、お釈迦さまに献げた人の方が感謝すると、ふつうの常識では考えられない形で示そうとされた。それを外から見た人は貧しい者から布施を取って、なんということをするのだ、金持ちから取るならともかく、貧しい者の中を歩いて取るとは何事だという見方もできる。

あるとき、飢餓に苦しむ村にあえて釈尊は乞食の行に入られた。皆布施ができない、そういう町に入って行かれた。なんという人でなしだという非難が出る。それに対してお釈迦さまはお弟子に、「我、衆生の福田を耕す」と。仏法を要求する心を耕したいという願いなのだ。貧しさに応じて物質を与えるのは世間の話だ。仏法は貧しさに苦しむ者に物質的貧しさを超えていのちの喜びを発見する方向を与えようという釈尊の慈悲です。これは世間心からは見えません。あの年寄りは少し頭がおかしいのではないか、貧乏人のところに行って物を貰って歩くとは何事か。常識的にはそうなる。そこに釈尊の、あえて、「我、衆生の福田を耕さん」という大慈悲心が教えられている。

仏法を生きるということは、世間的倫理感、幸福感とあえてぶつかる面を持つことがある。常識からは見えない宝物を持って生きておりますから、それをあえて世間的関心を超えて教えようとする場合に非難が起こることはあり得るわけです。ここで法蔵願心が大施主というのは、物質的満足を与えようという願ではない。より深く本当にいのちを生きる存在に、本当の宝物を分かち与えんという要求、そこに大施主とならんという要求、誓いが出てくる。

超世、大施主と展開して、一端、超世の願を建てて、施主・布施というのは世間の行といわれますが、世間の中に入って世間の人に仏法の宝を与えようという第二誓、そして、「我、仏道を成るに至りて、名声十方に超えん。究竟して聞ゆるところなくは、誓う、正覚を成らじ」という名声《みょうしょう》の願になってきている。超世の願が、単に世を超えていくという方向だけではなく、その超世の願をもって衆生に与えようという願になって、もう一回名声として、衆生の上に用《はたら》こうという。ですから重誓という意味は、本願があって重ねて誓うという意味もありますが、三誓というところから見ますと、名号の願には重い意味がある。三度重なることにおいて初めて出てくる、超世という課題と大施主という課題を孕んで名声ということが出てくる。はじめから第三誓を出したのではは課題がはっきりしない。何故、第三誓が出てくるかといえば、第一誓、第二誓を具体化する。そのために第三誓が出てくると読むことができます。

「名声十方に超えん」ということを親鸞聖人は大行の意義として「行巻」に引用しておられる（聖典一五七頁）。「信巻」に第一誓、「超世の願を建つ、必ず無上道に至らん、と」という言葉を置いて、それを受けて、「名声十方に超えて、究竟して聞こゆる所なくは、誓う、正覚を成らじ、と」（聖典二四三頁）と引用しておられる。大行の方には超世の願は取っておりません。大行の方に引用するについては、「我建超世願」の言葉は外しておられる。第三誓から始めている。

## 信心が如実修行相応

曽我量深先生の講演に、『はじめに行あり』という題の講話がありました。高倉会館でのお話でした。新田秀雄さんに伺うと、曽我先生は一つの題を決めるとだいたいそのテーマで一年間を通される。そのときは『はじめに行あり』というテーマでお話になったようです。何かそこに曽我先生のいわんとする問題がある。

行の立場からすれば、はじめに行がある。まず名号がある。名号があるところから内に願が展開してくる。それは行信という次第です。行に賜る心、行から開かれる信。どんな行為であっても、どんな表現であってもそれ自身に充分に仏法があるというのは、道元禅師の立場です。喫茶喫飯、飯を食うのも、顔を洗うのも仏法だというのが道元禅師の生き方です。あるいは禅宗の生き方です。

曽我先生が、『はじめに行あり』というのはこの名号です。名号があって初めて本当の生活が成り立つ。「如実修行相応」という天親菩薩の『浄土論』の言葉です。如実修行ということが大事な言葉としてくり返されている。大乗仏教で本当に人間が生きるということは如実修行だ。如実とは一如真実ということです。如実に行ずる。これが人間の生き方、自然の生き方として要求される。

人間の苦悩は生きていながら、生きていることに何処かで、マルクスの言葉でいえば、自己疎外、自分が自分でないいのちを感じる。そこに自分のいのちを回復したい、自分が自分でありたいという要求、これを仏教では如実修行の要求と語っている。

ふつうは大乗菩薩道でも何故如実修行ができないのかという問題を内面的に深めていく。いのちそのものになれないのは何故か、それは分別だ。分別理性があるからだ。しかし、分別理性を無くせばそれでいいかというと無くしてもダメだ。何故なら本当に存在を存在のままに本当に生きていない、本当にそれを了解していないからである。存在のままに知っていない、見ていないという人間の愚かさが出てくる。

智慧がない限り、理性がダメだといって理性を消すためにいくら酒を飲んでもダメなのです。ますます暗くなるというか、酒に溺れて酒乱になるだけです。分裂している者が、分裂を本当に埋めるためには、薬や酒やその他外から入った条件で回復することはできない。いのちそのものがいのちそのものになれない。人間を疎外するもの、人間を邪魔してくるものとして、二つの重障ということをいいます。煩悩障、所知障という障《さわ》りです。所知障は本当は真理を知っていないということが障《さま》げてくる。重い障りということは、煩悩障、所知障の根に我《が》執《しゅう》・法執《ほうしゅう》がある。執《とら》われ、執着がある。執着の本質は何かというと、唯識からすると存在の実体化だと安田先生は押さえる。

仏教の智慧から見て、本当に如実に生きていない、如実に生きていないということは、人間として生きながらいのちをいのちとして本当に生きていない。こういうことは誰でも何処かで感じている。だから、自然に帰れというようなことが出てくる。相対的に自然に帰れといっても、確かに自然に触れるとある意味で人間の人為の小ささ、虚妄なるものを感じることはできる。では本当に自然に帰れるかというとなかなか帰れない。

キリスト教がいうように、いったん人間的理性、知性の毒を飲んだ者は、元の無垢な自然には帰れない。もう動物にも戻れないし、もちろん物質には帰れない。そこに人間が本当にいのちそのものを回復することの大きな課題がある。それを天親菩薩は浄土を通して、如実修行を回復すると教えられるのではないかと思います。

如実修行と聞くと行の方に重きがあるようにふつうは思う。竪の行、努力の要求は人間が行為を通して一枚岩を回復しようとする。そういう思いで行為を起こすが、行為を積んでも積んでも一枚になれないというのが仏教の長い苦悩の歴史である。修行しても修行しても一枚に戻れない。そのときに浄土の願は、名声、名号を通して衆生の生活の中に如実修行を与えようという願を持った。

曽我先生は名号となった仏さまということをいいますが、如来の願心が名号となった。その名号を通して衆生の生活の中に如実修行を開こうと。そう聞くと人間は今度は名号を修行する。名号を一生懸命称えたり、大きな声で称えたり、四六時中称えようとする。

親鸞聖人は、名号それ自身に超越性をいただこうとすると、人間が有限であり、内在であり、脱皮できない煩悩に苦しむ。名号は如来の側から来た超越性だということになると一枚になれない。名号はあるが、それは曇鸞が出した、「称名憶念あれども、無明なお存して所願を満てざるはいかん」（聖典二一三頁）という問題になる。

善導大師は名号自身の中に願行《がんぎょう》が具足している。名号の中に願もあるし、行もある。南無は願である。阿弥陀仏は行であると解釈されています。法然上人がいわれるように、本当は行、行為の本質は意欲にあるわけでしょう。だから行の本質は願にある。

曽我先生は願が行であるといわれる。もし、願があって行を起こすというなら、願から行というところに時間的経過を感じる。願から行へというところに隙間のようなものを置いて、そこに因果を立てるのが私たちの感じる意欲と行為なのでしょう。ところが私どもの生活の行為が願から行へというところに隙間ができることによって、行為が純粋に行われないという問題が起こる。

行為が願のままに行為にならないということがあったり、願が行為を持ったことによって願を汚したり、あるいは願がくたびれたり、誤解されたりして、行為自身に願が満足しない。行為はするけれども疑いが生じる。行為していること自身を充分に生きられない。なにか人間の意欲は、意欲自身も純粋ではないし、意欲が行為を起こすときに意欲がそのまま行為ではないということがあるから、一枚にならない。だから、禅などは、願がそのまま行である生活、食べることも寝ることも、分裂をもたない生き方を求める。

別の言い方をすれば、願が行為を持つことを、何処かで自分自身の時間の中で行為自身を照らして見ていて、それを自分で正当化したい。こういう行為をして善いことをしたとか、意味があったと自分を感じておりますから、自己満足したり、幻滅したり、自己嫌悪に陥ったりしている。

結局、私どもの宿業、自分であることを与えてくる業、すなわち自分が自分になってくる大きな歴史を、自分が本当に引き受けられない。人間から起こす行であれば、願と行とが分裂する。分裂する立場で名号を考えると、

『摂大乗論』の論家が批判したように名号は行為として軽いということになる。一銭みたいなものです。だから百回積むと一円になる。そういう軽い行だと。

ところが善導大師は、名号のところに願と行とが具足する。願行が一枚になっているといわれる。願と行とが一枚になる場所として名号をいただく。私どもの生活はどうしても、願と行とが一致しない。あるいは願はあるが行がない、行があるが願は不純であるとか、本当に願と行、欲と行為表現とが一致しない。

そういう生活の中で何か自分のいのちが自分のいのちでないものを感じながら生きている。やってはいるが、その行為自身に充分に満足しない。意味づけをして行為をしてみるが、その行為自身に充分に自分では満足できない。だから人の評価を要求したりしてその不満感を補充しようとする。しかし、それは虚偽の拍手みたいなもので、そんなもので本当に充分にいのちが充足するわけではない。そこに名号において願が行である。願が行であるということが名号である。真実の行（真実の生活）の根拠は南無阿弥陀仏である。その行に如実修行ということが成り立つ。

如実修行は何かというと、親鸞聖人は曇鸞大師の教えを受けて、「決定《けつじょう》の信をえざるゆえ　信心不淳《ふじゅん》とのべたまう　如実修行相応は　信心ひとつにさだめたり」（聖典四九四頁）という。信心だと。信心が如実修行だ。行為が如実修行なのではない、信心が如実修行だ。行為と心が分裂するのではなく、行自身に願行具足する。

本願が行為となるという意味を持っているから、それを本当にいただくなら心自身がその行を持っている。如実修行という用きを持っている。名号を離れれば我々の行為はいつも自己分裂、自己疎外、自分が自分になれないものを感じる。罪を感じ、矛盾を感じ、いくら正当化しても隠せない罪を心の底に感じている。それはどれだけ外側を鎧で被ってみても、百万言費やして自己弁護しても、心の底にある罪の意識、渡ることのできない淵のようなものがあって、なにか、そこに生きていながら、死んだ方がいいのではないかという問題を抱えている。それを人間の側から本当に自己分裂がないようになれると、内在的にそういうものになれると思って探している間は、超世の願には出遇えない。

超世の願を持たなければ救からないというのは、その淵が内に深いから、傷が深いから補修ができない。いったん願と行の間に時間というものを感じてしまうと、我々はもう無時間にはなれない。純粋に生きるということができない。外から良い行為、善だといわれる行為をすればするほど、内に虚偽を感じる。行為自身に純粋になれない。そういう生活をするのが人間存在である。言葉をもって、言葉の生活をする。人間は与えられたいのちそのもの、あるいは与えられた環境そのものを生きるのではなく、言葉を媒介にして生きている、言そのものを生きるのではなくて言の端っこを生きている。

人間は言葉として言の葉（ことの端《は》）を通して生きているということがある。それは、つまり如実修行になっていないということです。不如実修行、如実のいのちになっていない。なにか幸せの中に不幸せを探しているところがある。

## 大乗仏教の超世

西田幾多郎が哲学をする者の悲しみという言葉で、「緑の野にあって枯れ草を食う動物の如し」といわれた。哲学者は何をしているのかということを、『善の研究』の序文に書いてあったのを思い出しますが、これは哲学者のみの話ではない。人間はそういうところがある。

豊かないのちの中にありながら、何か貧相ないのちを探している。そういうところに、もっとより本当のいのちそのものを生きる。だから豊かさといっても外側に付け加えた物質的豊かさ、経済的豊かさをいうのではない。むしろ人間はかえって豊かさの中で貧弱になる。内面的に貧弱になる。別に貧乏だったら心豊かだというわけではないが、金持ちになったから豊かというわけでもない。

人間の、我々の貧しさは、自分に外から何かを加えて豊かにしようと考える。教養、文化にしろ、そういう形ででも豊かにしようともがいている。けれどもいくらやってみても本当の豊かさになれない。そういう問題に対して、「はじめに行あり」と。「はじめに行あり」ということは、親鸞聖人は、「もとめざるに、功徳の大宝、そのみにみちみつ」（聖典五四四頁）といわれますが、そういう宝の山に生きながら宝を見い出せない。宝を踏み付けながら宝を探している。それを何処かで感じながらも本当に自分の上に回復できない。そういう痛みに対して願行具足の名号、名号がはじめにあるのだという形で、言葉の林の中に名号を行として我々に如実のいのちを開こうというのが法蔵願心である。

名号に願行具足をいただくならば、そこに如実修行の生活の出発点ができる。名号において如実修行の生活の出発点が与えられる。我々の努力で如実になっていこう、一枚になっていこう、豊かさに目覚めていこうという方向ではなく、我々の眼が逆転する。我々の側から求めても求めても、求めれば求めるほど分裂していく。求めれば求めるほど一枚にならない、虚偽になっていく。真実たろうとすればするほど虚偽になっていく。自然に帰れない。箱庭を作るようなもので、自然に似せて作るその人為性のようなものでしょう。そういうものが人間が求めて得られない大自然界ではないか。

如来の願心の側からまず行として開いてくる。その行に我々は如実修行を賜る。その如実修行は願が行である。

親鸞聖人は、「我建超世願」は法蔵願心だが、その法蔵願心が実は信心の本質だから、名号の信心は超世の願を本質としている。だから大菩提心であるといわれます。自分から発して仏に成っていこうという意味の菩提心ではない。我々は凡夫として如実修行を自分から行ずることはできない。にもかかわらず、そこに本願力が名号を回向する。

名号において、如実修行の出発点が与えられる。願が行であり、行が願である。願そのままに用いているのが名号である。そこに私どもは、何か満ち足りない心を破って本願名号に真実の生活の出発点をいただく。名号において、親鸞聖人は自然法爾《じねんほうに》ということをいわれましたが、自然法爾の生活の出発点をいただく。安田理深先生は、「浄土の門」だといわれる。浄土は彼岸かもしれないが、浄土の門はここにある。門が与えられれば入出自在だ。門を外から覗いているのではない。門に立つということはもうそこに入出自在をいただく、浄土の功徳をいただくのだ。それが如実修行の意味だと思います。

行の因としての願、ふつうでいえば願が行になる、本願を発して修行する、本願が行になるというのでしょうが、願が行になるという物語的展開を通しながら、実は行の内に願を生み出してくる。用く願、行ずる願を生み出してくる。行ずる願が信心である。信心は我々の上に行が用いている形である。行のほかに別に信心があるのではない。名号のほかに信心があるのではない。私どもの中に名号を与えられると、名号において仏の願がそこに行じている。超世の願が行じていることが信心なのです。自分の心で作った信ではなく、自分の心で作ることができない如実なる用きを名号にいただく。

親鸞聖人は「我建超世願」を信心の本質として持っている菩提心という意味として、あるいは信心を信心たらしめる因としての欲生心の意味として、如来発願の願心、超世の願を見い出された。法蔵菩薩が発した願だから超世の願だというのが物語的了解でしょう。それはどういう意味かといえば信心の本質です。我々の中に発《おこ》る、我々がいただく信心、名号の信心。名号に願行具足があることをいただいた心、南無阿弥陀仏に一枚岩があるといいただいた心が超世の願だ。超世の願とは、ここから出ていくというよりは、むしろ本当にここに還ってきて充分である。ここを離れないでいいような如実修行を開いてくるということです。

「世を超える」というよりも、「世に超える」。「世を超える」というと世を去って、何処かに行くように思うが、むしろ世に超えてくる、世に居ながら少しも汚れない。世間の中に没落しながら少しも汚れない。それこそ超世の願だ。小乗仏教が我一人尊い、我一人清くなるという形で理解する超世は、この世と相対的に違うところに出て行くという考えである。大乗仏教の超世は、この世の中に超世を実現する。それが信心である。

この間、三河で相応学舎を主催しておられる安藤真吾さんと安田先生のことを話していて思い出したのですが、聞法している人たちが聞法の時間を離れて雑談をし出すと、年輩の人の第一の共通の関心事は、健康談義です。太り過ぎているとか、どういう食べ方をしているか、一日何歩歩くかという健康法が共通の話題になる。結局、結論は死が怖い、死ぬのが怖いというところに落ちていく。

昨日の朝日新聞の天声人語に、「結局死んだら虚無だ」という、情けないことが書いてありました。「昔は死んだら一つのところ浄土へ行けるという信仰があってよかったけれども、今はないから」と書いてありました。つまり、賢明な論説委員なのでしょうが、一番大事な生死の問題になるとあまり知らないのです。改めて考えようとすると虚無に陥る。それが常識なのでしょう。超世の願には触れたことがないのでしょう。

安田先生がそういう健康法の話を側で聞きながら、「君らは、生から死を考えるから怖いので、死から生を考えてみないか」といわれた、と。それが仏法の見方なのでしょう。「生死」ではなく「死生」なのだ。死から出発するのだ。それは人生の転換であるわけです。死から出発すれば、生きていることがかたじけないということになる。

生きていることが怖くてしょうがないというのは見方が間違っている。「生や全機現、死や全機現」という禅語があります。『碧巌録』の言葉ですが、安田先生は若いときに禅に触れておられますから、「お前は聞法しているのに、何を聞いているのか、根本を間違って聞いている」という指摘です。何回聞かされても、混乱していく。常識的なものの考え方に戻っていってしまう。常識が悪いというわけではないが、常識の持っているアキレス腱がある。常識で考えると、結局、本当の意味の人間の在り方が見えなくなっている。

不如実の生き方をしているのが常識ですから、如実ということが見えない。何でも分別してこれが常識だ、良いセンス、良い感覚、良識はいいことだと思っているわけですが、それが実は一番大事な問題を見ていない。こういうところに超世の願という意味がある。それを本当に具体化するものが信心です。

名号の信心をいただくということは、親鸞聖人は難思議、不可称・不可説・不可思議といわれますが、ふつうの考え方、思議して、考えて、思って、分かっていく世界ではない。そういう考え方自体が内に持っている割れ目、修復できない闇を私どもは持っていますから、いのちが充分でないし、そのいのちの充分でない先に死を感じて不安でしょうがない。せめて生きているうちに、という形でしか発想ができない。充分にいのち自身を本当に生きるということができない。

仏法の分からなさは、常識では届かない視点から発想しているところにある。常識的に分かる話、「死後にも浄土がありますよ、死んでもあそこに行けば救かります」という説き方は虚偽です。虚偽で救けようとする形をとってでも、人生の本当の問題を呼びかけようとするのが、方便化身土だというのです。

## 「信に死し、願に生きよ」

『三誓偈』の課題は、まさに真実から出発している。人間的な幸せの要求の願ではない。超世の願だ。非常に厳しいところから出てきている。超世の願に応え、大施主の要求に応え、「我至成仏道　名声超十方」ということが出てきている。

私どもは、ここに安んじて一枚の願行具足の出発点をいただいて、眼を転換して、賜ったいのちを見直していく。分裂したいのちに苦しまないで根拠を持つことができる。罪悪深重・煩悩熾盛のいのちに立つことができるのは、名号に根拠があるからです。名号なしに罪悪深重といったら、絶望しかない。そうではない、そこに本当の自分を回復できる、罪悪深重・煩悩熾盛の衆生という事実を引き受けられる。

人に誉められる行為をする、善本徳本を積む、善行を積んで次の世でいい生まれ方をしたいという要求でこの世を費やす必要がない。このいのちそのものを本当に引き受けて、充分に一枚のいのちとして生きていく根拠を名号によっていただく。そこにはこれまでの仏教の発想を転換する、外から来る超越性を内なる拠点としていただく親鸞の仏教の特質がある。本願他力をいただく。それは外からの他力ではない。

本当に人間の力で成就することのできないものを、本願力回向の原理によって、内なる拠点としていただくことができる。そこに、浄土真宗が、罪悪深重の生活に立てる大菩提心成就の道であるといえる革命的意味を建立することができた。超世の願を建てて、大施主とならんという願を持って、それから名号になっていくという展開ですから、超世の願は行に先立つ願いです。それを信心の内面に見い出してくる。

常識的考えからすれば、我々が信じて、それから行じて、本当の行にしていこう、それが如実修行だと考えるのですが、そうではない。行が与えられる、行に開かれた信の中に超世の願が来る。こんな発想は、常識では考えられません。

まず、願を建てて、それを信じて、それから行じていく。そこに時間的な、あるいは経過としての展開が感じられるわけですが、そうではない。内面へ内面へ、むしろ名となった如来の用きの中に信心を賜る。その信心の内に、超世の願を感じてくる。だからふつうの常識の発想と逆です。自分から願を発《おこ》すのではなく、行の中に信を賜り、信の内に願を発見してくる。こういう方向です。それが親鸞聖人の聞法の方向です。

四十八願があって、それをもう一回重ねて偈を説いた。それが『重誓偈』だと。一応物語としてはそういう次第であるが単にそれだけではない。本願を総持し、四十八願をまとめ直して偈文にした。その偈文にむしろ本願の本質が出てくる、明らかになってくる。

願から行へという次第で説かれていることは、実は、行から信へという如来の用きからすれば、行から信へ、我々からすれば信から行へだと。我々の心から用きへというのが、私どもの考える行為の欲から行へ、願から行へという方向なのですが、そうではなく、行から願へだというのが如来の展開である。だから横超《おうちょう》です。竪超《しゅちょう》というのは、因から果へという方向です。人間から仏へという方向です。横超は果から因へ、仏から衆生へと、方向が逆転する。超世の願とは単なる物語上の話ではない。内なる本当の根拠、この世に耐えて、この世に本当に充分に生きることのできる根拠が、私どもの不充分な、あるいは分裂した生活の中に名号という用きをもって用いてきて、そのうちに私どもは如実修行をいただき、如実修行のうちに如実修行たらしめる超世の願をいただいてくる。超世の願は我にあり。外にあるのではない。自分から発そうとすれば外になる。自分からできるできないを超えて如来の側から私のところに発って来てくださるといただくわけですから、何も遠慮する必要はない。超世の願は我にありといえるわけです

親鸞聖人が『三誓偈』のこの言葉をどういただかれたか。非常に大事な契機として、超世の願とか無上殊勝の願という意味を、信心が持っている超越性、あるいは信心が内に貯えている無上殊勝という意味を根拠づける言葉として引いておられる。

我々が名号をいただくということが持っているかけがえのない意味は、他の行為で一枚になることのできない苦しみ、一枚岩を本当に実現できない悲しみを通して、向こうから願行が一枚になっている行として来ている。ここに私どもはいままで得ることのできなかった安住、正定聚不退転という根拠をいただくことができる。能力、努力ではない、如来の大悲心において平等に、誰にでも与えられている。それを食べるか食べないかが問題である。誰の前にもご馳走が与えられているので、手を出すか出さないかは我々の問題である。

名号の理解はなかなか苦労のいるところです。何となく有難いとか、何でもいいから称えてみようとかいわれても、どういう意味なのかがはっきりしない。往生の行だといっても、浄土ということ自身がはっきりしませんから、称えてみよといわれても要求自身がはっきりしていません。浄土も、法蔵願心が国土を建立するというその国土の意味がはっきりしてくると、むしろ名号において国土が来ている。

三誓で四十八願を尽くさんとしているわけですから、名声のところに浄土が来ている。三誓のほかに浄土を建てるわけではない。三誓において浄土は来ている。顕浄土真実教行証、教行信証となって浄土を実現している。浄土を顕現する方法は教行証にあり。行信にありというのが親鸞聖人の仏法です。名号を離れていのちを考えたり、感じたりすると、私どもは自我心がありますし、いくら執着しても死んでいかなければならない不安感があ

り、いのちが本当に充実しない。本願力回向の信に立てば展開してくる。

人身受け難し、受け難い今の時間の中に、だんだん死んでいくのではない、死がすでに来ている、死から出発しているという発想の転換があって、一時一時が摩訶不思議なる悠久な時を今に具体化する意味をもって感じられてくる。大施主となって現在に用かんとする願心を名号においていただくという生活の意味ではないかと思います。

「信に死し、願に生きよ」と曽我先生はいわれますが、死をくぐって生きるということ、「本願を信受するは前念命終なり」と親鸞聖人もいわれます。未来に死を不安に思うのではなく、今に死ぬのです。そこから、念々に生き直す。だらだらした死をだんだん死んでいくのではない。死して生きるところに、いのちが本当に喜ばしいかなという意味をもって回復されてくる。

「だんだん死んで消えてしまう。怖い」という、朝日新聞の天声人語が書くような生の不安感は、そうでないと超えられない。このような言葉は宗教を求めたことのない、闇を叫んでいるにすぎない者の言葉です。常識の世界ではこの叫びすらなかなか聞けないので、常識に対して効きめがあるのでしょう。死を突き付けるような文章が新聞に出てくるということは面白いなあと思います。

この日本の平和な状況の中で、どれだけ平和でも人間は死んでいく。どれだけ豊かでも死んでいくし、どれだけ科学が発達しても死んでいくのですから、死というものは別に何処かにあるわけではない。常に生きているところには付いている。仏教はそこから出発する。哲学でもそうなのでしょうが、死から出発するところに新しいいのちの意味が開けてくる。

## 『重誓偈』の意味

『三誓偈』は、三つの誓いがあるという数の上の名前です。それに対して『重誓偈』とも名づけられます。「本誓重願虚しからず」という言葉が善導大師にあり、重ねて誓うことなのですが、その重ねるという字を重いと読むことができます。重ねるということを経典の形式上からいえば、一応願文を結んで、重ねて偈文を説く。重頌、重ねて頌を説くということは、経典形式上よくいわれることです。

インド人は暗誦しますから、長い経典を暗誦して、それをもう一回偈文に短くまとめたものが、経典の形式となっています。そういう場合に重頌ということがいわれる。経典をスートラ（修多羅）とか、無問自説経とかと十二の形式に分けています。その中の一つに重頌が挙げられていて、形式的に願文があって、それをもう一回まとめている。そういう意味で、重誓の偈、重ねて誓いが述べられている偈だと考えることもできます。

しかし、親鸞聖人が『正信偈』に、「重誓名声聞十方」という。おそらくは、第十七願の意として「行巻」に取られた、第三誓、「我至成仏道　名声超十方　究竟靡所聞　誓不成正覚」の意図を「重誓名声聞十方」といわれた。その場合の重誓は、単に前のことをもう一回言い直したという意味ではない。

親鸞聖人は、「化身土巻」に、善導大師の言葉を引用されるのですが、それは親鸞聖人が、『一念多念文意』にも解釈される有名な言葉で、「上一形《かみいちぎょう》を尽くし、十念・三念・五念に至るまで、仏来迎《らいこう》したまう。直ちに弥陀の弘誓《ぐぜい》重《かさ》なれるをもって、凡夫念ずればすなわち生ぜしむことを致す、と」（聖典三五〇頁）という言葉があり、その言葉を、「「無過念仏往西方　三念五念仏来迎」と云えり。これはこれこの経の顕の義を示すなり。これすなわち真門の中の方便なり」（聖典三四五頁）といわれています。それから数行あとに、「直ちに弥陀の弘誓重なれるに為《よ》って、凡夫念ずればすなわち生まれしむることを致す」と云えり。これはこれ隠彰《おんしょう》の義を開くなり」、これはもとは一つの偈文なのです。

善導大師の偈文では、「三念五念仏来迎」に続いて「直為弥陀弘誓重」と続いている偈なのです。これを親鸞聖人は上と下に分けられて、「三念五念仏来迎」という。三回称え、五回称える、そのうちに西の方から仏が来迎したもう。

これは『阿弥陀経』の一心、自利の一心、一心に称えていく中に仏が来迎したもうという意味で、「経の顕の義を示す」。顕《あらわ》には、自利の一心、『阿弥陀経』の一心不乱の一心です。「若一日……若七日、一心不乱」（聖典一二九頁）という、あの一心に念仏するという『阿弥陀経』の表に顕れた念仏をもって浄土に往生したいと念じて一心に称え続ける、その中に仏が来迎したもう。これが『阿弥陀経』の顕の義である。そして、「彰」の義といって、「真実難信の法を彰わす」といわれるところに、「直ちに弥陀の弘誓重なれるに為って」と弘誓が重なる。「重なれるに為って、凡夫念ずればすなわち生まれしむることを致す」と云えり」と。

『一念多念文意』を見ますと、そこに、「上尽一形」という偈文の最初からの言葉が出されている。上一形を尽くすまで、一形というのは、一人の人間は一つの体を持ち、一つの生活の形を持ち、一つの宿業を生きる存在として、いのち尽きるまである、こういう上一形を尽くす。「上」とは上という意味ではなく、最高に称え続けた場合でも一生を尽くして、という意味です。「形」は、かたちという、あらわすという、念仏せんこと、いのちおわらんまでとなり。十念三念五念のものも、むかえたまうというは、念仏の遍数《へんじゅ》によらざることをあらわすなり」（聖典五四二頁）と。念仏の数ではない。数にこだわるのではないということを表す。

『一念多念文意』では、ここで、「上尽一形」という意味、「三念五念仏来迎」ということの意味を、「化身土巻」で扱ったように、顕の義と彰の義に分けずに、『阿弥陀経』が本当は願っている本願の念仏の意味で解釈しておられます。その意味からすれば、別に三念に執《と》われる、五念に執われる、一生に執われる、念仏をし続けることに執われるということではないという解釈がここにある。

「「直為弥陀弘誓重」というは、……「重」は、かさなるという、おもしという、あつしという」（聖典五四二頁）と、三度重いという字を読み換えています。「あつい」に、曇鸞大師は、「淳」という字を使われます。「淳」は、浅薄ではないという意味です。そういう意味で重いという字を親鸞聖人は三度読まれて、「誓願の名号、これを、もちい、さだめなしたまうこと、かさなれりと、おもうべきことをしらせんとなり」（聖典五四二頁）と「重」という字に注意している。重なるということが、特別な意味を持つことを注意している。

「直為弥陀弘誓重」は、直ちに弥陀の弘誓重なれるに為《よ》って、「為」という字を「よって」と読んでいます。「「重なれるに為って、凡夫念ずればすなわち生まれしむることを致す」と云えり」、これを親鸞聖人は、ずっと間を離れて（聖典五四四頁八行目）、その解釈を持ってくるのです。不注意に読みますと、間に他の無関係の文が突然出てきたように見えますが、もともと「上尽一形」から「致使凡夫念即生」というのは、一連の言葉なのです。間に入っている『大経』や『浄土論』の言葉は、いわば注の形で、「上尽一形」から「致至凡夫念即生」の言葉の解釈の内容として、ここに挟んであると読むべきなのです。つまり、親鸞聖人がこの言葉を大変重い言葉として注目しておられるということです。

「「致使凡夫念即生」というは、「致」は、むねとすという。むねとすというは、これを本とすということばなり。いたるというは、実報土にいたるとなり」（聖典五四四頁）と。「致」という字に、むねという意味があり、本という意味がある。これは、如来の本来の意図である。本来の宗である。そして至るという意味がある。つまり、化身土ではなく実報土に至る、真実報土に至ると。これがこの「致」という字の持っている意味だ、と。

「「凡夫」は、すなわち、われらなり。本願力を信楽するをむねとすべしとなり」（聖典五四四頁）と、凡夫と呼びかけている。凡夫は本願力を信楽するをむねとすべしということだ、と。それに続いての、「念即生」については、「「念」は如来の御ちかいをふたごころなく信ずるをいうなり」（聖典五四四頁）。「念」というのは、この場合には、ただ念仏する、口に称えるという意味ではなく、御ちかいをふたごころなく信じる。つまり信念の意味で使っています。その信念のときにすなわち、即ち生まる。即生とは、「ときをへず、日をへだてず、正定聚のくらいにさだまるを即生というなり。「生」は、うまるという。これを「念即生」ともうすなり」（聖典五四四頁）、非常に大事な解釈です。真実報土の往生とは「念即生」だと、その即生の内容は正定聚の位に定まることだという。

「直為弥陀弘誓重」と「致使凡夫念即生」は、もとは一連の言葉です。『一念多念文意』では、「直為弥陀弘誓重」と「致使凡夫念即生」の間に、親鸞聖人は『無量寿経』の出世本懐の言葉と、天親菩薩の大事な不虚作住持功徳の言葉を挟んで、「致使凡夫念即生」という言葉を明らかにしておられる。重いという言葉は、そこにかかわるわけです。

「重誓名声聞十方」の重誓というけれども、重なるということは、いったいどういうことか。『三誓偈』の上だけですと、超世の願ということは、別の言葉でいえば、自利の願といっていいわけです。それに対して、貧苦に施さんというのは布施の願、これは利他の願といってもいい。自利・利他の願を受けて第三誓が出ている。自利・利他を成就せんがために第三誓が出ている。

## 存在の故郷

もう一つ大事なことは、法蔵願心が本願を選択するに先立って、超世の願、出世の願、そういう超越的なる願を発すという言葉を確認している。「無上殊勝の願を超発せり」（聖典一四頁）という言葉が出されている。そのときの内容は、「国」です。「荘厳仏国の清浄の行を思惟し摂取す」（聖典一四頁）とあり、仏国を荘厳する行と、無上殊勝の願の内容が確認されてくる。

五劫思惟を通して国を荘厳しようと誓われて、四十八願が展開する。四十八願全体が国の願といってもいい。だから、金子大栄先生は、四十八願が浄土の憲法であるといわれる。憲法によって国を建てる。無上殊勝の願の内容を国を通して明らかにする。四十八願全体が、我が国、阿弥陀の国と他方仏国、国と国の関係が内容になって、我が国を建立すると同時に、我が国の用きを他方仏土にも及ぼす。そういう国を中心にして本願が展開されている。

ところが『重誓偈』に来ますと、『重誓偈』の三誓には国ということがない。『重誓偈』全体の性格としても、国を建立することが表には出ていない。経典形式としての重頌、重ねて内容を偈文で総持するという意味なら当然、我が国土はどうであるかということが中心になって偈文がまとめられるべきである。ところが四十八願の内容のまとめとしては、『重誓偈』の内容には、いままで誓ってきた国という問題がほとんど表に出てこない。これはどういうことか。

無上殊勝の願というのは形がないわけです。「無上仏ともうすは、かたちもなくましますと」（聖典五一一頁）と親鸞聖人もいわれますが、形があるなら無上涅槃ではない、無上というなら形がない。比較してどうだということではないのですから、形がないものを無上という言葉で表現する。その無上殊勝の願を国として建立したいというのが、法蔵菩薩の独自の願である。法蔵菩薩が国を通して衆生に呼びかけようと。欲生我国、我が国に生まれんと欲えと、国を要求せしめて、無上殊勝の願の意味を教え、無上殊勝の願の功徳を与えようと。そこに五劫思惟した無上方便の意味がある。ところが、親鸞聖人が押さえられますように、「重誓名声聞十方」、重ねて誓うというときになると、名声十方に超えんという願になる。

専修学院の院長をなさっていた信国淳（一九〇四〜一九八〇）先生に、『われ、わが名、わが国』という小さな本になっている講演があり、テーマとして非常にいいと思いました。名と国との関係で、何のために名を誓うのかというと、国を明らかにするためである。国を建てるのは何のためか、これは一切衆生を摂取せんがためだ。一切衆生に国を要求させる、これは善導大師が、「帰去来《いざいなん》、他郷《たきょう》には停《とど》まるべからず」（聖典三五五頁）ということで、帰去来、故郷への帰還の願い、我が国に帰りたい、故郷へ帰りたいというその望郷の念に寄せて、望郷の詩的情緒、本国が欲しい、自分の故郷に帰りたいというその思いに寄せて、願生の意図を語っています。

弥陀の本国ともいう。本当に衆生にとって故郷となるべきものを国として呼びかける。十方衆生の故郷、民族や個人はそれぞれ形ある故郷、歴史ある故郷、ある言葉とかある価値感を持った故郷に執着する。しかし、執着はするけれどもそこに安住するというわけにはいかない。

私どもは故郷にいては故郷のことは分からない。離れてみると故郷が見えてくる。故郷にいて不平不満たらたらなわけです。故郷にいても満足しない。そういう苦悩の衆生に国を呼びかける。国を呼びかけて名を呼びかける。そういうところに、弥陀の弘誓重なれるという深い意味がある。名を通して本願を信受すれば国に還ることができる。こういう形で如来の本意、釈迦如来の教え、釈迦如来の出世本懐が表されているのが親鸞聖人の理解です。

『重誓偈』において、四十八願の国は、直接的には三誓の中に入ってきておりませんから、いったい何を四十八願は誓ってきたのかということになります。そこに国を呼びかけて、安楽国とか、浄土とか、我が国とかいう国、あるいは場所を呼びかけて、場所を呼びかけながら、形ある場所、形ある空間的な国ではない、形を破ってしかも形に執《とら》われないで、本当に人生をいただいていける根拠となるものを与えようという願心、如来の願いが出ているのではないかと思います。

さらに、親鸞聖人が「化身土巻」にとっておられる位置からすると、その重さは、顕には衆生に努力せよと呼びかけ、上尽一形、とにかく念仏せよ、一生を尽くして、しかも一生にこだわる必要はない、三念五念でもよい、とにかく念じてみよと呼びかける。それが経典の顕の義である。顕に表に顕れた経典の言葉の文字通りの字義です。

しかし、彰として、つまり仏智、衆生から見えにくいが如来の悲願が彰《あらわ》そうとする本意は、実は本願の信心、念仏において仏の名を称えるという形に執われるのではなく、仏の名を称えるという行為の内に誓われている如来の悲願、衆生に呼びかけんとする願心、本願を憶念せよ！「憶念弥陀仏本願」、そこに気がつけば「念即生」だ。つまり、憶念の中に国が与えられる。その国が与えられることを親鸞聖人は正定聚に住する、住正定聚ということが、国を与えられたことだと読んでいる。即生とは、本願をいただいて摂取不捨の故に正定聚に住する、正定聚不退の位に住するということが、具体的に本願の国に生まれたという意味を持つ。これは彰の義だから難信だと、きちんと押さえている。

難信の法を彰《あらわ》す。難信の法とは、人間の考えからすると大変触れにくい。我々の考えからすると形あるものとしての国、国という名前自身が国境を持ったり、歴史を持ったり、人間関係を持ったりするところに、初めて感じられる。浦島太郎のように突然あまりいい思いをすると、帰ってきたら国ではないわけでしょう。帰ってきたら、もといた家も、村も無く何もない。同じ土地のはずだが、これは自分の国ではない。言葉も通じない、人の顔も知らないから、これは自分の国ではないということです。本当の国は、我々は形あるものが国だと思っているが、形あるものは形ある限り諸行無常だから時とともに失せていく。時とともに失せていくものの中に、我々は永遠に続くものを求めようとする。

ギリシャ人はポリスを要求し、ローマ人は国を拡大して全部ローマにしようと思った。あらゆる道はローマに通じる、そんな国を作ろうとした。しかし、歴史とともに全部亡んでいった。現在行ってみれば、石の遺跡しか残っていない。兵《つわもの》どもが夢の跡だと。そこには国はないわけです。一時、国があるような錯覚を与えたにすぎない。それは本国ではない。衆生がそこに本当に安んずることができる本国ではない。東洋でいえば蒙古軍しかり。国を拡大していっても、結局、雲散霧消する。小さければいいかというと、小さければ小さいで亡ぼされてしまう。

安田先生は、人間の歴史は、国を作ったと思うとその国ではなかったという歴史なのではないか、といわれましたが、それは政治的な意味だけではない。我々が生きている中に何か形あるものの中に、自分が安住しようとする。マイホームでもそうでしょう。形あるものにおいて自分を確保しようとして執着するが、できてみるとそこに自分の居場所はない。そういう衆生の要求、望郷の念、故郷を求めて止むことがないという、人間の本来の故郷、安田先生はそれを、「存在の故郷」といわれますが、本当の故郷を求めずにはおれない人間に故郷を求めよ！　と呼びかける。欲生我国、我が国に生まれよと呼びかける。

我が国に生まれよという呼びかけに本当に応える道、そこに初めて、「重誓名声聞十方」ということが出てくる。五劫思惟で国を作るが、五劫思惟を通して重誓ということになると、むしろ国を超えて名を念ぜしむる。四十八願を読んでも分かるように、名、聞名が出てくる。聞名ということが出てくると、国は、我が国ということではなくなって、他方仏土ということが課題になってくる。国という限りは、どこかで我が国、他の国という分別、国境、国土意識があるが、名になったときに、仏名になったときに、仏名はむしろあらゆる世界、尽十方の世界に用きたい、大悲が本当に用きたいという形を名において具体化してくる。

ふつうは、安楽国という一つの空間として西方という方角にある領域を持った国土を憶念せしめる。イメージとしてそういう世界を与える。西方の安楽国に生まれよと呼びかける。しかし、そう呼びかける本当の意図は、本願が十方衆生に用いている、その十方衆生に用いている本願に目覚めよ、これは隠彰、隠れたる如来の願心です。国を与えるのはむしろ、表の顕の義だ。国でも形ある国、仏国を荘厳する。仏国を形づくる。願をかざる。かざり（荘厳）を通して願いを顕にする。

作られたかざりは、かざりに意味があるのではない。かざりを通して、そのかざりを作ってきた願心に戻す。願心荘厳と『浄土論』がいいますが、荘厳のもとである願心に目覚ましめるところに荘厳の意図がある。荘厳に執われるならば、それは表に現れた言葉、表に現れた教えの表相に執われる。それは如来の一つの手だてである。衆生に呼びかけて、ある意味で如来の言葉に飛びつかせるための手だてである。

逆にいえば、衆生の要求、衆生のものの考え方は、時間的、空間的ないのちとして、いのちを感じておりますから、場所を感じて、その空間の中に我が領分、自分の空間が欲しいという。本当に自分が満足できる空間、空間という言葉では言い当てられないとすれば、環境といってもいい。自分が本当に成就できる環境が欲しいといって我々は彷徨《さまよ》う。静かな所が欲しいといって、静かな所へ行くと、寂しいから賑やかな所へ行くとうるさいから寂しい所へ行くといって流転している。いまいる所は、何となく面白くないから、違う所へ行けば満足するのではないかと思い続ける。

人間この旅する者、「ホモビアトール」(homo viator)という。フランスのガブリエル・マルセル(一八八九〜一九七三)という哲学者が人間存在をホモビアトール、人間旅する者と名づけています。旅行すると心が晴れるのは、人間が旅行的存在だからといってもいい。しかし、一生旅で満足するかというとこれまた、「旅に病んで夢は枯れ野をかけめぐる」という芭蕉の句がありますように、旅の中に死んでしまうことがある。豊かないのちの中に枯れ野を巡る、求めて求めて流転する。旅に一生を生きた芭蕉にして、そういう一生無駄の旅に過ぎたような気がするというニュアンスが、あの俳句にはあります。

「旅に病んで夢は枯れ野をかけめぐる」。豊かないのちは何処にもない。旅といっても、旅行ばっかりしていたら、人間が本当にいのちの意味を確認できるかというと、そういうわけではない。たまにするからいいのであって、旅行ばかりになったら、ある意味で流転です。

人生は「月日は百代の過客にして」(『奥の細道』)という言葉もありますが、旅する存在という感覚がある。そしてどこか本国を求めて止まない。何処に行っても本国はない。それを仏教では流転する存在というわけです。巡り巡って停まることがない。それは別の言い方をすれば状況の中に投げ出されて、流され流されていっている。主体的に本当に我が場所、我が環境を自分で執着した如くに、そこにじっと停まることが許されない。

## 真実報土こそ本国

国を求めて流転する人間存在に国を与えようという意図を親鸞聖人は、四十八願の中で第十二願・第十三願にあると読まれた。仏教の歴史の中にそんな読み方をした人は一人もいない。四十八願を読んだら全部が浄土の願と見るか、なかでも例えば、第三十一願・第三十二願に浄土の願がある、環境としての浄土の願があるというのがふつうの了解です。

第十二願・第十三願が浄土の願だというのは、ふつうに考えて分かる話ではない。無量寿・無量光という本願の願い、そこに、国を荘厳せんとする願心の本当の意図は、永遠のいのち、無限の明るみ、これが浄土を建立する意図なのだと親鸞聖人は読まれた。それが真仏土だ、真仏真土だと。その真仏真土こそ衆生の本国である。『観無量寿経』を方便の教えとするなら、真実報土は『無量寿経』かというと、『無量寿経』は真実権仮を包んでいる。真実報土それ自身はそれを見る眼がなければ見えない。その眼を、親鸞聖人は、第十二願・第十三願として見定めた。

第十二願・第十三願と見定めてみると、そこに初めて、第十二願・第十三願は、無量寿・無量光の国であり、名ですから、無量寿・無量光である仏身・仏土をもって名とする。そこに南無という一語を加えてきて、阿弥陀仏だけだったら対象化される、南無阿弥陀仏という名にした。六字の名というのは中国語に翻訳したから漢字が六字になったのですが、字の数とか発音に意味があるわけではないが、無量寿なる、あるいは無量光で用く願心を用きとする名告り、これを衆生の南無の心、帰命の心を内に包んで南無阿弥陀仏とする。これが仏名です。その仏名において、「致使凡夫念即生」の致、むねという。本当にそこに至りついて念即生を得ることができるようなむね、それを顕してくる。そういう意味で、重いという字は如来の願心が重い。重いということは重なるということだ。安田先生流にいえば、実は衆生が重い。罪悪深重の重さということがありますが、衆生の重さということが如来の重さになる。

如来だけが重いというわけではない。如来が重くならざるを得ないのは衆生が重いからだ。衆生の課題が重い、衆生の迷いが深重《じんじゅう》である。衆生の苦悩が深く重い。その衆生の苦悩の深く重いのに、如来と衆生が別々にあるのではない。如来と衆生は、ある意味で相反するが、深重の願心において、宿業重い衆生を如来の弘誓の重さが引き受ける。如来の願が重いといっても、それは衆生が重いということをくぐらないと、如来の願は本当に重さとして重く厚く重なるといわれている意味が響いてこない。

何故、親鸞聖人が、「重誓名声聞十方」、重誓といわれたのか。誓いが重いということは大変何重も重なるような深みを持っている。単に『重誓偈』が重誓といっているから、親鸞聖人が重誓といったのではない。

善導大師が、弘誓が重いといわれるその言葉を、大変重要な言葉として、顕彰隠密という「化身土巻」を貫く大問題を、一語でまとめるところに親鸞聖人は置いておられる。なにかそこに、顕と彰とが重なる。方便と真実が重なる。あるいは衆生の信心の上における虚偽と真実が相交わる。交わるといっても、真実と一緒のレベルで交わっているのではない。真実と方便・虚偽とは、レンズでいえば、違う層が相重なっているといいますか、ごちゃまぜに混じっているという意味ではない。よく見る眼で見れば方便は方便、真実は真実とはっきり分かれている。

しかし、凡夫から見ると重なって見える。そういう意味で、弘誓が重ならざるを得ない。弘誓が重なることを通して、名号が誓われる。名号を誓うについて、国ということなしに名号を誓ってもほとんど無意味である。国ということなしに名号を誓えば、これは諸行、単なるこの土で何か実践して自分が達成した喜びを持つための行為になります。浄土という国と、名号という方法で、そこで初めて名号の意味が出てくる。

しかし出てきても、その国と名の間に表の義と真実の義とがあって、ふつうは衆生の、人間のものの考え方としては実体的な空間としてしか言葉を聞きませんから、阿弥陀の国と呼ばれれば、何処かにそういう空間があるだろうと考えて要求する。生きているうちに分からないなら死んでからだろうと。死んでからという分別までして国をいただこうとする。

国を説く本意は、無量寿・無量光にある。無量寿・無量光が衆生に本当に用く。そこに親鸞聖人は「回向」ということをいう。回向という問題は成就の文の問題になりますが、願の上では回向は第二十願に出ている。つまり、自分で回向する。それは『阿弥陀経』の位置だと親鸞聖人はいわれるわけですが、念仏を回向する。如来の名をも如来に献げられるものとして我々は執着する。そういう構造のところに回向という言葉がありますが、廻らし向ける。意味を転じて如来の意味を衆生のものにして、また向こうに返そうとする。借金してお金を向こうに返すようなものです。それでいいような気になる。結局、何も残ったことにならない。人間の社会の中ではそれで何か役に立つ。だから、第二十願というものがある。

念仏を方法として自分は浄土を獲《え》よう。バブルがはじけて分かったように、借金して土地を買っていたら、買った土地は自分の土地ではなかったということが、実質はっきりした。自分の物だと思っていたら、借金した金だったということになると自分の土地ではない。浄土を阿弥陀の名を使って自分が獲ようという発想で行を称えている位置が、第二十願では意味を転じたり、価値を転じたりする用きです。それは迷える衆生が救けを要求しながら、要求と答えとがすれ違う。そこに浄土を教えるのだが、その浄土がこちらに来ない。何か思い描かれた形で、我々の迷っている意識経験の中で時間的、空間的な形で何処かに実体化してそういうものを思い描いてそれを要求する。それを説いているのだと思い込む。その第二十願の問題は願文によれば至心回向です。

そこに、如来の大悲方便がある。衆生はそういう構造でしかものが考えられないから、いったんそう説く。しかし、説いてそう要求せしめて、そして念仏を与える。名号を与える。名号を与える意味を、親鸞聖人はそこに回向があるのだとわざわざいわれるのは、如来がこちらに来るということです。

来迎のような形で来るのは、結局こちらの体験の中に如来を摑もうとするから、臨終にすがろうとするから、そこに現れてくる。来迎のような形で来る。それは形あるものとして呼びかけてくる。来り迎うと書きますが、如来の形が呼びかけて、来て迎えてくれる。それに我々は執着する。それに対して親鸞聖人は、如来の形はなくていい、もう名号のところに来ているのだ。臨終の正念を待つ必要はない。

臨終正念を祈る行者ということをいわれます。臨終正念を祈らずにはいられない不安感がある。せめて、臨終にはまともに如来の来迎を受けて救かっていきたい。それぐらい生きている不安が強い。その不安のただ中に、実は名号となって如来が来てくださっているという、それは来迎ではない、回向です。仏さまがそのまま光となって空中に現れる。

平安時代の来迎図、あれは臨終の妄念といってもいいでしょう。山の端に阿弥陀如来がにょきっと現れて手を出す。七色の光で救ってくれる、そういうものに会いたいという要求が衆生にはある。会えるまでは会えるかどうか分からないのですから、そういう救いは妄念です。臨終に現れなかったら地獄に往くしかないと思ったら不安でしょうがない。そういう妄念の救いではなく、現に念ずればそこに来ている。念ずればそこに浄土がある。

これが本当は如来の本願を説く本意なのです。『重誓偈』に来ると、国をあえて隠すといいますか、国なしに重誓があっても意味がないのですが、国を説く限りは国の形に執われます。

名号それ自身を説くときには、「重誓名声聞十方」と説くときには、国は一応外してもいい。むしろ名となって国が来ている。願がそこに用いている。国といって何が国かといえば願が国なのです。阿弥陀の本国、四十八願。四十八願以外に国があるのではない。願いとなって用く国がある。願いとなって用く国のもとは、光明無量・寿命無量です。「広大無辺際」「究竟如虚空」の、空間でいえば無限大、時間でいえば永遠だという内容を孕んで今ここに来る。これが弘誓の重いという意味です。

『重誓偈』といいますが、重誓という名がつけられるのは、親鸞聖人がただごとではないと感じておられるわけです。本願が重いということは、ふつう我々の感覚としては、あまり思わないのです。我々の罪が重いその罪の重さの構造は、実は分別の構造です。迷いの意識の分別構造ですから、それが実は如来の本意に対していつも疑いを孕み、分別の対象として分かろうという形でしか如来の願心に近づけない。そこに弘誓が重いということをいわざるを得ない。

## 本願が浄土となって用く

『三誓偈』だけを読んで、私ははじめ不思議でしょうがなかった。超世の願があり、大施主の願、自利利他の願がある。自利利他の願と次の名声十方に超えんとはどういう関係だろうか。

対象的に名声を考えるとすれば何の意味もないように思われる。そうではなく、第一誓・第二誓を内容として四十八願をくぐってここに「重誓名声」と出てくる。こう読んでみると、いったん国を建立しながら、国を破って、安田先生は晩年に、「浄土は拡大する」という言い方でお話をしておられましたが、浄土という空間があるのではない、本願が浄土となって用く。その浄土は拡大する。

拡大するということは、人間が本願を証明する。本願が何処にあるかというと人間が信受するところにある。人間がそれに頷くところにある。頷くところに浄土は拡大して来る。つまり、浄土の使命は、人間がそれに感動する。感動するときには機の深信です。機法二種深信。衆生はそのまま浄土に往けるような存在ではない。地獄のいのちしか生きられない存在だ。浄土と衆生はまったく相反する。

「無有出離乃縁」ということを通して、実は本当に感応道交するということがある。私ごとき者が、本当のお目当てである。親鸞一人がためなりけり。これは親鸞が自分を正当化して本願を誇っているわけではない。救かるはずがないにもかかわらず、ここに響いている、感動する。そこに浄土が拡大してくる。浄土が拡大するということは、人間の環境が浄土になってしまったということではない。我々はどこまでも穢土の衆生として愚かな、罪の深い、救からないいのちを生きている。だからこそ、そこに浄土が感応して来る。

愚かな、罪の深い、苦しい、思うようにならない、諸行無常のいのちを生きている人間に、だからこそ、そこに真実報土がかたじけない世界として感じられてくる。これは論理的、実践的にいえば絶対矛盾です。しかし、精神生活においては、それが本当に本願として一体である。本願に値遇すれば、そこに凡愚と如来とが一体であるということが、浄土が拡大して来ることだという。浄土といって実体的に何処かにあるとか、十万億刹の向こうにあるとか、そんなことではないのです。

死んでから十万億刹飛んで行くかどうかの保証はない。身が離れれば何処までも飛んで行けると考えることはできるが、そんな保証はどこにもない。フラフラとこの辺にさまよっているかもしれない。あるいは地獄に堕ちているかもしれない。そういう考えた世界の話ではなく、この苦悩の、闇のいのちの事実に対して教えの言葉は何を呼びかけているか。その事実を押さえていけば真実報土は何処にあるか。真実報土を開いて何を呼びかけるか。それは、我々に現生正定聚の信念を得よと。現生正定聚の信念の内容は何か。それは、「至心信楽欲生」と押さえられている信心である。

信心の生活において、絶対矛盾の救からない身が救かる。我々の精神生活にとっては、常に如来に照らされて我々の迷いのいのちが歩み続けるということだと思います。むしろ、歩めるという一点が信心なのでしょう。信心なくして歩めない。さまようだけです。信心を獲て初めて、本当に歩みの出発点に立てる。

親鸞が、苦しいとか凡夫だとかいっているのは覚ってないのではないかというのは、外から見た話で、歩んでないからです。歩んでみれば、親鸞聖人の一語一語は大変重い信仰の歩みを表している。単に迷っているのでもなく、単に悟っているのでもない。

親鸞聖人がこの偈文を一語で、「重誓名声聞十方」と押さえられるということは、大事な問題を持っていると思います。『重誓偈』の冒頭の三誓の後は、「離欲深正念　浄慧修梵行……」とずっと菩薩行のようなことが続いております。これは法蔵比丘という主語のもとに法蔵願心が、本願自身を再確認しているといってもよい。親鸞聖人は、「離欲深正念」から「天光隠不現」までの間の言葉については引用されることはない。「為衆開法蔵　広施功徳宝　常於大衆中　説法獅子吼」。この言葉を「重誓名声聞十方」と重ねて引用される。「離欲深正念」から「天光隠不現」までは、「名声聞十方」をこの言葉にまで繰り上げてくる内容といってもいいのです。

『三誓偈』の後の勝行段に、「大衆の中にして、この弘誓を発し、この願を建て已りて、一向に志を専らにして、妙土を荘厳す。……三宝を恭敬し、師長を奉事す。大荘厳をもって衆行を具足し、もろもろの衆生をして功徳を成就せしむ」（聖典二六～二七頁）といわれてきます。

「衆生をして功徳を成就せしむ」といわれてきますが、衆生の上に功徳を与えようということが出てくる。これは本願成就の内容になってくるわけですが、本当に浄土が生まれてくる元の法蔵菩薩の行といわれている（勝行段）。そこに、「不可思議の兆載永劫において、菩薩の無量の徳行を積植して」、有名な兆載永劫の修行というのは、ここの言葉です。兆載永劫の修行を通して衆生の上に功徳を成就すると経典が語っている。そういう菩薩行の内容が、「離欲深正念　浄慧修梵行……」ということになるのでしょう。衆生の闇を晴らして明るみを与えたい。

## 仏法の布施

布施にはいろいろの布施が教えられます。財施・法施・無畏施といわれますが、「施」といっても、物を貰ったり、与えたりというのは世間の「施」です。仏法の布施は、与えるものもなく、貰うものもない。にもかかわらず、そこに精神が晴れていく。畏《おそ》れがないような施が無畏施といわれます。法施は、教えの言葉を与える。財施は、お金や物を与える。法施は、言葉である。無畏施は何も形がない。

『法華経』では、観音さまの布施は無畏施だといわれます。衆生の畏れ、『華厳経』では五畏ともいわれます。「不活畏」、生活が成り立たないのではないかという不安感。いのちを活かしていくことが成り立たない、生きられないのではないかという不活の畏れ。「死畏」は、死の畏れ。死んだ後、悪道に堕ちるのではないかという

「堕悪道畏」。

それから、「悪名畏」。人間には名利の欲があります。自分の名が褒められたい、褒められるということは利益が付いてくる（名利相応）。名と利とが付いていて、悪くいわれれば利が来なくなる。悪どく稼ぐ人がいますが、最終的にはあまり悪どいことをやれば救からない。この世の中で生きている間に、どういう悪事をして、どれだけの財を得るかという意味だけではない。

仏法の上では、精神的な解放感ですから、悪名で救かるということがあるはずがない。だから、「悪名畏」ということがある。どんな悪いことをしていても、どこかで悪名の畏れはある。結局、悪名の畏れとは、不活の畏れにつながる。清沢先生は、生活問題（パンの問題）は、実は死の畏れに帰結するといわれます。死を覚悟すれば、生きられないということは問題ではなくなる。生活できるかできないかよりも、もっと根源に死ぬという畏れがある。

さらには、「大衆威徳畏」。大衆威徳とはたくさんの人間がいることが恐ろしい。具体的にいうと対人恐怖症みたいなものでしょうか。そういう畏れが人間にはあって、畏れを超えたいという要求は、小乗仏教の声聞の宗教心だといわれています。それに対して、おそらく無畏施ということが出てくる。畏れを与えないという布施が衆生の救いになる。

大施主の場合、布施をするという意味は、もちろん、単に財施という意味ではないし、いわゆる法施にとどまらない。本当の意味で衆生を解放する、人間の生活を明るくする、本当に光の生活にする。本当の光の生活にするという意味が元を返せば浄土の願いなのです。闇を本当に晴らした世界を与えたい、光明無量の世界を与えたいという内容を吟味するために、そこに菩薩行が説かれてくる。ですから、中心は、「滅此昏盲闇」というところに来るわけです。
「三垢の冥を消除して」、貪・瞋・痴の三つの冥、暗さを消除して、「この昏盲の闇を滅せん」、昏も盲も暗いという意味です。盲は見えない暗さ、昏は目には見えるけれども薄暗い。いのちの暗さを滅して明るくしよう。無明の闇という言葉が代表ですが、明るみがないということです。私どもにとって無明というのは感覚的に分かりにくいのですが、精神的闇とは、先が見えない、出口がない、もがいてももがいても解決がないということなのでしょうか。

こちらが解決すれば、あちらが問題になってくる。後から後から問題があって先が見えない。この世で生きる方法としては一つ解決すればそれで済むということがあるかもしれないが、人生にとっては、それが本当に根本的にどうなのかということになると解決がない。先のことを考えると、結局何もできない。足が踏み出せない。何もしなければいいかといっても、何もしなくても不安でしょうがない。その闇を本当に明るくする、悪道を閉塞する。『無量寿経』でいえば、「横截五悪趣　悪趣自然閉」（聖典五七頁）ということがあり、これを親鸞聖人は「信巻」の問題として扱われる。

悪趣が閉じる。地獄・餓鬼・畜生です。三悪道です。地獄・餓鬼・畜生は貪・瞋・痴に対応する。我々の煩悩に対応する。そういう生活が閉じることが菩薩の願心の内容として確かめられ、本当にそれが明らかになるときには、日月の明るさすら暉《かがやき》をおさめる。阿弥陀の光の前に日月も降参して、天の光も隠れて現じない。それほどの明るみが、精神界の明るみ、本当の心の軽やかさです。そういうものを開くために、「衆のために法蔵を開きて」という言葉として展開されている。

衆生に光を与えたいという願が浄土の願として、本願として言葉になって展開する。闇の衆生を開かんがために願が歩む。その願が歩んで来て、ここで衆のために法蔵を開く。「開法蔵」は、『無量寿経』の出世本懐の文に響いています。「教巻」に、「弥陀、誓いを超発して、広く法蔵を開きて、凡小を哀れみて、選びて功徳の宝を施することをいたす」（聖典一五二頁）とまとめておられますが、まさにこれは偈文の言葉です。

「道教を光闡して、群萠を拯《すく》い、恵むに真実の利をもってせんと欲《おぼ》してなり」（聖典一五二頁）、世に出興する所以は（『法華経』では、出世の本懐といいますが）、この言葉と響いている。それで親鸞聖人は、「教巻」で、「弥陀、誓いを超発して、広く法蔵を開きて、凡小を哀れみて、選びて功徳の宝を施することをいたす。釈迦、世に出興して、道教を光闡して、群萠を拯い、恵むに真実の利をもってせんと欲してなり」（聖典一五二頁）といわれる。

釈尊の教えと、釈尊の教えにまでなってくる根源的な願である弥陀の本意をここでまとめておられる。これが『重誓偈』の言葉なのです。「為衆開法蔵　広施功徳宝」と。ここに『無量寿経』の中心の言葉を親鸞聖人は発見しておられるわけです。阿弥陀の願心の中心になる言葉がこの言葉であると見ているのです。そして、その功徳の宝が、「常於大衆中　説法獅子吼」だと。「常に大衆の中にして、法を説き獅子吼せん」。

今現在説法と『阿弥陀経』ではいいますが、いつでも現に説法する。具体的には名号となって説法する。名を聞かしめるところにいつでも何処でも現に阿弥陀が説法する。そこに本当に施す、本当に施すということは、物を与えたり、金を与えたりしては施しにはならない。かえって闇を深くしたり、恨みを抱かせたり欲を抱かせたり、貪・瞋・痴を助長させたりして、布施になるとは限らない。

『今昔物語集』によく出ている喩えに、人間ほど悪い者はない。洪水になって、蛇を助けたり、犬を助けたり、人間を助けたりする。その結果、必ず酷い目に合うのは人間を助けた場合だと。蛇を助けたら後できっと何かいいことがある。昔話ですから、本当かどうかは分かりませんが、人間はいかに分別が深くて、恨みが深くて、欲が深いものかを語っております。

恩に報いるというけれども人間ほど忘恩の徒はいない。人間は人を利用することしか考えない。罪の深い衆生が描かれている。人間からすると蛇は嫌いだとか、蛇は悪いというが、蛇の方がよほど人間よりはいのちに対する感謝が深いことを物語として語っている。人間ほど心が暗く、人間ほど本当の存在が分からずに迷う存在はない。しかしその中に、常に大衆の中にして、説法獅子吼せんと。その中に入って常に用き続けようというところに大悲がある。その大悲の用き、それが衆のために法蔵を開く。因位法蔵を開いて、果なる阿弥陀となろうという意味を持っています。

本願は超世の願である。この超世の願以外に本当に施すものはない。人間にものを施せば人間はそれを我が物として取るだけの話です。あまり感謝しない。一時的には感謝するが、物では本当は感謝しない。ますます欲を募らせる。本当に施さんというときには、超世の願という以外にない。一人ひとりが自分の本当の故郷を要求する、超世の願が国を要求せしめるという形で呼びかける。本当に施そうということは、それを離れてはいのちもないし、それを離れたいのちは何処にもないという自然の報土を、それに反逆して、背いて、忘れて、もがき苦しんでいる衆生のただ中に、常に呼びかけようというところに名号を誓う意図がある。

名声十方に超えんということは、名を通して、闇の深い衆生の中に光を与えたいという願が、本当に我々の闇の心に光を施そうという願が名となって来ている。名号となって私どもの上に与えられてきているということが、『三誓偈』を通してはっきりしてくる。

ですから、名声の文を「行巻」に引かれ、「衆のために宝蔵を開きて広く功徳の宝を施せん」(聖典一五七頁)

という言葉は、「行巻」に引くと同時に、経の体、教えが説かれるという真実教の中心の問題として引いてこられる。「行巻」に、「我仏道を成るに至りて名声十方に超えん。究竟して聞こゆるところなくは、誓う、正覚を成らじ、と。衆のために宝蔵を開きて広く功徳の宝を施せん」（聖典一五七頁）を引いてこられる。この言葉をもって、親鸞聖人は、真実教の中心問題として押さえている。

法蔵というのは、ダルマーカラ、法蔵菩薩の名前、法を蓄積している場所という意味を持っていますが、それが何処かということになると、曽我先生によれば、衆生の闇の心です。法蔵は何処にあるかというと、法蔵は我にあり。つまり、闇の衆生を荷負って歩んでおられる心。それは閉鎖されている心、「信巻」では、「自障自閉」といいますが、自らが自らを障碍し、自らが自らを閉鎖している。自障は疑いだと、自閉は愛だ、愛着、愛情です。疑と愛が人間を閉鎖していると親鸞聖人は押さえている。

和讃にも「無愛無疑」という言葉が出てきますが、疑いとは分別、理性の分別です。愛とは感情、煩悩の感情ですが、理知も感情も人間を閉鎖しているということです。それを公開する。法蔵が何処かにあって、溜め込んだ法蔵が、「開けゴマ」で宝が出てくるのではないので、実は、法蔵は何処にあるかといえば衆生の胸の中にある。

我々にとっては闇だけれども、それを開けば、そこに感応道交する。感応道交が成り立って、本願に響くもの、本願を本当にいただくことができる胸が開かれてくる。いまここでは、差し当たりはそういう意味が出ておりませんが、尋ねていけばそういう問題が出てくる。つまり、そこに、表向きは「行」の問題ですけれども、内には「信」の問題が孕まれている。

## 悪道を閉塞する

『嘆仏偈』、四十八願があって、それを受けてもう一度偈文があり、それが『三誓偈』（『重誓偈』）です。はじめに三回くり返して誓いが出ている。本願は「説我得仏」という言葉で始まって「不取正覚」という言葉で結ばれてくり返されています。その中にこれこれを成就することができないならばという願いの内容を誓って、自分は正覚を取らないといわれる。それを『重誓偈』では明らかに、「誓う正覚を成らじ」と誓いという字が出ていて、本願を悲願、弘願、弘誓といい、あるいは本誓といいます。願とも誓ともいう。

一神教のキリスト教では、ユダヤ教以来の、旧約以来の神との契約ということがあって、神と人間との間で相互に契約する（contract）。それで新約とか旧約というのは契約の約になっています。約束の約でもありますが、契約という意味を持っている。それで交互に誓うというのですが、法蔵願心は、人間との間に契約を結ぶのではない。非常に強い人格的絆という形であるよりは、十方衆生の苦悩を見そなわして願心自身が自ら誓う。

仏教の持っている性格なのかもしれませんが、相手を予想してそれとの間に絶対命法の形で誓うのではなく、願心それ自身が自らに誓う。願が願自身をもって誓いとする。ですからこの誓いは、「契約」という思想とは違うのではないかと思います。それを聞いてそれに頷いた人間の側には、その弘誓に対して恩徳を感じ、報恩《ほうおん》の思いが与えられる。

神さまという絶対的な力を持った者には、従属か反逆か、奴隷になるか罰を受けるかという厳しい面がありま す。聖書などでも神に従うか、さもなければ神の罰を受けるという、神との盟約に背く場合の恐ろしさは、仏教の教えに触れている者では考えられない。神を否定することは本当に恐ろしい。あるべき契約を破棄するわけですから、その報いとして罰が当たる。その罰の恐ろしさがキリスト教の信仰を支えているところがある。

神は、人間を超えて絶対的な力の存在を頼むという場合には、それに反逆することはできない。もしするなら地獄に堕する。自分の存在が完全に苦悩のどん底に踏みつぶされる。神の力によって踏みつぶされるような恐ろしさを耐えなければならない。そういうものが神さまには付いていています。それだけに、倫理に対する厳しさという面では、十戒があるように、戒律の厳しさには、恐ろしさを伴っている。

もちろん、仏教教団でも戒がある。戒は本来は、自らに課して、自らを仏の弟子として本当に仏法を明らかにしていく身として、自らに守るべきものというもので、犯した場合には地獄に堕ちるという質のものではない。戒律のうち、最も重い罪で、波羅夷《はらい》罪といって教団から追放されることはあったわけですが、それは人間同士の中で、教団の大切にすべきものを個人の所有にするとか、僧物を盗むとか、あるいは倫理を破るという場合は人間として失格である。宗教以前に人間として失格だという意味であって、罰を受けて地獄に堕ちるという意味ではない。

この『三誓偈』の誓いも、願自身が自らにこの内容を成就することをもって自己とする。これができないならば自分が自分にならない、「正覚を成らじ」ということは、如来が如来にならない。そういう自己が自己に誓うという誓いを三度誓って、三誓目に「名声十方に超えん」という名号の願が出ている。

この重誓が終わると、「離欲深正念　浄慧修梵行」、欲を離れて深く正念に住して、浄慧と梵行を修して、「無上道を志求して、諸々の天人の師とならん」（聖典二五頁）と。菩薩行、菩提心の言葉が並べられてきます。「智慧の眼を開きて、この昏盲の闇を滅せん」と。三垢の冥といわれている衆生の闇、煩悩の闇を破って明るくしていこう、と。
「もろもろの悪道を閉塞して、善趣の門を通達せん」、悪道というとふつうは三悪道（地獄・餓鬼・畜生）をいいますが、広くは、『無量寿経』では、五悪趣ともいっており、人間まで包まれます。つまり流転の生活を悪道といいます。この場合の悪は倫理的意味ではない。人間存在が本当の方向に向かない、状況に流される在り方が菩提心にとって悪である。

菩提心の方向に対して悪道といった場合は流転が悪道である。ふつうは真面目に会社に行っているとか、真面目に勉強しているのは何も悪ではないのですが、仏道からすると、名利に流され、煩悩に流されている流転ならば、それはいのちの意味を失うものである。いのちの意味を失うだけではない、仏法に背くという積極的な意味を持つということで、五悪趣という厳しい言葉でいう。三悪道といった場合には、三悪は悪い状況ということで、地獄・餓鬼・畜生はつらい状況、あるいは人間として相対的に悪い状況、人間より悪い状況をいいます。仏法から見れば五悪趣といわれる場合もある。

『教行信証』「信巻」の「横超断四流釈」に取られる『無量寿経』の言葉があります。「必得超絶去」、「必ず超絶して去《す》つることを得て、安養国に往生して、横《おう》に五悪趣を截《き》り、悪趣自然《じねん》に閉《と》じん。道に昇《のぼ》るに窮極《ぐごく》なし。往《ゆ》き易《やす》くして人なし。その国逆違《くにぎゃくい》せず。自然《じねん》の索《ひ》くところなり」（聖典二四三頁）とあって、横ざまに五悪趣を截りとあります。この場合、浄土に対して流転の在り方一切は悪趣である。その悪趣を横ざまに截る。親鸞聖人は、横ざまというのは本願力を表すと読んでいますから、人間の力で截るのではない。本願力によって流転を截る。ただ単に流されていく存在である者が、むしろ単に流されるのではなく、喜んで流れる。流れの中に単に流されるのではなく、流れつつ流されないという立場を開く。ただ流されないということになると固定してしまう。

固定された流転状況のいのちを止めなければならない。状況に流されながら単に流されるのではない一点を開く、それが本願力に触れるという意味です。その場合に横ざまに截るという意味を充分に持つことを、親鸞聖人は明らかにされて、横超断四流といわれます。「横超断四流　願入弥陀界」（『帰三宝偈』、聖典一四六頁）という善導大師の言葉をそのように理解される。「もろもろの悪道を閉塞する」とは、そういう内容を持ってきています。悪い状況を止めるというだけではない。人間として単に生活に追われ、状況に流され、自己を失う。

何処に主体があるかわからなくなる状況を本当に超えるのが、仏法の方向である。「閉ざす」は、「悪趣自然に閉じん」と「閉」という字が使われています。本願力によって根が截られ、閉ざされる。そして、「善趣の門を通達せん」、悪道に対して善趣といえば、ふつう、修羅、人間、天上ということになりますが、この場合の善趣、法蔵願心が善趣の門という場合には、流転を超えた浄土ということを根本的に見すえている。

「趣」という字は六趣、六道からいわれて、いってみれば状況（situation）のことです。善趣の門を通達せんとは、そういう意味で読む場合、門はどういう意味か。門は入出する場所ですから、良い状態に入る門、悪趣を避けて良い状態に入るというだけなら、流転の一状況を選ぶということになります。一応、言葉の上ではそう呼びかけていますが、根本の意味は流転を超えて本願の浄土の門を明らかにするという意味を持ってくると思います。

「功祚、成満足して、威曜十方に朗《ほが》かならん」、功祚は、頭陀行のことだそうです。仏陀は修行時代はほとんど座っておられたわけですが、覚りを開かれてから法を布施するという行を、人々から食事をいただく、あるいは衣類をいただく、人に布施をさせておいて法を布施するという生活の形をとられた。それを功祚というのです（「くそ」または「こうそ」と発音します。ふつうには「くそ」と発音しますが、『無量寿経』では「こうそ」と発音します)。

頭陀行を満足して、「威曜十方に朗かならん」、「日月重暉を戢《おさ》めて、天の光も隠れて現ぜじ」、仏の明りの前に、日の光、月の光が光を戢《おさ》めてしまう。光を盾や矛に喩えれば、日月の光が降参する。三誓に続いて、このように法蔵願心が菩薩行を語っている。

そして、「衆のために法蔵を開きて、広く功徳の宝を施せん」と。法蔵願心のもとの意味を『無量寿経』自身がこう語っています。衆生のために蔵を開く。一応物語的に語っておりますから、法蔵菩薩が、衆生のために、昔でいえば庄屋があがった米を蔵に積んでおいて、飢饉になったときに、その蔵を開くというように、法蔵が自分の蔵にあった宝を衆生のために開く。これは、第二誓の「不為大施主」の内容と重なる。「無上道に至らん」の内容を語ってきているとも考えられます。

「常に大衆の中にして、法を説きて獅子吼せん」、「常於大衆中　説法獅子吼」。この「為衆開法蔵」と「説法獅子吼」とを合わせて、親鸞聖人は「行巻」に引用されています。つまり、功徳の宝を衆生に施して、いつでも説法し続けるという願いを法蔵願心が誓っている第三誓の内容だと読まれた。つまり、法の蔵である願が、功徳の形を衆生の中に顕したときには、名となって、名の用きとなって、衆生に常に説法を仕掛ける。常に説法獅子吼する。声なき本願が名となるところに、大衆の中に夜となく昼となく、場所を問わず、いつでも呼びかける。親鸞聖人はこういう意味だと読まれた。

「常於大衆中　説法獅子吼」の一句を先の第三誓に続いて、「行巻」に親鸞聖人は引用されています。「衆のために宝蔵を開きて広く功徳の宝を施さん。常に大衆の中にして説法獅子吼せん、と」(聖典一五七頁)、この場合の「ほうぞう」は「宝蔵」になっております。

## 『高麗版一切経』

『無量寿経』にもいくつかの流れがあります。現在読誦しているものは、新纂といって親鸞聖人の七百回ご遠忌のときに、新しく編纂された短い経典です。もとは本纂といって、三部経全部が入っていた。その『無量寿経』の文字とは違う部分があります。

親鸞聖人が用いられた三部経は、版でいうと高麗版です。初めて大蔵経が印刷されたのは朝鮮です。高麗の時代に朝鮮半島の国をあげて『一切経』が作られた。ですからその当時の朝鮮半島は大変な力を持っていたことが考えられます。いまと違って印刷するということは、いちいち木に版を彫るわけですから大変な仕事であった。それに先立って、経典を全部校訂して、彫って、それをその当時の貴重な紙に印刷するわけですから、国家事業として大変な事業だった。

意外なことに中国より先に朝鮮で『一切経』が印刷された。中国で翻訳されたいろいろの経典がばらばらにあって全部一括した経典になっていなかった。それを集めて、編集して、『一切経』にしたのは高麗である。『高麗版一切経』というのは、だいたい十一世紀頃です。これが『一切経』としては一番古いものであり、また一番間違いの少ない版であるといわれています。

その後、中国で「宗版」とか「明版」とか、やはり国家事業として『一切経』が新たに彫られるのですが、「高麗版」の権威がいまだに信頼されるものとして残っている。ちなみに、日本で『一切経』が大正時代に編集され、『大正大蔵経』といわれていますが、その『大正大蔵経』の底本は「高麗版」です。その「高麗版」か、それと同じ内容のものを親鸞聖人が読まれた可能性が一番高い。親鸞聖人がお読みになっていた三部経と、現在の流布本（一般に流布していたものを用いた。それがいつの間にか権威を持って、正しいもののように思われて使われているもの）とはずいぶん違います。

意外なことに本山の版になっているものは、江戸時代の末期になってからようやく本山の開版にしています。そういう意味でいうと、あまり文献的には権威がない。学問的権威はないかもしれませんが、本山の権威になっている。

少なくとも親鸞聖人の読まれたものとはずいぶん違う。私は真宗聖典を編集する仕事に携わった一員なのですが、そのときに経典を全部編集し直すかどうかということをちょっと考えたら怒られました。とてもそんなことは簡単にできるものではないと怒られました。

一つには法主権という権威があり、法主権に抵触する。その上に、校合して何が正しいかを選ぶということは、これは大変な仕事で、三年や五年でできる仕事ではない。そういうことで諦めて、本山の版をそのまま入れてあるのですが、ずいぶんおかしいところがあります。それをやむを得ず使っているわけです。

昔は、写本で写したものを読んでいますから、ずいぶん文字の出入りがある。『教行信証』でも、いま私どもは簡単に聖典で見ることができますが、一時代前の方々は大変な苦労をした。一般に流布している『教行信証』を買うだけでも大変だったのでしょうが、たとえ手に入れても間違いだらけなのです。

だから、それがはたして本当に親鸞聖人の書いた字なのか違うのか分かりませんから、間違った字のままに意味を考えようとする。講録などを見ると妙なことが書いてあることがあります。間違った字をそのまま、まともに考えようとするから、的はずれなことを一生懸命考えていることがあります。そういう苦労をして学問をしておられたのです。いまは少なくとも親鸞聖人の直筆の坂東本《ばんどうぼん》が公けにされ、しかも印刷を読むことができるということで、我々はずいぶん楽です。そういう事情で、底本が違うということです。

## 三界の雄

親鸞聖人は、少なくとも「宝」という字で考えておられた。親鸞聖人の引用の仕方を見ますと、第三誓を引かれて、そして、「衆の為に法蔵を開きて、広く功徳の宝を施せん」という言葉を、出世本懐の文として「教巻」に引かれた。あの文と照らして、ここに引かれる。そして、「常に大衆の中にして、法を説きて獅子吼せん」という意味を名号の用きとして読んでおられる。それを第十七願の意味として引かれ、続いて、「一切の仏を供養したてまつり、もろもろの徳本を具足せん」、これも前に読みました第四十二願の住定供仏の願、第四十四願の具足徳本の願がありました。第四十二願では、「無量不可思議の諸仏世尊を供養したてまつりて」ということがあり、第四十四願では、「歓喜踊躍して、菩薩の行を修し、徳本を具足せん」と誓われておりました。四十八願で誓った内容を改めてもう一度誓っている。

「願慧《がんね》ことごとく成満《じょうまん》して、三界の雄《おう》たることを得たまえり」。願慧（願の智慧）、これも珍しい言葉です。願が智慧という意味を持つ。願自身が願を表現する形を持ったところから願慧ということが出てくる。『無量寿経』のはじめに、「教巻」に引用されたところでは、五徳現瑞という言葉があり、そこに「世雄」、世の英雄という言葉が出ていました。

「今日、世雄《せおう》、仏の所住に住したまえり。……今日、世英《せよう》、最勝の道《どう》に住したまえり」と英雄が二つに分けられて、雄と英と読まれています。世の英雄、「われ世に勝てり」、キリスト教にもあるそうですが、俗世間に勝った。俗世間に勝ったという意味は、仏教的にいえば、流転を超えたという意味です。人に勝ったという意味ではなく、自分自身の意味を勝ち取ったという意味です。

苦悩を超えたという意味が、「世に勝てり」という意味を持つ。世雄は仏の所住に住したまえり、住すべきところに住したことが世の英雄である。それを世英の方では、最勝の道に住する。最も優れた道に立つという意味です。なにも英雄だからといって、多勢の人々を引き連れてその上に立つという意味ではない。一人独立者として世を超えたということが自分の立つべきところに住したという意味であり、これが本当の雄である。

権力的王ということでいえば、お釈迦さまは小さな国の王子だった。よく仏教の説話の中に出てくる王としては、親鸞聖人が仮名聖教で正定聚をお考えになるときに、転輪王の王子という喩えを出します。正定聚の位に住して、必ず仏になるという喩えとして、王さまになることが必ず定まっている位、世間でいえば王子、その王子の喩えを出して、正定聚という意味を確認しています。王というのは世間一般では、大変力を持って優れたものと考えられていますから、喩えとしてよく出てくる。お釈迦さまは、別に人々を家来として引き連れてというのではないが、輪廻を超えて、状況を超えて独立者として一人立つというところに、世間でいえば一族郎党を率いる王という位置で喩えられる意味を持つ。

清沢先生の文に、外物・他人の奴隷になるということが出てきましたが、私どもは諸々の状況に引きずりまわされる。自分を失う。それに対して本願に触れた私どものいのちは、確かに環境を持ち、身体を持って諸状況の中に生きるが、単にそういう諸状況に流されるのではない。どんな状況であっても、それを菩提心の場として本当のいのちを回復する。そういう意味で、信心の人は諸仏に等しい、あるいは如来に等しいという。

三界の雄とは、喩えれば須弥山のような意味をもつ。これは大変な喜びです。吹けば飛ぶけし粒のようないのちが、本願に触れるところに、本願念仏によって感じられる存在の意味は、禅では「独座大雄峰」といって、大きな山の頂きに独り居るという表現をとるのですが、私どもは、そういう大法螺吹きのような表現はとりませんが、煩悩のいのちの中に何ものにも変えがたい大きな意味を持つという意味をいただく。これが、法蔵願心が三界の雄たることを得る、ということです。

しかし、それだけではない、その法蔵願心が成就するということは、具体的には衆生の上に来るわけですから、説法獅子吼の願心が私どもに響いて法蔵願心が三界の雄たることを得る。それによって私どもの上に横截五悪趣という利益が与えられる。五悪趣を超えて、しかも三界を捨てるわけではない。五悪趣を截りつつ五悪趣のいのちを生きる。矛盾しているが、矛盾のままに、煩悩のいのちを生きるけれども、煩悩を超えているものをいただく、それが信心である。信心は煩悩の中にあって煩悩を超える。「衆生貪瞋煩悩中　能生清浄願往生心」とは、信心は煩悩の中にあって煩悩を超える、貪瞋煩悩の生活にあって煩悩に汚されない。それが法蔵願心の力において成り立つ。

「仏の無碍《むげ》の智《ち》のごとく、通達《つうだつ》して照らさざることなからん。願わくは我が功慧《くえ》の力、この最勝の尊《そん》に等しからん」、これは前に法蔵願心が、世自在王の前に願を発しました。自分に先立って仏を仰いで願を発しています。その内容がいま一度ここに出てくる。「この願、もし剋果《こっか》すべくは、大千感動すべし」、もしこの願が成就するならば、剋果の「剋」という字は、親鸞聖人は、「時剋の極促」と剋を刻の意味で使っておられ、刻むとか切るという意味を持っています。果を刻み出す。大千とは、大千世界、三千大千世界ともいわれます。

「虚空のもろもろの天人、当《まさ》に珍妙《ちんみょう》の華《はな》を雨《ふ》らすべし」、存在全体が呼応して欲しい。こういう言葉で結ばれております。願の内容を誓って、その誓いの内容には本願の中から、いくつかの項目を選んで、再度偈文として歌いあげております。

『嘆仏偈』では、自分の師仏の前に、自分の誓いを見て欲しいといって、結びのところで「十方の世尊、智慧無碍にまします。常にこの尊をして、我が心行を知らしめん」と、自分の精神を知らしめよう、自分の身はたとい苦毒の中に止まるとも、「我が行、精進にして、忍びて終に悔いじ」、自分の願いを、どのような苦悩があろうとも、それを貫いて、忍んで終に悔いないと結ばれていた。そして四十八願が確認せられて、その四十八願を結ぶときには、この仏の前に、この願を成就していくから、これが成就するならば、どうか一切の世界と共に呼応して欲しい。因の場合には苦悩の中をも貫いていこうという言葉で結んであって、今度は、この存在の成就を、大千とともに華を雨らして祝って欲しいという言葉で結んでいる。

## 阿弥陀仏は報身

**仏、阿難《あなん》に告げたまわく、「法蔵比丘《ほうぞうびく》、この頌《じゅ》を説き已《おわ》るに、時に応じて普《あまね》く、地、六種に震動《しんどう》す。天より妙華《みょうけ》を雨《ふ》りて、もってその上に散ず。自然《じねん》の音楽、空《そら》の中にして讃《ほ》めて言《い》わく、「決定《けつじょう》して必ず無上正覚《しょうがく》を成るべし」と。ここに法蔵比丘《ほうぞうびく》、かくのごときの大願を具足し修満し、誠諦《じょうたい》にして虚《むな》しからず。世間に超出して深く寂滅《じゃくめつ》を楽《ねが》う。**（聖典二六頁・註釈版二六頁）

「仏、阿難に告げたまわく、「法蔵比丘、この頌を説き已るに、時に応じて普く、地、六種に震動す」（聖典二六頁）、法蔵比丘の願に応えて、大地が震動した。「天より妙華を雨りて、もってその上に散ず。自然の音楽、空の中にして讃めて言わく、「決定して必ず無上正覚を成るべし」と」、この言葉を親鸞聖人が『愚禿鈔』に引いています。

「『大経』にいわく、「本願を証成したまうに、三身まします。」法身の証成、『経』にいわく、「空中にして讃じていわく、決定して必ず無上正覚を成じたまうべし」と」（聖典四二七頁）。親鸞聖人は、『重誓偈』を終わって出てきた経典の言葉、自然の音楽を空で讃めるということの意味を、「法身の証成」として読んでいる。法蔵菩薩は物語の上で語られているのですが、願を発して、阿弥陀に成る、願に報いて仏に成る。つまり報身です。阿弥陀仏は報身といわれ、阿弥陀の浄土は報土といわれます。それに対して法蔵菩薩自身の願とその成就とに対して、自然の音楽が空で讃めるという意味を親鸞聖人は法身の証成と読んでいる。

本願が本当に虚しくないということは、人が確かめるのではなく、報身を確認することは法身だ。本当は法身とは形もなくましますといわれ、色も形もない。法性とか一如は本当は色もなく、形もない。色で語るわけにもいかないし、形で語るわけにもいかない。どんな色、どんな形であろうと法身でないものはないし、法身それ自身は、何でもいえるが、何でいっても足りない。法身それ自身はいってみようがない。

法身という言葉が何処から出てくるかというと、『涅槃経』です。大乗の『涅槃経』が法身常住という。法身常住とは、お釈迦さまが亡くなったら仏法は消え去るのかというとそうではない。お釈迦さまは自分が仏陀になった。そのときに仏陀にならしめる、仏陀が仏陀になることができる内容は「法」（ダルマ）だ。ダルマは釈尊が作ったわけではないし、釈尊だけが摑まえたものでもない。ダルマは不変の法である。だから「ダルマを観る者は我を観る、法を観る者は我を観る。我を見る者は我を見る者にあらず」と釈尊はいう。釈尊がいるときだけ法があるわけではない。法は自分が生まれようと死のうと不変である。変わらない。それを法身常住という。法それ自身は自分が生まれようと死のうと変わらない。生まれた存在は有限である。生老病死の身である。人間釈尊が永遠に生きることはできない。だから我が身、我が身体、我が形に執《とら》われる者は我を見る者ではない。我の仏たるゆえんは法にある。法を観よ。「法に依って、人に依らざれ」といわれたわけです。その法をダルマカーヤ（法身）といいます。

身というけれど肉体という意味ではない。法をもって身としている。法身をまた、仏像、偶像の形で考えるが、法身というものがあるわけではない。あたかも身があるごとくに法それ自身を建てて、それにおいて報身も化身も成り立つ。釈尊の身は釈尊の肉体が釈尊ではない。釈尊をして仏陀たらしめている法身がある。たまたま法身が釈尊の上に生きているが、釈尊が亡くなったからといって消えるものではない。そういう法身が法蔵菩薩の願心を讃める。

曇鸞大師が、「方便法身《ほうべんほっしん》」という。方便といった場合は、形を仮に現して人間にとって手掛かりになるような手だてとなる。その意味の方便の法身、その場合は法身が方便という形をとって法身自身を表現した。方便をとったからといって法身を失わない。

法身のままに方便となったのが方便法身です。「法性《ほっしょう》　法身《ほっしん》」から「方便法身」を生じたのである。生じたけれども法性法身を失わない。だから、方便法身によって法性法身を出すと。法性法身によって方便法身を生ずれば、方便法身によって法性法身を出す。そのために方便となった。方便といっても嘘になったという意味ではない。人間にとって法身それ自身は手掛かりがない。人間は触れてみようがない。だから、その法身が人間に用く法身になるために方便法身になった。

親鸞聖人は、法蔵の願心、願心それ自身が仏にならんと誓ったその願心を必ず成就するぞと証明するものは、法身それ自身だといわれる。法身の要求から報身が生じている。だから、その報身を法身が証明しているのだと読まれて「法身の証成」と、まことを証明する。こういう言葉として、法身の証成をお考えになるときに引いている言葉です。

面白い考え方です。本当は法身とは色もないし、形もないし、用きを持たない。だから、用くはずがないのですが、物語として「報身」を証明する用きとしてここに響いてきたと。こう書いているからといって、本当に空に音楽が鳴ったということではないので、こういう形で表現した意味は何かというなら、法身が報身を証成していると読まれたのです。

阿闍世の場合には、『涅槃経』の阿闍世の物語を親鸞聖人が引用している「信巻」の文に、罪に苦しむ阿闍世の前に亡くなった頻婆沙羅王の声が空中から聞こえた、それを聞いて「悶絶躄地」した。震えて畏れおののいて地面に倒れたという言葉が記録されています。それは頻婆沙羅王という自分の父王の願いが阿闍世に響いたということなのですが、この場合、法蔵菩薩に対して天の声が聞こえたというのは法身なのだと親鸞聖人は考えられた。

世自在王仏を親鸞聖人は化身だと考えておられます。化身とは応化身で、人間の形をとって仏法を教えてくださる場合には、人間の形をとってくださった如来だと見る。それを化身といいます。人間の形を現して教化する。本当は分かるはずがない。人間の経験であれば流転の状況の中での知恵ですから、どれだけよく分かったといっても、そういうものからは絶対に触れることができない。超世の願、あるいは法性は、流転の経験からは絶対に得ることができない。そういう経験を教えてくださるところに応化身という意味がある。

如来が人間の形をとって教えてくださった。単に人間ではない、仏さまと仰ぐことができる。人間の形である限りにおいては有限である。その有限の形をとって有限を超える世界を教えてくださる。そういう意味で化身という言葉が出される。世饒王仏は法蔵菩薩にとっては、一応は師仏、自分に先立って存在する如来として物語上に描かれています。それを親鸞聖人は具体的に師として現れたまう如来という意味で化身と考えている。

何故、三身が出てくるか。法身、報身、もっとさらに応化身を応身と化身に分ける場合もありますが、身を分けて考えるようになるのは混乱して苦しむからです。

お釈迦さまが仏陀だ。仏身はお釈迦さまだと捉えようとすると、亡くなったことによって仏が消えてしまう。仏の身とはいったい何であるか。肉体であったのか。肉身が仏身だということになれば、皺だらけでやせ細った骨が出ている身体、何かを食べて下痢する者が仏さまか。それは単に一人の有限なる人間存在であって仏陀ではない。それなら仏陀それ自身の身とは何だということが議論されるようになる。そこから意味が分かれる。法身と応化身とが分かれる。

さらに報身とは願に応えて現れたまう姿、代表的なものが阿弥陀仏です。因位の願に報いて如来となる。法身は色もなく形もない変化のないもの、それに対して応化身は人間となって現れたまうお姿、さらに願をもって立ち上がっておられる如来を報身と名づける。阿弥陀如来が代表ですが、いまここでは、親鸞聖人は、十方如来を報身と位置づけています。皆それぞれ願を持ち、それを成就した如来を仰いで報身といわれます。

地が六種に震動して、妙華が雨《ふ》ったという表現は、実は法身が証成しているのです。法身とは存在の本来性といわれます。本来不変なるものであり、変わらないものが動きを持つ。変わらないものが動きを持つというのは物語的です。物語的に語って、私どものなかなか感動しない心に響かせようとする。私どもが嬉しいときにはそういう思いがあります。ちょうど地が喜んでいるように感ずるということを、このように表現する。法蔵の願心を聞いて大地が喜んでいる。そして必ず成仏するぞという声が聞こえてきた。それは存在の本来性が証明したのです。

「ここに法蔵比丘、かくのごときの大願を具足し修満し、誠諦《じょうたい》にして虚《むな》しからず。世間に超出して深く寂滅《じゃくめつ》を楽《ねが》う」（聖典二六頁）、誠という字も真という意味ですが、諦も真理という意味です。真理そのものであって虚しくない。法蔵の願心が世間を超えて深く願う。この場合は寂滅とか涅槃という言葉なのでしょうが、世間に超出する超出性を語っている。

世間を流転とか騒がしさとかいうならば、それを超える方向は寂滅性である。寂滅といっても何も無くなるという意味ではないのですが、大乗の涅槃は分別を超えるといわれています。分別を超えた寂滅性、それを文字通りの寂滅と捉えようとすると小乗の涅槃になってしまう。小乗の涅槃は動いているものを止めるようにして寂滅だと考える。

大乗の寂滅は、分別であぁでもないこうでもないと苦しむ、その苦しみを超える。「無住処涅槃」ともいわれ、執《とら》われが無くなる心です。だから、動くままに動かない。動くままに静かであるような寂滅性が大乗の寂滅性といわれている。それは超越性。本当に世間を超えるということは世間を厭うのではない。世間の中にあって世間に流されない、そういう一点を本当に深く願うということだろうと思います。

# 願心荘厳

阿難《あなん》、時にかの比丘《びく》、その仏の所《みもと》、諸天・魔《ま》・梵《ぼん》・龍神八部《りゅうじんはちぶ》、大衆《だいしゅ》の中にして、この弘誓《ぐぜい》を発《おこ》し、この願を建て已《おわ》りて、一向に志を専らにして、妙土を荘厳《しょうごん》す。修するところの仏国、恢廓《かいかく》広大にして、超勝独妙《ちょうしょうどくみょう》なり。建立常然《こんりゅうじょうねん》にして、衰《すい》なく変なし。不可思議の兆載永劫《ちょうさいようごう》において、菩薩《ぼさつ》の無量の徳行を積植《しゃくじき》して、欲覚《よくかく》・瞋覚《しんかく》・害覚《がいかく》を生ぜず。欲想《よくそう》・瞋想《しんそう》・害想《がいそう》を起《お》こさず。色《しき》・声《しょう》・香《こう》・味《み》・触《そく》・法《ほう》に着《じゃく》せず。忍力成就《にんりきじょうじゅ》して衆苦《しゅく》を計《はか》らず。小欲知足にして、染《ぜん》・恚《い》・痴《ち》なし。三昧常寂《さんまいじょうじゃく》にして、智慧無碍《ちえむげ》なり。虚偽《こぎ》・諂曲《てんごく》の心《しん》あることなし。和顔愛語《わげんあいご》にして、意《こころ》を先《さき》にして承問《じょうもん》す。勇猛精進《ゆみょうしょうじん》にして、志願倦《う》むことなし。専ら清白《しょうびゃく》の法を求めて、もって群生《ぐんじょう》を恵利《えり》しき。三宝《さんぼう》を恭敬《くぎょう》し、師長《しちょう》に奉事《ぶじ》す。大荘厳《だいしょうごん》をもって衆行《しゅぎょう》を具足し、もろもろの衆生をして功徳《くどく》を成就せしむ。空・無相・無願の法に住して、作《さ》なく起なし。法は化《け》のごとしと観《かん》ず。麁言《そごん》の自害と害彼《がいひ》と彼此《ひし》倶《とも》に害するを遠離《おんり》して、善語《ぜんご》の自利・利人と人我《にんが》兼利《けんり》するを修得しき。国を棄《す》て王を捐《す》てて、財色《ざいしき》を絶ち去《さ》け、自《みずか》ら六波羅蜜《ろくはらみつ》を行じ、人を教えて行ぜしむ。無央数劫《むおうしゅこう》に功を積《つ》み徳を累《かさ》ねて、その生処《しょうしょ》に随《したが》いて意《こころ》の所欲《しょよく》にあり。無量の宝蔵《ほうぞう》、自然《じねん》に発応《ほっとう》す。無数《むしゅ》の衆生を教化《きょうけ》し安立《あんりゅう》して、無上正真《しょうしん》の道に住せしむ。あるいは長者《ちょうじゃ》・居士《こじ》・豪姓《ごうしょう》・尊貴《そんき》となり、あるいは刹利《せつり》国君・転輪聖帝《てんりんじょうてい》となり、あるいは六欲天主《ろくよくてんしゅ》、乃至《ないし》、梵《ぼん》王となりて、常に四事《しじ》をもって一切の諸仏を供養し恭敬《くぎょう》したてまつる。かくのごときの功徳、称説すべからず。口《くち》の気《いき》、香潔にして優鉢羅華《うはつらけ》のごとし。身のもろもろの毛孔《もうく》より、栴檀香《せんだんこう》を出だす。その香、普《あまね》く無量の世界に薫《くん》ず。容色端正《ようしきたんじょう》にして、相好殊妙《そうごうしゅみょう》な

**り。その手より常に無尽《むじん》の宝を出《い》だす。衣服《えぶく》・飲食《おんじき》・珍妙《ちんみょう》の華香《けこう》・繒蓋《ぞうがい》・幢幡《どうばん》・荘厳《しょうごん》の具、かくのごときらの事《じ》、もろもろの天人に超《こ》えて、一切の法において自在を得たりき。」（聖典二六～二八頁・註釈版二六～二七頁）**

ここからは法蔵菩薩の修行が明かされるところです。そのはじめの勝行段《しょうぎょうだん》には、法蔵菩薩が諸菩薩に超え優れた修行をされたことを述べています。まず、「阿難、時にかの比丘、その仏の所、諸天・魔・梵・龍神八部、大衆の中にして、この弘誓を発し、この願を建て已りて、一向に志を専らにして、妙土を荘厳す」という。妙土荘厳は、願全体が国の願で、浄土を建立しようという願で貫いてきておりますから、浄土を建立する願が、一向に志を専らにして妙土を荘厳すといわれます。これを天親菩薩は「願心荘厳《がんしんしょうごん》」という。願の心で形どる、形づくる。法身という言葉でいえば形のないものを形として呼びかける。本来方向もないし形もない、色もない法性、釈尊をして釈尊たらしめるダルマ、それを浄土として荘厳して呼びかける。これが法蔵願心です。

親鸞聖人は、真実報土という場合、願に報いる世界ですが、願に報いる世界が願によって形どられた世界である。その形づくる願それ自身は何かというときに、親鸞聖人は、第十二願・第十三願を押さえられる。つまり、世界を荘厳する場合、ここに金剛石（ダイヤモンド）・瑠璃・珊瑚・琥珀があるという願もある。しかし、光明無量の願、寿命無量の願をもって荘厳する。

衆生の闇を本当に晴らそうという願いをもって荘厳する。衆生の欲に応える形をもって荘厳するという願もあるし、化身土と真実土を親鸞聖人は分けられましたが、真実の報土の場合には無量寿・無量光の願をもって荘厳する。荘厳というのは願それ自身が荘厳なのです。願が成就して荘厳すると物語ではいう。願それ自身が形を持つ。無量寿・無量光の願、願心荘厳、無量の寿、無量の光をもって浄土の形としようというのが荘厳です。荘厳を通して衆生に呼びかけよう。発心それ自身では、衆生は触れてみようがないし、触れているのですが触れたという自覚がない。どういうふうに触れたのか分からない。

釈尊がいようがいまいが、仏陀がいようがいまいが、法身それ自身に変わりがないということは、我々は法身を生きているといってもいいわけです。そういわれても法身とは何かさっぱり分からない。何も有難くない。その法身に触れるべく願を通して荘厳する。願を通して言葉となり、言葉を通して呼びかけて、私どもがそれに触れるということはどういうことかを教えてくる。そこに妙土を荘厳するという意味がある。

続いて、「修するところの仏国、恢廓《かいかく》広大にして、超勝独妙《ちょうしょうどくみょう》なり。建立常然《こんりゅうじょうねん》にして、衰《すい》なく変なし」という。仏国を生み出さんとするその願が用く、それ自身が恢廓広大である。広大にして優れている。独り優れている。建立常然、これも面白い言葉です。浄土を建立する。願をもって建立するが、しかし常然である。つまり、建立するという言葉自身に新しく作るという意味があります。

「はじめてここに建てる」。曇鸞大師が、天親菩薩の「世尊我一心」という言葉を解釈して、「建言我一心」といっています。建て（はじめて）我一心という。我一心を建立したと。願をもって建てるが、常然である。別に物語としては時間の中にあたかも新しく建てたように語るけれども、本当は建てたのでもなく、建てないのでもない。

悠久無変なる願自身、その迷いのはじめと一緒に始まっているような願を、いまここに建立する。建立するということは、私どもの迷いの中に目覚めをもたらすべく新しく呼びかけんがために建立する。しかし、建立するといっても本当は常然である。矛盾しています。建立といったら時間の中に何かを作ることを建立という。けれども法蔵願心が浄土を建立するのは、何月何日に建てるわけではない。物語としてはそうだが、存在の本当の意味としては常然です。

「無衰無変」、衰もないし変もない。建てるものなら壊れる。本当は形のないものを衆生のために仮に形をとる。方便として形をとる。浄土は方便法身ですから、衆生のために形をとる。迷える衆生がいないなら建てる必要がない。迷える衆生に呼びかけんがために浄土を建立する。しかし、建立したからといって建てたものは壊れる。そういう諸行無常の中に建てるわけではない。だから、無衰無変である。衰えることもないし、変わることもないということは、建てても建てたのではないということなのです。

文字通りに建てたものなら必ず壊れる。この問題は真仏土で、親鸞聖人はやはり善導大師の文を引いて押さえている。衆生が迷うから衆生に呼びかけるのであって、建てた限りは壊れるといってもいい。しかし、本当は壊れないものなのだ。本願それ自身が壊れるということはない。衆生が尽きるまで本願は尽きない。衆生が続く限り願は続く。こういう意味で、建立常然にして衰なく変なしといわれます。

## ブルトマンの非神話化

次に、「不可思議の兆載永劫において、菩薩の無量の徳行を積植して、欲覚・瞋覚・害覚を生ぜず。欲想・瞋想・害想を起こさず。色・声・香・味・触・法に着せず。忍力成就して衆苦を計らず。小欲知足にして、染・恚・痴なし。三昧常寂にして、智慧無碍なり。虚偽・諂曲の心あることなし。和顔愛語にして、意を先にして承問す。勇猛精進にして、志願倦むことなし。専ら清白の法を求めて、もって群生を恵利しき。三宝を恭敬し、師長に奉事す。大荘厳をもって衆行を具足し、もろもろの衆生をして功徳を成就せしむ」（聖典二七頁）という。

これだけを読みますと、法蔵という菩薩がご苦労していろいろやってくださるというだけのことです。ところが、親鸞聖人は「不可思議兆載永劫」から「もろもろの衆生をして功徳を成就しむ」までを善導大師の『観無量寿経』の三心釈の言葉と照らしてお考えになった。これも親鸞聖人の独特の了解です。法蔵菩薩の兆載永劫の修行をどう考えるか。「五劫思惟之摂受」の五劫思惟は名号選択の時間。では、兆載永劫の修行とは何か。親鸞聖人は、人間が如来の本願を信受するときに、『無量寿経』が第十八願で、「至心信楽欲生我国」と誓っている、この「至心信楽欲生我国」とは何かということを、「信巻」で問題にした。

ふつう人間が至心といえば、中国的な表現で、至誠心だと。「誠」の心だと。だから、善導大師は、「至誠」とは「真実」、「至誠心」は「真実心」だと注釈をしています。だから、至心に信楽してというのは「誠」の心をもって信ずればいいということなのですが、親鸞聖人は、そんな簡単なものではない。「至心」とは何かといえば、「誠」の心だということは間違いない。しかし、「誠」の心だということは、人間の心は虚偽の心だということと表裏をなしている。衆生の心はどこまでも虚仮不実である。虚偽・諂曲である。こういう批判において、初めて「至心」というものがいただける。

人間が努力して至心になれるというのなら本願が至心を誓う必要はない。如来の本願が至心を誓うのは衆生が救からない存在だからだ。流転の群生はどこまでも、虚偽であり、不実であり、心がひねくれており、無明であって真実が分からない存在だ。そこにこの不可思議兆載永劫がかかるのだ。法蔵菩薩が兆載永劫をかけて呼びかけるというのは、どれだけ呼びかけても真実にならない人間がいるからだ。そのために、法蔵菩薩が兆載永劫に修行する。

善導大師が、「自身は現にこれ罪悪生死の凡夫、曠劫より已来《このかた》、常に没し常に流転して、出離の縁あることなき身としれ」(聖典二一五頁)といわれる。兆載永劫と同じく、曠劫以来迷っている。流転している。だから出離の縁、超越するなどということはできない。どこまでも煩悩の身を逃れることができない存在である。これは、なにも生まれてから死ぬまでの短い時間だけ迷っているわけではない。兆載永劫の迷いの中にある。こう善導大師は押さえた。それと法蔵願心が兆載永劫の修行をしてくださっているということは、まったく異質でありながら一体だ。ですから、至心・信楽・欲生を、親鸞聖人は三心ともに如来だ、衆生が至心・信楽・欲生するのではない。至心も信楽も欲生も、三心ともに如来の真実の心だ。そこに不可思議兆載永劫の修行を通して真実を衆生に恵まんとする法蔵願心があると読まれた。

ふつうはご苦労くださっているなあぐらいで読んでしまう。何のためのご苦労かとは読まない。現代の哲学の問題としては「非神話化」という。キリスト教の方は神さまの物語ですから、神話といってヨーロッパでは文字通り神の物語を信じた。キリスト教では、神が人間になった。キリストは神さまなのだ。文字通り人間になった神さまだ。信ぜよと。キリストは馬小屋で貧しい女性から生まれた一人の人間だ、などといってはいけない。神さまなのだと信じるわけです。

現代からいえば、一人の人間が神を信じて、神を信ぜよという福音を伝えるべく生きて十字架に掛かって亡くなった。その亡くなった人間は神さまなのだと信ぜよ、というのがキリスト教です。そこに神話と信仰とが一つになっているわけです。神話をはずして信ずるということはできない。キリストだけが肉体を持って復活したと信ぜよという。

遺体があったのに三日たったら無くなった。誰も持って行かないのに消えて無くなった。消えて無くなっただけではない。生きて歩いている姿を見たという人間が現れてきた。キリストが生きて復活したというわけです。それを文字通り信じる。この人だけは神さまだったから、十字架にかかって槍で突かれて血を出して確かに死んだけれども、生き返ったわけです。

四日目に復活した。それを疑ってはいけないわけです。その通り信じなければいけない。カトリックなら、生まれたときからそうです。処女懐胎ということを信じるわけです。処女懐胎は何回も絵に描かれて文字通り信じられた。神さまの物語をそのまま信じるのが信仰なのです。理性でそれを批判するのは人間の罪になる。地獄に堕ちる。

ところが科学の時代になったら、信じられないという人が多くなりましたから、キリスト教神学者の中で、キリストの福音は大切だが、神話と実存的事実とがある。本当に苦悩の事実を言い当てているという面と、神話的表現がある。神話を消してはいけないが、神話を実存的に解釈し直してもいいではないかという意見が出てきた。キリスト教神学者のブルトマン（一八八四〜一九七六）はそういう非神話化（Entmythologie）をいい始めて、神話（Mythos）を解釈する学問が出てきました。

それはつい最近のことです。いままではそんなことをしたら罰当たりで獄門です。信仰は厳しいものだったのです。それを近代では、傲慢にも引き降ろして、人間の世界で分かるところは人間で解釈しようではないかとなった。そうしなければ、一般の人たちは皆、文字通り信ぜよといっても、信じられなくなってきている。科学の発達によって智慧で驕慢になりましたから、神話をそのままに信じられない。

一方、仏教では、お釈迦さま以来、本来は神話は必要がないのです。全部、神話を必要としない法に還した。法の道理に還した。インドという国は神話の多い国ですから神々がはびこっている。神々がはびこり、神々の罰がはびこっている。その中に、そういうものから人間が独立して、そういう神々にはいたぶられない、神さまによっていじめられない人間存在があるということで、釈尊は法による人間存在を考えたわけです。そこには神さまが罰を与えるということはない。生老病死は因縁の事実であって、罰が来る世界ではないということをはっきりさせたわけですから、仏陀の教えそれ自身には、神話性はほとんどない。少なくとも仏法の真髄としては要らない。けれども大乗仏教に来ると物語性が入ってくる。物語を通して語る。物語をそのまま後の人が信じてきた歴史がある。

ところが、親鸞聖人は物語をそのまま信じたのではない。仏法の道理に還して、神話をそのまま信じる必要はない。神話を信仰の事実に還して解釈し直した。そういう仕事をしてくださった。浄土真宗は近代の驕慢な人間が読んでも充分に分かるわけです。もちろん、自我がありますから、自我が折れないと分からないということはありますが、少なくとも理性に矛盾するようなことを信じよとはいわない。理性で分かるわけではないが、がむしゃらにただ信じよということではない。

「不可思議兆載永劫」という言葉を、私どもに信心が開ける、難思議にもかかわらず信じることができるという、その不可思議性を表す時間として親鸞聖人は読まれた。親鸞聖人の言い方でいえば縦にいくら努力しても超えることのできない私どもの煩悩の生活、煩悩の身、そういう私どもの闇の、流転の生活を本当に破るということは不可思議としかいえない。その不可思議なる力を、法蔵菩薩が兆載永劫の修行として教えてくださる。

私どもが名号を信じるということは、並大抵のことではない。この私どもの執念深い自力の心が破られるためには、法蔵菩薩の永劫修行が必要である。その法蔵菩薩の永劫修行を通して、私どもは残念ながら自力を捨てざるを得ない。自力にしがみついている間は救からないということをはっきりさせる。

「信巻」の三一問答のところに、「愚悪の衆生のために、阿弥陀如来すでに三心の願を発したまえり。云何が思念せんや。答う。仏意測り難し、しかりといえども竊《ひそ》かにこの心を推するに、一切の群生海、無始よりこのかた乃至今日今時に至るまで、穢悪汚染にして清浄の心なし。虚仮《こけ》諂偽《てんぎ》にして真実の心なし」（聖典二二四頁）、一切の群生海、一切の凡夫、代表的には自分です。私は、無始よりこのかたないし今日今時に至るまで、今のこの時その背景は無始よりこのかたです。穢悪汚染にして清浄の心なし。虚仮諂偽、虚しく偽り、真実の心なし。

続いて、「ここをもって如来」という。曽我量深先生はここで非常に、「ここをもって」というのが大事だといわれます。だから、「故に」というのではない。ここをもって、本当に衆生は穢悪汚染であり、虚仮諂偽であり、本当に真実清浄ということがないのだ。その全体をもって如来、「一切苦悩の衆生海を悲憫して」、真実清浄が少しでもあるから救けてやろうというのではない。その全体をもって苦悩の衆生海を憫《あわ》れみたまうのが如来の心だ。だから、それを時間でいうなら、不可思議兆載永劫としかいえない。絶対に矛盾する。救ける手だてはない。だからこそ、そこに、「不可思議兆載永劫において、菩薩の行を行じたまいし時、三業の所修、一念・一刹那も清浄ならざることなし、真心ならざることなし」（聖典二二五頁）。これは善導大師の三心釈の言葉を借りてきているのです。

「信巻」に、善導大師の三心釈があります。『観無量寿経』に三心、至誠心・深心・回向発願心という三つの心が書いてあり、それを善導大師が大変大事にして長い注釈をつけている。その中の至誠心釈、『経』に云わく、「一者至誠心」」（聖典二一五頁）とあります。至誠の心、それに注がついている。そこに有名な言葉が出てくる。人間存在が、いかに虚仮であるか、いかに不実であるかということを徹底的に善導大師が書いている。そういう心をもって自分で何かをしようというのはダメだ。「すべて「雑毒の善」と名づく」（聖典二一五頁）、どれだけやっても人間がやれば毒の混じった善だ。

「この雑毒の行を回して、かの仏の浄土に求生せんと欲するは、これ必ず不可なり」（聖典二一五頁）、人間の努力で行こうとすれば毒が混じる。人間は不実だから、どうしても行くことはできないのだとまず押さえる。「何をもってのゆえに、正しくかの阿弥陀仏、因中に菩薩の行を行じたまいし時、乃至一念一刹那も、三業の所修みなこれ真実心の中に作したまいしに由ってなり、と」（聖典二一五頁）、人間の行為では行くことができない。何故かというなら、阿弥陀仏が菩薩の行を行じたときには、一念・一刹那も真実心だ。それに対して人間は一念一刹那も雑毒だ。だから、人間は絶対に行くことはできない。

こういう善導大師の言葉があって、それを親鸞聖人は、「三業の所修、一念一刹那も清浄ならざることなし、真心ならざることなし」（聖典二二五頁）と受けておられます。このように「信巻」の三一問答の一番はじめの言葉に出てきている。経典の言葉で続いて出てくる言葉は、至心釈の内容とされます。「『大経』に言わく、欲覚・瞋覚・害覚を生ぜず、欲想・瞋想・害想を起こさず。色・声・香・味の法に着せず。……もろもろの衆生をして功徳成就せしむ、とのたまえりと」（聖典二二五頁）と。この言葉はまさにいま読んでおります文章です。

本文の勝行段に戻ります。「菩薩の無量の徳行を積植して、欲覚・瞋覚・害覚を生ぜず」（聖典二七頁）、欲の感覚、これは貪欲といわれます。瞋覚、怒りの感覚と、そして害覚といっています。人を傷《いた》めようとする感覚でしょう。害覚を生ぜず。欲覚・瞋覚・害覚という言葉は古い経典に出てくる言葉だそうですが、はじめに仏陀が解脱を願って修行しているころ、この心に苦しめられた。

阿含とニカーヤ、本生譚、前生譚といわれる釈尊の神話的背景を語る経典があります。なぜ釈尊が釈尊になったかを物語的に語っている古い経典がある。それを本生譚といいます。たくさん面白い話がある。お釈迦さまの慈悲深い行為はどうしてできるのかというときに、それは釈尊の前生から来ているとインドの人は考える。輪廻の思想が裏にありますからそう考える。その場合に本生譚として、前に兎であったときとか、鷹であったときという物語があります。これは私どもがいま読んでも、訴えるといいますか、なるほどこういう前生を持っていればお釈迦さまになるのは当然だという説得力があります。

人間の矛盾をいま、感じておりますから、本生譚の中で、そういう矛盾の中で苦しむ存在を救けようとする場合に、自分を投げ出す。虎の口に自分の身を投げる。飢えた虎がいて、お前は本当に自分の身が大事なのか、あの虎を救けようとするのかというときに、自分の身を虎の口に投げる。そう話が本生譚に出てきます。その本生譚の中に欲覚・瞋覚・害覚という言葉があるのだそうです。それで安田先生はこの『無量寿経』の法蔵物語というのは、大乗的ジャータカである、といわれた。

ジャータカというのは釈尊の前生物語で、小乗の経典とされていますが、法蔵物語は大乗的ジャータカである、と。つまり阿弥陀如来の前生、阿弥陀如来が我々の本尊ですが、本尊が救けるのではない。実は本尊の背景であるジャータカの物語が救けるのだ。法蔵願心に出遇って救かるので、阿弥陀如来という果の光が救けるわけではない。衆生を救けずんば止まんという願いが我々に響く。偉くなってしまった阿弥陀如来が救けてくれるといってもあまり有難くないと曽我先生はいわれる。

欲覚・瞋覚・害覚は、古い経典では、「生ず」と書いてある。生じたから本当にそれを克服して、「生ぜず」ということが出てくる。はじめから超えているなら欲覚・瞋覚・害覚を生ぜずという必要はない。それに苦しめられたからそれを超える。「欲想・瞋想・害想を起こさず。色・声・香・味・触・法に着せず」(聖典二七頁)、これは、実にそれに苦しめられた歴史があってそれを超えたのだといわれています。「忍力成就して衆苦を計らず。

小欲知足にして染・恚・痴なし」（聖典二七頁）と、この一連の所は、至心釈、如来の真実心を顕す文章だと、親鸞聖人はいただいている。

## 法身が真実を証明

法蔵比丘の誓願に対して、大地が震動して華を雨《ふ》らし、自然の音楽が鳴って、「決定して必ず無上正覚を成るべし」（聖典二六頁）という声が聞こえた。『法華経』には「従地涌出品」があって、無数の菩薩が大地を割って地面から涌き出て、誕生してくるということが出ています。そこにかの有名な上行菩薩という名前があり、日蓮上人は、大地を割って生まれ出てくる菩薩の代表としての上行菩薩、「我は上行菩薩なり」といわれます。

地面を割って出てくるという、文学的には大変面白い象徴的な呼びかけ方をしており、『法華経』全体が比喩経という性格がある。比喩をふんだんに使って語っていますから、比喩そのものとして面白いのですが、いったい何を比喩しているか、何を語っているのか、『法華経』自体は述べていない。それを直観的に末法の世に仏法を担うべく生まれてくる菩薩、その代表として日蓮は、「我こそは上行菩薩だ」と受け止めたのだろうと思います。曽我量深先生が、『法華経』の地涌の菩薩を受けて、『法華経』の中には法蔵菩薩という名前は出ていないのですが、意味として法蔵菩薩は地涌の菩薩だということをいわれて、有名な『地上の救主』という論文を書いておられます。

仏身について、大乗仏教の方では三身とか四身と意味を分けて解釈しておりますが、仏陀の身といえば、一番近くは釈尊です。釈尊が歴史上に人間として生まれながら仏陀になったということで、釈尊の体が仏身であるというのが一番のもとです。原始仏教では仏陀といえばお釈迦さま一人です。他の求道者はどれだけ努力しても、阿羅漢までは行くけれども、仏陀にはなれないと解釈をしております。

ところが大乗仏教に来ますと、釈尊が仏陀となったということは、釈尊が特別な能力、特別な直感力、他の人間とは別の何か、秘密の能力、特別の体験をされたのであり、他の人間はどれだけ努力しても、釈尊の見い出された法そのもの、秘密の能力で直感された真理そのものに達することはないという解釈で、はたしていいのかという問題が出てきた。お釈迦さまの悟られた「法」そのものは誰も悟れないなら、消えてしまったのかということから、釈尊が本当にこの世に生まれて、人類救済のために語られた法とは何であるかという問題が、大乗の『涅槃経』の中心問題になっている。

入涅槃されたということは、釈尊だけが見い出した秘密の法、釈尊だけが悟った法、それは、どれだけ努力しても他の人間は悟れない。釈尊を持ち上げるあまり、他の人間はダメな人間、悟れない人間、真理には触れられない人間で、釈尊だけが偉いと仏教を考えているなら、釈尊が亡くなったと同時に本当の法は無くなったと同じだということになります。法そのものを持っている人は永遠に生まれてこない。釈尊が入滅しても釈尊が生まれて説かれた法そのものは永遠不滅の意味を持つという主張が大乗の『涅槃経』に出てくる。それを法身といいます。

ダルマカーヤ、法そのものです。法そのものに目覚めることによって釈尊も仏陀になった。それに目覚めてはいなくとも、法身そのものは増えも減りもしない。どれだけ迷っている人間であっても、法身を離れて生きているのではない。法身を生きているが、法身に目覚めていない。釈尊が亡くなっても、釈尊が見い出された法身は消えない。「法身常住」ということが大乗の『涅槃経』の中心の問題になっている。

いまこの法蔵比丘の誓願について、天地が感動したという言葉を、親鸞聖人は「法身の証成」と、法身が真実を証明する、と見られた。証誠という言葉は善導大師が使っている言葉で、『阿弥陀経』の諸仏の用きです。「説誠実言」という六方段の、「誠実《じょうじつ》の言《ごん》を説きたまう」（聖典一三〇頁）ということから、善導大師が証誠という言葉を使われる。証明するということです。

親鸞聖人は、『愚禿鈔』にこの法蔵菩薩の弘誓の誓い、本願の誓いを天地が讃めるということは、法身が、法蔵願心の願いは必ず成就するのだと、必ず無上正覚を成るということを証明する。法蔵菩薩を讃嘆して証明するという意味だと示してくださっています。つまり、自然が証明する。人間からどれだけ語りかけようと、どれだけ感動しようと自然から言葉が出ることはない。詩人は詩的に自然を語るとか、自然から呼びかけられるという言い方をしますが、実際はそれは人間が感じ取った人間の感覚であって、自然それ自身が叫んだり言葉を発したりということはない。

自然という言葉を、「じねん」と仏教で読む場合は、「おのずからしかる」と読むのですが、その場合は、一応人間の分別とか、人間の言葉の世界よりも静かな、分別以前の、人為性の入る以前の存在の在り方を象徴する。『無量寿経』は法蔵比丘という一人の求道者の名前を語って、四十八願を誓う。その教えの形について、親鸞聖人は、『一念多念文意』で「一如宝海よりかたちをあらわして、法蔵菩薩となのりたまいて」（聖典五四三頁）と表現しておられる。一如宝海というのは仏教が押さえている自然です。人間がそれを発見しようと、あるいはそれを見い出すことができなかろうと、それとは関係なく平等に一如である。お釈迦さまにおいても一如だし、我ら凡夫においても一如である。一如というものは、人間が目が覚めたとか、眠っているとか、迷っている、ということによっては左右されない。

一如それ自身は不増不減である。一如とは法身と同じことを意味しますが、「証巻」で親鸞聖人は言葉を転釈されて、一如は真如である、真如は法性である……と言い換えていかれますが、言葉は違っていても、いわんとする意味は先ほど申しましたお釈迦さまがそれによって仏陀になった真理そのもの、それは悟ろうと悟るまいと増えもしないし、減りもしない。悟ったからといって増えだすということではない。忘れたからといって減るようなものではない。そういう概念を、時によって、経典や論によって、「一如」といったり、「法性」といったり、いろいろな言い方をする。人為性以前の存在の真理そのものといってもいいわけです。

その一如宝海から形を表し名告る。本当は、象徴的、文学的表現なのであって、一如宝海それ自身は動かない。寂滅なるものですから、そこから形を表すということはないことなのです。

形を表すものというのは、消滅の世界、生まれたり滅したりする世界は現象世界ですから、現象世界と真理そのものとは、一応次元が違う。次元というのは人間がものを考える場合の一つのレベルです。哲学的な言葉でいえば、存在論的差異というのでしょうが、位相、次元が違う。混乱すると法身が現象世界にそのまま出てくると考える。そういうものの考え方をするとわかりやすい場合もあって、比喩経などは大概そういう表現をとる。現に生きている人間が釈尊の生まれ変わりであるとか、長い時間を経て地面に潜ってまた出てきたという表現、人間にはそういう表現は何となく感覚的に分かる気がする。実際はそういうことはないのであって、レベルの違いを混乱しているだけです。

法身は生まれたり死んだりしないわけです。生まれた限りの一人の肉体は生まれて滅していくのであって、もう一回生まれて滅するということはあり得ない。いま流行っている、釈尊になったり、キリストになったりする宗教、それは妄想転倒に相違ないのですが、それがいかにも、ちょうど日蓮上人が、「我は上行菩薩だ」といったときに、地面を割って出たと語られている上行菩薩に自分がなったような、自分という存在が語られている言葉と一体となって力が湧くのでしょう。文学的感動としてはいいのですが、仏法の道理を明らかにする場合には混乱といえる。法蔵菩薩の発願を誉めたということを、親鸞聖人は、「法身の証成」という言葉で分限を押さえている。そして法蔵菩薩については「報身」、法蔵比丘となって発願し、修行して阿弥陀仏となる、そういう物語です。

## 大乗的ジャータカ

親鸞聖人が「行巻」に引用されている、『無量寿経』の異訳の経典、康僧鎧訳の『無量寿経』に対して、少し古い翻訳になる経典に、『無量清浄平等覚経』がありますが、それを親鸞聖人は引用されている。異訳の経典に対して親鸞聖人は大変注意をしておられますが、その中に、「我、前世に本願あり」(聖典一六〇頁)、法蔵願心について前世の本願という言葉が出ている。現在の阿弥陀如来に対して因位の位は、過去の位といいますか、前世の願といってもいいわけです。

釈尊でいえば、釈尊がかつて菩薩であったとき、という言葉で語られている経典、『本生譚』があります。『大蔵経』の中に大きく一冊にまとまっていて、たくさんの物語が出ている。これは小乗仏教の経典とされてきたが、安田先生は、「『本生譚』に照らして、『無量寿経』は大乗的ジャータカである。大乗の『本生譚』である」といわれます。

現在の仏陀の背景、過去世の願を語ることによって、現在というものの深さ、現在を成り立たせる歴史的背景を明らかにする。そのジャータカの形をとって前の世のときに、こういう願を発した、ジャータカ自身は前のいのちのときにこういうことをしたという、過去になした善行、供養の行、過去に建てた願を語って、釈尊の生き方の深さを語っているのだろうと思いますが、法蔵菩薩は、いうならば阿弥陀如来の背景、阿弥陀如来が阿弥陀如来たるバックボーンを表している。

「法身」といえば、目が覚めた者にはあるが、目が覚めない者にはあるも無いも分からない。増えもしないし、減りもしない。真理そのものですが、それを本当に人々に気がついてもらうために、あえていったん、形あるような姿をとって語りかける。『本生譚』は皆、そういうものです。昔こういうことをしたという物語を通して、現在の釈尊の深みを語りかける。比喩経というよりも願いを表すという意味で、その願いを通して衆生を目覚めさせていく、そのために仏陀の形をとる。だから実在の人物の名前ではない。阿弥陀如来という人がいるわけではない。

阿弥陀如来という人がいるという信仰もある。十方諸仏の一人としての阿弥陀如来、西方阿弥陀仏という場合には、東方の妙音仏やいろいろな諸仏の中に、過去・現在・未来の三世の諸仏の中に西方に現在います阿弥陀如来、その人格的な阿弥陀如来を信じることを否定はしない。そういう諸仏の中の阿弥陀という位置もある。

けれども、西方阿弥陀仏が本当に特別な如来として、来世の衆生、末代の人類に信頼されてくるのは実は、阿弥陀如来の独自の願、別異の弘願、不共《ふぐう》という字も使いますが、そういう不共の願によって阿弥陀が独自の如来の意味を持つ。他の諸仏を否定してという意味ではないが、他の諸仏にはない意味を持つ。こういう意味を持ったときに、それは阿弥陀という人格ではない。むしろ阿弥陀の因位である本願、願いが意味を持つ。果上の、阿弥陀という光になった、その果の如来であるだけならば、他の諸仏と平等である。諸仏平等の悟りである。しかし、その阿弥陀が、阿弥陀たるゆえんは、因位に独自の願を持つことである。独自の願を持って、その願に報いて阿弥陀となった。こういう場合に「報身」といいます。

『無量寿経』は報身の阿弥陀如来を語ろうとする経典である。法身と応化身、応化身とは、現に人間でありながら、衆生に対して仏法の真理を説かれる如来、それを「応化身」といいます。具体的に人間でありながら、悟りを開いて教えを語られる。衆生に応化する。人間の形をとって我々に用いてくださる仏さまが応化身である。その応化身の本質、応化身であろうと迷っていようと、平等にそれによって生きている真理性そのものが法身である。だからこれはよく分かる。ところが「報身」というのは分かりにくい。哲学的に考えたり、論理的に考えると分かりにくい。

近代になって、『仏教統一論』という名前の本を書かれた、村上専精という学者がおられますが、その中で法身と応化身は説いているが、報身には触れていない。真宗の僧侶であって大変な学問をされて、東京大学の教授までなさった方ですが、報身という意味が分からなかったのではないでしょうか。

何のために報身を説くのか。報身というのは歴史上の人物ではない。だから、釈尊の理想像ではないかという解釈をする人もいる。それだったら応化身の意義であるにすぎない。そうではない、報身とは報身独自の意味がある。それは、安田先生がいわれたようにジャータカを通して語らなければならない因位の如来が法身を悟ったというだけに留まらない。

法身を悟らずにおれなかった因位の要求、因位の願い、それは単に個人が救われたいというものではない。人間が悩みを本当に超えようと思ったら個人的に救かるというものではない。狸の形を取ったり、兎の形を取ったり、つまり生きているという課題全体を自らが生きて、いのちあるものとして生きて、本当にそのいのちを解放したい、その願を明らかにして、そして悟ったのだ。応化身が単に特別な人間にだけあるような用きではないということを表す。

## 善導大師の三心釈

親鸞聖人が引用された、「証巻」の『安楽集』の言葉によると、釈尊は人間ですから一代八十年しか生きられない。その八十年の間にどれだけ能力があるといっても、釈尊に遇うことのできる人は本当に限られている。場所的にも、時代的にも限られている。さらにすれ違っていても教えに出遇うとは限らない。

「故《ことさら》に彼の長《ちょう》ぜるを顕したまうことは」（聖典二八三頁）といっていますが、阿弥陀如来を語って、阿弥陀如来に帰依せよと呼びかけるのは、個人を超えて、いつでも何処でも用く、その「用き」を備えた如来を語って、自分もそれに帰していく。法身そのものでは用きがありませんから、法身ということは平等であるかもしれないが、用きということを語りかけることはできない。人間に報身を語って、報身を通して十方衆生に呼びかけていく。そういう教えが大変大きな意味を持ってくる。

報身を持ったということで一人の人を犠牲にする必要がない。「報身」は十方衆生に用く、因位の用き、そういう意味が、曽我先生が、「法蔵菩薩は地涌の菩薩だ」ということです。地涌の地面は、衆生がその大地である。特別な人が現れて出るのではない。衆生の中に、本当に苦悩の歴史を一切引き受けて、そこから立ち上がろうという願い。法蔵願心は目立つ人間にだけ名告り出るのではなく、平凡な日常を生きながら、平凡な日常の中に傷つき、生きる意味を失って、生きることに自身を喪失していく人たちの中に、本当に呼びかけて、その苦悩のいのちを担って、本当の光の世界へ解放していくという意味を持ってくる。

釈尊という人だけだと、どれだけ呼びかけても、私のようになれということになる。だから、釈尊の弟子は皆お釈迦さまの真似をしようとした。真似をしようとする限り、絶対釈尊にはなれない。一人ひとり宿業が違う、生きる場所も環境も違う、人間関係も違いますから、同じになることは絶対にできない。

真似をして同じになろうとする発想は、小乗仏教が持っている根本の、我《が》、人間に対する我執は破ったが法我が残るというのは、釈尊の身体に対する執着が残る。だから法そのものに還れない。それを本当に克服すべく法身を語るのだが、法身を語っただけでは、『涅槃経』は法身を語るけれども、『涅槃経』の語る法身とはいったい何だと押さえようとすると分からない。

涅槃宗というものもありますが、涅槃宗は、「一切衆生悉有仏性」という。大乗の『涅槃経』のもう一つの課題、「法身常住」は果の世界、それに対して因の世界は「一切衆生悉有仏性」という。どれだけ迷っていても仏性、仏陀の世界の中にある。仏陀になるべく悩むのだ。仏陀から見れば衆生はそう見られる。どれだけ迷っていても、単に迷っているのではない。必ず悟るべく迷っている。だから、「一切衆生悉有仏性」である。果から見れば、「法身常住」、どこにも法身はある。

いくらそう説かれていても、迷える衆生にとっては何の意味も持たない。どこに法身があるのか、どこに仏性があるのかさっぱり分からない。いいことが説いてあるようだが、具体的に自分がそれを身に付けようとしても手立てがない。そこに大変大きな課題を呼びかけて、大乗仏教にとって『涅槃経』は大経といわれるくらい大きな経典ですが、そういう経典であるが、『涅槃経』それ自身で本当に納得のいく内容にならない。

『涅槃経』と『法華経』というように、他の経典と付けて実践的に『涅槃経』の課題を成就しようとする。そこに親鸞聖人は「報身」の大切さをいただかれた。報身を証明するものは、法身である。法身も報身も、それらを教えとして説かれるのは、応化身である。人間となって、人間の言葉を使って、本当は人間の言葉では届かない法身そのもの、法身そのものは、本当は法身という言葉でも言い当てられないようなもの、一如という言葉では言い当てられないものである。

一如といってみるけれども、一如という言葉は本当は一如ではない。一如という言葉で言い表されている一如というそれ自体は、悟った人間には分かるけれども、迷っている人間には一如など聞いても一如ではない。しかし、迷っている人間に「言葉を通して考えよ！　それに出遇え！」と呼びかける。それはお釈迦さまの仕事、応化身の仕事です。

法蔵比丘という名告り、そして十方衆生に呼びかける願をもって、「阿弥陀にならん！」ということで、法蔵比丘こそ、如来の因位、十方衆生が十方諸仏になる因位の名告りだと、親鸞聖人は物語を非常に主体的に受け止められた。「建立常然にして、衰なく変なし。不可思議兆載永劫において、菩薩の無量の徳行を積植して」（聖典二七頁）、「兆載永劫」ということはたびたび出てくるのではなく、ここにだけ出てくる。

因位の法蔵願心が本願を誓った。その本願が本当に困難な願である。十方衆生を包まんとする願、衆生が尽きるまで用き続けようという願ですから、不可思議兆載永劫の修行を誓う。不可思議兆載永劫の内容について、『無量寿経』が、「欲覚・瞋覚・害覚を生ぜず。欲想・瞋想・害想を起こさず」（聖典二七頁）と語っている。そして、「もろもろの衆生をして功徳を成就せしむ」（聖典二七頁）とあります。

『阿弥陀経』では、「成就如是功徳荘厳」（聖典一二八頁）といいますが、衆生のところに功徳を成就せしむと。こういう物語的な言葉なのですが、それを親鸞聖人は単に物語で読み過ごさないで、「信巻」の一番大事なところに押さえている。善導大師が、『観無量寿経』の三心の解釈の中、至誠心釈の中に、こういう言葉を置いています。「『経』に云わく、「一者至誠心」」（聖典二一五頁）と。『観無量寿経』は、十六の観を説いている。浄土を見ていく方法は観である。ふつう十六観というのですが、はじめの十三と後の三とを分けて、その違いを指摘したのは善導大師です。はじめの十三観が終わって次の十四番目が始まるところに、三つの心が出てくる。浄土教の中で三心といわれ大事な言葉です。それだけ大事だということを注意されたのが善導大師です。

善導大師が三心について長い注釈を置いている。『観無量寿経疏』という『観無量寿経』の解釈書の中に、三心釈がある。その三心釈の解釈を、親鸞聖人が「信巻」に長々と引用される。その中に、「一者至誠心」という至誠の心、至誠の心について善導大師自身が注釈をしている。その中に、何故「一者至誠心」というのかといえば、人間が、「外に賢善精進の相を現じて、内に虚仮をいだいてはならない」と、ふつうは読む言葉があります。「至誠」ということは、内と外とを一つにしなければならない。外だけ誠実で、内は不実だというのでは本当の至誠ではない。だから、外に賢く善い姿を現すなら内も賢く善いようになれというのが、ふつうの倫理的な読み方になるわけでしょう。

ところが、親鸞聖人はそうは読まずに、外に賢善精進の相を現ずることはできない。あるいはしてはならない。内に虚仮を懐いているから。「外に賢善精進の相を現ずることを得ざれ、内に虚仮を懐いて、貪瞋邪偽、奸詐《かんさ》百《もも》端《はし》にして、悪性侵《や》め難し、事、蛇蝎《じゃかつ》に同じ。三業を起こすといえども、名づけて「雑毒《ぞうどく》の善《ぜん》」とす、また「虚仮《こけ》の行《ぎょう》」と名づく」（聖典二一五頁）と大変厳しい言葉で、人間がいかに至誠でない、至誠にはならないかということを語っている。

人間が身口意の三業を起こせば、雑毒の善である、虚仮の行である。「真実の業《ごう》」とは名づけない。我々は少し真面目に真剣にやれば、雑毒ではない善、純粋で毒のない善ができると思っている。少なくとも自分の良心で善い行為を本当にしようと思えば、雑毒の善ではあるまい。純粋な、きれいな立派な善ができると思っている。自分は善いことをした、これは純粋な善行だと思いたい。実際は計算して、例えば災害にあった人がいる、いくら贈っておこうか、人と同じにしておくとかいう程度である。贈ってみても、その程度でいいだろうと後は忘れてしまうか、こんなに贈ったぞと威張るか、そんな人間の不純粋な心、計算高い心で、少しぐらいは善はできると思っている。それを雑毒の善と、善導大師は非常に厳しい言葉でいうわけです。

毒混じりの善、虚仮の行だといって、人間が安心起行を作《な》し、心を安んじようとし、行為を起こして、頭燃を灸うがごとくする。頭についた炎を払うように、どれだけ激しくやっても、雑毒の善だ。「この雑毒の行を回して、かの仏の浄土に求生せんと欲するは、これ必ず不可なり」(聖典二一五頁)、そういう善行では絶対に行くことはできない。「何をもってのゆえに」(聖典二一五頁)、ここが大事なのです。

善導大師はなぜ行けないというのかと。人間の側からどれだけ善行を積み修行をしてみても、雑毒の善、虚仮の行である。それをいくら積んでも決して仏の浄土には行けない。なぜかというと、「正しくかの阿弥陀仏、因中の菩薩の行を行じたまいし時、乃至一念一刹那も、三業の所修みなこれ真実心の中に作したまいしに由ってなり、と」(聖典二一五頁)、阿弥陀の浄土は阿弥陀が因位のときの菩薩行、これは一念一刹那も真実心でないことはない。常に真実である。常に真実なることによって作られた世界、それに対して我々の行為は、何処までも雑毒の善、虚仮の行だ。つまり、まったく質の違う世界が如来の世界だと。

人間の行為の醜さ、汚さ、時によって起こってまたすぐ消えていくような弱さ、たちまちに忘れられていくような、そういう行為では行くことができない世界が阿弥陀の世界だ。だから、人間の行為では行けない。それこそ次元の違う世界だということをはっきりさせる理由として、善導大師が、阿弥陀仏は因中に菩薩の行を行じて、一念一刹那も真実ならざるはない、という言葉をここに語っている。

## 仏意測り難し

善導大師のこの言葉を親鸞聖人はもう一度借りて、三一問答、仏意釈といわれるところで、仏の心というものを、「仏意測り難し、しかりといえども竊《ひそ》かにこの心を推するに、一切の群生海、……」（聖典二二五頁）、仏意は本当は測り難い、人間の知恵で測れるはずがない。しかし、「竊かにこの心を推する」とある。この「竊」という字には「私する」「盗む」という意味もあります。あまりいい字ではない。ところが善導大師が、『観経疏』を始めるのに、この言葉から始めている。つまり、如来の世界は広大無辺、純粋清浄、明るい光明の世界、それに対して我々の世界は、狭く、小さく、浅く、しかも暗い、有限の世界、その世界からは本当は測れない。質の違う世界、測れないが、自分では本当は測ろうというわけではないが、少しく私にいただくならば、という意味で、この字を置いているのではないかと思っていました。

ところが、高史明さんが、『歎異抄の心』の解釈の中に、そういう意味ではない、単に遠慮したという意味ではない、という説を出しておられます。つまり、「竊かにこの心を推するに」といいながら、私心でちょっとかじってみると、などというものではない。「一切群生界」ということは、私が思いますに、というものではない。盗み取るというような意味ではない。むしろ、私においていったん血肉化する。本当は取ってくることはできないものを、しかし、私においていったん、いただき直してみるならば、という意味がある、と。主体化するという意味がある、と。

そういうところから考えると、「竊かにこの心を推するに」のこの心「斯心」とは何か。曽我先生は、これはお経に書いてあるのを考えてみるに、ということをいっているのではない、「斯」という字を使う場合は、なかなか面倒で、親鸞聖人は、「是」「斯」「此」いろいろの字を使われるが、「斯」を使う場合は、事実を押さえるという意味があると。『教行信証』の総序の文でも、「専奉斯行　唯崇斯信」（専らこの行に奉え、ただこの信を崇めよ）（聖典一四九頁）という使い方をしておられます。相対的にあれかこれかという意味ではない。唯一の「これ」と決断して選んだ「これ」という意味が「斯」です。「斯心」という「これ」は、いま私に成り立っている信心、自らこの信心自身を思惟するという意味だ。

これは曽我先生が大変力を入れていわれるところです。私において成り立った信心、名号の信心、名号に本願が表れている。本願が私を摂取せんとして大悲を発している形が名号として表れている。これを私は選んだ、乗託すると決断したときの心、この心、何処かにある象徴的な心ではないと曽我先生はいわれる。

だから高さんが、「竊かに」ということは、単に遠慮して自分が本当に測れないが仮にというようなことではないと、そういわれる意味も確かにあると思います。法然上人が『選択集』の中に経典の言葉を出し、善導大師の言葉などを引用した後に、「私に釈するに」、私に考えるに、私に推するにとか、法然上人が書かれている。自分が考えるに、軽く考えているという意味です。それと同じような意味かと私は思っていました。ところが、どうもそんな軽い意味ではない。親鸞聖人が使われる場合の「竊かに」はもっともっと、自分に成り立つ信心、これは自分が努力して獲得したというような意味ではない。どれだけ努力しても得ることができないものがいまここに与えられた。その背景は、法蔵願心の永劫修行だといただかれた。

「一切の群生海、無始よりこのかた乃至今日今時に至るまで、穢悪汚染にして清浄の心なし。虚仮諂偽《こけてんぎ》にして真実の心なし」（聖典二二五頁）、「一切群生界」とは何か、ずいぶん大法螺ではないか。一切群生海など分かるはずがないではないか。

一切群生界とは、善導大師は三心釈の終わりの方に、二河の譬喩を出しているわけですが、その二河の譬喩の中に群賊悪獣という喩えを出しています。行者が歩んで行こうとすると前に二河がある。水火の二河、貪瞋の二河ともいわれます。その貪瞋煩悩の前に立ちすくむ、煩悩を超えようとするが超えられない。その水火二河の前に立って逃げようとしても逃げられない。煩悩生活を離れたいけれど離れられない。進めば死ぬ。後ろに逃げたら群賊悪獣が迫ってくる。

こういう喩えになっていて、群賊悪獣について、六根・六識・六境だと注釈しています。六根・六識・六境というのは人間の存在の成立要素です。六根とは眼耳鼻舌身意、感覚器官全体と意識です。自分とか他人とかいうことではなく、六根・六識・六境である。その六根・六識・六境は群賊悪獣である。それを通して曽我先生が群生海とは六根・六識・六境であるといわれます。それを通せば、自分ではこうだけれども他人ではそうではないというのではなく、自分において六根・六識・六境である、一切群生海だ。

私はたまたま虚仮諂偽であります（他人には虚仮でない人もある）ということではなく、人間存在である限りの存在は清浄の心なく、真実の心がない。「ここをもって如来、一切苦悩の衆生海を悲憫して不可思議兆載永劫において、菩薩の行を行じたまいし時」（聖典二二五頁）、人間存在が虚仮諂偽で不実である。だからこそ、ここをもって、それを引き受けて、如来が不可思議兆載永劫に菩薩行を行じる。仏が勝手に自分で兆載永劫の修行をするのではない。人間存在が永遠に不実であり、虚仮であり、諂偽である。だから、それを担って如来が不可思議兆載永劫に菩薩行を行じると、親鸞聖人は読まれた。

善導大師の解釈をぐって親鸞聖人がそう読まれて、人間の生き方の不実さと表裏をなして、法蔵願心の菩薩行が清浄真実ならざるなしと。それを通して、「円融無碍・不可思議・不可称・不可説の至徳を成就したまえり」（聖典二二五頁）といって経文の言葉を用いておられる。

これは私どもに成り立つ名号の信心、名号一つが真実だと人間が選ぶ。その真実の背景は、法蔵願心の真実にある。人間はどこまでも不実でしかない。人間に真実を立てない。法蔵願心の真実を信頼する。法蔵願心が至徳を成就する。「至徳」という言葉は名号に付く言葉です。名号は功徳成就、無上功徳とか真実功徳相、その功徳という言葉を親鸞聖人は、名号、如来の名が真実の功徳であると読んでこられます。その如来の名号の功徳が単に名号にとどまらず、人間の上に来る。私どもからは真実の功徳はどれだけ獲得したくとも、どれだけ実践して積み上げたくとも絶対にできない。私どもが積もうとすれば必ず不実の功徳になる。必ず雑毒の善になる。これは歴史的事実です。人間がなす行為に純粋善ということはない。

行為というものは相対的に人間と人間の関係の間に起こすものですから、こちらからの思いがどれだけあっても相手との関係の上においては、絶対ということはあり得ない。常に相対的です。時間的であり、有限であり、相対的である。ましてや人間の関心は自我中心の思いがあって行為をする、計算高い心があってする、純粋ということは成り立たない。そこに人間は悩む。それを見そなわして、如来が真実を衆生に開こうと読んでおられて、不可思議兆載永劫という言葉を、私どもの意識の中に揺れ動くいろいろの思い、煩悩や分別といった思いで揺れ動く意識の中に、如来の名を通して、変わらない、いつでも何処でも真実一如が、そこに表れてくる用きをもって用き出すのが法蔵願心である。

人間はつたない、計算高い、不純粋な心であるにもかかわらず、如来の心に触れたならば、それは、真実なのだ。その真実の背景が如来にあるからだ。兆載永劫の修行によって私の上に信心が成り立つからだ。その背景がないならば、私どもの不純粋性を突き抜けるようなことは絶対できないと、法蔵願心の修行の段を親鸞聖人は読まれた。

## 兆載永劫の修行

永劫とは、一応時間的な長さ、永遠の時間、短い私どもの有限の人生の努力よりも、遥かに遠い。不可思議兆載永劫の修行は何を語ろうとしているのか。永遠に遠い、質的に遠い、人間の雑毒の善からするなら、永遠に積み上げても行くことのできない時間、時間の長さにおいてもまったく相反するほどの質の違いを象徴しているわけです。

物語で語ろうとする時間は、私どもはすぐ空間的な時間、時間を物量化して時計の時間のようにして考えようとする。時計の時間は人間が感じる時間ではない。物質的時間ですから、誰にあっても共通なように約束事として決めているものです。それに対して本当の私どもの時間は一人ひとり違う。

私もだんだん歳を加えてきて少しずつ感ずるようになったのですが、同じ一年といっても一年の内容が薄くなる。変化が少なくなる。若いうちはどんどん激しく変わり、変わることが時間の感覚として残ります。内容が濃い。小学校の六年間はものすごく長く感じたけれど、このごろの六年間は、あっという間に経ったという感じです。だんだん歳をとればとるほどそうなる。三年前のことも五年前のことも、いまの私だとほとんど変わらない。

高校生のときは三年前と五年前とは大変な違いです。人によってそれは違うわけです。もっと突きつめれば月の違い、日の違い、時間そのものの違いになる。本当は人間的時間は一人ひとりに違う。一応それを空間化した時間でいうから、八十年、九十年というけれど、人によって違う。

いのちはそれぞれ違いますから、犬の一生は十数年といわれますが、十数年の間に、人間でいえば百年生きるぐらいの時間の問題、内容を持つ。蟬だったらほんの一週間の中に、人間の一生に匹敵するような時間の感覚をおそらく持つ。時間というものは一応空間化し、物質化するが、本当のいのちの時間は、対象化できないものがあるのでしょう。

宗教的時間は、人間の時間からすれば永遠の長さというような、宗教的な存在の意味は、一瞬に永遠の時間を開くという言い方をします。一瞬が永遠の意味を持つということは、時間の長さのことをいうのではない。三大阿僧祇の修行ということをいいます。これはどれだけ修行しても本当は成就できないという、質の違いをいう。三大阿僧祇の修行をしなければいけないと聞くと、長い時間をやれば行けるだろうと考える。そうではない。長い時間をやってもダメなのです。そういう法蔵願心の志願の持つ時間は不可思議兆載永劫である。

願自身が兆載永劫である。いうなれば成就することなど求めず、しかも、用こうという意味を持つ。完成しないでいいのだという行為です。人間を本当に転換させようとするなら兆載永劫の意味を持つ。そのくらいの違いを超えて、いま信心をいただく。信心をいただくということは、不可称・不可説・不可思議なのだ。摩訶不思議というしかない。そういう事実に出遇う。親鸞聖人が読まれた衆生の上に功徳を成就するという意味は、永劫修行を通して積むような功徳を信心として人間の上に成就する。

親鸞聖人が、この『無量寿経』が語る時間の中で一番大事にされるのは「一念」ということです。一念も現代的な言葉でいえば瞬間です。瞬間というのは時間の概念ではあるが、ずっと時間を切っていけば、だんだん小さくなっていって最後の一瞬、もう切れない一瞬のことを表す。しかし、どれだけ小さくなっても切れます。本当に切れないものというのは、本当は時間ではない。時間だったら切れるはずです。時間概念であれば切れるが、瞬間は本当は切れない。「乃至一念」、そこである意味で時間を絶ち割って時間でない時間に触れる。「一念」と「兆載永劫」、これは親鸞聖人にとって非常に大事な時間の概念である。

もう一つ使っているのは、法蔵物語のはじめに出ていた「五劫思惟」です。『正信偈』に、「五劫思惟之摂受」（聖典二〇四頁）とあります。和讃にも、「超世無上に摂取し　選択五劫思惟して　光明寿命の誓願を　大悲の本《ほん》としたまえり」（聖典五〇二頁）とある。「我建超世願」の超世、あるいは、「無上殊勝の願を超発せり」とある、この無上、さらに「五劫を具足して、荘厳仏国の清浄の行を思惟し摂取す」の五劫を取り上げられる。超世無上の願を発して、五劫をかけて選び取った。思惟摂取の時間として五劫を語られます。

五劫はどういうことかはあまり問題にしないのですが、ともかく、超世・無上、超越性、比較を絶している、上がない上だという。『涅槃経』に「無上上は真解脱」という言葉があり、無上の喜びといいますが、その超世無上ということで、比較を絶した超越性。法蔵願心の願は超世無上の意味を持つ。

その超世無上の意味を持った願を五劫をかけて思惟して摂取する。光明寿命は第十二願・第十三願の内容です。光寿二無量の願の選択摂取、荘厳仏国の清浄の行といわれています。如来の国を建立せんとする願いの本質を親鸞聖人は、第十二願・第十三願で押さえられた。そういう意味を選び取るのに五劫をかけた。

親鸞聖人が、一応時間概念として物語の中から取り出しているのは、「五劫」「兆載永劫」と「一念」という言葉です。「十念」も取り上げますが一念が十になっただけの話で十回という意味ではない。「乃至一念」の乃至は、

「一多包容之言」だといって、煎じつめれば一念である。五劫と兆載永劫とは、量的にいえば、如来が、如来自身の願を選び取るについては五劫と、本当にその願を衆生の上に成就せんとするときに兆載永劫という。五劫と兆載永劫とを比べれば、どちらもほとんど無限に長い時間なのですが、一応そういう違いがある。

兆載永劫の方は物語として読むなら、兆載永劫に修行して名号となったといいそうなものですが、兆載永劫に修行して信心になったと親鸞聖人は読まれる。物語を通して考えれば、私どもがそれに出遇えば、親鸞聖人が解釈されるように、はからずも、あるいはもったいなくも兆載永劫の修行内容をいただいたという感動をもって、私どもは名号の信心に、本当に名号の真理に出遇うなら、如来が一切衆生に呼びかける心に私ごときの者が出遇うことができたという、不可思議なる出遇いに対する感謝の心になる。信心については特に善導大師のご苦労、善導大師を受けて源信僧都の解釈、遠くは曇鸞大師といった信心について疑惑を持たれた方々の解釈を通して、経典の語る信心を主体的に明らかにしようとされたのが、親鸞聖人だろうと思います。

本文に戻ります。「……無央数劫に功を積み徳を累《かさ》ねて」（聖典二七頁）までが勝行段です。続く「その生処に随《したが》いて意《こころ》の所欲にあり」から、「……もろもろの天人に超えて、一切の法において自在を得たりき」（聖典二八頁）までが勝果段《しょうかだん》です。この勝果段には、その修行の間、法蔵菩薩は自分の思う世界に生まれられ、どの世界にあっても、無量の宝蔵が思いのままに涌きいでて無数の人々を教化し、最後にこの上もない覚りの境地に安住されたと、優れた果報を身に受けられたことが述べられています。

# 第7章　阿弥陀仏の光明

## 十劫正覚の異義

**阿難《あなん》、仏に白《もう》さく、「法蔵菩薩、すでに成仏して滅度《めつど》を取りたまえりとやせん。未《いま》だ成仏したまわずとやせん。今、現にましますとやせん」と。仏、阿難に告げたまわく、「法蔵菩薩、今すでに成仏して、現に西方《さいほう》にましします。此《ここ》を去ること十万億の刹《せつ》なり。その仏の世界を名づけて安楽《あんらく》と曰《い》う。」阿難、また問いたてまつる。「その仏、成道したまいてより已来《このかた》、幾《いくばく》の時を経《へ》たまえりとかせん」と。仏の言《のたま》わく、「成仏より已来《このかた》、おおよそ十劫《じっこう》を歴《へ》たまえり。（聖典二八～二九頁・註釈版二七～二八頁）**

成仏し終わったのか、してないのかという問いを発して、法蔵菩薩はすでに成仏して現に西方にましします。西方浄土、それは此を去ること十万億刹だと語っている。成仏してからどれくらい経ったかというと、おおよそ十劫を経ている。これを受けて解釈されてきた浄土教の伝統の言葉の中にも、西方十万億刹という言葉、あるいは成仏してから十劫という言葉がくり返して出てきます。代表的なものとしては、蓮如上人が、親しい聖典として仰がれた『安心決定抄』があります。

『安心決定抄』を読むと、理屈はともかく、大変生き生きとした信仰を語る聖典です。近代以前では、作者覚如説、存覚説がありましたが、いろいろな方が研究されて、どうも西山系統の方が作ったらしいということが、最近になって明らかになってきております。浄土真宗の親鸞聖人の伝統の中にない言葉、『安心決定抄』にしかない言葉がいくつかあります。「白木《しらき》の念仏」とか、「十劫正覚《じっこうしょうがく》」ということがくり返して出てきます。「阿弥陀の功徳、われらが南無の機において十劫正覚の刹那より成じいりたまいけるものを、という信心のおこるを、念仏というなり」（聖典九四九頁）、十劫の昔にすでに成仏して阿弥陀になっておられる。十劫の昔に阿弥陀になったのはどうしてか。十方衆生を救けずんばやまんとお誓いになって、十劫の昔に阿弥陀になっておられるのだから、もう私たちは救かっている、悩む必要はない。もうすでに阿弥陀如来自身が、十方衆生を救けようと願を発して十劫の昔に成仏しておられる。あなた方は十劫の昔に救かっている、何を悩んでいるかという説き方です。こういう救済の了解の仕方が、浄土宗西山義の方にある。

ところが、これに対して蓮如上人が非常に厳しい批判をしている。信心、特に親鸞聖人が明らかにされた信心は、すでに救かっているという話ではない。救からない人間である。だから、不浄造悪の努力を捨てて、本当に如来の願に帰して南無阿弥陀仏一つになれ、南無阿弥陀仏を選び取れと聞いて、南無阿弥陀仏が真実だという決断をして選び取るという回心がなければ、すでに救かっていることを信ぜよというようなことはない。

我らは救からない！　にもかかわらず法蔵願心が救けずんばやまんと用いてくださっている。そこに、こちらからは摂取不捨の願に対して、南無阿弥陀仏を信じますという決断が必要だ。蓮如上人の言葉でいえば、一心帰命の信心、一心に救けたまえと選び取れ！　ということをいわれる。

十劫正覚を主体的に、実存的に、いま本願を信じます、という。すでに十劫正覚ができているから信じるのではない。いま、ここに、永劫修行して用いてくる法蔵願心をいただきます、ということだと蓮如上人は強調されます。くり返して十劫正覚の問題を批判しておられます。

「その信心のかたをばおしのけて、沙汰せずして、そのすすむることばにいわく、「十劫正覚のはじめより、われらが往生を、弥陀如来のさだめましましたまえることを、わすれぬがすなわち信心のすがたなり。」といえり。これさらに弥陀に帰命して他力の信心をえたる分はなし」（御文二帖十一通、聖典七八九〜七九〇頁）。十劫正覚は、天台などがいう本覚思想、すでに本来救かっている、さっきの三心説でいえば、我らはすでに発心を持っている、あるいは『涅槃経』でいえば、「一切衆生悉有仏性」、もう仏性を持っているのだから救かっているという考え方です。問題を煮詰めないで、本来性で救かっていると考える楽観主義的な人間観です。

蓮如上人はそれに対して、そうではない、本当に帰命する、帰命の一念に信仰の意味があると、くり返しいわれる。本当に信心をいただくことはいかに難しいか。信心の人はいないとまでいわれて、名号の信心ということをくり返しいわれる。これは、親鸞聖人の、悲しきかな、人間に真実はないという実存の事実、如来に背いているという意味の自覚、そこに本当に用《はたら》いてきている願がある。成就したという物語を信じるのではない。ここに用いている願を信じる。阿弥陀となったから十劫の昔に終わっているということは親鸞聖人は取り上げられない。十劫正覚は異義だと蓮如上人はいわれる。

経典の中で、何処が大切か何処がいらないのかをはっきりさせる。その点について『歎異抄』では、「およそ聖教には、真実権仮《ごんけ》ともにあいまじわりそうろうなり」（聖典六四〇頁）といわれます。親鸞聖人のなされたお仕事は、真実権仮まじわっている中に、真実を選び取り、方便は方便として位置づける。真実と権仮とをはっきりさせることです。聖教が全部正しいとなると何がどれやら分からなくなる。だから聖教の中で、これは要らない、これは方便の位置である、これは真実であると一々について押さえ直していかれる。そういう仕事が親鸞聖人のお仕事であると、『歎異抄』が押さえています。

聞法思惟の仕事が何故大事か。安田理深先生がくり返しいわれましたが、人間は間違っていると間違っているだけには終わらない。必ず人間は、間違っていることを自分がそれでよしとしたならば、それを正義にする。間違っているのは間違っているに終わらない。真実がはっきりしないから、虚偽を真実にする。エセ真実を本当の真実のごとくにして生きてしまう。

聞法をして真実をはっきりさせることが大事だ。そこをはっきりしないと虚偽を真実としてしまう。これが人間の問題として大変面倒な問題です。我執、法執の立場で正しさを立てれば、間違ったものを正義にする。聖教でもその中で真実と方便とをはっきりさせる。それを流行るから真実だとか、感動したら真実というが、そういうものは怪しい。感動したら真実というわけでもない。冷たいなら真実というわけでもないが、人間はごまかされる。つまり自分の要求に応えたものに感動する。自分の要求自身の持っている誤りに気がつかない。

人間の心が動くのは、有縁の慈悲、近い者に愛を持ったり、情けを持ったりするところで動くと感動する。しかし、その感動は不変の真実に照らした場合には必ずしも正しいとはいえない。決して仏の道理は冷たいわけではないが、私どもの日常生活での感動は必ずしも真理ではないということは、聞法の中で気をつけなければいけないことです。

人間は人情に弱いのですが、仏法は人情ではない。人情を無視するわけではないが、本当の道理として、そこに親鸞聖人が非常に厳密に法然上人の教えをいただきながら、本願の道理を明白にしていかれたご苦労の意味がある。我々凡愚は理性化すれば冷たくなるし、感情化すれば妄念妄情に流されていく。どちらにも行かないで、人間を本当に徹底的に見すえて、人間の誤りを照らして、本当に帰依すべきものを見い出していくことが特に、本願の教えの大事なところだと思います。

十劫ということを親鸞聖人は取り上げられない。『教行信証』でも主題的に取り上げない。何故かという問題をいまのような形で取り上げている。すでに成就し終わっているのだから、あなた方は救かっているのだという観念的操作、事実救かっていない人間をすでに救かっているのだとする虚偽、これは大乗仏教が往々にして陥る間違いです。一切空なのだ、迷っているのではない、迷っているようだが空なのだ。

悟れということをいうが、事実はそうではない。迷っているという事実は本当にある。親鸞聖人はやはり事実を正確に押さえる。「悲しきかなや、愚禿鸞」といわれる。決してもう悟っているとか、信心を得たから救かったということをいわない。事実は事実である、にもかかわらず本願はそれを照らしている。事実を押さえて信仰を生きる。それが大事なところです。

## 「念仏が出ない」という質問

安田理深先生が昔、お話になって、それを安田先生の奥さまがノートに取られた。これは質問をした越前の門徒の人に対して安田先生がお答えになった言葉をガリ版刷りのわら半紙に印刷したものです。それを先生十三回忌の記念にと、私の後輩の方が発起してワープロを打って、コピーして参加者全員に配ってくださった。『念仏の心』という小さなお言葉の栞《しおり》なのですが、そこの質問は、「自分にはどうしても本当の念仏が出てこない。念仏するけれども本当の心にならない。どうしたものでしょうか」という質問なのです。

念仏は嘘だとは思わないが、自分にはどうしても本当の念仏にならない。非常に求道的な正直な問いだと思います。それに対して安田先生が、「それは、自分の心で本当の念仏を作ろうとする、自分の心で念仏が本当にできるという思いがある。そして、反省して自分はそうなっていない。そう考えるのは、実は根本的に間違っている。念仏が発《おこ》るということは、真実なのだ。虚偽からは発らない。如来の真実のみが本当に念仏するという心になるのだ。そこに、まったくの誤解がある。自分の真実の心が本当の念仏を称えられると思っている。自分の心に本当などないのだということが、本当に照らされる。本当に自覚されるということ、そこに念仏が本当に発るということがあるのだ」、ということを懇切丁寧にお話になっている。

これが、親鸞聖人が、念仏が真実であることは何処でいえるかを前の段で押さえられた。人前で恥ずかしくなく、大きな声で称えられる、そんなことは本当の基準にならない。人間はどこまでも不実である。南無阿弥陀仏をいただくということは人間が不実であることと一つである。虚偽でしかない、不実でしかない存在を本当に知らされる。その用きが南無阿弥陀仏である。自分が南無阿弥陀仏を真実にするのではない。そこにまったく転倒がある。その転倒がなかなかはっきりしない。

法然上人の教えをいただかれた親鸞聖人ですが、法然上人の門下において、法然上人が念仏するその念仏は真実である、しかし、門下の中には本当の念仏を称えるものはいないではないか。そして、それを信じる心、信心が本当か嘘かという論議があって容易に決着がつかない。その問題に対して親鸞聖人が「信巻」を開かれ、真実か不真実かを決判する根本原理は本願にある、本願において本願が人間を包んでいると。

もちろん人間がそれを信じるわけですが、人間が信じることができる根拠は本願にある。自分の根拠で信じるのではない。自分でもうこれしかないから、この辺で妥協しようとか、もうダメだからやけくそだ、というものではない。それしかないということが本当にはっきりするということは、本願の真実に出遇うことである。本願の真実に出遇うということは、こちらが本当に不実であることに眼が覚めることと一つである。

法蔵菩薩の修行は、外の修行ではなくて自分の迷妄性を晴らす用き、いまの一念のこの時に自分の存在が本当に照らされるという用きと法蔵菩薩のご苦労とは一つなのです。法蔵菩薩はどこに用いているかといえば、私が本当に本願を真実としていただくしかないと気がつく用き、気をつかしめる用き、ここに法蔵菩薩のご苦労がかかる。何処かよそで修行してそれを持ってくるという話ではない。

そこに、この段の「十劫正覚」を親鸞聖人が取らないということが絡む。「十劫正覚」とは、物語上の主人公が十劫の昔にすでに成就している。成就しているのだから自分たちは何もしなくていい、すでにできているということを信じさえすればいいという信じ方は、いまの時というものの意味が分かっていない。ここにいま、本当に信じるか否かというところに法蔵菩薩が正覚を取るかどうかがかかっている。

蓮如上人は『安心決定抄』を大切にされたが、その中にある十劫正覚だけは批判された。すでに成就しているという、その功徳成就は何処に来るか。いまの我々の信心、ここに信心を獲得するという、一念の信を獲ることに永劫修行がかかっている。過去にすでにできているものをいま持ってくるという発想ではない。

法蔵菩薩は、浄土の功徳を成就すべく、浄土を建立すべく修行している。けれども、それが成就する場所は衆生の上にある。ふつう私どもは覚りを開くことによって如来の功徳を得ると考えるわけですが、本願の信心はそうではない。もう我々は覚りを開く必要すらない。本願の信心において一切の功徳がここに来る。覚りを開いてからというのは、まだ自分の力で覚りを開ける可能性を信じている。だから、いままだ迷っていて覚りが開けていないからダメだと、本願のいただき方について妙な遠慮をする。

曽我量深先生がいっておられましたが、人間関係には一応遠慮ということが一つの知恵である。社会生活上の知恵である。特に中国・日本という儒教道徳が発達した国では、遠慮することが美徳である。しかし、仏法については遠慮というのは分別だ。本当のことを明らかにすることについて何も遠慮する必要はない。それまでの浄土真宗のいただき方には妙な遠慮があるのではないか、遠慮する必要はない。

凡夫という事実を明らかにすることと、仏法の事実を明らかにすることとは一つである。ダメだとか、まだ如来の功徳は味わえないとか、そんなことはいう必要がないと曽我先生はいわれました。

親鸞聖人は、現生正定聚という。浄土を開くのは衆生を摂して正定聚を与えるためだ。もう迷わないで仏になっていく一筋道を歩めるようになる資格、それすら私どもはこの現生では確立できない。しかし、本願に出遇えば、本願に出遇ったところに正定聚があるということを親鸞聖人は、経典および論釈を読み抜いて確信を得た。その確信は「行巻」に、龍樹・天親・曇鸞の言葉を引かれて、正定聚をいわれる。正定聚は信心において成り立つ。信心は軽いものだと思いがちなのですが、親鸞の道においては信心を獲ることが一番重い仕事である。

清沢満之先生は、人生における最大事件だといわれる。この最大事件という意味は、私どもの人生においては、経験の深さとかショックとかいう点でいろいろの出来事が起こるわけですが、信心とは、それまで我々の無始以来の経験がひっくり返るような経験です。それまでの驚いたとか、反省したとか、感動したとかいう話ではない。それまでの長い長い迷いの経験が全部そこでひっくり返るような質を持つ。本願力を信受するということの持っている大きさは、人生における最大事件であると清沢先生はいわれます。

最大事件という質を持つのは、法蔵菩薩の修行がここにいただかれる。わが功徳とか自力の功徳は、曠劫以来の中でどれだけ努力しようと、どれだけ感動しようと、それは皆無明の歴史の中での迷い事です。そういうものが法蔵菩薩を本当にいただくところに全部ひっくり返って、意味を転じる。転成《てんじょう》といいます。

「罪障功徳の体《たい》となる　こおりとみずのごとくにて　こおりおおきにみずおおし　さわりおおきに徳おおし」（聖典四九三頁）、それまでの生活が無意味ではない。転ぜられてみれば、それまでの障り多き曠劫以来の歴史は、単に無意味なものではない。質が転じていただかれる。

親鸞聖人が信心という言葉で人間の上に法蔵願心が実る事実を受け止められた。信心とは回心《えしん》ともいわれますが、それまでの人間の立場が完全にひっくり返る精神的事実が発《おこ》る。そういう質を法蔵菩薩の永劫修行の内容として親鸞聖人は確認された。

一般仏教の信心というと、信心は出発点である。三宝に帰依するという表白は信心の表白である。仏法に対する信仰表白。それはこれから修行するに当たっての前提で、そういう意味で大切ではあるが、『華厳経』では「信満成仏」といい、信は因であり、その因がすでに果を見通して満足成就する。信を獲れば因の信が満足だという言い方をします。仏法に対する信を持ち仏道を本当に出発すれば、初一念が発れば成仏したも一緒だ。しかし、それから長い長い三大阿僧祇の過程がないとはいわない。

『華厳経』は、十地、さらにそれに先立つ、十信・十住・十行・十回向という段階で解釈されてくる。一番下が十信です。信が確立すれば、仏果と質は等しいという。初心者を励ますためにそういうが、実際はそうではない。そこに長い自力の過程が予想されている。どれだけ過程があっても、はじめの質が変わらない。菩提心が歩むところに信満成仏という言葉があるのだろうと思います。

ところが親鸞聖人は、それはやはり何処かで人間の信である。人間の菩提心は竪の菩提心、自分が努力を内に持った菩提心、どんな努力であろうと耐え忍んでやっているという菩提心。それに対して自分が本当にそういう能力も、資格すらない存在だということが本当に照らされる用き。人間存在が如来を仰いで、その如来の願心の用きの前に、私どもの小さな、愚かな心が、プラスになるどころか、ほとんど反逆しかできないことが本当に照らし出される。そういう私を照らす如来願心の用きが私に信ぜられるということは、これから修行してという信ではない。

「信巻」の有名な言葉に、「しかるに常没の凡愚・流転の群生、無上妙果の成じがたきにあらず、真実の信楽実《まこと》に獲ること難し。何をもってのゆえに。いまし如来の加威力に由《よ》るがゆえに、博く大悲広慧の力に因るがゆえなり」（聖典二一一頁）とある。常没の凡愚・流転の群生、永劫の流転という存在であって、無上妙果が難しいのではない。ふつう私どもは流転しているから覚りが開けない、無上妙果が獲られないと思う。

無上妙果は法蔵願力において必然である。しかし、それを信ずることが難しい。どうしてかといえば、まったく加威力に由るからだ。信心が成り立つことは如来の力である。如来の加威力が加わって初めて成り立つ。私どもからいえば、如来の願力に値遇して初めて成り立つ。私どもは永遠に自分で造ろうとする。そうすると、無上妙果は成じ難い。如来の加威力に由る、大悲広慧の力に由る。外からの加威力と内からの因力です。

阿弥陀の摂取と法蔵願心の因位の修行があって成り立つ信心である。我々にとっては本当に難信である。獲られるはずがない。しかし、獲られるはずがないものがここに成り立った。有難い、ある事が難い、難しい、ほとんど無いという意味と同時に、にもかかわらず成り立っている意味の難です。かたじけないという意味があると安田先生がいわれました。我らの信心は、如来の修行によって成り立つということを押さえている。時間の上でいえば、いつでも現在しているような背景、常に現に用いているような永劫の背景、永劫といっても、いまを抜きにしてずっとやっているという意味ではない。出遇ってみれば永劫修行である。こういう意味の言葉として読んでいる。

## 西方浄土阿弥陀仏

もう一つの問題は、十劫の段に、「法蔵菩薩、今すでに成仏して、現に西方にまします。ここを去ること十万億の刹《せつ》なり。その仏の世界を名づけて安楽と曰《い》う」（聖典二八頁）、浄土は西方浄土である。十万億刹の距離があると経典自身が語っている。これが素朴に取り入れられて浄土教の祖師方は西方浄土阿弥陀仏ということをいわれます。もちろん、このことを親鸞聖人は否定はしない。しかし、西方とは一応この世界の方角の上の西ですから、十方という私どもが感じる空間の中に、西ということは何で成り立つかというと、太陽の動きあるいは月の動き、科学でいえば自転する地球の上に生活している我々が感じる方角です。

西に太陽が沈む。万物が沈んでいく。そこにいのちの終わりが感じられる。そこに浄土教に何か感情として死後の浄土がついてくるようなところがある。しかし、親鸞聖人は方角的な浄土を積極的には取らない。それはおそらく天親菩薩が浄土を語るときに、願生浄土、阿弥陀仏国といい、「彼」の阿弥陀仏国ということをいわれる。此土に対する彼土です。「彼の」ということはくり返していわれます。

ここに「彼の」ということを抜きにすると浄土教は成り立たない。「彼」ということは、本願の世界を、人間の努力とか人間の力を超えた世界として、大悲の世界としていただく。人間を超えた超越的世界としていただく。

これは教相《きょうそう》です。教相として「彼」ということは大事である。何でも現実に持っていけば分かるというものではない。現実が本当に現実として見えるためには、私どもの眼が本当に信頼できる眼であるかどうかが問われなければならない。

私どもは迷妄の存在である、流転の存在であるということは、国土というものは我々の感じている穢土ですから、愛憎違順する世界である。自分に都合のいい世界をよしとし、自分の都合の悪い世界を憎いと感じている世界ですから、その世界をそのままに正しい現実であるというわけにはいかない。それに対して、如来の世界、真実の世界は、本願力の世界、一如から現れたまう世界として、ここに彼此対比して、如来の世界が建てられるところに教えが成り立つ。

親鸞聖人は現実主義者だから、何でも現実だ、浄土などなくてもよい、などといったら浄土教は成り立たない。浄土の信仰生活は成り立たない。そこに誤解がある。現実というときに、ひっくり返された現実ということが大事なのである。回心をくぐった現実ということが大事なのであり、それがないのに何でも現実ということを肯定するわけではない。ですから、「彼」ということは非常に大事な言葉である。しかし、西ということは東西南北の西は、どうして西かということになると、西と教えられているとしかいえない。

親鸞聖人も、曇鸞大師の伝記を和讃されて、「世俗の君子幸臨《こうりん》し　勅《ちょく》して浄土のゆえを問う　十方仏国浄土なり　何によりてか西にある」（聖典四九一頁）という。十方、どちらの方向でもいいのではないかという質問に対して、曇鸞大師が、「鸞師こたえてのたまわく　わが身は智慧浅くして　いまだ地位《じい》にいらざれば　念力ひとしくおよばれず」（聖典四九一頁）、自分は愚かだから、とても菩薩のように十方仏国浄土とは仰げない。だから西方浄土を仰ぐのだと答えられた。

ですから西を否定するわけではない。しかし、基本的に親鸞聖人は、法蔵願心は本願で、その本願を通して教えをいただくことをいつも自分の教学の姿勢の基点にしておりますから、本願に立って浄土の教えをいただくとき、真の仏土とは何であるかを明らかにするときには、第十二願・第十三願に依られた。

光明無量の願、寿命無量の願によって建てられた浄土が真仏土である。そこには西の必然性は全然ありません。ただ経典の上に西にあるということが一応教えられている。そして『観無量寿経』は西の方、日の沈む姿を観よということが観察の行として教えられている。ですから、親鸞聖人も否定されるわけではありませんが、ほとんど積極的に西を誉めるようなことはいわない。

ただ、親鸞聖人が晩年に法然上人を憶念して編まれた『西方指南鈔』があります。伝記を含めた法然上人の言行録です。親鸞聖人は法然上人の浄土宗独立の仕事を、西方の指南、『歎異抄』第二条では、「おのおの十余か国のさかいをこえて、身命をかえりみずして、たずねきたらしめたまう御こころざし、ひとえに往生極楽のみちをといきかんがためなりけり」（聖典六二六頁）という。往生極楽、これは法然上人にあっては、やはり『観無量寿経』の影響が濃くて西方浄土である。

念仏して西方浄土に行くという一つの方向性、我々の空間の感覚の中で西というのは、夕暮れ、あるいは、月、星なども沈んでいく方角として感じるということが、感情的には大きな意味を持ったわけでしょう。だから、西を否定するわけではありませんが、親鸞聖人はあまり積極的には取り上げられない。龍樹、善導はいわれますが、天親、曇鸞はあまり西ということはいわれない。曇鸞の『論註』の上でも強調するということはないし、天親菩薩にはまったくない。天親菩薩の場合には、『無量寿経優婆提舎願生偈』といいながら、西方ということは出していない。

十劫といい西方といい、時間的にも空間的にも我々の感覚に訴えて、違った世界としてもう一つあるように語りかける。その語りかけは教えの形として、もう一つの世界を語ることを通して聞法が成り立つことは大事なのでしょうが、そこに停まってしまう。それは方便の意味が強い。方便の意味が強いから、親鸞聖人はあえて、積極的には取り上げられなかったのではないかと思います。

西方を否定して何処にあるかというと、本当は何処にあるというものではない。本願の浄土ですから。本願の成就の世界とは、天親菩薩でいえば量功徳です。「究竟如虚空　広大無辺際」(聖典一三五頁)といわれています。阿弥陀如来自身も、無量寿仏、無量光仏、無辺光仏で、ほとりがないといわれているわけですから、何処かにましますということは、我々に対して方向性を教える意味はあるが、本当は別に方向などなくてもいいわけです。どちらに向かって拝んでも本当はいいはずです。西に向かって拝まなければいけないというのは一つの方向性を与える。

善導大師の二河譬のはじめに出した言葉は、「人ありて西に向かいて行かんと欲するに百千の里ならん」(聖典二一九頁)というものです。宗教心の方向性を西として呼びかけています。私たちは生まれて、生きて、死んでいくだけではない。死を意識することにおいて、死を超えた世界に行きたい。そこに西の方というものがある。

文字通りの意味で西に歩いて行ったら浄土があると信じるのは、本願の浄土に出遇っていないから、たくさんの浄土教の信者が西に向かって歩いて行き、海に出会って海の中に入って亡くなったという話がある。これを『往生伝』などは美しく、海の中で蓮華が咲いたという言い方をする。それは、真実信心にはならない。阿弥陀如来が方便法身として本願を我々に呼びかけんがための形となって、言葉となって、さらに西方の阿弥陀となって呼びかける。それが方便法身という意味だとはっきりすれば、別に否定する必要もないが、西方に執《とら》われる必要はない。一応大切にしながら、しかし、それに執われる必要はない。
曼陀羅《まんだら》は、インドのヒンズー教の影響を受けた仏教なのでしょうが、十方にそれぞれの仏がおられる。その十方のそれぞれの仏の中で、自分が出遇う仏、自分を加護してくれる仏はどの仏なのか。真言宗では、西方阿弥陀が一番偉いとはいわず、どれに出遇うかは分からない、曼陀羅の上に花びらを蒔いて落ちたところの仏が自分の仏だといっています。それが出遇いだといいます。

十方諸仏、それぞれの方角にそれぞれの仏がまします。その諸仏の中の一仏として阿弥陀がおられる。その意味では西方阿弥陀仏と立てざるを得ないということがある。西方阿弥陀仏を立てるということは、インドの伝承的な事情もある。しかし、本当に本願に立って明らかにしてくれれば、「尽十方無碍光如来」と『浄土論』では翻訳されていますが、十方を尽してというのですから西に限るというわけではない。

経典をどう読むかというときに単に理性的に読むものでないし、かといって教えの言葉だからないがしろにしてはいけないというので皆平等に大切にする、というものでもない。その中に何を教えたいのか、何を本当は私どもは汲み取るべきかというときに、常に如来の本願に照らして確かめる。教えの言葉は一応、人間がいただいて、「如是我聞」した言葉ですから、「如是我聞」した言葉の上に、どれだけ本当に聞き得ているかという確認をする。『歎異抄』にありますように、真実と権仮とが入り混じる。

たとえ経典であっても、『無量寿経』なら全部本当だというわけにはいかない。その中にも、物語として語られていますので、そこに我々が宗教的な課題を読み取っていく場合には、あえて取らないということを親鸞聖人はしておられる。そういう点で、十方億刹や十劫正覚というところは取り上げられない。あえて批判はされませんが、取り上げられない。

## 浄土の荘厳

その仏国には、自然《じねん》の七宝、金《こん》、銀《ごん》、瑠璃《るり》、珊瑚《さんご》、琥珀《こはく》、硨磲《しゃこ》、碼碯《めのう》、合成《ごうじょう》して地とせり。恢廓曠蕩《かいかくこうとう》として限極《げんごく》すべからず。ことごとく相雑廁《あいざつし》して、転《うた》た相入間《あいにゅうけん》せり。光赫焜耀《こうかくこんよう》にして微妙奇麗《みみょうきれい》なり。清浄《しょうじょう》に荘厳《しょうごん》して、十方一切の世界に超踰《ちょうゆ》せり。衆宝《しゅぼう》の中の精《しょう》なり。その宝《たから》、猶《なお》し第六天の宝のごとし。またその国土には、須弥山《しゅみせん》および金剛鉄囲《こんごうてつち》・一切の諸山《しょせん》なし。また大海・小海・谿渠《けいこ》・井谷《しょうこく》なし。仏神力《ぶつじんりき》のゆえに、見んと欲《おも》えばすなわち現ず。また地獄《じごく》・餓鬼《がき》・畜生《ちくしょう》、諸難《しょなん》の趣《しゅ》なし。また四時、春秋冬夏《とうげ》なし。寒からず熱からず。常に和《やわら》かにして調適《じょうちゃく》なり。」その時に阿難《あなん》、仏に白《もう》して言《もう》さく、「世尊《せそん》、もしかの国土に須弥山《しゅみせん》なくは、その四天王および忉利天《とうりてん》、何に依《よ》りてか住せん」と。仏、阿難に語りたまわく、「第三の焔天、乃至《ないし》、色究竟天《しきくきょうてん》、みな何に依《よ》りてか住せん」と。阿難、仏に白《もう》さく、「行業果報《ぎょうごうかほう》不可思議なればなり」と。仏、阿難に語りたまわく、「行業果報《ぎょうごうかほう》不可思議ならば、諸仏世界もまた不可思議なり。そのもろもろの衆生、功徳善力《くどくぜんりき》をもって行業《ぎょうごう》の地に住す。かるがゆえによく爾《しか》るまくのみ」と。阿難、仏に白《もう》さく、「我《われ》この法を疑わず。但《ただ》将来の衆生の、その疑惑《ぎわく》を除かんと欲《おも》うがためのゆえに、この義を問いたてまつる」と。（聖典二九～三〇頁・註釈版二八～二九頁）

次の段に入ります。次は浄土の荘厳が出てきます。宝物がさまざまに展開され、西方十万億土の安楽世界が他のどのような世界よりも優れていることが明かされています。

ここに一番最初に、「自然」という言葉が出てきます。松原祐善先生が『無量寿経』には「自然」という言葉が非常に多い、自然という字が五十数個あるといわれました。この「自然」がまたなかなか問題なのです。「しぜん」と現代では発音しておりますが、科学の対象になるような「自然」（しぜん）ではない。

科学の対象になる自然は、理性の対象界、人間の合理性に対する対象界という意味なのでしょうが、「じねん」と発音された場合には、親鸞聖人が、「自然法爾章《じねんほうに》」で展開しておられるように、おのずからしからしめられる、おのずからしかる、と読んで、ひとりでにそうなるという意味を持った言葉です。

Nature にもそういう意味もないわけではない。「当り前だ」という意味もドイツ語の natürich にはあります。自然も単に対象界だけをいうわけではなく、当り前、当然だという場合にも使う。"Custom is second nature." という言葉もあって、習慣は第二の自然（しぜん）だと。その場合の自然（しぜん）は環境世界という意味ではない。私どもの習慣が自然（しぜん）になる。その場合の自然（しぜん）は環境という意味ではない。ひとりでにそうなる。第二の自然（しぜん）。はじめから与えられた自然と人間が作ってそうなっていく自然、そういう意味で第二の自然です。

天親菩薩は、環境界を器世間と衆生世間に分けて、浄土はこの二種清浄世間だといわれる。「器」とはうつわで、人間が使うためのもの、用いるものということは、天親菩薩自身の言葉でいえば受用されるもの、受け用いられるもの、我々にとって環境は、我々がその環境を受け止めて、生活、いのちが成り立つ場所である。それと離れて絶対的な対象があるわけではない。それを「器世間」といわれる。

自然（しぜん）と発音されて、自然は人間にとって材料であるということになって、いじって壊して生きてきたことによって、つまり、自然（しぜん）に対して人為とか人工を立てすぎたのが現代です。人工的にしすぎて自然を壊して、自然が回復できないものを作ったことによって公害が起こっている。人間の小さな理性が勝手に変えたことによって、かえっていのち自身の根を掘り崩すようなことをしている。しかし、それ自体も実は自然（しぜん）の力の中にある。人間は何かをやっているというけれど自然の力の外でやっているわけではない。自然の中にあるものを使って小手先でいじって、自然に反逆する。

安田先生も、仏法の真理が自然（しぜん）と人間という課題に応えるところがあると、ずっと思っておられ、先生の講演を整理して出版するときに、本の題名をつけてくださいとお願いに行きましたら『自然と人間』はどうだろうかといわれ、そういう題の本があります。しかし、ふつう自然と人間というと、環境と人間ということで、エコロジーみたいなことを考えます。ところが、そうではない。仏法の課題が自然と人間という課題に応えているということを、先生はずっと考えておられたようです。

人間のいのちは本当の自ら然《しか》るという、単に生まれて生きればいいというものではなく、そこに課題がある。課題を本当に引き受けて、その課題は、むしろ本当の自然（じねん）、本来の人間の在り方、いのち自身を回復する。これは人間が人工的になるのではない。自然（じねん）に変わる。自然（しぜん）の本来の在り方、そういう自然（じねん）を人間自身が自然（じねん）に背く形であることを自覚して、自然（じねん）を取り戻す。そういう課題があります。

阿弥陀如来について親鸞聖人は、「弥陀仏は、自然《じねん》のようをしらせんりょう（料）なり」（聖典五一一頁）といわれます。自然（じねん）を知らせんがための手立てである。「自然（じねん）」という言葉は、内容のはっきりしない大変大きな課題を持った言葉ではないかと思います。教学用語としては、自然（じねん）を願力自然《がんりきじねん》、無《む》為自然《いじねん》、業道自然《ごうどうじねん》と、三自然ということをいいます。自然という言葉を、「自らしかる」と読んで、道元禅師では、自然（じねん）というは自らしかる、本来の在り方、それは無為の、為《な》すことのない、有為ではない、一如、法性という本来の在り方が自然（じねん）であるという領解です。

自然は覚りの内容である。迷いがあっては不自然で自然ではないが、覚れば自然（じねん）である。「無為自然」である。自然（じねん）という言葉は、自らしかるという場合は現象界、時間の中にあり、時間とともに諸行無常であり有為の移り行く時の中にあって、人間的意識、人間の分別意識とか人間的操作が入らない。深山幽谷のような人間の手が入らない自然（しぜん）、ありのままの自然といっても、時の流れ、時とともに、天候とともに変化する。

変わるけれども人間の分別が入らない。そういう意味での自然（しぜん）は人間にとって懐かしく、引きつけられるものがある。しかし、自然という言葉を使う限り、「無為自然」というと、無為といった場合は変わらないもの、変化するものを超えている存在の本来性ですから、自然（じねん）という言葉自体からすると無為が即自然（じねん）だというのは少し無理がある。

覚りの世界こそ自然（じねん）だ。本当に人間の手が入る以前の本来の在り方は、覚ってみればそういう世界だということは分からないことはない。それに対して、「業道自然」は、『無量寿経』では悲化段に出てくる人間のありよう、人間と人間が一緒に生活している中に感情が交錯して歴史が積み重なる。だいたい、いい感情は連続しないで、悪い歴史が積み重なって連続する。恨み、仇が積み重なる。そういう人間の生き方が、五濁増を生きる中にますますいのちを汚していく、それを業道自然といいます。人間の行為、人間の悪業、罪の生活が自ら引いてくる罪の結果を業道自然といいます。

もう一つの「願力自然」は親鸞聖人の理解です。「自らしからしめられる」という、自らしかるのでもないし、単に迷っていくのでもない。迷いの身の存在のところに、本願力に出遇う、しからしめられる世界に出遇う。そういうものを願力自然という。業道自然の生活を転じて無為自然とする用き、そういうものが願力自然として与えられる。このように三自然が教えられていますが、そのように「自然（じねん）」という言葉は大変難しい。その時その時でいろいろの意味を持ってくる。

浄土を自然の七宝という。善導大師も、「畢竟逍遙して有無を離れたり」といわれます。分別、価値判断、あるいは意味づけをして我々の意識が揺れ動いて何かを決めていく。型にはめようとする。そのこと自体が人間を苦しめる。自然という言葉自体、中国の道教が大事にする言葉であると思います。儒教は人間の人間性を大事にする。それに対して人間の人間性を嫌うものが道教にある。仏教は本当はどちらでもない。人間の迷いを翻して本当の人間の意味を回復する。単にカオスに戻るのでもないし、がんじがらめに義理人情を作るものでもない。仏教が自然（じねん）といった場合には、一応道教の人為性を超える方向性を受け取りながら、さらに本願の世界によって本当に自然（じねん）に還してくる。

自然の内容については、形として、金、銀、瑠璃、珊瑚、琥珀と財宝を語る。これは一応浄土を荘厳するについて人間に呼びかける形として、人間が大切にするもの、人間が欲しいものを荘厳して呼びかけるということだろうと思います。全部象徴で、実体的に珊瑚がある、琥珀があるということをいっているわけではもちろんない。それだったら人間の欲に呼びかけているだけです。欲の深い者を満足させる場所になったら別の意味の三界です。三界を超えるはずの浄土を三界の中に引き戻すことになる。そういう意味ではない。

教えの言葉、経典の言葉をそのまま実体視して、浄土に行って金儲けしてやろうという話ではない。実体的に教えているのだから、それもあるだろうと誤解されて、執われてきた傾向が強いのですが、親鸞聖人はこういう言葉は「方便化身土」という位置づけをして押さえられる。

ここに、「清浄荘厳」という言葉が出ています。天親菩薩はこの言葉を取られて「清浄荘厳功徳」を浄土の第一の特徴に押さえられる。「十方一切の世界に超踰せり」とは、十方のあらゆる世界を超えている。方向性をいうときには、どちらかの方向をいわないと分かりませんから一応西方という。しかし、本当は十方一切を超えている。

十方一切の世界を超えて浄土に出遇う。その場合に、浄土には、須弥山や金剛鉄囲、一切の諸山がない。海、峡谷、谷などもない。この世にはいろいろの形があり、それが人間の生活を妨げたり邪魔したりするが、そういうものがない。これを天親菩薩も取り上げている。曇鸞がそれを解釈するときには、人間の生活を脅かしたり、人間に狭い思いをさせたりすることが人間生活を窮屈にし苦しめてくる。それを破らんがために浄土には障碍がないと解釈しています。

しかし、「仏神力のゆえに、見んと欲《おも》えばすなわち現ず」、そういうものが見たいなら、仏神力によっていくらでも見られる。山が見たいと思えば、山が現ずる。海が欲しいと思えば海が現れる。しかし、海があって邪魔だと思えばさっと消える。これは何を表しているかといえば、精神生活の在り方です。

私どもはなかなかそうはいかない。本願力を忘れれば、私どもは自分の都合のいいことを求め、都合の悪いことを嫌いますから、本当に日常の中に引き込まれて、一から十まで喜んだり悲しんだりしながら一向に流転を出られない。しかし、本願力を憶念するときに、人生のすべてが私どもの仏法の生活の材料に、道場になる。

都合のいいことも悪いこともそのままでは人間の好き嫌いの感情生活になってしまいますが、本願力の前に立つときに、そこに意味が転じる。山が山の意味を転じ、海が海の意味を転じる。罪は単に罪ではなくなり、罪の意味を転じる。善悪ともに意味を転じて本願力の材料になるという信仰生活の意味を語っている。

「また地獄、餓鬼、畜生、諸難の趣なし」これは本願の第一願・第二願・第三願を受けてくる。「また四時、春秋冬夏なし。寒からず熱からず。常に和らかにして調適なり」、こういうことも、人間は自然によって左右され、人間にとって寒暖というものが大きな働きを持ちますから、人間が浄土に生活するなら、そういうものに障げられない。感情生活、感覚生活も包んで語られる、「その時に阿難、仏に白して言さく、「世尊、もしかの国土に須弥山なくは、その四天王および忉利天、何によりてか住せん」と」、これは須弥山説というインドの世界観ですが、中心に須弥山があって、その須弥山が世界を保つ用きをしている。

須弥山が世界を成り立たせている力だという世界観です。須弥山がないなら世界は成り立たない。須弥山のもとに大きく東西南北、四つの世界が成り立っていて、南天竺とは須弥山の南にある国ということです。

これに対して、「阿難、仏に曰さく、「行業果報不可思議なればなり」と」、行業果報の不可思議によって成り立っていると阿難は答えている。行為の因とその果報は、不可思議である。精神生活にあっては、行業と果報との関係に欲界のような因果がない。不可思議によって成り立っている。

「仏、阿難に語りたまわく、「行業果報不可思議ならば、諸仏世界もまた不可思議なり。そのもろもろの衆生、功徳善力をもって行業の地に住す。かるがゆえによく爾《しか》るまくのみ」と」、そのように、何によって世界があるのかという問いに対して、行業果報不可思議だ。

我々の日常生活、精神生活の場所、この世界は、いまの科学でいえば引力によって成り立っている、そういう力を感じて、その力によって私どもの生活は成り立っている。地獄には引力がないのにどうして成り立つのかという話です。世界はそういう世界だけではない。諸仏の世界、信仰生活の世界という場合には、単に物質的世界ではない。そこに感じられる世界は何によって成り立つか。依処といいますか、何に拠るのか。

『浄土論註』の「八番問答」の中に、なぜこの罪の長い生活があるのに、一念の念仏ぐらいで罪が除かれると考えることができるのか、そんなことがあるはずがないではないか。やはり長い罪の生活に少なくともそれと匹敵する善業を積んで初めてゼロになるならば分かるが、その罪の生活の中に一念念仏したら罪が除かれるということは成り立たないではないか。そういう問いを出していますが、それは拠りどころが変わることを知らないからだ、と。迷いの生活、罪の生活は何に拠っているかといえば、自分の妄念に拠っている。顚倒の見に依止している。自分の固定観念を拠りどころとして決めている。

それに対して、本願の念仏を拠りどころとする。純粋清浄なるものを拠りどころとする。それを取るならば、まったく立場が変わる。いままでの立場のままで一遍念仏したらきれいになる。そんなことはあるはずがない。立場が変わるということを知らなければいけない。何を根拠にするかによって世界は変わる。

『無量寿経』の対告衆である阿難は、なかなか迷いが覚めない。常識的立場にいつも住んでいる。釈尊の言葉をたくさん聞きながら、いつも自分の立場は常識的立場から一歩も出ない。たくさんの言葉を聞いたが覚れなかったというのは、そこなのです。どれだけ聞いていても、いつも常識的立場、日常生活の立場から一歩も出られない。

「阿難、仏に白さく、「我この法を疑わず。但将来の衆生の、その疑惑を除かんと欲うがためのゆえに、この義を問いたてまつる」と」、阿難は時々こういう言い方をします。本当は自分には疑問ではないのだ。将来の衆生を代表して聞いたのだ。「先意承問」という字が勝行段にありますが、阿難は釈尊の意を汲んで問いを発したのだといわれる。

安田先生の信仰問答などを伺っていますと「問い」というものは、本当に問いを出すときには、問う方自身がどこまで問いの本質を分かっているのかということは別にして、出された問いを縁にして本当の菩提心の問題に練り直していくということがあります。そういうことが「問い」の大切さなのではないかと思います。

『無量寿経』の場合は、阿難の「問い」で大事なのは出世本懐の段です。「何がゆえぞ威神光々たること乃《いま》し爾《しか》る」（聖典七頁）と。なぜ釈尊はそんなに光々としておられるのかと。その「問い」を受けて釈尊は、『無量寿経』を説かれる。その問いはどこから発《おこ》ったか、どうしてその問いを出したのだ、と。これに対して釈尊は誉めています。「衆生を愍念してこの慧義を問えり」、このように阿難の「問い」を誉めて『無量寿経』を開かれた。

阿難という人は、常識的な人で、知識欲の盛んな人で、多聞第一といわれたように、釈尊の言葉をたくさん記憶しておられた。阿難がおられたので、こうして仏教の経典が編集されたという面がある。しかし、ともすると阿難は本質論からそれていく。それを釈尊は、本質の問題に引き戻しているのです。

## 阿弥陀仏の十二光

**仏、阿難《あなん》に告《つ》げたまわく、「無量寿仏《むりょうじゅぶつ》の威神《いじん》光明、最尊第一にして、諸仏の光明及《およ》ぶこと能《あた》わざるところなり。あるいは仏の光《ひかり》の百仏世界を照らすあり。あるいは千仏世界なり。要を取りてこれを言わば、すなわち東方恒沙《とうぼうごうじゃ》の仏刹《ぶつせつ》を照らす。南西北方《なんざいほっぽう》・四維《しゆい》・上下も、またまたかくのごとし。あるいは仏の光の七尺《しゃく》を照らすあり。あるいは一由旬《いちゆじゅん》・二・三・四・五由旬《ゆじゅん》を照らす。かくのごとく転《うた》た倍《ばい》して、乃至《ないし》、一仏《いちぶつ》刹土《せつど》を照らす。このゆえに無量寿仏《むりょうじゅぶつ》を、無量光仏・無辺光仏・無碍光仏・無対光仏・焔王《えんのう》光仏・清浄《しょうじょう》光**

仏・歓喜《かんぎ》光仏・智慧《ちえ》光仏・不断光仏・難思光仏・無称光仏・超日月光仏《ちょうにちがつこうぶつ》と号す。それ衆生ありて、この光に遇《もうあ》えば、三垢《さんく》消滅し、身意柔軟《しんいにゅうなん》にして、歓喜踊躍《かんぎゆやく》し善心《ぜんしん》を焉《ここ》に生ず。もし三途《さんず》・勤苦《ごんく》の処《ところ》にありてこの光明《こうみょう》を見たてまつれば、みな休息《くそく》することを得て、また苦悩なけん。寿《いのち》終わりて後、みな解脱《げだつ》を蒙《こうぶ》る。無量寿仏の光明顕赫《けんかく》にして、十方諸仏の国土を照耀《しょうよう》したまうに、聞《き》こえざることなし。但我《ただわ》が今、その光明を称するのみにあらず。一切の諸仏・声聞《しょうもん》・縁覚《えんがく》・もろもろの菩薩衆《ぼさつしゅ》もことごとく共《とも》に歎誉《たんよ》したまうこと、またまたかくのごとし。もし衆生ありて、その光明威神功徳《いじんくどく》を聞きて、日夜に称説して心を至して断えざれば、意《こころ》の所願に随《したが》いて、その国に生《う》まるることを得て、もろもろの菩薩《ぼさつ》・声聞《しょうもん》・大衆のために、共に歎誉《たんよ》しその功徳《くどく》を称せられん。それ然《しこ》うして後、仏道を得ん時に至りて、普《あまね》く十方の諸仏《しょぶつ》・菩薩《ぼさつ》のために、その光明を歎《ほ》められんこと、また今のごとくならん。」仏の言《のたま》わく、「我《われ》無量寿仏の光明《こうみょう》威神《いじん》、巍巍殊妙《ぎぎしゅみょう》なるを説かんに、昼夜一劫《いっこう》すとも尚未《なおいま》だ尽《つ》くること能《あた》わじ。」（聖典三〇～三一頁・註釈版二九～三〇頁）

次に、法蔵菩薩の成仏の果について、まず光明無量の徳について明かしておられます。

「あるいは一由旬・二・三・四・五由旬を照らす」までが、無量寿仏の威神光明に対して諸仏の世界を語る。「無量寿仏の威神光明、最尊第一にして、諸仏の光明及ぶこと能わざるところなり」とまずいって、諸仏の世界は、それぞれ仏の光の届く限定がある。百仏を照らす力の仏さまもあれば、千仏世界を照らす仏さまもある。東方世界の恒沙の仏刹を照らす。あるいは南西北方・四維・上下の仏刹を照らす。由旬（yojana・ヨージャナ）とはインドの距離の単位です。一・二・三・四由旬ということで狭い所から広い所へという、いろいろの仏の光の照らし方がある。諸仏の光の特徴をいっている。

阿弥陀に対して諸仏の世界を一応立てて、それに対して阿弥陀仏の光は最尊第一であると立てる。私どもの経験の世界では一番強烈なものは狭い光なのです。「一隅を照らす」という言葉が伝教大師にありますが、私どもが一番光を受けるのは、ある人との出遇いとか、ある人によって与えられた言葉とか、非常に狭いものが一番強烈である。

私どもの経験できる範囲のところで、強い啓示、門を開くような用きをしてくださるものを一番強く感じる。諸仏というときに、いろいろな仏がいて、その仏がそれぞれの用きを持つというのは、親鸞聖人は千差の業因ということをいうのですが、因において共通なもの、因において同じような因を持ち、同じような業（共業）を持つところに感応道交ができる。そういう意味では、自分の要求に近い修行をして、その果としての光を放つ仏と私どもは一番近いわけです。

ところが、諸仏各々の光に対して、阿弥陀の光に諸仏の光は及ぶことができない。ちょうど光が、レンズを通したときに狭い所に集中すると明るく強いが、広げたら弱くなるように、焦点がぼけるということが、ふつうの経験からすればある。

阿弥陀の光は無性格的である。諸仏の光は強い性格を持っていて、スポットライトを当ててくるような、例えばレンズの上に赤いビニールシートを張ってスポットライトを当てれば赤くなる、黄色なら黄色くなる。このように、それぞれ個性的である。ある世界にだけ強く当たる。そういう光色に対して阿弥陀の光は無色である。あらゆる世界を照らしながら、あらゆる世界の諸仏の色を消さない。他の色を阿弥陀の色に染めてしまうという照らし方だったら、そんなに広くはない。どんな世界にあってでも照らしている。私どもの経験からすると非常に気づきにくい性格を表してくる。しかし、そのことが一番根源的である。根源的なものが一番見えにくいという意味を持ってきます。最尊第一ということは、あらゆる諸仏の光よりも根源的に照らす。

「このゆえに」というところからは、いわゆる十二光といわれる光の名前が出てきます。「このゆえに無量寿仏を、無量光仏・無辺光仏・無碍光仏・無対光仏・焔王光仏・清浄光仏・歓喜光仏・智慧光仏・不断光仏・難思光仏・無称光仏・超日月光仏と号す」。正依の『無量寿経』では、十二の名前に絞っております。しかし、異訳の経典では数が違っております。正依の『無量寿経』によって、『正信偈』では十二光を取っておられます。

「それ衆生ありて、この光に遇《もうあ》えば、三垢消滅し、身意柔軟にして歓喜踊躍し善心を焉《ここ》に生ず」、善心ここに生ずと読んでいるのは、もとの底本（伝存覚延書本）がそう読んでいましたからそのまま読んでおりますが、漢文の方では、「三垢消滅　身意柔軟　歓喜勇躍　善心生焉」、「焉」（えん）という字は「ここに」と読む場合もあり、ふつうの漢文としては「善心生也」でもいいけれども、「焉」（えん）と強く結んでいるということで、「善心生ず」でいいのだと思いますが、どういうわけか「ここに」を意味する字として読んでおります。非常に強い意味だということを表そうとされたのでしょう。

「もし三塗・勤苦の処にありてこの光明を見たてまつれば、みな休息することを得て、また苦悩なけん。寿終りて後、みな解脱を蒙る」、この文を、親鸞聖人は「真仏土巻」（聖典三〇〇～三〇一頁）のはじめに引用しておられます。第十二願成就の文という意味を持つ。無量光、あらゆる世界を照さなければ止まないという願い。無量寿、寿《いのち》が無限でありたいという願い。阿弥陀の無量寿、無量光という意味を成就するときに、その意味を展開して十二に開いている。この十二光を讃嘆する『讃阿弥陀仏偈』という曇鸞大師の偈文があり、その偈文の言葉と合わせて、親鸞聖人は「真仏土」を明らかにしている。

親鸞聖人の念仏の領解の仕方はどのようなものか。法然上人が、専修念仏、念仏一行において浄土に往生していくことを強調された。念仏一行による浄土の教えの独立である。他の修行、いろいろの方法を通して人間が仏に成っていこうとする道の中に、南無阿弥陀仏という言葉が開かれてあることを、それまでは諸行中の一つの行為としての念仏という領解で、念仏も一つの行であると一般には読まれていた。念仏でも救かる、念仏でも救かるけれども、他の行をした上で念仏をも修するという使い方です。『無量寿経』を読んでも、『観無量寿経』を読んでも念仏一つでよいという言い方はしていない。

ところが法然上人は、本願の教えを読み抜けば、本願に立てば、念仏だけでいい。念仏一つが本当の如来の願いなのだと読み抜かれた。その眼から読み直してみると、仏道を生きた人々の歴史の中に、念仏一つという歴史があることを見い出されたのが法然上人の『選択集』の「教相章」です。浄土宗は歴史がある。自分が勝手にいうのではないといわれて、念仏一つの宗として浄土宗を立てられた。

法然上人が、本願の念仏、専修念仏をいわれるのですが、専ら修するということに、どうしても人間が修するということがある。本願の誓いを人間が修する。本願を信じて人間が行ずる。人間が行ずるということがあるから、諸行は捨てたけれども、どうしても行ずる主体に残る修善の心を本当に捨てることができない。念仏一つといっても、本当に念仏一つになるためには、やはり諸行を加えておこう、諸行の助けを加えておこうという理解がどうしても残る。浄土宗の教えの中に、そういう領解が残ってくる。

親鸞聖人は、念仏の仏道というよりも、本願による仏法として念仏の教えをもう一回構成し直すという努力をなさった。それが『教行信証』のお仕事である。『教行信証』の柱は、『浄土論』の指示と『浄土論註』の解釈を受けて、本願の教えである大悲の用きが二種の回向として、本願力回向によって人間の上に用く。本願がそのまま用くというより、回向として用く。念仏の教えを本願によって明らかにしようとされた。そのときに、浄土とはいったい何であるか。

法然上人の場合は、浄土という世界を一応、如来の本願が誓って建てた世界、その世界へ念仏一つで生まれていくと、念仏往生の願、念仏往生を強調される。念仏で浄土へ往くと領解して、念仏をし続ける。そのときの浄土とは何であるかを、法然上人は問題にされない。『選択集』では、浄土とは何であるかということは問題にしていない。

ところが親鸞聖人は、『無量寿経』が語っている浄土の中に真実報土と化身土があることを見い出された。本願が衆生に用くときに二種の回向として用く。往相回向、還相回向という二つの言葉の内実は、法蔵願心が往相回向、還相回向という大悲心の用きをもたらして、衆生を浄土に生まれしめる。生まれしめた利益をもってまた穢土へ還す。こういう内容を、親鸞聖人は法蔵願心の願の内容とした、法蔵菩薩が願心を衆生に呼びかけんとする大悲心が用いたものと読まれた。

回向門の釈論の言葉ですが、「一切苦悩の衆生を捨てずして、心に常に作願す、回向を首として大悲心を成就することを得たまえるがゆえに」（『浄土論』、聖典一三九頁）、苦悩の衆生を観察して、十方衆生に呼びかけんがために、本願を建立する。それを『浄土論』は、「回向を首として大悲心を成就する」という。大悲心である本願を、苦悩の衆生を観察するときに、「回向を首」とする。回向として用いて成就すると天親菩薩がいわれる意味を親鸞聖人は押さえられて、回向を通して用く本願、回向を通して成就しようとする本願という視点から、仏法の教えを見直される。

## 曇鸞の『讃阿弥陀仏偈』

教えと修行とその果、「教行果」が、仏法の体系をまとめる場合には取り上げられる。親鸞聖人は仏法の体系に照しながら「教行証」を選述された。いずれも本願を根拠とする。その場合に、教行証は一般仏教の理解なのですが、「行」の次に「信」を入れた。

存覚上人が『六要鈔』でいわれる場合には、「教理行果」が聖道仏教の次第である。教えがあって、それに対して「理」がある。「教」に「理」があるということは、教えを信じて領解する。教えの意味を理解する。教証・理証という言葉もありますが「教」に対して「理」が立てられる。領解の上に、次に実践がある。

これに対して、親鸞聖人の考えられるのは、教行証である。『顕浄土真実教行証文類』である。理から行というのは、聖道的、自力の発想です。理解してそれを実践する。それに対して、念仏の場合は、「行」による「信」、「教行信証」です。これがいままでの仏教の理解に対して親鸞聖人の独創的了解という意味を持つ。つまり信じてから行ずるという、そういう行じ方は、いわゆる法然上人の余行、諸行的考え方です。

念仏という意味は、念仏による信、信じてから行ずるという「行」ではない。「行」に成り立つ信心。こう親鸞聖人は押さえられて、「行巻」の次に「信巻」を置いて、その「信巻」にはいわゆる別序といわれる独特の序文を付けられる。『顕浄土真実教行証』、その教行証、詳しくいえば、『教行信証』に親鸞聖人の独創的な仏教理解が出ているわけですが、実は、『教行信証』には、顕浄土真実という言葉が上に付いています。

『顕浄土真実教行証文類』は、六巻から成っていて、「証巻」の次に「真仏土巻」が展開されてくる。『教行信証』六巻をどう了解するかは、学者によっていろいろある。多くは、『教行信証』を「謹んで浄土真宗を案ずるに、二種の回向あり。一つには往相、二つには還相なり。往相の回向について、真実の教行信証あり」（聖典一五二頁）、こう「教巻」の冒頭でいわれますから、往相回向としての「教行信証」、「証巻」でいったん切る。

仏土の巻をどう見るかというと、むしろ、「教行信証」の「回向の巻」の根拠、「回向の巻」を生み出してくる元であるような浄土。金子大栄先生の場合は、はじめの四巻は「回向の巻」、「真仏土巻」と「化身土巻」は本願の荘厳、象徴であるから「荘厳の巻」だと押さえて、「回向の巻」と「荘厳の巻」の二部作だと『教行信証』を理解なさった。これもなかなか優れた『教行信証』の領解だろうと思います。

曽我先生はさらに独創的に、親鸞聖人が、ご自身が別序を置いているということに注目されて、「教行の巻」で『教行信証』の仕事はいったん終わる。そこに『正信偈』が置かれている。そして、「信巻」には別序があるということは、もし、『教行信証』を大きく分けるなら、二つに分かれる。その分かれ目は『正信偈』だ。『正信偈』でいったん、親鸞聖人が領解した念仏の仏道は結ばれる。新たに自ら問いを発して、されどこの点は分からなかったという問題を展開したのが「信巻」以降である。教行二巻は「伝承の巻」、「信巻」以降は「己証の巻」という曽我先生の独創的な領解です。

『教行信証』において、真仏土はどういう位置にあるか。「証巻」までは「回向の巻」であるということは、はっきりしています。「往相の回向について、真実の教行信証あり」という言葉から始まって、「証巻」の結びのところに、「大涅槃を証することは、願力の回向に藉《よ》りてなり」（聖典二九八頁）と結んでおります。また、「それ真宗の教行信証を案ずれば、如来の大悲回向の利益なり。かるがゆえに、もしは因もしは果、一事として阿弥陀如来の清浄願心の回向成就したまえるところにあらざることあることなし」（聖典二八四頁）、教行信証は回向の利益だと、阿弥陀如来の清浄願心の回向成就として教行信証がある。往相の回向がある、と押さえている。

そこから「真仏土巻」のはじめを見ますと、「顕浄土真実証文類五　光明無量の願　寿命無量の願」とあって、「謹んで真仏土を案ずれば、仏はすなわちこれ不可思議光如来なり、土はまたこれ無量光明土なり」（聖典三〇〇頁）と展開されてきて、「証巻」と「真仏土巻」との関係が分かりにくい。

親鸞聖人に『浄土三経往生文類』という書物があります。これを見ますと大変短い文章の中に親鸞聖人の領解された本願による浄土の教えの意味を述べている。回向や往生という言葉を見事にまとめている。そこには「教行証」を、本願と本願成就を根拠として挙げている。

観経往生の問題と弥陀経往生の問題に絡んで、浄土に関する文も引かれておりますが、大経往生を見ますと、「如来選択の本願、不可思議の願海、これを他力ともうすなり。これすなわち念仏往生の願因によりて、必至滅度の願果をうるなり。現生に正定聚のくらいに住して、かならず真実報土にいたる。これは阿弥陀如来の往相回向の真因なるがゆえに、無上涅槃のさとりをひらく。これを『大経』の宗致とす。このゆえに大経往生ともうす。また難思議往生ともうすなり」（聖典四六八頁）。ここにまとめられている往生の理解、その内容が往相回向として、さらに還相回向として展開されている。

真実報土は現生に正定聚の位に住して必ず真実報土に至る。これが阿弥陀如来の往相回向の真因なるが故に、無上涅槃の覚りを開く。つまり、教行信証は、如来の回向として来たることによって往相回向の真因が私どもにいただける。それに対して、必ず真実報土に至る、「必至無量光明土」（聖典二〇六頁）という言葉が『正信偈』にありますが、必ず至る。

必至滅度は「証巻」の内容になっていますが、必ず滅度に至る。大涅槃の覚りを開く。必ずという言葉のもとに、如来の因果として、如来の本願の因は真因としてここに来る。それに対して如来の果として報土は必然である。こういう因果として語られて、ここでは、現生に正定聚の位に住して必ず真実報土に至る、とある。

また往相回向の真因なるが故に無上涅槃の覚りを開く。真実報土と無上涅槃とは必ずという意味をもって、ある意味の未来的表現をもって、本願の因果として誓われて、現在に来るものは往相回向の真因。教行信証の全体は衆生に本願が用く形である。いま用いてくるための回向の形である。それに対して、仏土の世界は本願が誓う果の世界、こういう因果の展開です。衆生の因果ではない、如来本願の因果です。

本願の因果のうちで、本願が誓って、本願成就する。その本願が成就するときに、人間の上に来る場合は、いま来る成就は往相の回向として来る。もちろん、「証巻」は必至滅度の願としていま来るというのは問題もありますが、「信」と「証」との関係において、『浄土三経往生文類』にありますように、選択本願の願因によって、必至滅度の願果を得る。本願の因果に包んで私にいま来る。

真実報土は如来の世界、その世界は、回向の真因に対しては、必至無量光明土として、一応、本願におまかせする世界と位置づけられている。だから、我々がはっきりすべきは、往生回向をいただくということである。ただし、そこに大経往生に対して観経往生、弥陀経往生という三往生が開かれて、往生にもいろいろあると。

親鸞聖人が見られるのは、往生を、理解する人間の問題として本願を信じるという信じ方の問題。こういう問題が、第十九願・第二十願の信の問題として、信じた上で行ずるときの行にかかわる問題として、それと絡んで仏土に真実報土と化身土が開かれてくる。非常に厳密に、我々が本当に念仏によって立つ立場は、如来の回向にもよおされて正定聚に立つ。これが浄土の教えの現在の我々の責任である。

正定聚に立つことが、本願の成就の事実なのだということをはっきりさせた。その正定聚に立つときに真実報土と必至滅度とは、本願に必然としていただかれる。いつでも念仏一つといって行の専修ということを押さえながら、なにかそこに迷信が絡んだり、努力が絡んだり、差別が絡んだりする。そういうことを徹底して本願に返し、本願の中にもどういう意味を持った本願かという位置づけをして、本願の信心を明らかにされた。

『観無量寿経』に仏身について、何が本当かを語ろうとして、像観、真身観と名づけられる文があり、善導大師は、真身観を真実の仏身と領解しているように見える。「仏身を観ずるをもってのゆえに、また仏心を見る。仏心というは大慈悲これなり」（聖典一〇六頁）という経の言葉があり、ほとんどこれが真実だろうと善導はいわれています。

しかし、親鸞聖人は「化身土巻」で真身観の仏を、化身の仏だと押さえています。それは何に依るかといえば、『無量寿経』の教えによって、十二光、本願が成就して十二光になっている。無量寿仏が十二光に開かれている。これを真実の仏として、その因は第十二願であるとする。つまり、本願に返して真実か方便かを決定する。第十二願に返してです。第十二願を真仏土の願、真の仏身仏土の願と決定された。これも独創的なのです。

第十二願成就と読まれる十二光の文を、真仏土の根拠にしている。十二光の用きは、十二の光の名前だけれども、無量寿仏自身の意味の展開です。無量寿仏の用きを一仏の用きとすると、無量光仏、無辺光仏、無碍光仏それぞれ名前が与えられると。

『讃阿弥陀仏偈和讃』を見ますと、それぞれ和讃に独特の功徳、用き方が教えられています。『讃阿弥陀仏偈』という曇鸞大師の偈文の言葉に添いながら、親鸞聖人が和讃を作っておられる。非常に優れた『偈』だと思いますが、それをこういう短い和讃に作ったということは、親鸞聖人の力が、文学的にも優れたものであったことが分かります。

作ろうとした意図は、晩年の関東教団の問題が背景にあって、念仏を純粋に、念仏一つにしぼって生活していくと、どれだけ教えても、念仏生活の中にいろいろの異端、いろいろな邪信、迷信がはびこる。『歎異抄』にもありますように、唯円が引き受けていた教団にあっても解決のつかないさまざまな問題が後から後から起こってくるということが背景にあった。念仏生活を支え、念仏生活を純化する拠りどころとして、親鸞聖人は、どうしてもこれは生活の中に毎日毎日確認する言葉を置かなければいけないということで、歌うという方法を通して、教団の中に念仏をいただく心を、念仏一つでいいのだけれども、念仏一つが一つにならないから和讃を通して念仏の意味を確認していく。

親鸞聖人には、直筆の名号本尊があります。残っている名号には六字、八字、九字名号がありますが、必ず讃を付けられる。ただ阿弥陀仏だけ書いて光を出すという本尊は親鸞聖人にはない。「南無阿弥陀仏」と書いても、あるいは、「帰命尽十方無碍光如来」と書かれても、上と下に必ず讃を付けられる。

どういう讃かというと、念仏を、いただく人間が領解するような、本願の文であり、『浄土論』の「不虚作住持功徳」の文であり、善導大師の文などです。訳も分からずに南無阿弥陀仏と称えよといったら、呪文になる。何故称えるのかという仏法の意味をいただくための本尊を立てる。だから本尊といっても対象として拝むのではない。南無阿弥陀仏を称えるときにどういう意味をいただいて念仏一つで救かるのかを確認するための形だろうと思います。あれも独創的ではないでしょうか。上下に讃を入れた本尊はほかにないと思います。

さらに和讃を作られる。『讃阿弥陀仏偈』を拠りどころにされたということは、曇鸞大師の『讃阿弥陀仏偈』を親鸞聖人がどれだけよく読んでおられたか、ということだろうと思います。これは全部仏名に関する、阿弥陀仏を誉め称える讃です。特に十二光にかかわっている讃から始まっています。

第一首目、「弥陀成仏のこのかたは……」が一番根本になるのかもしれませんが、次に「智慧の光明」「無碍光」「清浄光」「光炎王仏」と、十二光のことが出てきます。ピッタリ合うというわけではありませんが、例えば九首は智慧光仏、十首目は不断光仏、十一首目は難思光仏、十二首目は無称光仏……となっております。十二光の光の用きを曇鸞大師が歌っておられる。名前にはそれぞれの用きが具せられる。六首目の光炎王仏はどういう意味かというと、光の炎は三塗の黒闇を開く、六道流転の中の悪趣といわれる三塗（地獄・餓鬼・畜生）の闇を開く。また清浄光仏は、業垢を除く。このように名が用くわけです。

名に限定すると、名の用きがいただかれる代わりに、いただかれる用き自身も限定される。だから、根源的な光の用きを南無阿弥陀仏に止めないで十二に展開した。展開された限りにおいては、それぞれの功徳を、それぞれの用きを持つ。しかし、そういうものを総合しているものが無量寿仏という名である。無量寿仏の用きが具体的に十二光という名になって用く。こういう指示を曇鸞大師が『讃阿弥陀仏偈』を通してされている。こういうことを親鸞聖人は大事にされたのではないかと思います。

浄土和讃のはじめの方に、「『讃阿弥陀仏偈』曰　曇鸞御造」とあって「南無阿弥陀仏　釈して無量寿傍経と名づく」（聖典四七八頁）と書いておられます。『讃阿弥陀仏偈』のはじめにある言葉ですが、ふつうは釈して無量寿と名づけ、経に傍えるという意味です。いま、阿弥陀と釈して、教の仕事に対して経に添えるというのがもとの意味だと思いますが、親鸞聖人は、それを「無量寿傍経と名づく」と書いている。

これは、曽我先生、安田先生、共に指摘されますが、親鸞聖人が、本願の教えをいただくときに七人の祖師を選び出された。これは法然上人の指示によって伝統を表す。教えが人間に受け止められて、教えの真実性を人間が証明した。それは、経典が経典にとどまらないで、人間を通して経典が生きて用いた。そのこと自体が、また経の意味を持つ。

経釈論という次第はもちろんありますが、天親菩薩の仕事は、経典の名前をいただいて、『浄土論』という小さな書物は『無量寿経優婆提舎願生偈』、「優婆提舎」とは経典の位で「論議経」と翻訳されます。仏説の形です。仏説の経典をいただいて、その経典を自分が主体化して、かくの如くに領解したと歌いあげる。その偈が仏説の意味を持つというのが天親菩薩の論に対する自覚です。そういうことを受けられて曇鸞大師のお仕事に対して、『無量寿傍経』と。『無量寿経』に傍えて「無量寿傍経と名づく」と親鸞聖人はお読みになっている。それは経典の如くに『讃阿弥陀仏偈』をいただかれたということだろうと思います。

阿弥陀仏の光の世界、阿弥陀仏の浄土の世界を、どういただいていくのか。私どもの日常経験の中に自分の欲求が満足するような世界として浄土を思うのではなく、こういう意味だよ、ということを『讃阿弥陀仏偈和讃』を通して教えられる。真実明に帰命せよとか、平等覚に帰命せよというように、「帰命」ということをくり返される。私どもの間違い、私どもの執《とら》われを取り除く用きを歌っておられる。これらは皆、『無量寿経』の十二光の段に根拠がある。「この光に遇えば、三垢消滅し、身意柔軟にして、歓喜踊躍し善心を焉に生ず」、無量寿仏の威神光明はあらゆる諸仏の世界を照らす。

逆にいえば、無量寿仏は西方無量寿仏といって領域がある。一応西方浄土を立てる。しかし、西方浄土を立てるけれども、それぞれの仏と違う世界というよりは、実はあらゆる世界を照らす。だから、無量光、無辺光と出てきます。無量であり、無辺である。これが第十二願の世界である。照らさざる世界なし、あらゆる世界を照らしたいというのが第十二願ですから、その第十二願の成就は、一つの世界を作りたいというのではない。西方浄土だけではなく、どこまでも照らそうということです。

## 龍樹の聞名不退

「もし三途・勤苦の処にありてこの光明を見たてまつれば」（聖典三〇頁）、三途・勤苦は三悪趣、地獄・餓鬼・畜生の勤苦の処にあってこの光明を見る。「見」という字は、「遇」という字と同じ意味を持っておりまして「観」とは違います。「見る」というときには出遇う、見仏というときには、外にいて見るというのではない。三経の中で「見」という字が使われるときには、注意しておられる。見仏というのは出遇いです。外から何となく見ているのではない。はっきりと見えたという場合に「見」という字を使う。

勤苦の処にあって光明を見る。単に浄土とか仏土とかを照らすだけではない。地獄の底まで照らす。勤苦の処にあって見る。この部分は、「化身土巻」に引用されています。真仏土だから仏土だけに限るのかというと、三途・勤苦の処にあってという、これも引用しておられます（聖典三〇〇頁）。「普く衆生をして身心悦楽せしむ。また一切余の仏刹の中の天・龍・夜叉・阿修羅等、みな歓悦を得しむ、と」（聖典三〇一頁）と。

さらに、『仏説諸仏阿弥陀三耶三仏薩楼仏檀過度人道経』という長い名前の経典（『大阿弥陀経』といわれます）を引用されていますが、そこに、「もろもろの無数天下の幽冥《ゆうみょう》の処を炎照するに、みな常に大明なり。諸有の人民、蜎飛《けんぴ》蠕動《ねんどう》の類」（聖典三〇二頁）という。幽冥の処とは暗い所です。蜎飛は飛びまわる小虫、蠕動は地にうごめくうじ虫です。そういうものまで照らしたいと、異訳の経典に照らして、親鸞聖人は引用される。

真仏土を無量光明の願いとして見て、無量光明の願いが用く場所は何処かというときに、あらゆる世界、中でも勤苦の世界、苦悩する衆生の世界として見る。果である光、彼岸の光であるにもかかわらず、それが実は苦悩の場所にとどく。それが実は真仏土の願いである。無量光明は辺際がない。自分のところには光は来ていない。ここは穢土だ。無量光明は向こうだ。これは人間からの考えですが、本願からすれば、苦悩の処を照らしたいという。あらゆる諸仏を照らすと同時に、仏なき世界、地獄の底にまで光を蒙らせたい。こういう意味でこそ本当の解放された世界になる。平等に明るく解放された世界を荘厳する。

十二光の用き方を見ますと、曇鸞大師の和讃は、私ども人間の生活の闇、行為の罪業性、本当に破ることのできない存在の暗闇を破り抜きたいという願として読んでおられる。親鸞聖人は、真仏土を、仏は不可思議光如来、土はまたこれ無量光明土と、仏と土と一応分けますが、因願は、第十二願・第十三願で、果は仏と土に分かれる。第十三願は無量寿です。第十二願・第十三願が因願であって、それは光でありたい、いのちでありたいという願い、それが仏となり土となる。仏となり土となるのは、私どもが主体と環境を感覚して生きる存在だからでしょう。それに対して如来の願が名となったときに、仏と土として名告られる。願に帰せば別に分かれる必要はない。衆生を明るくしたいという願に帰せば仏と土が分かれる必要はない。しかし、成就の形として我々に呼びかける場合には、仏と土になって呼びかける。

仏と土になった彼岸である浄土が、我々に本当に因となって用きたいというのが回向で、その回向が私たちに用いてきたときには行として来る。南無阿弥陀仏として来る。その行が私どもに用いたときに私の中に一方には機の深信、本当にそれに相応するものは一つとしてないという機の深信と、他方それを包んでいる大いなる光の用きとして乗彼願力の、願力に乗ぜよという願いが用いている。それが信心となる。

『教行信証』というが、中心は第十八願、それは信心なのでしょう。『讃阿弥陀仏偈』によって親鸞聖人は、信仰生活の純化を願われたということは、十二光の名、名の意味をいただいていくことが、南無阿弥陀仏の生活の内容として大事なのではないか。

南無阿弥陀仏を称えながら、一向に生活の中に信心が染み透らない。信心が用かない。明るくならない、闇が晴れない。それはつまり、南無阿弥陀仏が南無阿弥陀仏の意味を衆生の生活の中に映さない。だからまず、『讃阿弥陀仏偈』、真仏土の用きが、本当の真仏土の用き、単に彼岸として向こうにあるだけではない。名号となって私どもに来る。その意味を阿弥陀の意味の用きとして私どもに呼びかけようとされた。そういうお心が、親鸞聖人の「真仏土巻」を明らかにするという仕事の中にあるのではないかと思います。

親鸞聖人の真仏土の領解には、第十二願・第十三願を基本にされて、異訳の経典を引用されるのですが、それに続いて不思議な経典を引いてこられます。『不空羂索神変真言経』という不思議な経典、こんな経典まで読んでおられたのかという経典です。天台宗には、台密といい、伝教大師最澄が、弘法大師空海に頭を下げて頼んで密教を取り入れましたから、天台の山には、密教も来ているので、親鸞聖人はそういう勉強もしておられたのでしょう。

親鸞聖人はほとんど密教ということはいわれませんが、法然上人は気にしておられます。法然上人は『選択集』の中でやはり密教を気にしておられるふしがある。親鸞聖人ではほとんどないのですが、ここに一つある。真言密教の中の言葉を見つけ出しておられる。それを真仏土に引かれる。

何故、真仏土として引かれたかというと、「清浄報土」ということと「蓮華化生」ということでしょう。また、「直ちに阿耨多羅三藐三菩提に至る」（聖典三〇三頁）という言葉も大事だと思われたのかもしれません。そういう言葉を引かれて、それから『涅槃経』の文を長く引かれ、浄土に対して一般仏教、特に大乗の代表的な経典である『涅槃経』の覚りを語ろうとするさまざまな言葉をずっと引かれる。『無量寿経』の浄土が単に浄土教の課題というよりも、仏教の課題として、大乗仏道の課題として、浄土を荘厳することの積極的な意味を解明しようとしておられる。『讃阿弥陀仏偈』も「化身土巻」に引かれています。

本願が成就したときにまず、仏名として無量寿仏という名で出て、無量寿仏の展開として十二光が出されて、その用きが三塗・勤苦、流転輪廻の中でも悪趣に苦しむ者の処までとどけたいという言葉が出されてきています。「無量寿仏の光明顕赫にして、十方諸仏の国土照燿したまうに、聞こえざることなし。但我が今、その光明を称するのみにあらず。一切の諸仏・声聞・縁覚・もろもろの菩薩衆もことごとく共に歎誉したまうこと、またまたかくのごとし」、自分が自分で誉めるだけではない。一切の諸仏・声聞・縁覚・菩薩がことごとく歎誉する。一切の存在に光を与え、一切の存在から誉められる。

「もし衆生ありて、その光明威神功徳を聞きて、日夜に称説して心を至して断えざれば、意《こころ》の所願に随いて、その国に生まるることを得て、もろもろの菩薩・声聞・大衆のために共に歎誉しその功徳を称せられん」、聞名、称名ということで、光明威神功徳を聞いて。威神功徳とは名号であると、親鸞聖人はいわれます。名が功徳である。その名を聞いて名を称えれば、その国に生まれることを得る。そしてその国に生まれて誉められる。これは、本願で他方仏国の菩薩に対してそういう呼びかけをして、聞名、名を聞けと呼びかけて、名を聞くところに仏道が成就するばかりではなく、仏道の意欲である聞法、あるいは本当に仏法が証明されるということがずっと誓われている。そういうことがこの仏名の成就と同時に語られている。

「それ然うして後、仏道を得ん時に至りて、普く十方の諸仏・菩薩のために、その光明を歎《ほ》められんこと、また今のごとくならん。」仏の言わく、「我無量寿仏の光明威神、巍巍殊妙なるを説かんに、昼夜一劫するとも尚未だ尽くること能わじ。」」、阿弥陀仏が成仏して名となって、そのときの名の姿が語られている経文です。名の用きを非常に強調しておりますのは龍樹菩薩の『十住毘婆沙論』です。仏の名を称することを強調している。仏名、広く諸仏の名を讃めることを勧めている。名にそれぞれ功徳がある。名において我々が逆に我々の生活を照らされる。称えよ！　すると名の功徳にあずかると勧めている。阿弥陀仏の名において何が与えられるかというと不退を得る。

「聞名不退」が『易行品』の阿弥陀の讃のところでくり返しいわれる。阿弥陀の名が光の用きをもって私どもを何処までも照らす。私どもがどれだけ愚かであろうと、またどれだけ疑い深き者であろうと、存在の隅々まで碍《さまた》げることなく照らす。この光に遇うときにもう退転することがない。

退転ということは、私どもが努力して何ごとかに向かうときに必ず感じる。退転とか停滞、仏法を歩もうとする、仏道に立って仏法を求めて歩もうとするときにくたびれる、懈怠ということです。志願が衰える。こういうのを退転という。それに対して、龍樹菩薩が易行、聞名ということを出して聞名の利益を語る。それは、十地の菩薩が十地の修行を歩もうとするときに、自分に自信を失う。獰弱《にょうにゃく》怯劣《これつ》として龍樹菩薩はいったん叱る。自分に自信を失うのならば、そのときに仏の名を、阿弥陀の名を念ぜよ、阿弥陀の本願だからと勧める。

単に名の用きという呪《まじな》いのような名前というところに何か、ちょうど密教が、「阿」という字に神秘的な力を感ぜよというように、名前それ自身に不可思議な力を与えるように思うが、実はそうではない。因の願である、一切衆生の闇を晴らそうという願いが名になっている。

その名に光の用き、意味を私どもが感じる。これは聞法ということでしょう。その光の用きをいただくときに名が用いている。不退とはどういうことかを憶念しておりますが、「たとい大千世界に　みてらん火をもすぎゆきて　仏の御名をきくひとは　ながく不退にかなうなり」（聖典四八一頁）という和讃があります。これは『無量寿経』の下巻の言葉が手掛かりになった和讃です。

大千世界にみてらん火をもすぎゆきて、仏の名に遇う。親鸞聖人の和讃に、自分のいのちがずうっと流転してきた、三世諸仏の間を流転してきたと、「自力かなわで流転せり」とあります。これは道綽禅師の理解から来ているのですが、いくら流転してきても自力の修行は満たされない。如来二種の回向に出遇うことによって初めて流転を超えた。こういう和讃がありますが、単に名前が神秘的に用くのではなく、名前を通して本願を聞く。

願いを聞く。願いを聞くところに願いによって、私どもの昔からの言い方では、こざかしい知恵が破られる。自分がダメである、自分がこんな罪を犯した、申し訳ない、とてもこれではダメだと。調子が良くなると、なに、自分でもやれそうだと、一方では自力の思いがつのると同時に、他方ではとてもダメだと、ちょっと反省が来る。自力心と反省心と、どちらにしても広くは自力なのですが、そういう心も全部包んで如来の光の前には、本当はもうお見通しである。

こざかしい反省は要らない。ただ帰命せよと呼びかける。善人になろうとする心自身が、光をいただこうとしない。善人意識はむしろ本願に背く心、大悲に対して自分の防護壁を作るような心ですから、本当はそれをも、いくら碍げを作ろうと、それを破るような心が、阿弥陀の大悲の心です。そこまで徹底していただけばもう落ちることはない。自分の力で上に上がろうという思いが落ちるわけです。

光に遇うと落ちないという意味は、自分で登ろうとしていることを支えてくれるという意味ではない。登ろうとする心が要らない世界に置かれるから落ちない。一生懸命歩んでいくのを、光を持てば不退だというのは、なにか、自分が進むのを救けてくれる手助けのような不退です。ビルの窓の清掃を見ていて思うのですが、途中までぶらさがってやっていています。機械で止めてやっている。ああいう不退、阿弥陀の力があって落ちない。聞名不退、念仏して不退だと考えている不退は、まだ少し危ない。そういうのは邪定聚だと思うのです。

正定聚不退とは、『歎異抄』でいえば「念仏して地獄におちたりとも、さらに後悔すべからずそうろう」(聖典六二七頁)という不退ですから、先に進むとか、退くとか思う、仏道をもっと先に行って仏果に向かいたいという心が動くのは本当に機の深信が徹底していない。つまり真実信心がはっきりしていない。

真実信心に立てば正定聚だという意味は、もう阿弥陀の光の中にある。我々はそれに背く存在としてどこまでも光を見ようとしないし、光の功徳を有難くも思わないし、煩悩の生活を生きている身であるが、本願を憶念するところに、存在の上下とか、宿業の違いを超えて、平等の大悲の利益を得る。本願の信には退転の危機がない。だから正定聚といえる。

必至無量光明土、無量光明土に必ず至るといえるのは地獄の底にいてもそこに正定聚がある。正定聚に立っていれば、無量光明土は本願の必然ですから、あえて自分で行く必要すらない。それが親鸞聖人の正定聚という理解です。だから浄土に入っているなどという必要がない。必至、必ず至るということでよい。

必ず至るということは、ここでもがいたり苦しんだりして、暗闇の世界にのたうつ必要がない。たとえ闇であっても明るい。煩悩があっても明るい。生活に最低限度の生活保障ということがありますが、なにも外から保障してもらうのではなく、本願の心に触れるならば、南無阿弥陀仏の意味の用きに触れるならば、いよいよ私の心の暗さ、私の罪の深さが照らされてくる、そのままに解放がある。なにか不退という言葉が退転しないという否定形なものですから退転するという恐れを止めるような言い方なのですが、退転しなくするというよりも、退転するという問題がなくなる。そういう立場が開かれる。

信心の利益は、現生正定聚に尽きるといってもよい。現生正定聚がはっきりするということは、さまざまな恐れが全部退いていく。本願力のもとに、一切の衆魔怨敵が全部退いていく。こういうことが本当にはっきりするのが如来の光の世界である。そしてその世界は、いつも真仏土を荘厳する。それは我々がいつまでも虚仮不実、反逆的存在として、心の暗い存在として生き続ける、それを何処までも破って照らす明るみとして、悲願として象徴する。

私はいま信心を得てここはもう浄土だ、とはいわない。単純で分かりやすいようだが、それでは歩みが止まる。私どもは往相の回向をいただいてここに生きる。正定聚に住する。正定聚とは、必至滅度あるいは必至無量光明土という課題を孕んで歩み続ける。私どもはいつも、「悲しきかな、愚禿鸞」と親鸞聖人がいわれたように、常に光に背を向けて、光を何処かで碍げるような心を起こして生きている。

私どもが光に遇う場所は、『入出二門偈』で親鸞聖人が、はっきりと書かれていますように、凡愚として光に出遇う。仏になって出遇うということはない。愚かな凡愚として値遇する。念々に愚かな凡愚として値遇する。念々に、流転の三界にあって、しかし真仏土に遇う。真仏の光に遇う。

光は地獄の底まで来るのですから、いまここにいる間は遇えない、浄土に往ったなら遇えるだろうという遇い方ではない。ここにいて遇う。それが聞名不退の生活です。浄土に入って救かるのではない。いまここに苦悩の生活そのままに救かるのが正定聚である。苦悩が無くなって救かるのではない。勤苦のところに、光明に値遇すれば救かる。真仏土は真仏土として荘厳しながら、我々は真仏土を明らかにするのが課題なのではない。我々の課題は、往相回向の教行証をいただくことが課題である。

光の世界は、光の世界として向こう側に単にあるのではない。光の名の意味として、『讃阿弥陀仏偈』が語るように、私どもの生活の中に染み透ってくる。その光に遇っていれば、下巻にもあり本願のところでも読みましたように、往還自在、浄土に往ったり還ったりということは、本願の力によって自在なのです。浄土にずっと行きっぱなしというのでもないし、穢土にずっとドップリというのでもない。本願を憶念するところに、あたかも浄土にいるが如しという言い方がありますが、かといって浄土に生まれてしまったよというわけでもない。穢土にいながら浄土にいるが如くに、本願力の用きに触れていられる。

浄土の問題、回向の問題はやっかいで考え方が混乱する。また、いままでの領解がすっきりしていなかったのですが、寺川俊昭先生は、ずいぶんすっきりと、親鸞聖人の考えはこうではないかと述べられていて、大変有難く思います。

親鸞聖人における念仏の仏道、本当に純粋な念仏一つという意味が、『歎異抄』にもありますように、さまざまな課題とぶつかって、念仏一つとはどういうことかがいよいよはっきりしてくる。課題を逃げるのではない。どんな課題が来ても念仏一つに立って、それはどういうことかを明らかにしてくる。そのときに常に本願の意味と照らして念仏の内容を私の生活において明らかにしていく。こういう歩みが与えられてくる。

根本は本願、十二光の光も根本は第十二願にある。「寿《いのち》終わりて後、みな解脱を蒙る」というのは、光の用きにおいて解脱を蒙る。解脱をいただけると誓われてある。「光触《こうそく》かぶるものはみな　有無をはなるとのべたまう」（聖典四七九頁）と、光の名のもとに我々の分別が乗り越えられていくと教えられている。

## 親鸞の世界観

往生浄土ということは、浄土教の中心です。『観経疏』などでも往生浄土を体とすると理解されており、『無量寿経』あるいは浄土経典の宗教体験、宗教的救済は往生浄土である。一般的には、そのように理解されています。法然上人も、「往生の業は念仏をもって本と為す」という、源信僧都のお言葉を『選択本願念仏集』の一番はじめに書いておられる。もっとも、これは、「行巻」で「念仏為本」と親鸞聖人は書いておられ、お引きになった『選択集』には「念仏為本」とあったと考えられますが、現存している『選択集』の写本では「念仏為先」となっており、法然上人が「念仏為先」と書かれたのか、「念仏為本」と書かれたのかということで、浄土真宗と浄土宗との間で教義争いもある。それは、あまり重要な問題でないように思いますが、法然上人は、浄土往生を成り立たせる業（行為）として念仏が根本である。何故、「本」と「先」で争うかというと、「先」といえば、どうしても「先」に対して「後」があります。諸行と念仏で、念仏が先で諸行が後ということになる。先後はあるけれども、後を捨てるか否かについての決判が薄くなる。

「本」といえば根本で、後は枝葉末節だということになりますから、念仏が非常に強調される。そういうことで、親鸞聖人は、『選択集』のはじめの言葉、「往生之業　念仏為本」を大事にされたと浄土真宗ではいいます。「念仏為本」も「念仏為先」も『往生要集』にある言葉で、教義的にどちらがどうだという違いはないのだろうと思いますが、ともかく「往生之業」ということが中心である。

ところが、善導大師はどう了解したかというと、もちろん、願往生ということはくり返しいわれており、宗教的要求としては願往生である。しかし、経典の中心は何であるかというときには、善導大師は『観経疏』で、「観仏三昧」「念仏三昧」ということをいわれる。「念仏三昧」が善導大師では経典の中心である。一経両宗といい、表には「観仏三昧」、仏ないし仏土を観察する。観察の行為が経典の表の行為である。それに対して、釈迦如来の説法の本当のお心を、善導大師は隠れたるお心という意味で「隠」という字を使います。隠顕の隠です。

そこに本当の如来の意図がある。しかし、表には諸行、観察を説く。いきなり、如来の本願を説いても人間は何のことか分からない。やはり自力の心で行為を起こしますから、その自力の心に対して経典は、表には顕には観仏三昧を説く。

浄土を本当に観ていくうちに浄土と一つになって、浄土と一つになることにおいて救済される。『観無量寿経』では、ほとんどそのように説かれている。けれどもそれで本当に宗教的要求が満足するのかというと、そうではなく、人間がそういう心で救いを要求するから、一応そう説いて導いて、本当の意図は念仏三昧にある。これが『観無量寿経』の意図だというのが善導大師の解釈です。

五正行ということがいわれますが、往生の行として、雑行とか正行とか区別する場合でも、往生が中心の問題である。ところが、その往生という要求の内容である浄土についての分析となると、いったい浄土とは何であるか。経典に書いてあることは、浄土の姿を象った、荘厳された浄土の姿、それは本願の文の中にもありますが、浄土はこのような姿を持ち、こういう生活環境である、こういう人間関係であるというような、美しく楽しく心安らかな世界がいろいろの形で説かれている。そういう世界を本当に要求するならばというのが、往生を勧めて、経典を開いている浄土教の形である。

ところが親鸞聖人は、その説かれている浄土の相の中に、経典はなるほどいろいろの形で浄土を説いているが、それは全部同じ姿をあちらからもこちらからも説くという意味ではないのではないかということに気がつかれた。どうして親鸞聖人がそういう問題に気がつかれたのかは分かりません。おそらく一番最初の手掛かりは曇鸞大師かと思います。

『略論安楽浄土義』という本があります。『讃阿弥陀仏偈』という偈文があり、親鸞聖人の『讃阿弥陀仏偈和讃』の元になるものですが、それが、この『無量寿経』によって浄土を誉めている。浄土の姿、阿弥陀の功徳を誉めたたえている漢文でできた偈文です。それを親鸞聖人は「真仏土巻」に引用しておられます。その『讃阿弥陀仏偈』という偈文と、それに付いている、おそらく解釈ではないかといわれている『略論安楽浄土義』という漢文の短い著作があります。

『真宗聖教全書』では『略論安楽浄土義』については、どういうわけか、活字の大きさを落として印刷しております。曇鸞大師の本当の著作かどうかについて疑問があるからだろうと思うのですが、『略論安楽浄土義』の中には明らかに、親鸞聖人が化身土を開いてこられる問題が出ている。どうも浄土には、全部が同じ性質だといえない説き方がある。これに親鸞聖人が気がつかれた。そして読み直してみますと、『無量寿経』の中に胎生・辺地が出ている。

「かの国の人民、胎生の者あり。汝また見るや、いなや」、「その胎生の者の処するところの宮殿、あるいは百由旬、あるいは五百由旬なり」、「その時に慈氏菩薩、仏に白して言さく、「世尊、何の因、何の縁なれば、かの国の人民、胎生化生なる」と。仏、慈氏に告げたまわく、「もし衆生ありて、疑惑の心をもってもろもろの功徳を修して、かの国に生ぜんと願ぜん。……」(聖典八一頁)、『無量寿教』の下巻に胎生という言葉が出てきます。これは大変大事な言葉である。「疑惑」という問題が出てきます。この問題が『略論安楽浄土義』で取り上げられております。そして、念仏の道の先輩である源信僧都が『往生要集』の中に、やはり、胎生懈慢という問題を取り上げておられる。

法然上人はそういう浄土の二重性といいますか、浄土にいろいろな性質があるということは全然問題にされない。つまり、浄土に往生するのは念仏一つだ。諸行を捨てて念仏を取れ。選択の教学といわれますが、非常にはっきり諸行を完全に切り捨てて、念仏一つになれば浄土だと教えられた。非常に単純明快です。

親鸞聖人は、浄土とは何であるか、浄土とはどういう世界かということについて、信仰の問題、つまり、「疑惑」という問題がからんで往生ということをいただくときに、浄土も閉鎖的な性質を持ってくるのではないかと考えられて、「真仏土」と「化身土」という概念を作られた。もちろん、先輩たちの中にそれらしき言葉はあるが、はっきりと真仏土、化身土という国土の性質の違いを明確にして、それぞれの問題点を解明されたのは、親鸞聖人が初めてである。その視点から見たときに、真実の浄土、「顕浄土真実」、真実の浄土とは何か。如来の本願が一切衆生を本当に摂取して、真の世界を与えようとしたときの、その真の如来の世界とは何か。ここに因の願にあっては、第十二願・第十三願を取り上げられた。これは独創的な了解です。

天親菩薩の『浄土論』を見ますと二十九種荘厳功徳の中に、中でも器世間の中にくり返して光の功徳が説かれる。光明が説かれる。浄土の本質は智慧である。智慧が衆生の闇を晴らす、衆生の無明の闇が人間の苦悩の根本問題である。根本苦悩は無明です。これを晴らす。そこに浄土の本当の意味がある。

楽しい世界、心の安まる世界、気温が安定している、涼しい風が吹いているというのは本当の如来の真実の意図ではない。むしろ、衆生を導かんがために人間の感覚に訴えている。人間の感情、感覚に訴えているレベルの荘厳、親鸞聖人以前の了解では、第十二願・第十三願は代表的には「摂法身の願」、阿弥陀の法身そのものを表す願であると了解されてきた。浄土の願であるということを誰も了解していなかった。

親鸞聖人が初めて、第十二願・第十三願を浄土の願とされた。真実の仏身・仏土の願を決定された。法然上人に相談されたわけでもない。そういう独創的な考えをどうやって決定したのかは分かりませんが、おそらく、くり返し天親、曇鸞の著作、そこにある言葉を思索していかれ、念仏生活によっていただく功徳の中心は本願力に値遇することですから、本願力に値遇する不虚作住持功徳の用きはいったい人間に何をもたらすのかといえば、曇鸞大師は破闇満願とか、心の闇が晴れるとか、雲霧までは除かれないにしても明るくなるという光明の用きのところに浄土荘厳の中心を見定められた。

光明無量の願が成就した十二光を『讃阿弥陀仏偈』が語っている。曇鸞大師が讃めている。そこに、本当の阿弥陀、光としての阿弥陀の用きがある。これを因に還せば第十二願である。また寿命の面からいえば第十三願である。これが仏を成就するだけではなく、仏土も成就する。非常に独創的であるが、それによって浄土の本質が非常に純粋になった。人間の諸々の願いが成就する世界ではない。諸々の願いの根にある闇を晴らす。寒いから暑くして欲しい、面白くないから面白いことが欲しい、そういう諸々の願いが成就する世界として荘厳されたものは方便である。

人間は何が本当に欲しいのか、本当の宗教的な生活とは何かということに気づくにはどうすればいいか。さしあたっての人間の要求は、いまの苦悩の生活の中で、苦悩がなくなって欲しい、もっと物が欲しいというのが人間的欲求である。人間的要求をまったく無視して教えを説いても手掛かりがありませんから、そこに人間的要求を一応満たすが如くに教えを説く。そこに、『観無量寿経』の意味があるし、浄土荘厳の中でも形をとって浄土を説いている場合にはそういう意味があると、親鸞聖人はお読みになった。

それまでの浄土の祖師方のお仕事の中で、はっきりとそういう概念を持たれた。そして、親鸞聖人はそれを確認するように、「真仏土巻」の結びのところに、これは安田先生の十三回忌を縁にして本にした『親鸞の世界観』に安田先生が取り上げている言葉ですが、「真仮《しんけ》を知らざるに由って、如来広大の恩徳を迷失《めいしつ》す」（聖典三二四頁）、如来・浄土に、方便化身・化土と真仏・真土とがあることをはっきり知らないということは、如来広大の恩徳を迷失する。

浄土などどうでもいいということではない。もし真実と方便を見まごうならば、それは如来の恩徳を失う。それは結局、浄土という教えが、人間が受けとめれば、どうしても人間中心に都合のいいように了解してしまう。如来の本願が衆生に呼びかけて、本当に衆生が人間として生まれて、人間の悩みを持ち、人間の苦悩を持って生きている中で、それを本当に晴らすという存在の使命がある。ふつう、我々はそれを使命とは思わない。使命といえば、責任として、諸々の事情の中での自分の与えられた責務を使命と思います。

宗教的使命、実存的使命、この人間のいのちをいただいて、ただこのいのちを失ってはならないという意味の使命を、仏陀は、人間のいのちをいただいたならば、三悪道に沈んではならない。また流転に落ちてはならぬ。ここに流転を超える立場を開いて欲しいという。菩提心に気づくならば、菩提心こそは人間の使命である。菩提心に立つならば、職業の上の使命、各人に与えられた使命は、それぞれの事情で大事かもしれませんが、人間のいのちとしての使命というならば、たとえ、仕事の上の使命が中途で終わろうとも、あるいは、無責任というようなことになろうとも、菩提心が成就することが一番大事である。

本当の使命を明らかにする、そのときに、浄土教は浄土に生まれよと呼びかける。その如来が呼びかけた浄土に方便化身土があることを非常にはっきりと教えてくださった。もちろん、善導大師が『観無量寿経』の表に説かれた姿は、方便である。顕に説いてあるものは、引入のための方便である。隠れて説かれている。「隠」に説いていることこそ如来の本意だ。こういう教えを手掛かりにして化身土を明らかにしますから、善導大師の実践的な教えを踏まえながら、人間的な要求の混じった形で浄土を求めていく。その要求に応えた世界としての方便化身土ということを本当にはっきりといただいて欲しいというのが、親鸞のこの言葉の意味である。

## 教相は歴史観である

真実の浄土とは何かを明らかにすることなく、念仏すれば往生するといっても、その念仏すれば往生するという要求と、往生していく世界の内容とがうやむやである。親鸞聖人ははっきりとお書きになっていますが、その後の教学の中で、特に江戸封建教学の中で、真仏土を明らかにするということが消えてしまった。

諸行と念仏という行の違いは、非常にはっきりしている。法然上人の教えは、専修念仏、念仏一つを取れ、他の行は要らないという大変戦闘的な表現です。諸行を大切にして修行するのが一般仏教です。それに対して、諸行は一切要らない。念仏一つだというのは、挑発的、戦闘的な表現です。ある意味で一般の人々に非常に訴えたし、念仏の教えは広がったのですが、そのことによって、かえっていろいろの迷いが起こってくる。念仏という行為は一つなのですが、その行為において、どういうことが救済なのかがはっきりしないなら、念仏して、自分はこういうことが、こうなることが救いだと思うところに謎が残る。

法然上人は念仏三昧をいわれた。その念仏三昧は、三昧発得の念仏とまでいわれますから、念仏によって三昧を得る。三昧というのは精神集中の状況ですから、念仏という方法で三昧（サマーディ）に入る。他の行で入る三昧とは違うが念仏で入る三昧、これが救いの形だという了解も出てきます。三昧に入った念仏で往生していくのかという疑問も出てくる。また、法然門下の中に「一念義多念義」という分かれが出て、一回でいいという立場もあるし、たくさん称えなければいけないという立場も出てくる。念仏は一つなのだが、その行為にどう人間の心が開けるのか、どう了解するのかということに謎が残る。

この間、一九九四年度の「臘扇忌・鸞音忌」が勤められましたときに、櫟《いちい》暁さんが、『教行信証内観』という曽我先生の七十歳少し前の講演の内容を紹介されました。櫟さんが、曽我先生の『教行信証内観』の言葉を紹介なさったのは、曽我先生は、信心は世界観である、教相は歴史観であるといっておられる。ところが櫟さんはそういうことを紹介なさった後、その問題はほとんど触れないで違う話に行ってしまった。私は後で謎が残り、櫟さんは何がいいたくてあの言葉から出発したのかと思って、ふと気がついたのです。

今回出した安田先生の本を、私は題に苦しんで、『親鸞の世界観』とつけたのです。ところが、曽我先生の視点からすれば、三願転入は、教えの批判原理を明らかにしたわけですから、これは世界観というより歴史観ではないかということが、一つの謎、一つの疑問として出されたのかと思いました。

曽我先生が何故そういうことをいわれたか。曽我先生は還暦のときに、『親鸞の仏教史観』という有名な講演をなさいました。つまり、『教行信証』は親鸞の仏教史観である。『教行信証』は単なる教義学ではない。仏教の歴史はだんだん発展して日本まで来て、親鸞の仏教になったのではない。本当の仏教の真髄は何であるか、尋ね、尋ねていって、一番の仏教の根源を明らかにした。人間が生まれて作ったものを歴史というならば、お釈迦さまが仏教の出発点で、それからだんだん変わってきたと考える。これは唯物論的歴史観だ。そうではなく、お釈迦さまが仏陀の教えを開かれるということは、釈尊が初めて作ったものではない。釈尊は、人間が間違っているのを、どう間違っているか、何処が間違っているかを明らかにして、そのことを説いてくださった。

しかし、お釈迦さまがお説きになろうとした真理そのものは、人類始まって以来ずっと求め求めてきた、発見され続けてきているものだ。その一番の元に法蔵菩薩がある。法蔵菩薩の歩みこそ、根本仏教だ。いわゆる唯物論的歴史観、つまり、資料が残っている、文字があったということを一番の元にするなら、お釈迦さまが実在したか、本当は何をいったかということをいって、最後は雲散霧消してしまう。「如是我聞」ですから、聞いた人にとって在ったというのであり、聞いた人が証明している。お釈迦さま自身の言葉ではない、聞いた人の言葉なのです。聞いた人にとっては、お釈迦さまの言葉ですが、他の人は違うように聞いているわけですから、古い人が聞いたのが根本なのか、新しい人が聞いたのが根本なのか。議論しても決まらない。

親鸞聖人は一番根本のもの、それは釈尊が出発ではない、釈尊以前の仏教がある。しかし、時間的以前というのではない。それよりもっと根本的な、釈尊が説こうとしてはっきりさせられなかった深い深い、古い古い仏教という意味が、法蔵菩薩の物語として語り出されている。これが親鸞の仏教史観です。だから、仏教史といっても、曽我先生がいわれる歴史の意味は、ヨーロッパの概念の、英語でいえばhistory、historyといっても実はその中に二義ある。一つは物語という意味、storyという意味。『プルターク英雄伝』のような英雄伝、聖書なども物語です。どういうことがあったと書いてあるが、それは物語としてあるのであって、ほとんど神話です。神話のような物語が歴史の一番元にある。その上に、何年何月に事件があったという記述が出てくる。語り伝えられた歴史は、いまの言葉でいえば伝説です。そういうものの上に歴史という概念が出てきている。

私どもが歴史という言葉をいま聞いて思い浮かべるのは、誰々が何年にどういう事件を起こした、何年に戦争が起こったということを連ねたものです。歴史学とはその歴史の事実を解釈する学問。どういう意味を持っていたか、どういう影響があったとかを解釈する。そのように歴史という言葉を感じていますから、曽我先生がいわれる歴史の意味が分からない。曽我先生が歴史というのは、そういう現代の歴史学がいう歴史ではない。そういう歴史は唯物論的歴史である。つまり、現象を追いかけている歴史である。もっとその現象を追いかける根には、実はhistoryの元にあったような、神話とか、伝説とかいう物語がある。

このごろは民話、伝説の解釈というものがあって、現代の学問が深層心理の分析の方法を用いて、伝説の解明をしたりします。そういう分析されて出てくるもの全体を包んで、おそらく分析されないものがたくさん包まれた形で語り伝えられてきた。そこに人間の希望も、悲しみも、喜びも全部包まれた形で語られてきた物語が背景になって、私の信仰体験というものも起こる。

曽我先生が「親鸞の仏教史観」という概念を出される元は『浄土論』の構造です。『浄土論』は、前半は偈文である。後半は解義分といって解釈の言葉である。前半は、「世尊我一心　帰命人尽十方　無碍光如来　願生安楽国」（聖典一三五頁）から始まって、ほとんど浄土の内容が謳われている。ところが、親鸞聖人は、『浄土論』の中心は「一心」だ。一番はじめにある「我一心」とある「一心」という言葉に注目された。ふつうは、一心は見落して、その後に出てくる浄土の方に目が行く。浄土とはこういう世界だと書いてある。ほとんど光の世界といってもいいわけですが、その光の世界が面白いと見えてしまう。

親鸞聖人は、「世尊我一心」の「一心」が天親菩薩の偈文の中心だ。これは広大無碍の一心だ。これは「証巻」の結びの言葉に、「ここをもって論主は広大無碍の一心を宣布して」（聖典二九八頁）といって広大無碍の一心を宣布したのが、天親菩薩の偈文であるといわれる。この一心は安心といってもいいし、信心といってもいい。信仰体験それ自身といってもいい。

それに対して、解義分は、天親菩薩ご自身が偈文を解釈している。その解釈は変わった解釈です。偈文を分かりやすく敷衍したというのではない。全然違う方向から解釈している。何を表すかというと、偈文は、世尊我一心で、私に成り立つ安心だ。清沢先生の文章に、「我、他力の救済を念ずる時……」というものがある。我、我とくり返されます。信仰の事実は私に発《おこ》る事実です。抽象的な何処かにある体験ではない。私の上に確かに闇が晴れたという体験が発る。これが信仰の事実である。外からは測れない。血圧を測る、心電図を測る、脳波を測るという形で研究してもほとんど出ない。他力の救済を念ずるときにα波が出たということがあるかもしれないが、ほとんど物質的な違いはないだろうと思います。しかし、念ずるとき、確かに光が来る如くに、もやもやしていた苦悩がすっと晴れていくという事実は、私の精神的事実である。

「我一心」という「一心」は、私の世界観であると、曽我先生はいわれる。そこに新しい世界が開ける。世界を観る智慧が開ける。それに対して、解義分に来ると、「我」は一回も出てこない。偈文では五回、「世尊我一心」以降、「我」という字がくり返される。「我依修多羅・故我願生彼・我願皆往生・我作論説偈」と「我」がくり返される。

解義分では何が説いてあるか。親鸞聖人の眼を通すと、法蔵菩薩の修行内容だ。そのように読むのは親鸞聖人の独特の読み方が必要だろうと思う。親鸞聖人の眼を通さなければ解義分の意味は分からない。天親菩薩の解釈された意図は、ほとんど分からない。曇鸞大師の解釈を通して、親鸞聖人は、そうか、そういう意味だったのかと見抜かれた。その視点から見れば、曽我先生がいわれるように、「一心」は天親菩薩の上に成り立った『無量寿経』の信仰である。『無量寿経』によっていただいた信心である。

しかし、解義分の解釈の方は個人の反省ではない。法蔵願心の内容である。誰の上にでも、この『無量寿経』の信心、南無阿弥陀仏の信心は成り立つ。南無阿弥陀仏の背景を、天親菩薩は『無量寿経』に照らして明らかにされた。これを曽我先生は歴史観といわれる。歴史観という意味は、私の上に成り立つ信心だが、その信心は私の個人的な経験の積み重ねで生まれたものではない。私が何年にどういうことをやった、どういうふうに苦労した、どういう目に遇ったとかということで信心を獲得したのではない。

私の生涯以上に深く、長く法蔵願心の歩みが、人類を貫いてきた法蔵願心の歴史があって、私の上に信心となった。そういう意味の歴史。歴史といっても客観的な事実の羅列ではない。信仰の事実の内観である。信仰の事実の内面的意味の探求である。私に発《おこ》ったが私が苦労して作ったわけではない。私を超えて菩提心の歴史が歩んできていた。それがたまたま私の上に、『無量寿経』を縁として、「ああ、そうか」という開けになった。『無量寿経』にまで結晶してくる人類の宗教的な苦悩が縁になって、私の上に南無阿弥陀仏の信心が本当に成就した。そこには単に個人のものではない背景がある。これを天親菩薩は解義分で明らかにした。そういう意味の歴史です。曽我先生の歴史という意味が、唯物史観的歴史という言葉に毒されている私どもには分からない。歴史観は、個人の上に成り立つ安心の普遍的背景を解明するところに教学の意味がある。

教えの形をとって言葉を使って解明することの意味は、信仰経験を普遍的原理として掘り下げる。私の上に、救かったということが起こった。それだけでは、それがはたして本当なのか。個人的なものではない、誰にでも起こり得る普遍的な意味を持っているのか。はたしてそれが本当の仏陀の教えられた智慧なのかどうかは、歴史的な背景を掘り下げなければはっきりしない。そういう意味で、曽我先生は教相は歴史観だという。

## 信仰の批判原理

親鸞聖人は、願生の内容である、浄土に生まれたいという、その浄土の内容それ自身を、仏陀の教え、『無量寿経』の教えの中で吟味して、本当の浄土、真実の報土は何であるかを明らかにされた。それに照らして、その他の言葉はどういう意味を持つかというところに、方便化身土が生み出されてきた。それは単に世界として見い出されただけではなく、人間の宗教的要求の批判原理という意味を持つ。浄土を誤解するのは、願生の要求が間違っている。願生はいい、生まれる世界がどうかという話ではない。浄土を誤解するのは要求それ自身が間違っている。

要求それ自身を吟味せよ！　という。本当の一心が一心になるためには、私の上に安心が成り立つためには、安心を要求する願い、願生の要求、その願生それ自身が本当の願生かどうか。これは、要求の内容である浄土それ自身を吟味するとともに、要求それ自身も吟味される。要求される対象があいまいのままでは、要求それ自身が何が本当なのか分からない。

親鸞聖人は、如来広大の恩徳を本当にいただくためには、真と仮、方便と真実をはっきりと知る。他力というが、知ることは人間の仕事である。真仮をはっきりと知ることを通して、真実報土をいただくことができる。真仏土が、本当に成就したならば、広大無辺際、限りがない。浄土として成就すると同時に、浄土は無限に拡大する。辺がない形で拡大する。

本文に戻ります。「十方諸仏の国土を照耀したまうに、聞こえざることなし。但我が今、その光明を称するのみにあらず。一切の諸仏・声聞・縁覚・もろもろの菩薩衆もことごとく共に歎誉したまうこと、またまたかくのごとし」（聖典三一頁）、これは第十七願の成就とも関係するかと思いますが、あらゆる存在がその光を讃める。「もし衆生ありて、その光明威神功徳を聞きて、日夜に称説して心を至して断えざれば、意《こころ》の所願に随いて、その国に生まるることを得て、もろもろの菩薩・声聞・大衆のために、共に歎誉しその功徳を称せられん」（聖典三一頁）、衆生がその光明威神功徳を聞いて讃めるならば、思うがままにその国に生まれる。その国に生まれたということにおいてあらゆる存在から讃められる。その阿弥陀の功徳を誉めてその国に生まれるものが、また讃められる。これが十二光の光明の用きの功徳の展開の中に語られてきている。

「仏の言わく、「我無量寿仏の光明威神、巍巍殊妙なるを説かんに、昼夜一劫すとも尚未だ尽くること能わじ」」(聖典三一頁)、無量寿仏の光は説いても説いても説き尽くすことができない。

安田先生が最晩年に、「浄土の拡大」というテーマでお話をしておられました。変な概念だと思っていたのですが、浄土建立というと特別な区画や範囲を浄土として作るように私どもは思いますが、そうではない。親鸞聖人がいただかれた第十二願・第十三願成就の真仏土という意味は、単に抽象概念として無辺際という宇宙空間みたいな、空間的無辺際という、限り無き広い世界をいっているわけではない。

無量、無辺、無碍、無対という言葉で確かに広い世界、果てのない世界という表現をとって、天親菩薩も量功徳、浄土の量は、「究竟如虚空　広大無辺際」(聖典一三五頁)、何処までと限られる世界ではない。浄土は広大無辺際だといわれる。それは、空間的広さということをいっているのではなく、ここの光明の功徳の展開のところに出てきますように、第十二願の光の用きを証明するのは闇の衆生です。

苦悩の衆生が、苦悩の衆生の心の中に光をいただく。本願力の用きをいただく。そこに浄土の光が差してくる。新しく浄土がそこに拡がってくる。はじめから広大な浄土だというのは、非常に抽象理念であって、現実の我らは穢土の衆生として苦悩のいのち、無明のいのちから逃れられない。心暗きいのちを、有限のいのちの中で自分で自分のいのちを縛りつけるようにして苦しんでいる。そういう実存的感覚の中に、本願力に目覚めよという言葉を聞くときに、確かに、「他力の救済を念ずる時、我が処するところに光明照らし」(清沢満之)ということが起る。ここに浄土が拡大してくる。

浄土は西方浄土として西の方の一角にある。単にそういうわけでもない。本来無限大だから我らが浄土の中にあるという抽象的な話ではない。言葉で表現すれば、そういう表現をとらざるを得ない。人間が感覚する空間や場所は、そのようにしかいえない。いったんは西の方に建立する。しかし広大無辺際である、という矛盾的な言い方をするしかない。けれども、具体的には、三塗・勤苦のところにあってこの光明に触れる者、苦悩のいのちの中に光に遇う者、そこに浄土の光が来る。

禅などのように、覚りが開けてパッと明るくなるという信仰体験の在り方ではなく、浄土教は浄土を説く。浄土を説くことを、曽我先生は、「二つの世界」を説くのだといわれる。我らの世界は闇の世界、それに対して、如来の世界は明るい世界だ。こう対応して説く。対応して説くところに、私どものいのちというもの、自分のいのちというものを、本当に自覚できる。

曽我先生はよく「合わせ鏡」といわれました。行、南無阿弥陀という言葉、これを鏡にして私ども自身が見えてくる。名号を抜きにして自覚せよといわれても、その自覚の内容は理性の反省とか、分別を止めよといわれてパッとひらめくといっても、私どもの意識は時間とともに念々に変わっていきますから、何かそこに、パッとひらめくことがないとはいえないでしょうが、それを持続することはできません。

例えば、美味しいご飯をいただいて有難いと思うこともあるが、思ったとたんに不平不満が出てくる。人間の心は必ずそういうものです。たとえそのときには有難いと思っても、次のときに同じ物が出てきたら、量が多いとか少ないとか、この間より旨いとかまずいとか思う。分別のいのちは時間とともに動いていきますから、人間の生きている空間は、多重構造といいますか、覚りを開いたという体験がもしあったとしても、煩悩の生活、無明の生活からまったく足を洗うわけにはいかない。

比喩的な言い方でいえば、地獄・餓鬼・畜生という三悪道といわれている苦悩の場所を、天人とか人間とかいわれる上の方の境位、そういうさまざまな状況を、何処かで私どもは、単に過去の背景として流転してきたというよりも、そういう神話的表現でいわれて感じる。そういう迷いの世界と現在の自分も無関係ではないことを、私の実存的ないのちの中に感じる。

さらに菩提心を教えられて、声聞・縁覚・菩薩・仏という方向性を歩みはじめても、六道流転から足が切れない。お釈迦さまは六道流転を切って覚れといわれるが、天台大師は十界互具といわれた。地獄・餓鬼・畜生・修羅・人・天の六道と、声聞・縁覚・菩薩・仏の四つの在り方とを合わせて十界といいます。これはあたかもだんだんに違う世界が展開するようだが、それは、私どもの実存のいのちにとっては、一念の中に全部あると天台大師はいわれます。

いまのいのちの中に、いま現に感覚しているのは、例えば欲界で、煩悩で何かが欲しいという感覚が現在ここに起こっていたとしても、その中に、如来の呼びかけも、あるいは地獄からのささやきも、全部その中に重なっている。どれだけ私がいま、「仏の顔も三度」のような心になったとしても、地獄の炎が完全に抜けるわけでもないし、地獄にいるから仏と無関係かというと、如来の呼びかけも聞こえないわけではない。そういう構造を私どもは生きている。ハタッと覚って光の世界だから、では地獄は無くなったかと、世界を単純化して獲得することが覚りのように思われているが、はたしてそうだろうか。

親鸞聖人が比叡山を去って、京の街におりて法然上人のもとで教えを聞いていかれて、何処までも自分は愚かな凡愚だといい続けられたのは、やはり、その凡愚性は、仏と無関係だというわけではない。その凡愚性は、本願を聞く身になった、しかし、やはり凡愚である。本当に愚かな凡愚である。隠しようもない凡愚である。しかし、そこに正定聚不退転として、仏に必ず成るという確信を得ている。地獄に堕ちないと思っているわけではない。たとえ騙されて地獄に堕ちても悔いはない。十界が全部あってもかまわない。ただ自分の立場は本願力の上にある。本願力の上にあるならもう浄土かというとそういうわけではない。

親鸞聖人の深さ、魅力と同時に分からなさは、禅のようにスパッと覚ったら違う世界だとはいわない。念仏に触れた、しかし凡夫だ、というのは、平面的な画面が切り替わってパッと違う世界に行ける、そのように宗教的要求を持って願生した場合に、親鸞聖人は分かりにくい。人間の精神的生活の事実はそうなっていないことを正直に見ておられたと思います。念仏して、憶念弥陀仏本願、有難いと思わないわけではない。思うけれども、というものがいつもくっついている。ではお前はまだダメではないかといわれたら、その通りだ。ダメかもしれないが、それは事実だ。念ずる時と忘れる時というのは、時として分けているが、本当は一念の事実の中に念じつつ忘れているという在り方がある。

信仰の事実と、信仰の事実をいつも何処かから批判している原理を掘り下げていく仕事とが、親鸞聖人ではいつも一つです。信仰から離れて言葉を解釈するのでもなく、信仰の中に単に埋没するのでもない。信仰に立ちながら具体的な人間の事実を掘り下げていく。こういう仕事が親鸞聖人のなさった、真仏土・化身土の分析、「信巻」の三一問答という仕事ではないかと思います。

ふつうに、単純に、いま苦しんでいるけれども、パッと開けて苦しまなくなると期待して親鸞聖人の文章を見ると、親鸞はいっこうに救かっていないのではないかと見える。そういう救かり方はむしろ虚偽である。そのように救かるのではない。十界全部を感じるようないのちだけならば迷うしかない。あっちへ迷い、こっちへ迷い、決めてみるけどまた迷う。むしろ全体を照らしているような本願力の大悲に目覚めるなら、地獄にあろうと仏さまに近いところにあろうと、大悲に照らされるときには自分で決める必要はない。たとえ煩悩が起ろうと一向にかまわないという救かり方です。

煩悩が無くなって救かるのではない。煩悩が起こっても大悲の中にある。「大悲無倦常照我」（聖典二〇七頁）です。そういういのちのいただき方が救いである。無くなって救かるのではなく、闇に光が照らすということ、闇が晴れるということは、晴天になるというわけではない。しかし、明るいといえるのは、大悲の本願力の包んでいる大きさ、広大無辺といい得る大きさの中に、どれだけ私の心が動き回ろうと包まれているという世界を親鸞聖人は明らかにされたのではないかと思います。浄土の広さを証明するのは愚かな狭い心の凡夫である。愚かな狭い心の凡夫のところに広大無辺なる光の功徳が味わわれる。これは矛盾です。

信仰の論理は、愚かで、心の狭い、反省でいうのではなく事実として凡愚でしかない、にもかかわらず、ここに広大な大悲の世界が与えられる。私の上に成り立つ一心、本願力に帰命しますという一心だが、その一心は広大無辺である。「我一心」だったら小さいはずではないか、どれだけ頑張っても小さいではないかというのが、ふつうの了解である。ところが、私に成り立つ信心だが、その信心は大信心である。広大無辺である。

人間は何処までも、虚偽であり、不実であり、佞諂《ねいてん》不忠であり、奸詐《かんさ》であり、蛇蝎《だかつ》の如き心である。意地の悪い、了見の狭い心でしかないのだが、その心が無くなるのではなく、その心に如来の心が来る。ふつうなら成り立たないが、にもかかわらず来る。そこに大悲無倦と感謝せずにはいられない心が与えられる。

機の深信と法の深信という表現もありますが、明るい心と暗い心とが一つになつている。闇が光の母体であるという表現でいってもいい。曽我先生流にいえば、闇から闇へと入って行く光だ、といってもいいと思います。浄土が建立されて広大無辺の光だから、もう闇はない。表現としてはそういうが、実際そういう光を私どもの精神生活にいただくときの構造は、いかにも念仏して光の世界であるはずなのに、「念仏申し候えども」という心が出ている。

曇鸞大師でいえば、「称名憶念あれども、無明なお存して所願を満てざるはいかん」（聖典二一三頁）という言葉が出ている。そこに聞法もあるし、念仏して絶えずということもある。いつも照らされている形で、私どもの闇はいったん光が来たら全部晴れるかというと全部晴れるのではない。

確かに、根源的には晴れる。回心、自力では救からないということが本当に頷けて、自力でもがいても救からない、自力の全体をおまかせするしかないという頷きはいったん起きる。けれども相変わらずの凡夫である。これは一向に変わらないが根源的には変わっている。それが不思議なところです。根源的に変わっていることは、『歎異抄』の十三条で、わざと悪事をなすという話ではない、本当に縁がもよおせば何をするか分からない。本当に心の暗い人間であるという意味が悪人です。

他力をたのみたてまつる悪人という。他力をたのむということは、自力では救からぬということを知っている、心が暗いということをよく自覚した、そこに明るさが来る。明るさに遇ったらぜんぜん暗くないのかというと、そういうわけではない。信仰の事実は、一義的に世界が一つになるということではない。何故苦しむかというと一義的にしようとするからである。平面的に全部光にしようとするから苦しむ。

闇があるままに光だということを本当にいただけば正定聚です。自分でもがいてもしょうがない。光の広大さの中に包まれて在る。そこに腰が落ち着く。そういう救かり方を親鸞聖人は本願の原理と本願の成就の世界の本質を明らかにすることによって、人間存在を本当に明らかにすることができた。人間存在が明らかになることによって人間は救かる。人間が何処かに行って救かるのではない。

鈴木大拙と曽我量深

顕浄土真実なのですが、『顕浄土真実教行証文類』、教行信証を明らかにしたときに、一番中心はどこにあるかというと信心です。信心を獲得する。真実信心を獲る、それが救済である。真実信心を獲て、それから往生して救かるのではない。真実信心を獲るということは、如来の智慧をいただくということで、如来の智慧をいただけば、そこに光明が差す。それが闇が晴れるという救済です。そこに浄土の教えを通してということがどうしても必要だということは、「欲生心」という問題があるからです。

真仏土を建立して、そこに本当に穢土の衆生の自覚が開かれてくる。これは、曽我先生は象徴世界観といわれます。浄土を荘厳する願心の象徴です。本当の意味の純粋清浄なる願、一如が用くような願、これを本願という。その本願が本当に人間に呼びかけんがために浄土を荘厳する。

浄土の荘厳をなしにして覚れといわれたら、一義的世界として何か明るい世界を求めてやまなくなる。それは人間の虚偽の精神的操作としてはあり得るが、そういうことはないのでしょう。私は坐禅で悟ったという場合の意識の構造はどのようなものかは、体験しておりませんから何もいえませんが、煩悩がなくなるはずがありませんから、坐して悟った禅者はもう煩悩を起こさないというわけではないのでしょう。

煩悩が起こっても、何かその煩悩に対する精神態度が変わる、それはある意味で信心と同じような作用を持つのだろうと思うのですが、教えが違うし、体験の仕方が違う。曽我先生流にいえば、体《たい》は一つかもしれない。つまり、精神の開けた安心自体は同じかもしれないが、それを開く背景、歴史観が違う。そこに表現が違ってくるし、全然違うあり方をとってくる。

鈴木大拙師と曽我量深師が非常に激しくやり合いながらも、どこかで肝胆相照らしているという姿を拝見しました。曽我先生がよくいわれていました。「鈴木さん、貴方のいうのは、体だ。わしのいうのは義《ぎ》だ」。鈴木先生は、「曽我さん、あんたは覚っているのだろう」とこういうのです。「私は愚かな凡夫です」というのが曽我先生。私は愚かな凡夫だと平気でいえる立場と、覚っているのだという立場、実質はたいして違わないと思うのです。私は愚かな凡夫ですといって、しかもニコニコとしていられる精神界を何処で持っているかといえば、本願力の大悲の摂化の中にあるという自覚です。

宗教といっても体験だけを取ればたいして違わないだろうと思うのですが、ただそれを本当に間違いが残っているかいないか、そこに人間の傲慢性が残っていないかと批判する原理を持っているかいないか。そこに私どもには本願という根拠が与えられ、そして、その本願が批判原理となる。如来の本願が人間を何処までも批判する。如来の本願の前に一点も立つすべがない。

愚かな人間であり、罪悪深重であり、凡愚であって、賢いということは問題にもならない。そういう本願の原理を持つことによって、本当に一切衆生を包む歴史観がはっきりとしてくる。これが浄土教の持っている、人間の実存をよく掘り下げることのできる原理だろうと、私は思います。人間は実存構造としては、本当にいろいろな世界観を同時に抱えて生きている。たとえ、表現として一面的な表現をとっていても、必ず根にはいろいろなものを持っている。

私どもの濁世の生活の形一つを取ってみても、いろいろのものを孕んでいる。たとえ男性であっても女性的な面があったり、女性であっても男性的な面があったり、経済生活や政治生活やその他いろいろの面を同時に生きている。人間は切り離すことはできません。

人間存在として、あらゆる世界を全部抱えている。唯識ではそれを種子といいます。一切の経験の可能性を同時に持ちつつ生きている。地獄の可能性も、仏の可能性も同時に持ちつつ生きている。だから迷ったり苦しんだりする。その迷ったり苦しんだりする中で、自分で何処かに決めたいと思うから決まらない。決めてみてもまた迷う。そこに如来の本願力と教えられる力、大きな菩提心に触れるなら、未解決のままの解決であるという救いがある。それは、本願だけではそうならない。本願だけだとよそ事なのです。

親鸞聖人は本願それ自身が回向する、本願それ自身が本当に人間の主体になる。人間には、暗い面と明るい面とが同居しているのは事実なのですが、私どもは何かと明るい面だけにしたいとか、暗い面を無くしてしまいたいとか思う。しかし、事実は同居している。矛盾しながら一緒になっている。そういうときに私の中に「一心」というのは成り立たない。あちらに揺れ、こちらに揺れて、両方包んだ「一心」は、私の上に成り立たない。そのときに、如来が苦悩の衆生を見そなわしてと天親菩薩は表現されるのですが、法蔵願心が衆生を見そなわして、親鸞聖人は、「一切の群生海、無始よりこのかた乃至今日今時に至るまで……」と、ずっと人間を徹底的に批判して、そして、「ここをもって如来」といわれて、「一切苦悩の衆生海を悲憫《ひびん》して」(聖典二二五頁)と、大悲心を回向する。

人間は何処までも苦悩の群生海である。そこに如来が立ち上がる。これは絶対に矛盾して一致しない。だから本願が摂取不捨ということをいうのですが、摂取不捨という場合には、摂め取る大悲と摂め取られた衆生との間に何処かまだ溝がある。大悲が包んでくれていると思うこともあるという程度であって、そういう救かり方だけでは充分ではない。そこに親鸞聖人は、大悲回向、天親菩薩が回向門を開かれた意味を、大悲が回向する、と。

回向するということは、曽我先生は「表現する」と言い換えられましたが、本願それ自身が、私自身の上に現れ出てくる、という。

私の経験からいえば、立場が翻される。自分の立っていた傲慢な理性、いままでの価値観や経験の蓄積を根拠にして生きているのではない。如来を立場にして生きる。立場の転換が起こる。自分で立場を転換するのではなく、如来が回向すると親鸞聖人はいただかれた。私に発る信心だが、この信心は賜りたる信心である。回向の信心、大悲が成就した信心である。何故こう言わなければならないのか。本当に私がどれだけもがいても、私からは「一心」は開けないからです。二心をなんとか一つにしようとしても一つにならない。

疑いとはそういうもので、無くそうとしても無くならない。むしろ、疑いを包んで、疑い全体を担うような大きな光に遇わなければ疑いは消えない。疑ってもいいよという大きさの光に遇わないと疑いは消えない。こういうところに、無碍、広大、無辺際という光は、文字通り空間的なことを語ろうとするのではなく、私どもの障げの多い、心の暗いいのちの中にいよいよ大悲の光が呼びかけずんば止まない。その光に触れなければ私どもは救からない。

だから、親鸞聖人がいわれるように、「そくばくの業をもちける身にてありけるを、たすけんとおぼしめしたちける本願のかたじけなさよ」（『歎異抄』後序、聖典六四〇頁）、逃げようとする心しかない、拒絶する心しかないにもかかわらず、それを破ってくる光としていただかれる。こういうところに無碍、広大、無辺際ということがある。そういう光が浄土なのだ、真実報土なのだ。それに摂め取られる衆生は、その功徳自身を証明する意味を持つ。

信心の利益の中に、「諸仏称讃」という利益を出して、諸仏が護り、諸仏が讃める。どうして讃めるかというと、立派な人間になったと讃めるわけではない。凡夫がどうして讃められるかというと、凡夫が如来の本願が成就する場所になるからです。如来の本願を讃める。けれども如来の本願を証明するのは凡夫です。むしろ凡夫が如来の本願を証明する。

安田先生は、「本願が衆生を救うというけれど、積極的にいえば、衆生が本願を救うのだ」といわれます。本願が願ってやまないものを、本願は放っておいたら救からない。本願が衆生を救けたいというが、むしろ衆生が本願を救ける。本願の真実は凡夫が証明する。凡夫の宗教的事実において本願の事実を証明する。そこに初めて、本願が歴史を貫き、時間を貫き、空間を貫いて広大無辺際であるという意味が出てくる。

そういうことで、「我無量寿仏の光明威神、巍巍殊妙なるを説かんに、昼夜一劫すとも尚未だ尽くること能わじ」（聖典三一頁）、つまり尽きることがない。何処までも展開する。何処までも深まる。説いても説いても説き尽すことができないと讃めたたえられている。

## 寿命無量の徳

仏、阿難《あなん》に語りたまわく、「無量寿仏は寿命長久にして称計すべからず。汝《なんじ》むしろ知らんや。たとい十方世界の無量の衆生、みな人身《にんじん》を得てことごとく声聞《しょうもん》・縁覚《えんがく》を成就せしめて、すべて共に集会《しゅうえ》して、思いを禅《しず》かにし心を一つにして、その智力《ちりき》を竭《つく》して百千万劫《ごう》において、ことごとく共に推算してその寿命の長遠《じょうおん》の数を計《かぞ》えんに、窮《きわ》め尽《つく》してその限極《げんごく》を知ること能《あた》わじ。声聞《しょうもん》・菩薩《ぼさつ》・天・人の衆《しゅう》の寿命の長短も、またまたかくのごとし。算数《さんじゅ》・譬喩《ひゆ》の能《よ》く知るところにあらずとなり。また声聞《しょうもん》・菩薩《ぼさつ》、その数量《はか》り難《がた》し。称説すべからず。神智洞達《じんちとうだつ》して、威力《いりき》自在なり。能《よ》く掌《たなごころ》の中《うち》において一切世界を持《じ》せり。」（聖典三一～三二・註釈版三〇～三一頁）

「仏、阿難に語りたまわく、「無量寿仏は寿命長久にして称計すべからず」（聖典三一頁）、これは第十三願「寿命無量の願」成就の文です。ここでは、寿命無量の徳が明かされています。

「汝むしろ知らんや。たとい十方世界の無量の衆生、みな人身を得てことごとく声聞・縁覚を成就せしめて、すべて共に集会して、思いを禅かにし心を一つにして、その智力を竭して百千万劫において、ことごとく共に推算してその寿命の長遠の数を計えんに、窮め尽くして限極を知ること能わじ」と、大変オーバーな表現で、無量寿仏の寿命を計ろうとしても十方の無量の衆生には、無量寿仏の寿命と限極を知ることはできない、という。十方世界といった場合には、あらゆる世界、十方とは一応空間的には東西南北四維上下ですが、積極的にいえば、地獄から仏までのあらゆる存在の在り方を包む。

虫もいれば、蛇も蝎《さそり》もいる。そういう世界を全部包んで、それがたとえ全部人間となって聖人（声聞・縁覚のような）となって、智力を竭して百千万劫、どれだけ時間をかけようとも、無量寿仏の寿命を数えることはできない。無量寿仏の寿命は衆生が感じるところにあるから、永遠に続く。衆生が尽きるまで続く。数える衆生がいる限りは続く。

阿弥陀という実体は何処かにあるわけではない。用きがある。阿弥陀の光が闇を照らし続けようと願として用いている限り、衆生があるということは、苦悩のいのちがあるということですから、その限り光が用き続ける。終わりがない。そういう無量寿の願という性質をいくら計ろうとしても計ることができない。

同時に、「声聞・菩薩・天・人の衆の寿命の長短も、またまたかくのごとし」、これは浄土に生まれた衆生、つまり国中人天です。浄土のいのちをいただいたいのちは、またこれ無限である。

## 大乗と小乗

**仏《ぶつ》、阿難《あなん》に語《かた》りたまわく、「かの仏の初会《しょえ》の声聞衆《しょうもんしゅ》の数、称計すべからず。菩薩《ぼさつ》もまた然《しか》なり。今の大《だい》目揵連《もっけんれん》のごとく、百千万億無量無数にして阿僧祇那由他劫《あそうぎなゆたこう》において、乃至滅度《ないしめつど》までことごとく共に計校《けきょう》すとも、多少の数を究め了すること能《あた》わじ。たとえば大海の深広《じんこう》にして無量なるがごとし。たとい人ありて、その一毛《いちもう》を拆《くだ》きて、もって百分となして、一分の毛をもって一渧《いってい》を沾《しお》し取らん。意《こころ》において云何《いかん》ぞ。その渧《したた》るところの者は、かの大海において何《いず》れをか多しとする」と。阿難《あなん》、仏に白《もう》さく、「かの渧《したた》るところの水を大海に比《なら》ぶるに、多少の量、巧暦《ぎょうりやく》・算数《さんじゅ》・言辞《ごんじ》・譬類《ひるい》の能《よ》く知るところにあらず」となり。仏《ぶつ》、阿《あ》難《なん》に語《かた》りたまわく、「目連等のごとき、百千万億那由他劫《なゆたこう》において、かの初会《しょえ》の声聞《しょうもん》・菩薩《ぼさつ》を計《かぞ》えんに、知るところの数は猶《なお》し一渧《いってい》のごとし。その知らざるところは大海の水のごとし。**（聖典三一～三三頁・註釈版三一頁）

「仏、阿難に語りたまわく、「かの仏の初会の声聞衆の数、称計すべからず。菩薩もまた然なり。今の大目揵連のごとく、百千万億無量無数にして、阿僧祇那由他劫において、乃至滅度までことごとく計校すとも、多少の数を究め了すること能わじ」と、聖衆の無量の徳がこの一段で明かされています。

「弥陀初会の聖衆は　算数《さんじゅ》のおよぶことぞなき　浄土を願わんひとはみな　広大会を帰命せよ」（聖典四八〇頁）、阿弥陀の初めての会座は、計ることができない。ここに声聞衆とあります。声聞無数の願というのが願文にありました。阿弥陀の浄土は十方衆生と呼びかける中に声聞無数の願が、ことさら出されてくる。親鸞聖人は唯除の文、「唯除五逆誹謗正法」といって五逆と誹謗正法、難治の機、難化の三機といわれますが、仏法に触れにくい存在という問題を包むところに浄土の積極的意味を読まれる。

声聞の問題はあまり取り上げられません。しかし、浄土を開くときに声聞を救ける。声聞を転じて菩薩にするということは、ずいぶんいわれる。声聞は、自利のみあって利他なきものと大乗仏教から批判するのですが、声聞といっても全然利他の心がないわけではない。仏陀の教えを聞いて無我になる。我執を超える。煩悩を起こさなくする。そのために修行して強いいのちになる。阿羅漢といいますが、阿羅漢を目的にして努力する。教えを聞いてそういう存在を求める者を声聞といいます。

ところが大乗仏教からすると声聞の者が一番救かりにくい。一番救い難い存在である。声聞、つまり、二乗の在り方を大乗仏教は徹底して批判する。外道以上に二乗を批判する。何故、批判するか。自分で苦悩を超えて煩悩を起こさなくするために、一生懸命に掛かりきる。そして、実際に証する、ほとんど苦悩を超えてしまう。それは救かったようだが、人間存在として、本当に成就する道を閉ざすことになる。だから大乗仏教からすると二乗に退転するという言い方をする。

二乗地に堕するといいます、龍樹菩薩に至っては、「二乗地に堕するは菩薩の死なり」、菩提心が死ぬことだといわれる。本当の意味の宗教的要求が消えてしまう。煩悩で苦しむことすらなくなって、もう救かったという救かり方は、苦悩のいのちを本当に何処までも救けようという仕事を忘れてしまう。だから、「声聞は自利にして、大慈悲を障《さ》う」（聖典一六七頁）と『浄土論註』で曇鸞大師が指摘する。大慈悲をむしろ障げる。小さな救いが大きな救いを障げる。菩提心を失うと指摘をしています

大乗仏教ではそう批判するが、実際私どもが救かりたいという心を発すときは、人のことはさておいて自分が救かりたい。人を救けたいというが、自分が救からずして人を救けるわけにはいきませんから、声聞という問題は、小乗仏教の問題というよりも大乗仏教の問題、大乗仏道の立場に立つについて声聞を本当にいかにして超えられるかということは大変な問題だと思います。大乗仏教はいつも小乗仏教を論敵にする。小乗をいかに超えるかは大問題なのです、単に論理的に批判する問題ではなく求道の問題としていつも大問題である。ところが、弥陀の浄土は声聞を包む。

曇鸞大師は面白いことをいわれます。声聞を包んで声聞を変革してしまう。声聞根性は直らない。しかし浄土に触れたとたんに、声聞は菩薩になる。本願力に生きる存在になる。本願大悲に生きる存在として生まれ変わる。声聞根性が消えてしまう。浄土は人間を変革する場所として説かれている。だから声聞がいくらいても障げにならない。それではおかしい、声聞は浄土に生まれられないはずではないか。大悲の浄土にどうして声聞が生まれるのか？　こういう質問が出る。『無量寿経』では、もとはそういう性質だった者を仮にこのようにいうのだと。本願力に触れる以前に声聞の性質や生活の在り方をしていても、本願力に触れたならば人間が変革される。けれども前の時のいのちで仮にそういうのです。

これも曇鸞大師が『讃阿弥陀仏偈』で取り上げています。声聞無数は大乗仏教からすると大きな仕事なのです。声聞、菩提心を忘れてしまった存在、苦悩のなくなった存在をいかにもう一度本当に用く存在にするか。私どもは苦しい、つらい、あるいはいのちの危機を感じると真面目になるが、なまじ苦悩がなくなると求めなくなる。

凡夫は愚かな者で、闇があれば光を求める。しかし、明るくなってしまったら光は要らない。凡夫であるということは、だからこそ念仏できる。煩悩の衆生であることは大事なのです。なまじ悟りを開いてしまったらもう念仏は要らない。それは、本当に一切衆生を救わんとする大悲を忘れる。声聞こそ、本当に声聞を転じて、大悲のいのちにする場所が浄土であると教えられている。

別の言い方をしますと声聞の課題は我執なのです。我執とは自我の執着によって感じる苦悩です。自我の執着がありますから私どもは思うままにならない、環境も、人間関係も、我がいのちも思うままにならない。思うままにならない苦悩を持っているのが人間である。思うままにならないのは、我執、自我という執着ですから、その執着がなければ何も苦しむ必要がない。我執があるが故に苦しむ。その我執をやっつけてしまおうというのは、声聞の要求です。

お釈迦さまも一応そう説かれる。それを大乗からすると、人我執、人間として感じる身体を通し、自分の心について自我という思いを感じる我執である。ところが、実はその我執の根に法執がある。法執というのは、大乗が見い出してきた執《とら》われですが、実は深い意味の我執である。深い意味の我執とはどういうことか。安田先生は「実体化」であると。実体的な（substance）、何かあるものを立てる。自我を立てる。自我の執着の一番根に何かを立てる作用がある。その作用は、実は人間にとっては痛くも痒くもない。立てられた自我があると執着するから苦しむが、立てる作用それ自体には私どもは何も苦しまない。ものを立て、言葉を立ててと、人間は何でも立てる。そしてそれに執着する。

声聞・小乗の立場は立てられたものに執われることを止める。例えば、作られた美術品に執着する。作られたものへの執着を切る、諦める。ところが他のものに執着する。これは諦めたけれど、あれに執着する。その立てたものへの執着自身を切ることはしない。声聞の解決方法とは、人我執を絶つというが、根本的な我執（法我執）が切れていない。法執が切れてないというのが大乗仏教の批判です。法執自体は別に苦しくはない。

法執の上に立てた我執で人間は苦しむ。目に見える我執だけを切ろうとするのが声聞の立場です。対症療法みたいなものです。表に出ている病気は直すがその病気を起こしてくる生活や心理傾向は直せない。いくら上だけを直してもまたすぐ起こってくる。声聞の菩提心、宗教的要求の在り方は根本的な欠陥がある。これが大乗仏教の批判です。ふつうは自覚できない。これが深い問題だと見い出してきたことは、仏教の大変な苦労、菩提心の苦労です。法執の批判を持ったということは大事なことです。

清沢先生が、浩々洞で学生たちと一緒の生活をしておられたときに、ふと漏らした言葉の一つに、「声聞はいいですなあ」といわれた。なぜ先生は、小乗仏教の求道者である声聞みたいなものがいいとい思われるのですかと聞いたらば、先生は、「声聞は自分の課題のために本当に集中している。それぞれ一つの課題のために本当に集中している。それがいい」といわれた。

また清沢先生は、東京に出られる少し前に『阿含経』を読まれた。『阿含経』を読まれて、それまで読んだ大乗経典と違う感動を持たれた。お釈迦さま自身のお姿が近くに感じられたのでしょう。小乗仏教だからダメな経典だといわれた『阿含経』に、清沢先生ははじめから終わりまで目を通された。そして、『阿含経』は自分の三部経の一つというまでに惚れ込んだ。それは菩提心に忠実である生き方。自分の苦悩を解決するために命懸けになっている姿に、清沢先生は自分の問題を映した。ですから、『阿含経』を清沢先生は大変重んじられた。最後はエピクテタスを通して本当に他力の信念に帰したのです。声聞は大乗仏教からは思想的にまだ欠陥があるといえますが、人間的には声聞の方がずっと誠実なのです。

安田先生も「声聞というのは決して不真面目ではない。大乗仏教などは法螺吹きみたいなものだ。声聞は本当に真面目に歩む。真面目であるけれども立場が小さい。ここははっきりしなければいけない。不真面目というわけではない」といわれました。「声聞は自分の苦悩を本当に克服するという、我執が相手ですから一代かかってもなかなか解決できないほど面倒です。しかし、そのこと自身に不真面目なのではない。そのことに真面目であるが故に、その元にある我執を退治しようとするあまり、我執を起こしてくる元にある根本の問題が見えてこない」といっておられました。そういう声聞の数を浄土では数えることができない。

ここに大目犍連という人が出てきます。目連尊者です。目連尊者という方は、お釈迦さまの弟子の中で、大変神通力に優れていたと伝えられている。神通力とは、六神通というのが浄土の願の中にありましたが、見通す力です。六神通の場合、天眼通・天耳通・他心通・神足通といわれ、天眼は未来を見通す力、天耳は何処までも声を聞き取る、観（世）音とは世の音を観るというのです。苦悩の衆生の願を聞き取る。だから耳が優れている。聖徳太子は聡耳の王子といわれた。表に表れたり、表現している言葉だけを聞くのではなく、いおうとしているいのちの苦悩を聞き取る。それを天耳通といいます。他心痛は他の心を観る。神足通は足が早い。というように、神通力がいわれます。他に、宿命通・漏尽通があります。

精神力、予言力、直感力が一番優れておられた目連尊者のような、通力の達人にして究め尽くすことができないのだという話にしている。ふつうでいえば神通力の達人だから大概見通せるが、それでも見通すことができない。これは物語ですが、物語を通して語ることによって数字で示される以上の量を私どもは感じる。単に阿僧祇那由他劫といわれても感覚としては分からない。感動しません。大目犍連が阿僧祇劫の勘定をしても、といわれるとイメジー的に分かるのです。人間は何か感動して領解するということがあります。

こういうことを通して宗教体験を内観する。内観することによって歴史を見い出してくる。法蔵菩薩のご苦労があって私が本当に心が開けることができた。それは私が自分でやったのではない。法蔵菩薩のご苦労であると表現する。私に発る、しかし、その背景は無限に深いということを物語で語るわけです。

物語はなにも実体的なことをいっているのではない。宗教心の歴史的背景、個人を超えた大悲の背景を表現する。これが大乗仏教の持っている物語の積極的意味です。何をいっているのかはっきり分からなくても感動する。大乗仏教の物語は大きい。『華厳経』など非常に大きい。それに対して『阿含経』は、本当かどうかは分かりませんが、伝えられた事実です。お釈迦さまの一代の伝記をまとめてある。非常に具体的な事実に対してお釈迦さまはどういう対応を取ったか。常人ではできないような対応をする。これはやはり教えられます。

## 法縁の慈悲

「今の大目犍連のごとく、百千万億無量無数にして、阿僧祇那由他劫において、乃至滅度までことごとく共に計校すとも、多少の数を究め了すること能わじ」（聖典三二頁）、目連尊者、神通第一といわれる目連が、百千万億無量無数にあって、阿僧祇那由他劫において、乃至滅度までことごとく計校する。目連尊者一人であっても神通第一といわれ、あらゆる数を見通す。その目連が、百千万億無量無数にあって、一生の間ないし滅度まで数え尽くしても極め尽くすことができない。

「たとえば大海の深広にして無量なるがごとし」、これは下巻に行きますと、『東方偈』の偈文の中に「如来の智慧海は、深広にして涯底なし。二乗の測るところにあらず。唯仏のみ独り明らかに了りたまえり」（聖典五〇頁）とあり、二乗に先立って、「声聞あるいは菩薩、能く聖心を究むるものなし」（聖典五〇頁）と声聞・菩薩という言葉があって、二乗と出てきています。ふつう二乗といいますと、声聞と縁覚（あるいは独覚）といって、お釈迦さまの直接のお弟子さん、あるいはその時代に自ら覚りを開いた人をいいます。それに対して大乗の人間像として菩薩ということがいわれる。

この『東方偈』では声聞あるいは菩薩を包んで、それに対して如来の智慧海ということがいわれる。そのことが映り合っていると思いますが、目犍連とは、いわば声聞の代表のような方、その方がいくら数えても数えても数えきれない。

その喩えが、「大海の深広にして無量なるがごとし」、海の深く広いことに喩えて、「たとい人ありて、その一毛を拆《くだ》きて、もって百分となして、一分の毛をもって一渧を沾《しお》し取らん」。一本の毛をくだいて百に割って、その百分の一の毛をもって海の海水を汲み取る。これは一滴（一渧）を取るようなものだ。「意《こころ》において如何ぞ。その渧《したた》るところの者は、かの大海において何れをか多しとする」と」、比較にならないというわけです。「かの渧《したた》るところの水を大海に比《なら》ぶるに、多少の量、巧暦・算数・言辞・譬類の能く知るところにあらず」となり」、いってみようがない。比べてみようがない。大海の水に対して、本当に小さいもので汲むような、声聞が測ろうとして測ることのできる量を、大海の水に対して百分の一毛をもって汲むようなものだと喩える。

「目連等のごとき、百千万億那由他劫において、かの初会の声聞・菩薩を計えんに、知るところの数は猶し一渧のごとし」、阿弥陀が初めて説法するときの声聞・菩薩を数えるに、数えられるような数というのは、一渧のごとしだ。「その知らざるところは大海の水のごとし」と、こういう喩えになっています。

声聞をいかに摂《おさ》め取るかという問題で、数えることができないほど広く摂め取る。天親菩薩は、『浄土論』に、

「大義門功徳」という荘厳を建てております。その大義門功徳には、「女人及根欠　二乗種不生」（聖典一三六頁）という言葉を、曇鸞大師が解釈して、声聞とは、大菩提心が欠けている存在、そういう存在が自分ではそれを超えることができない。しかし、阿弥陀の願、阿弥陀の浄土に触れるならば、一切の声聞は、立ち上がれる。

そこに曇鸞は喩えを出していまして、中国に伝えられた故事の一つですが、鴆鳥という鳥が水に触れると、あらゆるいのちが全部いっぺんに死ぬ。いまで喩えれば、魚を川で一網打尽に捕るときに、電気を仕かけると一発で皆浮いてくる。それは現代の鴆鳥みたいなものです。中国ではそういう故事があって、鴆鳥という鳥が水に触れると、魚や何かがいっぺんに全部死んでしまう。ところが、一方で犀牛（さいのような牛）が触れると死んだ魚が全部よみがえる。

こういう伝説を喩えにして、曇鸞大師が、浄土に触れるとき、間違えれば声聞は全部死ぬ。つまり声聞が死ぬという意味は、龍樹菩薩がいわれるように、大菩提心を失うことは菩薩の死である。求道的ないのちが本当の意味のいのちである。私どもは煩悩のいのちをいのちと思っていますが、菩提心に立つならば、菩提心を失ったいのちは意味がない。ふつうは、この世の中で成功し、人から認めてもらい、勲章をもらうことに意味がある。しかし、菩提心に立つなら、そういうことは何の意味もない。

煩悩に立つなら、金を儲けるとか、うまいことをやるのに意味がある。しかし、大菩提心に立つならそれは死と一緒である。無意味のいのちである。そういう意味で、声聞は覚るけれどその覚りは死に等しい、いのちの意味を失うものだ、というのが大乗仏教の教えです。大菩提心に立つなら、声聞が声聞で終わるのは死だ。浄土に触れるならいのちがよみがえる。本当に阿弥陀の本願に触れるなら、大菩提心が与えられる。このように曇鸞大師は解釈している。このことを親鸞聖人は非常に大事に取り上げられる。

如来の本願成就による信心とは、大菩提心という意味を持つということを、「信巻」一巻で明らかにされる。本願に触れるということは、荘厳の中でいえば、中心は「不虚作住持功徳」である。浄土に触れるなら空しく過ぎない、浄土に触れないなら空しく過ぎる。いのちの意味を失う。しかし、浄土に触れるなら、本願力に触れるならば、空しく過ぎることはない。自ら大菩提心を発《おこ》すことはできないが、本願自身が大菩提心である。その本願に触れるなら、本願力に感応する。感動するところに大菩提心の利益をいただく。信心自身に大菩提心の意味があるというのが親鸞聖人の領解です。

本来、道を求めて覚って救かっていくと思っている声聞が、実は大菩提心に立てば、空過《くうか》した、空しく生きたということになる。空しく死んでいくような存在を復活する力、それが本願力である。こういう意味で、あらゆる声聞を浄土において生き返らせる。曇鸞大師は、「大義門功徳」の釈に、大義門ということは大乗門だと、一切の存在を大乗の存在、大乗の菩薩に生まれ返らせるという意味が、本願が浄土を生み出すという意図であるといわれます。

この比喩で思い起こすところがあります。如来智慧海を、善導大師は如来智願海とも言い換えられる。如来の智慧とは本願の智慧である。悲願海、本願海といってもいい。如来智願海、智願という意味は、名号を生み出す智慧を持った願海ということです。その如来智願海に対して、目連の如き神通力を以て計ろうとも、一部しか計れない。

ところが、龍樹菩薩が『十住毘婆沙論』にこの喩えを使っているのですが、親鸞聖人がそれを読まれるときには、「一毛をもって百分となして、一分の毛をもって大海の水を分かち取るがごときは、二三渧の苦すでに滅せんがごとし」、漢文で『十住毘婆沙論』のこの部分を読もうとすると読みにくいところなのです。親鸞聖人の加点を通して述べ下すとこうなるのです。

初果の聖者、つまり、菩薩の十地の初地、『十住毘婆沙論』とは『十地経』、『華厳経』の「十地品」にあたる経典を解釈している。初地のところに、龍樹菩薩が「初地不退」といっている。歓喜地において不退である。そこに親鸞聖人は、「現生不退」の根拠を見い出される。初地不退がいかにして成り立つか。龍樹菩薩がこれを明らかにする。どんな存在であっても初地不退を獲得する方法は、いかにして成り立つか。心が弱い者、獰弱怯劣なる者、卑怯な心、そういう存在は仏道を求める途中で挫折する、退転する。それに対してすら、本当に初地不退をいかにしたら与えられるかというときに、「聞名不退」という『無量寿経』の教えが出てきます。これが『十住毘婆沙論』の「易行品」という意味なのです。

親鸞聖人は「易行品」を引くについて、それに先立って、『十住毘婆沙論』の流れをずっと「行巻」に引用してきています。単に「易行品」だけが龍樹の意図ではない。十地の初地を説いてくる流れの中にどうしても、「易行品」が出てこなければならない必然性があると親鸞聖人は明らかにしておられる。そこに、こういう喩えが出てきています。初地とは如来の心に対すれば、百分の一毛みたいなものだといいながら、『無量寿経』の目連の喩えのところでは、声聞の測り知ることは、大海に対する一滴にすぎないといって切り捨てているのです。

ところが親鸞聖人は、その一滴が、「二、三滴のごとき」といっていますが、「大海の水は余の未だ滅せざる者のごとし」（聖典一六二頁）、一分の毛で二、三滴の水を取った。これが大きに歓喜する。まだ滅していない苦は大海の水のごときだ。しかし、二、三滴の苦が大きに歓喜する。初地の歓喜とはそういうものだ。そして、その歓喜において如来の家に生まれた。こういう読み方をしています。「この菩薩所有の余の苦は、二三の水渧のごとし」、本当は二、三滴を解決した。あと残っているのは大海のような苦悩の海だ。ところがいったんその喜びに触れるならば、残っている苦は二、三渧の水のようなものだ。質を転じるわけです。「百千億劫に阿耨多羅三藐三菩提を得といえども、無始生死の苦においては、二三の水渧のごとし。滅すべきところの苦は大海の水のごとし。このゆえにこの地を名づけて「歓喜」とす」（聖典一六二～一六三頁）、これから百千億劫かかろうとも、つまり、解決が永遠に目途が立たないということに対して、二、三渧の水の解決を得たということは、無始生死の苦に対すれば二、三渧だ。しかし、大海の水の如き苦というものの中に、二、三渧の喜びを得たということにおいて、残っている苦は二、三水渧のような意味になった。意味を転じているわけです。

こういう面白い読み方をしておられる。ほんの少しの心、しかしそれが生死の苦を解決するような意味を持つ。残っている苦がたくさんあろうとも、二、三水渧のようなものだ。だから歓喜するのだ。「聞名不退」、名を聞いて退転しないという意味は、阿弥陀の名において、どれだけこれから苦があろうとも、その苦の中から二、三渧の解決を得た。それが大事だと読まれています。同じ喩えなのですが、意味がまったくひっくり返る喩えです。全部解決しなければ済まないという立場に立ったら永遠に解決できない。しかし、一部解決したということは、どれだけ課題が来ようと、ゆうゆうとして解決していける。これから先の無限の歩みは、もう二、三水渧のようなことだ、と意味が転じてくる。

『東方偈』に「如来智慧海　深広無涯底　二乗非所測　唯仏独明了」という。如来の智慧海は、深広無涯底である。その無涯底の智慧をもって本願が大行となって我らの生活の中に用く場所を開く。如来の智慧海は我々が測ることはできない。しかし、測ることのできないような深みをもつ用きが、私どもに来る。

親鸞聖人が「行巻」で本願力を、海に喩えていわれる。「凡聖所修の雑修雑善の川水を転じ、逆謗闡提恒沙無明の海水を転じて、本願大悲智慧真実恒沙万徳の大宝海水と成る、これを海のごときに喩うるなり。良《まこと》に知りぬ、経に説きて「煩悩の氷解けて功徳の水と成る」と言えるがごとし。已上　願海は二乗雑善の中下の屍骸を宿さず。いかにいわんや、人天の虚仮邪偽の善業、雑毒雑心の屍骸を宿さんや」（聖典一九八頁）、二乗雑善、純粋なる善ではない、雑善というものの死骸を宿さない。こういって次に、「かるがゆえに『大本』に言わく、声聞あるいは菩薩、よく聖心《しょうしん》を究わむることなし。たとえば生まれてより盲《めしい》たるものの、行《ゆ》いて人を開導せんと欲わんがごとし。如来の智慧海は深広にして涯底なし。二乗の測るところにあらず、ただ仏のみ、独《ひと》り明らかに了りたまえり、と」（聖典一九八頁）と『無量寿経』のこの言葉を引いておられます。

本願海の深さ、本当の智慧海の深さにおいて、二乗（声聞・菩薩）の中下の屍骸、中途の善業、雑毒雑心という、人間の相対的な善、虚仮の善、邪偽の善の影をも残さない。こういうものに触れて初めて本当に救かることができる。この問題にかかわる曇鸞大師、あるいは善導大師の文を一貫して引用され、本願力を明らかにしておられます。

「信巻」では、本当に救かりにくい存在という場合には、五逆謗法闡提という三つの罪の存在を出しています。『涅槃経』の言葉によって、『涅槃経』が指摘している治療しがたい存在は、五逆罪と謗大乗と一闡提。謗大乗とは大乗仏教を謗る、大乗の教えが分からない存在。この三つの罪の存在は、「声聞・縁覚・菩薩のよく治するところにあらず」（聖典二五一頁）と押さえている。如来のみが治癒することができる。

声聞の慈悲という場合、衆生縁・法縁・無縁の三縁の慈悲、曇鸞大師も三つの分け方をする。慈悲に三縁ありという。これは龍樹菩薩の『智度論』による。衆生縁の慈悲は誰でも分かる。人と人との関係で、縁が催してかわいそうだ、救けてあげたいという思い。それに対して法縁の慈悲は、道理として催す慈悲。曽我先生は、声聞の慈悲は法縁の慈悲だと。慈悲が全然ないわけではない。法縁の慈悲は、法の道理において救けようとするといわれた。

目連にしろ、阿難にしろ慈悲がないわけではない。そのときに法縁の慈悲は、理論、概念なのです。概念で救けようとする。我執を破るということに関していえば、我執を破るについて、自我の思いを破るについて、自我というものは無い。無いということを表すについて、五蘊所成だと。色受想行識の五蘊が仮に集まっているのが人間にすぎない。現代ふうにいえば、細胞とか血管とか神経が集まっているにすぎない。カルシウムが真ん中にあって骨になって、回りに細胞がついているにすぎない。生きた存在をいのちではない成立元素に分解して、もう一回それを集めているにすぎないのだから、執着すべきものは何もない。

概念的に自我を解消しようとする。そういう概念的、理論的な解釈で救けようとするのが法縁の慈悲ではないかと思います。そこには法を立てるということ、すなわち根源的な実体化があると、安田先生はいわれます。だから如来は無縁の慈悲という。無縁とは、縁がない、立てるべき法もない。そこにもよおす止むに止まれぬ慈悲、それが大乗の慈悲といわれる。だから大悲といわれます。

一般的な人間が起こし得るのは、小悲である。親鸞聖人は小慈小悲もなき身と懺悔される。本当は小慈小悲すら起こし得ない。たとえ起こしても末通らない。そこに如来の智慧海の大悲を明らかにしてこられる。声聞は自己完結性の存在になっており、すでに覚りを開いているということによって、かえって大悲に触れることができない。なまじ理論武装してしまった存在は、大変破りにくい。ドグマ、イデオロギーで武装してしまうと、容易なことでは破れない。

本当に現実にぶつかって、間違っていたということに出遇うことは容易なことではない。理論武装することによって現実に出遇えない。声聞とは、ある意味で仏法の理論武装で覚りを開いてしまって、衆生の本当の苦悩の実存に出遇えない。だからいまの三つの存在を救うことができない。現実にある罪に苦しむ存在、五逆謗法闡提という本当は一番救けなければならない存在を救けることができない。

ところがそういう死んだ覚りに安住する存在がいのちを吹き返すということが、本願の本願たるところです。これは、他人の話ではなく、声聞根性に凝り固まっているという懺悔があって、声聞無数の願が有難いということがある。大菩提心は発すことすらできない。菩提心を発してみても、自力なるがゆえに流転する。大菩提心を自力で解決しようとすれば流転する。

「三恒河沙の諸仏の　出世のみもとにありしとき　大菩提心おこせども　自力かなわで流転せり」(聖典五〇二頁)、大菩提心は人間の本来の要求ですから発らないわけではない。しかし、自力で何かをしようという形で菩提心を領解しますから、大菩提心が満足することができないで流転する。菩薩的人間存在として人間を見るならば、自力に救からず流転する。そのことによってより救い難い存在、本当の意味でのいのちを回復することの難しい存在になる。しかし、それを本当のいのちを回復させるのが本願力であると親鸞聖人はいただかれたわけです。

# 第8章　浄土の風光

## 七宝の樹

またその国土に七宝のもろもろの樹《き》、世界に周満せり。金樹《こんじゅ》・銀樹《ごんじゅ》・瑠璃樹《るりじゅ》・玻瓈樹《はりじゅ》・珊瑚樹《さんごじゅ》・碼碯樹《めのうじゅ》・硨磲樹《しゃこじゅ》なり。あるいは二宝・三宝、乃至《ないし》、七宝、転《うた》た共に合成《ごうじょう》せるあり。あるいは金樹《こんじゅ》に銀葉華果《ごんようけか》なるあり。あるいは銀樹《ごんじゅ》に金葉華果《こんようけか》なるあり。あるいは瑠璃樹《るりじゅ》に玻瓈《はり》を葉とす。華果《けか》また然《しか》なり。あるいは水精樹《すいしょうじゅ》に瑠璃《るり》を葉とす。華果《けか》また然《しか》なり。あるいは珊瑚樹《さんごじゅ》に碼碯《めのう》を葉とす。華果《けか》また然《しか》なり。あるいは碼碯樹《めのうじゅ》に瑠璃《るり》を葉とす。華果《けか》また然《しか》なり。あるいは硨磲樹《しゃこじゅ》に衆宝《しゅぼう》を葉とす。華果《けか》また然《しか》なり。あるいは宝樹《ほうじゅ》あり、紫金《しこん》を本《もと》とし、白銀《びゃくごん》を茎《くき》とし、瑠璃《るり》を枝とし、水精《すいしょう》を条《こえだ》とし、珊瑚《さんご》を葉とし、碼碯《めのう》を華《はな》とし、硨磲《しゃこ》を実とす。あるいは宝樹《ほうじゅ》あり、白銀《びゃくごん》を本《もと》とし、瑠璃《るり》を茎《くき》とし、水精《すいしょう》を枝とし、珊瑚《さんご》を条《こえだ》とし、碼碯《めのう》を葉とし、硨磲《しゃこ》を華《はな》とし、紫金《しこん》を実とす。あるいは宝樹《ほうじゅ》あり、瑠璃《るり》を本《もと》とし、水精《すいしょう》を茎《くき》とし、珊瑚《さんご》を枝とし、碼碯《めのう》を条《こえだ》とし、硨磲《しゃこ》を葉とし、紫金《しこん》を華《はな》とし、白銀《びゃくごん》を実とす。あるいは宝樹あり、水精《すいしょう》を本《もと》とし、珊瑚《さんご》を茎《くき》とし、碼碯《めのう》を枝とし、硨磲《しゃこ》を条《こえだ》とし、紫金《しこん》を葉とし、白銀《びゃくごん》を華とし、瑠璃《るり》を実とす。あるいは宝樹あり、珊瑚《さんご》を本とし、碼碯《めのう》を茎《くき》とし、硨磲《しゃこ》を枝とし、紫金《しこん》を条《こえだ》とし、白銀《びゃくごん》を葉とし、瑠璃《るり》を華とし、水精《すいしょう》を実とす。あるいは宝樹あり、碼碯《めのう》を本とし、硨磲《しゃこ》を茎《くき》とし、紫金《しこん》を枝とし、白銀《びゃくごん》を条《こえだ》とし、瑠璃《るり》を葉とし、水精《すいしょう》を華とし、珊瑚《さんご》を実とす。あるいは宝樹あり、硨磲《しゃこ》を本とし、紫金《しこん》を茎とし、白銀《びゃくごん》を枝とし、瑠璃《るり》を条とし、水精《すいしょう》を葉とし、珊瑚《さんご》を華とし、碼碯《めのう》を実とす。このもろもろの宝樹、行行相値《ぎょうぎょうあいあ》い、茎茎相望《きょうきょうあいのぞ》み、枝枝相準《ししあいしたが》い、葉葉相《ようようあい》向かい、華華相順《けけあいしたが》い、実実相当《じつじつあいあた》れり。栄色光耀《ようしきこうよう》、勝《あ》げて視《み》るべからず。清風時《しょうふうとき》に発《おこ》りて、五つの音声《おんじょう》を出《い》だす。微妙《みみょう》にして宮商《きゅうしょう》自然《じねん》に相和《あいわ》す。（聖典三三〜三四頁・註釈版三二〜三三頁）

ここから国土、浄土の荘厳が語られます。まず最初に宝樹の荘厳、七宝の樹という喩え、国土に七宝の樹があるという喩えが出てきます。その樹がいろいろな宝石でできている。花も茎も実も宝石でできている。それがぶつかり合って五つの音声（宮・商・角・徴・羽の五音階）を出す。「微妙にして宮商自然に相和す」というように荘厳されている。曇鸞大師がこのことを歌っておられ、親鸞聖人も、『讃阿弥陀仏偈』和讃で、「清風宝樹をふくときは　いつつの音声出だしつつ　宮商和して自然なり　清浄勲を礼すべし」（聖典四八二頁）、と歌われています。こういう浄土の荘厳の形、我々の感覚器官（イメージ）に対して浄土の形を呼びかける。そういう用きがあります。

しかし、親鸞聖人は、『教行信証』ではこういう荘厳の形を取り上げない。親鸞聖人の浄土の見方では、お姿を形として語れば、必ず人間にはそれを外に見る。外に見ると、『観無量寿経』的に、こちらに人間がいて浄土を外に見る、観察の行ということになります。

観察行を通して浄土の意味をいただいていこうと積極的に語ろうとすれば、どうしても方便化身土の形になる。もちろん、方便化身土には、大悲方便ですから大事な意味があるわけですが、何故、方便化身土かを押さえるためには、こういう荘厳はあまり具体的な意味を持たない。ですから親鸞聖人は取り上げられないのだろうと思います。

## 道場樹の文

また無量寿仏《むりょうじゅぶつ》のその道場樹は、高さ四百万里なり。その本《もと》、周囲五十由旬《ゆじゅん》なり。枝《し》葉《よう》四《よも》に布《し》けること二十万里なり。一切の衆宝《しゅぼう》自然に合成《ごうじょう》せり。月光摩尼《がっこうまに》・持海輪宝《じかいりんぼう》・衆宝《しゅぼう》の王たるをもって、これを荘厳《しょうごん》せり。条《えだ》の間に周帀《しゅうそう》して、宝の瓔珞《ようらく》を垂《た》れたり。百千万の色、種種《しゅじゅ》に異変《いへん》す。無量の光焔《こうえん》、照耀極《しょうようきわ》まりなし。珍妙《ちんみょう》の宝網《ほうもう》、その上に羅覆《らふ》せり。一切の荘厳《しょうごん》、応《おう》に随《したが》いて現ず。微風《みふう》徐《ようや》く動きてもろもろの枝葉《しよう》を吹くに、無量の妙法の音声《おんじょう》を演出す。その声流布《るふ》して諸仏の国に遍《へん》ず。その音《こえ》を聞けば深法忍《じんぼうにん》を得《え》、不退転に住せん。仏道を成るに至りて、耳根清徹《にこんしょうてつ》にして、苦患《くげん》に遭《あ》わず。目にその色を覩《み》、耳にその音《こえ》を聞き、鼻にその香を知り、舌にその味《あじわ》いを嘗《な》め、身にその光を触れ、心に法をもって縁ずるに、一切みな甚《じん》深《じん》の法忍《ほうにん》を得《え》、不退転に住せん。仏道を成るに至るまで、六根清徹《しょうてつ》にして、もろもろの悩患《のうげん》なし。阿難《あなん》、もしかの国の人天、この樹《き》を見るもの、三法忍《さんぼうにん》を得《う》。一つには音響忍《おんこうにん》、二つには柔順忍《にゅうじゅんにん》、三つには無《む》生《しょう》法忍《ぼうにん》なり。これみな無量寿仏の威神力《いじんりき》のゆえに、本願力《りき》のゆえに、満足願のゆえに、明了願《みょうりょうがん》のゆえに、堅固《けんご》願《がん》のゆえに、究竟願《くきょうがん》のゆえなり。」

**仏、阿難《あなん》に告《つ》げたまわく、「世間の帝王に百千の音楽あり。転輪聖王《てんりんじょうおう》より、乃至《ないし》、第六天上の伎楽《ぎがく》の音《おん》声《じょう》、展転《てんでん》して相勝《あいすぐ》れたること、千億万倍なり。第六天上の万種《まんじゅ》の楽音《がくおん》、無量寿国のもろもろの七宝樹の一種の音声《おんじょう》に如《し》かざること、千億倍なり。また自然《じねん》の万種の伎楽《ぎがく》あり。またその楽《がく》の声《こえ》、法音にあらざることなし。清揚哀亮《しょうようあいりょう》にして、微妙和雅《みみょうわげ》なり。十方世界の音声《おんじょう》の中に最も第一とす。（聖典三五～三六頁・註釈版三三～三四頁）**

次は国土の徳を示す中、道場樹の徳を明かしています。ここを読んでみると、大きな木で高さが四百万里もある、大変楽しい、いかにも浄土にありそうな、という荘厳になっています。ところが、道場樹の文を親鸞聖人が『教行信証』に引用されるときには、「化身土巻」に引用されます。

第十九願の問題として、「また『大経』に言わく、また無量寿仏のその道場樹は、高さ四百万里なり。その本《もと》、周囲五十由旬なり。枝葉四に布きて二十万里なり。一切の衆宝自然に合成せり。月光摩尼、持海輪宝の衆宝の王たるをもって、これを荘厳せり。乃至　阿難、もしかの国の人天、この樹を見るものは三法忍を得ん。一つには音響忍、二つには柔順忍、三つには無生法忍なり。これみな無量寿仏の威神力のゆえに、本願力のゆえに、満足願のゆえに、明了願のゆえに、堅固願のゆえに、究竟願の故なり、と」（聖典三一七頁）、このように第十九願の内容として引用しておられる。それに先立って、第十九願の願成就の文を置かれて、「この願成就の文は、すなわち三輩の文これなり。『観経』の定散九品の文これなり」とある。

親鸞聖人は、第十九願成就の文として、『無量寿経』下巻の三輩往生の文と『観無量寿経』定散九品の文を根本的に押さえて、道場樹を引いておられる。道場樹が何故、化身土の意味を持つか。何故、親鸞聖人は道場樹の文を第十九願のところに置かれたのか。

道場樹の願の本願文は、第二十八願です。「たとい我、仏を得んに、国の中に菩薩、乃至少功徳の者、その道場樹の無量の光色あって、高さ四百万里なるを知見することを能わずんば、正覚を取らじ」（聖典二〇頁）と。これが一つのヒントです。浄土の菩薩ないし少功徳の者、大功徳ではなくて少功徳の者に道場樹を要求する因を親鸞聖人は見ておられる。

『観無量寿経』には、宝樹観があります。浄土の樹を観察する。四百万里という大きな樹のもとでの楽しさ、もちろんそこにはインドという土地での一つの聞法の会座の風景でもある。インドは暑いところですから、木陰で聞法会が開かれるのが常識なのでしょう。直射日光を避けて大きな樹の木陰が一つある。浄土という世界にも、大きな樹があってその下で会座が開かれるという一つのイメージがあります。また、少功徳という言葉が一つある。この樹という言葉、第十九願往生について、双樹林下往生ということがいわれます。これは沙羅双樹のもとでお釈迦さまが亡くなられたという伝説から来ている。

何故、親鸞聖人が化身土の文として道場樹の文を取られたかは、内容だけ読むと分かりにくい。本願力のゆえにとか、満足願のゆえにとか書いてあって、何も悪いことがないではないか。無量寿仏の威神力だからいいではないかと思う。その後の胎生の者とか、疑いとかいう問題はよく分かります。化身土と批判される問題だということは分かります。

「化身土巻」に「『大経』に言わく、もろもろの小行の菩薩、および少功徳を修習する者、称計すべからざる、みな当に往生すべし、と。（如来会）また言わく、いわんや余の菩薩、少善根に由ってかの国に生まれる者、称計すべからず、と」（聖典三二九頁）という言葉を親鸞聖人が引いておられる。これは第十九願が元にあって、

「十方衆生、菩提心を発し、もろもろの功徳を修して、心を至し願を発して」、浄土に生まれようと思うと。そこに衆生が菩提心を発して、三輩往生が全部発菩提心で貫かれている。功徳を修していく。如来の功徳を大功徳というなら、人間の功徳は、たとえ声聞・菩薩であろうとも、自力の功徳は少功徳である。

少功徳に対応する文として道場樹を親鸞聖人は見ておられる。それは、その前の文が、「弥陀初会の聖衆は算数のおよぶことぞなき」というのは広大会、広大無辺の会座であるの対して、道場樹はたとえ四百万里であっても、周囲五十由旬とはものすごく広いでしょうが、少功徳に対応しての閉鎖性ということで、大きいようで小さい世界です。

曇鸞大師が面白い喩えを出しています。維摩《ゆいま》居士の喩えです。これは量功徳の喩えです。維摩の方丈とは狭い狭い部屋だ。維摩居士は狭い部屋で坐禅している。しかし、狭いと思った部屋へ、維摩が病気になって病んでいると聞いて、お釈迦さまが仏弟子を遣わした。声聞の代表者、目連や舎利弗が訪ねて行ったところが維摩が元気にしている。おかしいではないかと思って聞いたら、「衆生病むがゆえに我病む」といった。

大乗の病気というのは、衆生を愍念《みんねん》し、哀れむという病気を病むのであって個人的病気ではない。それを維摩が病んでいるとお釈迦さまが見られた。自分が自分の病気を病んでいるのではない、衆生の病気を病んでいる。その立場が大きい。だから病気の慰問に行ったが、十大弟子の高弟たちは這這《ほうほう》の体《てい》で追い返されたという話が『維摩経』に出ています。維摩の方丈というのは狭いようだけれども広い。お釈迦さまがお弟子方を連れて慰問に行ったら狭い部屋に皆入ってしまった。維摩は狭い部屋にいるというが非常に広い境地を開いているという物語がある。

浄土の広大性は維摩の方丈どころではない。維摩の方丈は狭い世界で広い。浄土ははじめから広い。比較にならない。狭いようだが広いというのではない。本来広い。それが本願の広大性だ。維摩は個人の心の広さ、それは狭い立場で広いのだ。本願の広さは、はじめから広いのだ。このように曇鸞大師が維摩居士の喩えを引いて、さらにそれよりも広い阿弥陀の本願の広さを出している。

ふつうから見れば、第十九願も狭いわけではない。菩提心を発して修行して、浄土に生まれていく。ところが如来の智慧に照らすと狭い。本願海に照らすときに、実は真面目にやればやるほど狭い世界を作ることになる。こういう批判を親鸞聖人は持っておられて、道場樹の文を、第十九願の成就文と並べて化身土の特徴として引いておられる。

ここに三法忍ということが出てきます。音響忍・柔順忍・無生法忍です。四十八願に出ている三法忍です。親鸞聖人はあえて第十九願を明らかにするについて三法忍を引いていることにも、問題を感じるのです。

浄土教一般では浄土に生まれて不退転を得るという言い方と、浄土に生まれて無生法忍を得るという場合と両方あります。両方があまり区別なしに使われている。他の祖師方でも、親鸞聖人以外の人は同じように使っている。ところが親鸞聖人は違いを見ておられる。つまり、不退転、正定聚という問題は、信心を得るならば、そこに大海の一滴を得る。大海の一滴を得るならば必ず大涅槃に至る必然性を持っている。一点が大海を変革する意味を持っている。煩悩のいのちが、たとえこれから広がろうと、どれだけ長かろうと、一点ここに正定聚を得たということとは、尽未来際を尽して必ず成仏する。それについては疑わないという意味で金剛の信心という。

しかし、浄土に生まれて無生法忍を得る、三忍を得るという問題については、親鸞聖人は積極的に取り上げられない。それは、一つには、無生法忍という問題は、一番代表的には『観無量寿経』の韋提希の悟りの内容になっている。お釈迦さまの教えに触れて無生法忍を得るということが出ている。『無量寿経』と『観無量寿経』

とを平等に見る立場からすれば、正定聚も無生法忍も同じと読むことができる。けれども、親鸞聖人は『観無量寿経』には真実の面と方便の面がある、表には定散二善を説いていると見ておられる。

人間の努力に呼びかけているという点では方便である。その裏には実は深い如来の大悲があって、念仏せよと呼びかけている。隠れたる如来の大悲のいわれであって、なかなかそれには触れられない。しかし、その眼をもってそれを見れば出ている。そういう意味で、韋提得忍といわれますが、韋提希が無生法忍を得るというのは何処で得るかという問題があるわけです。序文のところで無生法忍が出ていて、また最後の方に来て得忍が出てくる。無生法忍を一切衆生に与えたいために韋提希は釈尊に教えを請うという展開になっています。

ところが、親鸞聖人は、『教行信証』で得忍という問題は表に取り上げられない。三法忍、「この樹を見るものは三法忍を得ん。一つには音響忍、二つには柔順忍、三つには無生法忍なり」（聖典三二七～三二八頁）と、「化身土巻」に引用して、本願力に触れるというよりも、道場樹、その道場の樹の力で利益が与えられるという表現の中に、何か課題を感じていると思います。その辺は親鸞聖人は説明しておりませんから、分かりません。引用文で何かを語っている。ここには問題があるぞということを指摘してくださっている。

「聞名得忍」ということもいわれ、龍樹菩薩は名を聞いて不退転を得るともいいますし、名を聞いて無生法忍を得るという言い方もします。無生法忍と不退転とが同じような使い方もあるのでしょうが、不退転とか正定聚というのは、その言葉自身の中に、因の位に立つという。いまそこに覚りを開いたというわけではない。歩んで行ける立脚地を得た。その立脚地をずっと疑いなく歩んで行けるという、未来を孕んだ現在の喜びを語る言葉である。ところが無生法忍というと、何か結果、覚りと同じような果を成就した意味を持っています。そこに、親鸞聖人は、似たような言葉だが、何処までも凡夫として生きている人間が本願に触れていただく精神的な翻りの意味を無生法忍という言葉で語ると間違える。信心の利益として無生法忍ということをいわない。

第十一願の文は、定聚に住して必ず滅度に至る、必至滅度というのであって、「必」という字が付いています。これが真実証の大事なところです。

真実証とは、信心にとって必然性である。真実証をそのまま体得するという意味ではない。我々の立つ立場は信心である。本願の信心である。本願の信心に立てば、第十八願自身の意味として、第十一願が成就する。我々は正定聚に住する。必ず滅度に至ると信ずる。その道を行くのであって、いまここに滅度を得たとはいわない。覚りを開いたとはいわない。やはり煩悩具足の身として、本願力をいただきながら生きていく。そこに如来の道、仏道をいただいた。念仏の一道を歩んでいく。だから覚りを開いたとはいわない。また事実覚りを開いたわけではない。親鸞聖人はそこに法忍という問題について注意をされたのではないか、滅度と近い意味を無生法忍に見られたのではないかと思います。

善導大師は、韋提の得忍ということを喜・悟・信の三忍と言い換えられます。喜忍・悟忍・信忍、「忍」というけれど信ずる忍だと。信忍は歓喜ですから、信心歓喜だと。信心歓喜と同じような意味に、忍という言葉を善導大師の『観無量寿経』を読む眼、顕という眼を通して、顕の義で見れば自力の教え、隠の義で見れば本願力だ。そういうことを通して初めて喜悟信の三忍がいえる。無生法忍とはいわない。これは、親鸞聖人がその文を「化身土巻」に引いたことの一つの見方だと思います。なかなか面倒な問題です。

道場樹の文に続いて、音楽が出ております。目に映る樹の荘厳、耳に聞こえる音の荘厳という展開になってきております。

また講堂・精舎《しょうじゃ》・宮殿《くでん》・楼観《ろうかん》、みな七宝荘厳《しょうごん》して自然《じねん》に化成《けじょう》す。また真珠《しんじゅ》・明月摩尼《みょうがつまに》・衆宝《しゅぼう》をもって、もって交露《きょうろ》とす。その上に覆蓋《ふがい》せり。内外左右《ないげさう》に、もろもろの浴池《よくち》あり。あるいは十由旬《ゆじゅん》、あるいは二十・三十、乃至《ないし》、百千由旬《ゆじゅん》なり。縦広《じゅうこう》、深浅《じんせん》、おのおのみな一等なり。八功徳《はっくどく》の水、湛然《たんねん》として盈満《ようまん》せり。清浄香潔《しょうじょうこうけつ》にして、味《あじわ》い甘露《かんろ》のごとし。黄金《おうごん》の池には、底に白銀《びゃくごん》の沙《いさご》あり。白銀《びゃくごん》の池には、底に黄金《おうごん》の沙《いさご》あり。水精《すいしょう》の池には、底に瑠璃《るり》の沙《いさご》あり。瑠璃《るり》の池には、底に水精《すいしょう》の沙《いさご》あり。珊瑚《さんご》の池には、底に琥珀《こはく》の沙《いさご》あり。琥珀《こはく》の池には、底に珊瑚《さんご》の沙《いさご》あり。硨磲《しゃこ》の池には、底に碼碯《めのう》の沙《いさご》あり。碼碯《めのう》の池には、底に硨磲《しゃこ》の沙《いさご》あり。白玉《はくぎょく》の池には、底に紫金《しこん》の沙《いさご》あり。紫金《しこん》の池には、底に白玉《はくぎょく》の沙《いさご》あり。あるいは二宝・三宝、乃至《ないし》、七宝、転《うた》た共に合成《ごうじょう》せり。その池の岸の上に、栴檀樹《せんだんじゅ》あり。華《け》葉垂《ようた》れ布《し》きて、香気《こうけ》普《あまね》く薫《くん》ず。天の優鉢羅華《うはつらけ》・鉢曇摩華《はつどんまけ》・拘物頭華《くもつずけ》・分陀利華《ふんだりけ》、雑色光茂《ざつしきこうも》にして、弥《ひろ》く水の上に覆《おお》えり。かのもろもろの菩薩《ぼさつ》および声聞衆《しょうもんしゅ》、もし宝池に入りて意《こころ》に水をして足を没《ひた》さしめんと欲《おも》えば、水すなわち足を没《ひた》す。膝《ひざ》に至らしめんと欲《おも》えば、すなわち膝《ひざ》に至る。腰に至らしめんと欲《おも》えば、水すなわち腰に至る。頸《くび》に至らめんと欲えば、水すなわち頸《くび》に至る。身に灌《そそ》がしめんと欲《おも》えば、自然《じねん》に身に灌《そそ》ぐ。還復《げんぷく》せしめんと欲えば、水すなわち還復《げんぷく》す。調和冷煖《じょうわりょうなん》にして、自然《じねん》に意《こころ》に随《したが》う。神《たましい》を開き体《み》を悦《よろこ》ばしむ。心垢《しんく》を蕩除《とうじょ》して、清明澄潔《しょうみょうちょうけつ》にして、浄《きよ》きこと、形なきがごとし。宝沙映徹《ほうしゃえいてつ》して、深きをも照らさざることなけん。微瀾《みらん》回流《える》して転《うた》た相灌注《あいかんじゅう》す。安詳《あんじょう》にして徐《ようや》く逝《ゆ》きて、遅《おそ》からず疾《と》からず。波揚《あ》がりて無量なり。自然《じねん》の妙声《みょうしょう》、その所応《しょおう》に随《したが》いて聞《きこ》えざる者なけん。あるいは仏の声《みこえ》を聞き、あるいは法の声を聞き、あるいは僧《そう》の声を聞く。あるいは寂静《じゃくじょう》の声、空無我《むが》の声、大慈悲《だいじひ》の声、波羅蜜《はらみつ》の声、あるいは十力《じゅうりき》・無畏《むい》・不共法《ふぐほう》の声、諸通慧《しょつうえ》の声、無所作《むしょさ》の声、不起滅《ふきめつ》の声、無生忍《むしょうにん》の声、乃至《ないし》、甘露《かんろ》灌頂《かんじょう》、もろもろの妙法の声、かくのごときらの声、その所聞に称《かな》いて、歓喜《かんぎ》すること無量なり。清浄《しょうじょう》・離欲《りよく》・寂滅《じゃくめつ》・真実の義に随順《ずいじゅん》し、三宝《さんぼう》・力《りき》・無所畏《むしょい》・不共《ふぐ》の法に随順《ずいじゅん》し、通慧《つうえ》、菩薩《ぼさつ》・声聞所行《しょうもんしょぎょう》の道《どう》に随順《ずいじゅん》し、三途《さんず》苦難の名あることなし。但《ただ》自然《じねん》快楽《けらく》の音《こえ》あり。このゆえにその国を名づけて安楽と曰《い》う。（聖典三六～三八頁。註釈版三四～三六頁）

続いて、講堂・精舎・宮殿・楼観、七宝荘厳という形をとって浄土が荘厳されてきている。講堂と宝池の荘厳を明かしている。「八功徳の水」、八功徳水とは水の荘厳です。池の水ということが出ていて、浄土の水とは、浄土の生活をする菩薩・声聞が思いのままに現れたり引いたりする。冷煖自在である。涼しく冷たいと喩えられます。

自然環境としての水は、時に洪水となって人を襲い、時には長い間雨が降らないという形で水が欲しい。乾期と雨期があるインドの状況を考えますと、思うままにならない水、どうしても必要な水であるにもかかわらず、洪水になるような恐ろしい水、そういうことに対応して浄土の水が浄土の生活者にとって思うままになるということをもって荘厳している。

曇鸞大師も、天親菩薩の荘厳を解釈するについて、『無量寿経』の言葉を用いてこういうことを語っておられます。その中心はどこにあるかというと、「開神悦体」（聖典三八頁）という言葉、これは曽我量深先生がよく揮毫された言葉です。

神（たましい）を開き体（み）を悦ばしむ。「神」という字は中国ではGodという意味ではないのです。精神という熟語がありますように、神というのはいのちを動かしている何か分からない、日本語で魂という言葉でいっている、いのちのもとのようなもの、それを「神」という字で表そうとする。魂神という熟語もあります。我々が、我として、これがいのちの本体だと執《とら》われるような何か、それを唯識では「阿頼耶識」と押さえるわけです。ふつうには何かそういうものを感じる。魂という言葉で、その人その人の魂という、体ではないその人それ自身のようなものを感じます。

中国人が書いている「神」という字はもともとそういう意味です。「じん」と発音します。「しん」と発音するときには神のようなものになる。「じん」と発音するときには魂のようなものを意味する。仏教では「じん」と読んで精神を表す。spirit, soul に近いものです。私どもの自己それ自身という意味なのでしょう。自己それ自身が閉鎖している、閉じている。「心塞がり」ということがいわれますが、閉塞している状態が私どもの在り方である。心理的にいえばコンプレックスです。コンプレックスがあって、なにか固まっている。肩が張っていて窮屈である。それを開く、開放する用きが浄土の水になる。

何十億年昔は、いのちは水の中にあった。もともと水から生じたに相違ない。水の中にあったいのちが何十億年かかって陸に上がってきた。魚が陸に上がってきた。人間の母胎の中では、はじめのころは魚の形をしているのではないかというのです。そういうことで、水に触れるということが何処かで体を柔らかにする。水に入ると浮力がありますから力む必要がない。体が楽になる。それが私どもの本能にある。それを浄土の荘厳の用きに象徴している。

浄土の水に触れると心が開かれる。これは、本当は本願力に触れるところに開かれる心を水に触れるという形で象徴する。泳げない人間が水に入るとますます固くなりますが、水の力を信じて身を投げ出せば浮かぶ。自分で頑張ろうとするとくたびれてしまう。水を信ずれば水の力が人間を浮かす。浮こうとする必要がない。ひとりでに浮いてしまう。

本願力にまかせれば、自然の本来の力にまかせれば、なにも自分で頑張る必要はないという心境、境地をいただく。それが心を開く。魂がまず触れる。魂というのは結局存在の本来を感覚するような能力です。それに触れると、身がくつろぐ。それが開神悦体ということです。

曽我先生は、この言葉が大変お好きで、東京で会が開かれたときに、坂東報恩寺の先代の住職が、訓覇信雄さん、松原祐善さんなどと同級生で、聞法会をやろうというので、曽我先生を呼ばれた。東京でせっかくやるなら、と、曽我先生がつけられた会の名が「開神」というのです。そして『開神』という小さい雑誌を出された。

坂東性純先生のお父さんの坂東環城師がずっと『開神』という雑誌を出しておられた。いい名前ですね。浄土の本願力が開神の用きをする。なかなか私どもは心が開けない。心が開けないということは、悪人正機に立てない。善人意識で窮屈で、そこに本当に心が開かれない。本当に信頼すべきものの前に立てない。浄土の水に喩えて「開神悦体」ということをいわれる。そしてその用きは、心垢を蕩除する、煩悩の垢を除く。浄土の水が煩悩の垢を洗い流す。

具体的にこういう荘厳功徳が用くということは、日常生活の経験と近いものですから感覚しやすい。こういうところに荘厳功徳の形をとって浄土の教えを呼びかける積極的意味がある。それを実体化して、まさにそういう水があるのだろうと思うと化身土になってしまいます。本願力の用きがそういう意味を持っているという象徴なのです。

「清明澄潔にして、浄きこと、形なきがごとし。宝沙映徹して、深きを照らさざることなけん。微瀾回流して転た相灌注す。安詳にして徐く逝きて遅からず疾からず。波揚りて無量なり。自然の妙声、その所応に随いて聞えざる者なけん。あるいは仏の声を聞き、あるいは法の声を聞き、あるいは僧の声を聞く。あるいは寂静の声、空無我の声、大慈悲の声、波羅密の声、あるいは十力・無畏・不共法の声……」（聖典三八頁）。水の流れるところにそういう声が聞こえてくる。浄土の音は全部説法の音である。「その所聞に称《かな》いて、歓喜すること無量なり」、「三塗苦難の名あることなし。但自然快楽の音《こえ》あり。このゆえにその国を名づけて安楽と曰《い》う」、「安楽」という名前を国につけるのはそういう意味だと。

法に触れる喜び、曇鸞大師は法楽楽といいますが、法の楽しみの楽、いわゆる煩悩の楽しみではない。だから「安楽」という。本来は涅槃の楽しみ、涅槃の楽、大楽といわれます、不苦不楽の楽だけれども、浄土の楽は本願に触れる楽しみ、日常感覚にもいただけるような、単なる抽象理念の不苦不楽ではなく、苦楽を超えた楽という意味を日常生活の中に教えてくる。自然快楽の音です。

## 八功徳の水

この段には、「八功徳の水」、浄土の池には八つの徳をそなえた水が満々とたたえられている。浄土の水の功徳は必要に応じて足を浸したり、体を洗ったり、またすっと引いて行く、と荘厳してあります。その意味は、開神悦体、蕩除心垢する。干ばつや、水害がこの世で起こるが、浄土にあって水の功徳といわれる場合には、浄土の生活をするものにとって都合が良いほどに水が与えられる。しかもその水によって心が開かれ、体が喜ぶ。さらに煩悩が洗い流されると荘厳されている。その流れは水の音を持っていて、いろいろな声、自然の名声といわれています。

『浄土論』では名声功徳、声の功徳が荘厳されています。浄土の水、波が音をたてる。その音が、仏の声となり、法の声となり、あるいは僧の声となる。三宝の声です。さらに「寂静の声、空無我の声、大慈悲の声、波羅蜜の声、あるいは十力・無畏・不共法の声、諸通慧の声、無所作の声、不起滅の声、無生忍の声」（聖典三八頁）、仏法のあらゆる教えの内容が浄土の水の音として聞こえてくると荘厳されています。

「三塗苦難の名あることなし」（聖典三八頁）、三塗は三悪道、地獄、餓鬼、畜生という六道のうちの悪い方の状態、つまり三塗は苦悩の場所である。その三塗苦難の名があることがない。ただ自然快楽の音あり、「三塗苦難ながくとじ　但有自然快楽音」（聖典四八二頁）と、親鸞聖人もご和讃で、曇鸞大師の言葉からこの言葉を詠じておられますが、浄土の音はただ自然快楽の音である。自然ということがくり返し出ております。これから以降、浄土の荘厳には、自然（じねん）ということが出てきます。

本願の中にも自然という言葉がありましたが、現在では「しぜん」と発音して、nature です。人間のいのちを取りまく自然界は、現代の科学の対象になる自然界という意味ではなく、「自然法爾章」で親鸞聖人が読まれる場合には、「おのずからしからしめられる」といわれます。「おのずからしからしめられる」ということは、人間の人為性、人間の思いや意欲など、人間の力でどうにかなるのではなく、ひとりでになる。何の無理もないし、人間を包んで自らひとりでにそうなっているという世界です。

これは中国人の概念としては、道教によく使われるといいますが、その自然（しぜん）は人為に対して、むしろ混沌に近い。人間が整理して体系づけるのではなくて、放っておかれる。放っておかれるままに、作られた整頓ではないが、おのずから自然の摂理、ひとりでにそうなっている。そこに何の無理もない。

道教では、自然ということが大変尊ばれる。その言葉を仏教が翻訳するときに用いて、涅槃の功徳、ニルバーナ、煩悩が混じらないことによって与えられる静けさ、清浄さ、純粋さを自然（しぜん）という言葉を使いながら人間に呼びかける。

浄土を荘厳するときに、インドの言葉というよりは中国語に翻訳されたときに、おそらく、自然（じねん）という言葉がくり返し使われたのではないか。インドの概念でいえば、「タターガタ」、如来といわれる言葉の元になる「タター」。一如、そのままにしてある、「あるがままにしてある」という。

人間がそれに価値概念を加えて、良いとか悪いとか、正しいとか間違っているとか、そういう範疇に入れる前の、おのずからそのままであるような在り方。これは人間にとって一番近い、私どものいのちを成り立たせている本来の在り方ですが、私どもはそれから一番遠ざかっている。それが見えなくなっている。一如、真如とは、迷いを翻して覚った場合の覚りの内容として教えられる。その一如や真如とほぼ同義語で、自然（じねん）という言葉が使われていると思います。

おのずからしからしめられている世界、そのままの世界といってもいい。そういう自然快楽（じねんけらく）の音ありと。快楽を「かいらく」と読んでしまうと強烈な楽しみのようになりますが、中国の意味は、快、楽という字は、日本語でいう快楽、煩悩の激しい快楽というよりも、もう少し違う精神的な快さ、楽しさを意味する文字のようです。現代用語の意味で取ってしまうと、浄土は、大変肉体に激しい喜びを与えてくれる場所のように理解してしまいますが、そうではない。自然（じねん）の快楽（けらく）とは、自然（しぜん）の静かな心の喜びをいいます。

曇鸞大師は、浄土の楽という場合に、外楽・内楽・法楽楽という三つの楽をいう。我々の楽しみは、外楽、外の楽しみ、つまり感覚的楽である。それに対して精神的喜び、外楽に対しては、もう少し内面化された、外から見たら何も楽しいように見えないが満たされた喜びがあります。感覚の喜びではなく、もっと内面的な、生きる意味が与えられるような喜びを内楽という。

法楽楽、法を楽しむ楽しみ、仏法の楽しみは、いわゆる楽しみですらないような楽しみである。私どもがせいぜい分かるのは内楽までである。しかし本当は内楽ですらない。涅槃の楽しみといった場合は、私どもの楽しみが全面的に否定されるような楽しみである。音楽の楽しみや小説を読む楽しみは、外楽に比べれば内楽なのでしょうが、何処かにまだ人間的な煩悩が絡んでいる。そういう楽には愛着が湧くわけです。したがってそれが奪われた場合には、苦しみに転じる。

ところが仏法が与える楽しみとは、比喩的にいえば、内楽に近いものなのかもしれませんが、仏法の楽しみは、奪うとか奪われるとかはない。本来の存在を自覚したことによる喜び、何かが加わった、何かを獲得したとかいう喜びではない。無一物の喜び、これ以上何も奪われるものがない、いわば眼が転じたことによって与えられる喜びである。信心歓喜という喜びは、本来の自分に何かを獲得したという意味での喜びではない、目覚めた喜びです。

曇鸞大師は三つの楽に分けたのですが、この場合の「自然快楽」も、禅の用語でいえば、「無一物中無尽蔵」。禅では無という字を書きますが、何も無い、何も無いということに出遇った喜び。ふつうは有の喜び、何かが有ることによって喜ぶ。私どもはそこからなかなか出られない。物質的な有の場合もあるし、精神的な有の場合もある。そこには無いことに比べて有ることよって、それを所有していることの楽しみを味わうことによって、他とは違う意味の自分が獲得している喜びが、二十九有といわれる。有るということの上に私どもの生活があり、喜びがある。それに対して、浄土の喜びは、有を出る、迷いのいのちを破ることによって出遇う喜びです。それは自然快楽、人為的に作った有の喜びではない。本来のいのちです。

私どもは有るということがある上に、さらに何か有ることで喜ぼうとする。本来有るということが見えない。本来有るということは、ある意味でこの上に加えた有ることからすれば、それは無である。見えていない。しかし目覚めてみれば、そのことが有難い。ふつうからいえば、そんなことは有難くもなんともない、当たり前だ。しかし当たり前が一番有難い、そういう智慧が、私どもは分かったようでなかなか分からない。やはり人為性、人間的な我見、我情我慢の思いがあって、いのちの上に条件、自分の都合の良い何かを加えて、それを喜ぶというようになっている。

浄土を荘厳して、浄土の喜びを語るときに、それは自然快楽なのだ。自然快楽なら何も荘厳することはない。本来何も無いことではないか。我々の執われをいっぺん破るために、本来の世界を形として教えて、目覚めてみれば、何処にも行く必要はない。本来の世界を形として教える。教える一つの方便の形、方便巧荘厳といわれます。そういうものが、法蔵願心が浄土を荘厳して我々に呼びかける大きな意味なのではないか。

「このゆえはその国を名づけて安楽と曰《い》う」(聖典三八頁)、安楽国、あるいは安養国といわれる。これは中国語に翻訳してこういうのです。安んじて楽しむ、煩悩のいのちが安んずるというと休憩するように思いますが、そういう意味ではない。自然に還って本当に安楽を得る。本当の安楽に触れるということは、本願力に触れるということですから、本願力の用きに託した安楽である。私どもの思いで思い計らうようにしたいという自分の努力意識、自分の価値観で自分の思うようにしたいというその傲慢な思い込みが自分を苦しめ、人をも傷つける。

本願力は自然の力といってもいい。無為自然の力が本願力として教えられ、その本願力に帰するときに与えられる安らかさです。清沢満之先生は、「落在《らくざい》」という言葉を使われます。落は例えば落第したことによって与えられる自由さです。いのちある限り競争社会です。

それに対して落第したことによって違う世界が見える。こんな楽な世界があったのかと。別の言い方をすれば、健康であることによって健康の上に何かを加えようとして病気になる。健康から落第したことによって、病気というもので人間の無理を教え、そしていのちの尊さを教えてくる。

安楽という意味は、なにもイージーゴーイングということではない。ずるく立ち回って楽々と生きるという意味ではない。本来のいのちに還って、自分の与えられたいのちを、自分の思い込みや自分の分別で障りを作ってぎくしゃくと窮屈にしている。その執われを離れて生きる。人間的約束をまったく無視するという意味ではないが、人間はあまりにも、自分の分別で自分たちを作り、歴史を作り、自分がその中で育って作っているコンクリート建物のような窮屈さ、それがいのちだと思い込んでいる。それが破れて自然のいのちに還ることによって与えられる安楽さ、これを安楽国と名づけている。

安楽国は比喩的にいいますと、外国に出ていた人間が故郷に帰ったような世界です。価値基準や言葉やものの考え方が違う所に行って、無理やり合わせて生活をするということは、自分のいのちを自然に生きられない、なにかそこに、一生懸命人為的に作り替えしてしか生きられない。

妙好人讃岐の庄松が、本山の畳の上で昼寝をした、という話があります。ここは俺の故郷だ、何故、昼寝して悪いのだと。ふつうの人間は親鸞聖人の前で昼寝をするとは何事だというが、庄松は、ここが一番楽な所だといった。そういう存在の故郷、故郷が持っているような安楽さ、それを浄土として教えている。

中国の道教などで自然といった場合、禅にも大きな影響を与えているのですが、人間の作った町の生活を嫌って、よく墨絵にあります竹林の七賢のように、山に入って山の自然の中で自然生活をする。仏教の理想は、人間がたくさん住んでいることによってできる人為性を嫌って、山に入るという意味ではない。

人間が生きるときに、その環境が町であるか山であるか畑であるかを問わず、すでに人間そのものに人為性がある。何処に行こうと、一応形として、立身出世や金儲けではない話をしているという清らかさがある場合も、それは相対的な清らかさでしょうが、そこでも人間として生きていることの有の楽しみに執われ、少しも人為性を出ていない。文化性や、歴史性のレベルを出ていない。

仏教がいおうとするのは、もっと徹底して、たとえどんな場所であろうと、人間の持っている分別性、人為性を根源的に破る方法が本当の意味の出世間です。お釈迦さまは、出家というときに一応家を捨てる。しかし、家を捨てたからといって人間をやめることはできない。人間は一人で生きるのではない。人の中に生きる。いったん山に入って修行をするのだが、また町へ戻られた。人々の中にもう一度戻られた。人々と共に本当のいのちを回復する歩みを生きようとされた。

仏教が自然（じねん）という場合は、単なる人間環境の自然界、山や川のような自然という意味ではない。浄土を荘厳するといっても、それは単にこの世の外に違う世界をもう一つ作るという意味ではない。一応そういう形をとって教えるが、それは人間の本来を呼びかけんがための教えの形である。これが基本にある。下巻に行きますと、ふたたび問題になってきます。

## 浄土の食事

阿難《あなん》、かの仏国土にもろもろの往生する者は、かくのごときの清浄《しょうじょう》の色身《しきしん》、もろもろの妙音声《みょうおんじょう》、神通《じんずう》功徳を具足す。処《しょ》するところの宮殿《くでん》・衣服《えぶく》・飲食《おんじき》・もろもろの妙華香《みょうけこう》・荘厳《しょうごん》の具《ぐ》、猶《なお》し第六天《だいろくてん》の自然《じねん》の物《もの》のごとし。もし食《じき》せんと欲《おも》う時は、七宝の鉢器《はっき》、自然《じねん》に前にあり。金《こん》・銀《ごん》・瑠璃《るり》・硨磲《しゃこ》・碼碯《めのう》・珊瑚《さんご》・琥珀《こはく》・明月《みょうがつ》・真珠《しんじゅ》、かくのごときのもろもろの鉢《はち》、意《こころ》に随《したが》いて至る。百味の飲食《おんじき》、自然《じねん》に盈満《ようまん》す。この食《じき》ありといえども、実に食《じき》する者なし。但《ただ》、色を見、香を聞《か》ぐに、意《こころ》に食《じき》をなすと以《おも》えり。自然《じねん》に飽足《ほうそく》す。身心柔軟《しんじんにゅうなん》にして、味着《みじゃく》するところなし。事已《ことおわ》れば化《け》して去る。時至ればまた現ず。かの仏国は清浄安《しょうじょうあん》穏《のん》にして微妙快楽《みみょうけらく》なり。無為泥洹《むいないおん》の道に次《ちか》し。そのもろもろの声聞《しょうもん》・菩薩《ぼさつ》・天・人、智慧《ちえ》高明《こうみょう》にして、神通洞達《じんずうとうだつ》せり。ことごとく同じく一類にして、形《かたち》異状なし。但《ただ》し余方《よほう》に因順《いんじゅん》するがゆえに、天・人の名あり。顔貌端正《げんみょうたんじょう》にして、世に超えて希有《けう》なり。容色微妙《ようしきみみょう》にして、天にあらず人にあらず。みな、自然虚《じねんこ》無《む》の身《しん》、無極《むごく》の体《たい》を受けたり。」（聖典三九頁・註釈版三六〜三七頁）

続いて、「阿難、かの仏国土にもろもろの往生するものは、かくの如きの清浄の色身、もろもろの妙音声、神通功徳を具足す。処するところの宮殿・衣服・飲食・もろもろの妙華音・荘厳の具、猶し第六天の自然の物のごとし」（聖典三九頁）と、浄土、阿弥陀の仏国土に往生したものの姿が語り始められます。いままでは、浄土の形を語ってきた。ここからは今度は往生する人ということが出てくる。住んでいる宮殿、衣服、飲み物、食べ物、香り、荘厳（飾る道具）などが、第六天の自然のものの如くである。第六天ということがくり返し出てきます。天というのは、インドで神通力を持って三昧に入っていた場合に、だんだん高い天に登って行くと考えられている。第六天は天の中でも一番高い天です。そういう天はまったく自由自在の世界。身体が有るということは、限定を感じ、疲労を感じ、その身体は物質的な意味がありますから、その物質を支えるために食物を取ったり、衣服を着たりということが限定されます。それが人間生活においてままならない。

ところが浄土に往生した場合には、自然のもの、『浄土論』では、雨功徳といわれております。「雨花衣荘厳無量香普薫」（聖典一三六頁）とあり、また菩薩功徳でも「雨天楽花衣　妙香等供養　讃諸仏功徳　無有分別心」（聖典一三七頁）、音楽、香り、衣というものが全部、天から降るが如くに与えられると荘厳されている。

浄土の生活物資は自由に欲しいままに与えられるという荘厳のもとになる言葉です。第六天の自然のもの、三昧の中での自由さは私どもにはちょっと想像できませんが、例えば夢の中で思うままにいろいろのものが与えられる。そういう夢はめったに見ませんし、むしろ足りないとか、取りに行ったらなくなったというのが多いかもしれませんが、そういう身体性を離れた本当の抽象世界、精神世界の自由さを、第六天の自由さとして教えているのでしょう。

浄土の生活はまったく自由である。「もし食《じき》せんと欲う時は、七宝の鉢器、自然に前にあり。金・銀・瑠璃・硨磲《しゃこ》・瑪瑙・珊瑚・琥珀・明月・真珠、かくのごときにもろもろの鉢、意に随いて至る」（聖典三九頁）、この世の中にはいろいろの欲がありますが、食欲は人間にとって大変根強い欲です。

人間の場合には、単に食べる内容、じゃがいもや米という物質的な資源だけではなく、それを入れている器、その飾り方、取り合わせ、味つけ、そういうもの全体が人間にとっての食事です。本当に腹が減った場合には、猿みたいにそのまま生のいもをガリガリ齧《かじ》るということもないわけではないでしょうが、人間的生活となると文化としていろいろのものが必要になる。

料理屋などへ行きますと内容よりも器でお金を取るともいわれますが、そういう人間の要求がある。その要求に応じて、浄土の食事という場合には、あらゆる財宝、金銀、瑠璃、珊瑚、琥珀のような器が自由に思ったように並ぶ。「百味の飲食、自然に盈満す。この食ありといえども、実に食するものなし」、百味というのは、中国的表現なのでしょうが、人間の味覚の、味わいの満足を百味で表す。

お盆の行事の元になっている『盂蘭盆経』というお経の中にも百味の飲食ということが出てきます。百味の飲食を千僧に供養することによって、目連尊者の母親を餓鬼道に堕ちていることから救い出すという。百味の飲食ということで、醍醐味（牛乳の加工された醍醐）、これは最上の味であるといわれますが、味の種類といった場合には百味ということになっております。百味の飲食が自然に盈《み》ち満つ。ところが浄土の食事という場合は、「この食有りといえども、実に食するものなし」と教えられる。

「但、色を見、香を聞《か》ぐに、意に食をなすと以《おも》えり。自然に飽足す。身心柔軟にして、味着するところなし。事已《おわ》れば化して去る。時至ればまた現ず」（聖典三九頁）、この世の食事は、私どもは、いろいろの食器に凝り、味つけに凝り、形に凝り、取り合わせに凝り、いろいろ凝って百味の飲食を並べて腹一杯食べて、しかし、そこに食べることに執着がある。味に執着する。浄土の食は、あらゆるものが自然に与えられて、実際には食するものがないと荘厳されています。

唯識では食事を論じるときに、「四食」ということをいいます。段食・触食・思食・識食の四食です。安田理深先生は、食事とは何であるかを厳密に考えていくと、物を口に入れて飲み込むことが食事とは限らないといわれた。ふつう、我々の身体が食事を取るといった場合は、食物を口に入れて栄養を摂取することなのですが、厳密に考えて食事が食事として意味を持つのはどういう作用かといえば、それによっていのちが養われる。

食養生ということがあります。食べるということの意味は何かというと、身が養われるということだ。口に入れたからといって毒だったら食事にはならない。口から腹に入れるのが食事だという定義だとしても、石を口から入れても食事にはならない。毒を食べればいのちを亡くしてしまうので食事にはならない。食事とは何かというと、それを摂取していのちが養われることだと定義をし直した。

一番分かりやすいレベルは、身体はいのちが与えられてある形ですから、身体なしにいのちが与えられることはない。必ず身体が与えられる。身体が生きている。その生きている身体を養うのが食事だということで、一番低いレベルは段食。段とは分々段々といわれ、形に見えるもの、物質的なものを食べることによって身が養われる。それを段食といいます。段食も一応はそうですが、例えば犬に食事を与えるときに、いつも、非常に不愉快にさせて、コツコツ殴ってみたり、落ち着いて食べられないようにして食事を与えるという悪い実験をすると、そのうちに犬が病気になる。つまり口から栄養素を入れるだけが食事ではない。

触食とは触れるという。触れるということは、感覚作用でいえば、皮膚に触れるということなのですが、触一般からいうと、感覚器官が外界に触れるということによって、いのちが養われるということがある。食事のときにバックミュージックが流れていると食事がうまい。器も物を入れるだけではない。人間の感覚器官にはいろいろの要素が栄養になる。

食べ物を入れている器もそうです。食べ物があればいいといっても、何もなしにどんと出されても、何もうまいことはない。やはり、きれいに盛りつけをしてきれいに器に入っていてこそ、おいしいのであって、何でもいいからといって洗面器にごちゃまぜにして出されたら、とてもではないが食べられない。単に段食だけでは食事にはならない。人間の感覚がそれに触れるということがあっていのちが養われる。それを触食という。別の言い方をすれば、環境が食事になる。同じものでも場所が変わるとおいしいとか、快い風が吹く自然の中で食べればおいしいとか、いろいろのことがある。人間が感覚するということが食事になる。栄養になる。

思食とは思い、思いというのは分かりやすい例でいえば希望でしょう。いのちを養うというときに、思いというものを持つか持たないか。思いによって養われる。欠乏した状態で食事をしても、食事は栄養にならない。例えば、ガン患者がガンを告知されたら、どんなうまいものが与えられても、もう生きるいのちにならない。栄養にならない。食べたくないのに無理やり食べても摂取されない。人間の意志力、人間の希望です。生きるいのちの力が与えられる希望というものが食事になる。インド人はよくこんなことを考えたものだと思います。

一つの例として、出家の修行僧の場合、禅道場などでもそうですが、ふだんの生活では考えられないほど乏しい食事です。朝は一杯の粥とか、本当に一汁一菜を食べて一日中動き回る。ふだんうまいものを食べて昼寝していることからは考えられないのですが、それでも充分に生活が成り立つ。それはやはり、仏法に生きようとする意欲があると、おそらく無駄なく与えられたものを全部栄養にする。ふつうの我々は、食べたもののほんのわずかしか使わず、ほとんど全部排泄しているのではないでしょうか。食べたものが全部栄養になるなどということはない。思食ということも人間にとって非常に大事なことです。

識食というのは、これは唯識が見い出してきた最後の拠点なのですが、最後にいのちを支えているものは、生きるいのちそのものである。つまり、生きるいのちがなければ、どれだけご馳走が積んであっても、それはいのちにはならない。生きるいのちは阿頼耶識だといわれていますが、身体を感じ、環境を感じて生きているというこの不思議な個体、これ自身が身を支える用きを持っている。これが基本になるから、死骸に口からつっこんでも食事にならない。生きているいのちが有るということが根源的な食だというのです。ちょっと考えると無理みたいですが、面白い考え方です。三昧の食というのは識食でしょう。

三昧の中で食事をするというのは、夢の中での食事みたいなものです。現代ではそんなことはほとんど無理でしょうが、例えば一カ月、断食生活をするという中で、眼が覚めたら腹が減っているから何でも食べたくてしょうがない。欲に憑かれたら、たちまちエネルギーを消耗してくたびれてしまう。ところが三昧に入ってゆうゆうと食事をする。お釈迦さまはその手をよく使ったらしいのです。実際には、何ものを摂《と》るわけではないが、三昧に入っていいのちを休憩させる。つまり物質的な言い方をすれば、最低限のエネルギー消費状態に入る。そういう状態に入って、精神的に満ち足りることにおいて、いのちが持続する。不思議な話で、現代生活では考えられないのですが、実際にそういうことがある。

河口慧海（一八六六〜一九四五）という近代の僧侶が、大蔵経のチベット版が欲しいというので、鎖国であったチベットへ潜り込む。チベットに入るには中国側から入る道と、ネパール側から入る道とありますが、そのころ中国側から入る道は厳しく閉ざされていた。国交がない。それで隙のあるヒマヤラ越えを取った。河口慧海自身が自伝のなかで書いているのですが、ネパールでチベット語を勉強した。チベット人の習慣をいろいろ勉強した。そしてだんだんヒマヤラの山林に入って行った。かなり年月をかけて、完全に現地語が喋れるようになってから、山越えをした。

ところが、雪に遭った。雪に遭ってもうこれでダメだと思ったが、そこで三昧に入った。三昧に入ってどのくらい時間が経ったか、どのくらい月日が経ったか分からない。ふと眼が覚めた。それでいのちが助かったというのです。嘘みたいな話ですが、実際修行して三昧の努力を積むと、そういうことがあり得るらしいのです。私はやったことがありませんので、分かりませんが、あり得る。ふつうではできないことかもしれませんが、雪が降っていて衣服がそれ以上着られないのに、雪の中で体温をずっと下げた状態、心臓の脈拍もうんと落とした状態で、いのちをずっと持続する。

ふつうはダメでしょうが、お釈迦さまはそういう力を持っておられて、そういうことをしたそうです。もちろんそういっても寿命はある。寿命が永遠に続くわけではないが、三昧の中でそういうことは一応可能である。そういう状況の中で三昧を食事とするということがいわれています。

浄土荘厳に、天親菩薩は受用功徳ということをいいます。浄土の食事は、受用功徳だ、浄土の環境を受用する。その場合に、「愛楽仏法味　禅三昧為食」（聖典一三六頁）、愛し、楽しみ、禅三昧を食と成すと荘厳している。食事が自由に与えられる。しかしそれを実際に食べるわけではない。食べる必要がない、食べずして満たされる。本当に浄土を受用すれば浄土の食事を食べる必要はないと語られている。

おいしいものを食べて楽しむという考え方からすると何も楽しくないではないかということになります。逆にいうと食べなければならないということがこの世の中にあるために、食い道楽からすれば食べることが楽しみなのでしょうが、実はそのことが人間生活にとってさまざまな問題を引き起こす。実際何か本当に精神的な仕事をしようとするときに、食事をしなければならないということは実にエネルギーのロスが多い。

私は、このごろ三食食べることにしていますが、一時、一食減らしたらどれだけ自分にとって得るものがあるかと考えて暮らしてみたことがあります。一食減らすということは食べる時間がなくなるだけではない。準備する時間、内臓が消化するために使うエネルギーは大変なものです。実際は栄養を摂《と》るためにものすごいエネルギーを使う。ものを食べると体温が上がります。我々は外からものを取らなければなりませんが、取るためには相当のエネルギーを使う。それを止める。

お釈迦さまは一日一食にした。精神生活のために一日一食しか取らない。太陽が南中した以降は取らない生活をされた。出家の比丘にもそういう生活をせよと教えられた。これは大変なことで凡夫にはなかなかできないことですが、何のためかというと、食事が腹に入ると眠くなるし、精神生活のためには邪魔になる。実際は肉体労働のためには、ちゃんと腹にものを入れて、体を動かさなければなりませんが、仏法を味わい、仏法を考えることを主にする生活をするには食べない方がいい。身を養うために一日一食だけ取る。こういうことを生活の形とされた。在家生活では無理です。

資生産業、つまりものを作ったり運んだり、いろいろのことをやりますから、物を取らなければなりません。一日一食では死んでしまいますが、三昧に入って仏法の仕事をするためには一日一食の方がいいわけです。現代生活ではほとんど無理ですが、それによっていのちの内容を本当に精神的創造性を高めてそれを持続する生活として、お釈迦さまは実践なさった。それは、一つのいのちを支える最低限の食事という意味なのでしょうが、さらに徹底すれば禅三昧を食となす。本当の食事は仏法の三昧を食事として仏法を味わうと浄土の荘厳は教えられている。

文字通り生活の形としてそれを真似しようとすると無理です。清沢先生がそれを真似しようと、ミニマム・ポシブル（最低限の生活）を実験しようとして、栄養不足で結核になられていのちを縮めてしまわれた。教育に携わり、明治の大変動の時期で教団の頭脳としていろいろの仕事を背負っていましたから、それを全部こなしながら、しかも食事を一食にし、着るものは麻の衣一枚にする。真冬であってもそれ以上着けないことを実践された。

それが無理だったのでしょう。無理がないようにして本当に精神生活を充実することが、お釈迦さまの実践だったのでしょう。

インドは暑い国ですから、それで可能だったということもあるでしょう。一番大事なことは、受用功徳という言葉、三昧を受用するという言葉でいわれる内容です。インドは三昧とか禅とか定に入ることが日常茶飯事に行われていた。単に精神生活を統一して特殊な精神状態になるということならば、お釈迦さまからすると外道である。仏法の三昧とは、仏さまの教えを、本当に精神を集中して聞いてそれを考えるという意です。そういうことが与えてくる生活の力、精神生活の持っている輝きが実際にあるのです。

聞法生活、仏法を聞いて何の利益があるか。何の利益もないが仏法を聞いていることが与えてくる自由さ、柔軟さ、同じいのちを本当に喜んで生きるか、不平をいって生きるかによって違ってくる身が持っている自由さがある。作り付けたものではない力が、いのちの中から出てくる。そういうことを象徴する。

三昧を受用する。仏法の味を喜び、仏法の味をいのちとする。実際にものを食べるように食べるわけではない。だからそれに執着する必要はない。しかし、それに照らされることによってものを食べる以上の力が与えられる。これは、悪い意味の精神主義で頑張れという意味ではない。頑張りでなく自然でなければならない。本当にかたじけないいのちの本来性に目覚めて、それが本当に味わえる、喜べるという場合には、なにも無理やり我慢してという意味ではない。仏法を受け入れて、それをいのちの糧とすることだと思います。

受用功徳で思い出しますのは、安田理深先生の三回忌の時に感話が当たりました。私は安田先生の生活を拝見しておりまして、はたから見たらずいぶん無理だ、そんな生活をして続くはずがないというほどの生活を一生なさったわけですが、先生自身にとっては何の無理もない。本当に仏法を純粋に生きておられる。

世間生活から見ると、稼ごうとしないで本ばかり読んでいて、学生が集まってきたら話をする。そんなことをして生活をするとは何事かというものですが、先生からすれば仏法を生きる以外に意味はない。いのちの意味は仏法を生きることだと信じて生きておられますから、仏法の味を味わい、仏法の力をいのちとしてゆうゆうと生きておられた。「愛楽仏法味」、本物の仏者であったと思うという話をしたことがあります。

受用功徳とは、生活の内容を何をもって生きているのかを如実に表す。何を生活の糧としているか。凡夫は、煩悩を糧とし、煩悩を食事としている。腹を立てたり、欲を出したりということを生活の内容にしている。菩薩は菩提心を糧とする。菩提心をいのちとする。

仏陀は、如来となると執われるところがなく、仏の所住に住したまえり。仏陀自身にとっては何も執われるものはないところに住している。少なくとも、凡夫でありながら私どもは本願の教えに触れることにおいて、単に煩悩をいのちとするだけではない。煩悩のいのちにまみれながら、しかし本願において、あたかも禅三昧を食となす如くに念仏を力として生きることができる。

これが『浄土論』の教えている受用功徳で、受用功徳は単に聖者の話ではなく、凡夫が浄土に触れるときに与えられる功徳です。実際念仏して腹が膨れるとか、念仏したらどうなるというものではない。念仏において食することなくしていのちの力が与えられることがある。しかも何にも執われる必要がない。

## 浄土に生まれるときの身体

本文に戻ります。往生するものについて、次に大変面白いことが出てきます。「かの仏国土は清浄安穏にして微妙快楽なり」(聖典三九頁)、仏土の荘厳について天親菩薩はまず、第一に清浄功徳ということを出されます。浄土の清浄性、清浄であることが第一の形である。それは、三界の道に勝過する。欲界・色界・無色界という三界を超えることによる清浄性、それが安穏である。これも中国語ですが、安んじて穏やかである。

善導大師は、「唯仏一道独清閑」、唯仏の一道のみ清く閑《しず》かであるといわれます。こういうことが仏法の功徳として教えられる。激しいとか、戦いに勝つとかいうのではなく、清く静かである、清く安らかである。これは涅槃を象徴する。ここの部分から、親鸞聖人は、「真実証」の内容としてこの言葉を引用されます。

「かの仏国土は清浄安穏にして微妙快楽なり。無為泥洹の道に次《ちか》し。そのもろもろの声聞・菩薩・天・人、智慧高明《こうみょう》にして、神通洞達せり。ことごとく同じく一類にして、形異常なし。但し余方に因順するがゆえに、天・人の名あり。顔貌端正にして、世に超えて希有なり。容色微妙にして、天にあらず、人にあらず。みな、自然虚無の身、無極の体を受けたり」(聖典三九・二八一頁)。無為泥洹の道に次し。泥洹は涅槃と同じです。ニルバーナ、それを泥洹と音訳する場合も、涅槃と音訳する場合もあります。「無為」は中国語の翻訳です。人為性に対して、人為性がないことが元の意味です。

為すことが無い。道教の言葉なのでしょうが、仏教が翻訳として取った場合は涅槃の意訳です。涅槃とは、煩悩が混じらない、人間的な心が混じらない、つまり人為性が入らない。自然(じねん)です。そのまま一如といってもいい。それは無為ともいう。現代語で無為というと、退屈で何もしないでブラブラしているという悪い意味になってしまう。無為に時間を過ごすという。有為の方が価値がある。有為の途、これからまだ力があって、為すことがあって、能力があって、ということです。これに対して無為というと、自堕落で何もしないことです。「無為徒食」と悪い意味で使います。

しかし、悪い意味で使われる無為が本当にいいのだというのが道教の立場です。儒教では無為は悪い。何もしないのは一番悪い。永々と努力して、良い社会、良い人間関係、良い国を作るために働くのが善なのです。それに対して道教は、そういうことをすればするほど、人間社会は窮屈になり、人間と人間との関係はぎくしゃくし、上下関係ができて悪い。混沌の方がいいというのが道教の立場です。

仏教はどちらかというと道教に近い言葉を使って無為といいます。しかし、道教のいう意味では人間的努力をしないという意味ですが、仏教でいう場合は涅槃なのです。努力するしないを超えて本来のいのちそのものを自覚する。本来のいのちはブラブラしているという意味でもないし、努力するという意味でもない。仏教の用語としての無為は、煩悩を超えると同時に、人間的分別をも超えて、自由である。本当にいのちそのものを充分に生きるという意味を持っています。

「無為泥洹の道に次し」、ここに「次」という字が書かれています。これは大事なところで、無為泥洹そのものは浄土ではない。無為涅槃を本願力を通して荘厳する。私どもは浄土の教えとして、形をとって、考えても考えても分からない。そういう人間に呼びかけんがために、いったん人間世界の外側にもう一つ本願力の世界を建立する。建立して、それは、実は無為涅槃の道に次《ちか》い。だから、真実証も本願力の回向として、本願力を通して衆生に与えてくる、衆生に用きかけてくる教えの世界です。

『無量寿経』では「次」という字を書いて次し（ちかし）と読んでいます。涅槃そのものではない。涅槃を象徴する。涅槃に触れしめんがために形をとる。形をとって涅槃に導く。これが浄土を荘厳する意味である。人間がもし涅槃を覚ることができるなら浄土はいらない。

しかし、浄土を説かずしては本当に触れることができない人間が浄土の教えを要求してきた。浄土を通して、如来の本願が荘厳する浄土に生まれたい。浄土に生まれたいということは、この世の悪戦苦闘する何十年かのいのちの中で覚ろうとしても覚れない、だからいったん永遠のいのちである浄土が欲しい。浄土に生まれて、仏さまの教えを本当にいただくまで歩み続けようというのが、もともと浄土を要求する意味です。

浄土に生まれるだけで人間の救いなのです。何の意味で救いなのか。仏法を本当に成就できるための時間・空間を浄土として教えられている。その浄土は、どういう意味かというと、無為泥洹の道に次し。これは、第十一願、必至滅度の願のところでお話しましたように、滅度に至らしめるために、浄土を第十二願・第十三願として荘厳してくる。無為泥洹の道そのものなら浄土は必要ない。無為泥洹の道に次しということです。

次に菩薩、天、人という名前が出ているが、皆、実は一類であって、全部同じ形で、全部平等である。「余方」とは浄土に来る前のいのちの姿のときです。そのいのちに声聞であったか、菩薩であったか、天であったか、人であったかによって、浄土のいのちにたまたま名がつけられているだけで、本当は平等である。形が全部同じで、天でもない、人でもない、ではどうなのかというと「みな、自然虚無の身、無極の体を受けたり」、自然であって、虚無である。無極の体である。これは法身ということです。ダルマの身は、肉体、物質的身体ではない。浄土の環境を受用する。つまり本願が荘厳するような形を生活内容にする主体は、肉体ではない。浄土のいのちを生きる主体は法身である。厳密にいえば方便法身です。

教義的にいうと、報身《ほうじん》、本願に酬報《しゅうほう》した身です。阿弥陀如来は報身といわれます。厳密にいいますと、浄土の聖衆は阿弥陀如来の正覚浄華より生まれる。阿弥陀如来の正覚の花より化生する、と教えられています。つまり、阿弥陀の覚りと平等の覚りをいただく。それが浄土の衆生である。阿弥陀如来だけが報身ではない。阿弥陀如来と同じく覚りをいただいた衆生である。浄土の衆生も報身である。

阿弥陀如来は報身で、生まれた衆生は化身であったら、相応しない。法身そのものは無極です。法身なのでしょうが、法身はどういう身かというと、我々の煩悩のいのち、肉体を持ったいのちが場所になって仏法を聞くことができる。仏法を聞く主体、本願力を信じる主体は、肉体が信じるわけでも、煩悩が信じるわけでもない。何が聞くのかというと、聞く心自身が如来の心である。聞く心自身が法蔵願心なのだと親鸞聖人はいわれる。

仏法を本当に聞くことができる心自身が法蔵願心だから、如来の心が如来の教えを聞くことができる。凡夫である煩悩の身で本願の教えを本当に聞くことができる。親鸞聖人が真実証に引用するということは、真実証とは、果の位である。ところが私どもは因の位である。果の位を私どもはそのまま体験するとはいえない。

私どもは因の位に立つ。因の位に立つということは信心に立つ。果の位は証の位、覚の位、それでは信心と果の位とどういう関係かというと、人間からすると永遠に行けない世界。しかし、本願からすると果をそのまま衆生に与えようというために、本願が立ち上がっている。だから因と果とは本願からすれば一体である。つまり、信と証とは一体である。しかし、我々からすると我々はどこまでも因の位に立って果の位には立たない。第十一願と第十八願とは位を異にしている。

親鸞聖人は、『浄土三経往生文類』で、「念仏往生の願因によりて、必至滅度の願果を得るなり」(聖典四六八頁)という。つまり、真実信心によって真実証を得る。願の因果として、選択本願の願因によって必至滅度の願果を得る。これが本願の因果として必然である。

我々は信心を獲れば、真実証は本願の因果として必ず来る。我々が信心に立てば、大涅槃は待たずして来る。しかし、大涅槃を体験するのではない。我々は信心をいただく。大涅槃そのものを我々が体験したら大変です。仏さまになってしまう。我々は仏さまになるわけではない。しかし、本願を信受する。そうすれば大涅槃はもうそこに来ている。そのときに、私どもの身は煩悩の身である。煩悩の身で信心の位である。自然虚無の身、無極の体は何処にあるか。実は煩悩の身でありながら本願を聞くことができる信心自身、その信心自身が、実は虚無の身、無極の体を受ける。

信心の身体は単なる煩悩ではない。煩悩の身体ではない。信じる心自身が持っている身体性。浄土を感じる身体性を虚無の身、無極の体と教える。これは法蔵願心ですから平等です。法蔵願心は本願の教えを聞く方々に平等である。どんなに宿業の形は違っていても、宿業の形の違いで浄土を感覚する違いが生じてくるわけではない。もしそうなら、それは化身土である。真実報土は本願自身が感じる浄土ですから平等です。

眷属功徳で曇鸞大師は、「同一に念仏して別の道なきがゆえに」（聖典二八二頁）と。本願力の行であるから、念仏して往生する。そこは平等である、したがって、覚りも平等である。信心も念仏の信心であるから、賜りたる信心として平等である。したがって覚りも平等である。

宿業の違いによる差別のない世界が如来回向の「教行信証」の世界である。その場合に平等の「教行信証」の教えにあずかって生まれていく浄土の身体、これは平等の身体である。大きかろうと、小さかろうと、寿命が長かろうと、短かろうと、男だろうと女だろうと、どんな時代であろうと、そういう状況を超えて平等である。そういう平等性は虚無の身、無極の体である。抽象的なようですが、大変大事な押さえだろうと思います。

これは「証巻」に押さえている言葉ですが、もう一回「真仏土巻」の結びを見ますと、「往生と言うは、『大経』には「皆受自然虚無之身無極之体」と言えり。已上　『論』には「如来浄華衆正覚華化生」と曰えり。または「同一念仏して無別の道故」（論註）と云えり。已上　また「難思議往生」（法事讃）と云える、これなり」（聖典三二三頁）と、この言葉が出ています。必至滅度の願による真実証は、浄土に生まれる目的である。

浄土に生まれることが目的なのではない。浄土に生まれることは、何のためかというと浄土に生まれれば必ず涅槃に至る。必ず成仏する。仏法であるからには、仏に成ることが目的ですから、成仏することを成り立たせる場所が浄土である。浄土に生まれるときの身体が、自然虚無の身、無極の体である。これが真実報土の主体、真実証の内容でもある。

親鸞聖人は、「証巻」、「真仏土巻」を書かれますが、ふつう人間が考えるように死んでから後の世界として書いておられない。本願の因果として果の世界として書いておられる。本願の果の世界は、直接私どもが体験する世界ではないから、あたかも未来の如く書かれる。しかし、その未来は、死んでから後ということをいっているわけではない。ここが難しい。どこまでも我々は凡夫であって直接覚りを獲るわけではない。本願を信じて念仏する。念仏にもう証が来ている。如来の本願において南無阿弥陀仏の覚りが来ている。これを信じる。信じることにおいて、本願力の必然において証が必ず来る。そこにお預けする。我々は念仏往生の因に立つ。

因に立ちながら、果の世界がもうそこに本願力として来ていることを信じる。果が体験できないで困るということはない。覚りの世界がどんなものか分かりたいという要求が消えてしまう。それが自力が捨てられるということです。果が欲しいと思ったら自力です。果はもういらない、本願力を信じて因に立つことができる。

我々はいかにしても煩悩具足の身である。愚かな罪の深い身であると本当に信受して本願力に帰命する。それ以上にもう一つ覚りが欲しいとはいわない。覚りは本願力によって真実証として必ず約束されている。覚る必要がない。愚かな凡夫でいい。愚かな罪の深い凡夫のままに念仏していこうというところに立てる。死んでも愚かなままであっていい。このままで生きていける。本願力の中に生きていけるというところに、真実証はある。未来的な形をとって教えられているが、現在の中に孕まれている。

どこかで体験してみたい、体験しない限りいえないのではないかという思いがあります。体験したいというのは、覚れないのにもかかわらず覚りたいという自力心です。覚る必要はない。そのために本願力が第十一願を誓い、第二十二願を誓って、お前は念仏を信ずればいいといってくれている。

私は凡夫として生きている。しかし、浄土の全体を本願力はそこに与えてくれている。これを信じる。いつか浄土が来るのではない。浄土の本願力の世界は、本願力の用きを受けるところに来ているわけですから、本願力の力において南無阿弥陀仏の呼びかけを聞いているところで、摂取不捨の利益とは浄土の光に摂取せられてあるということですから、それを感じて生きることで充分である。

煩悩が無くなって浄土に行きたいと思う必要すらないのが信心です。そんなことは、単なる希望ではないか、どこに浄土に往けるという保証があるのだ。これは本願力を信じていないからそういう問いが出る。本願力を信ずれば、本願力の中にあるのですから、本願力が真実報土を建立して、念仏往生の願を誓っているのですから、念仏往生の願の中に念仏すれば浄土が来ると信じるのですから、それは単なる妄念の未来ではない。

浄土の教えを生活を照らし出す鏡としていただいて、本願力、如来二種の回向の用きを信じれば、もう私は煩悩の身に立てるという教えが親鸞聖人の教えです。正定聚の身としてここに罪悪深重の身のままに念仏させていただく。これ以上に何か欲しいわけではない。これでいい。

臨終来迎は、臨終に必ず浄土に往けるかどうかというのは、第十九願の問題です。自力が絡んでいる。お浄土へ早く行きたい。自分で体験してみたい。しかし、どうにも往けない。せめて死ぬときには往きたい。死んだら往けるだろうということを賭けているわけです。だから、親鸞聖人は、平生とか臨終とかいろいろのことを区別する必要がない。念仏するところに、もう浄土がある。「信心の人はその心《しん》すでに常に浄土に居《こ》す」（聖典五九一頁）、いろいろのことを区別する必要はない。浄土に居るのと同じである。これから浄土に往く必要はない。

愚かな凡夫のいのちのままに本願力を生きていけば、もうそこは浄土と等しい。たとえ地獄の釜の底であってもそこに本願力は来ている。それが親鸞聖人の正定聚不退転の信念です。真実証はあたかも抽象的な世界のように書くがそうではない。むしろ、自然虚無の身、無極の体とは私を成り立たせている本当の身体なのです。目に見える肉体的身体が本当の身体ではない。肉体的身体という形をとって本当の身体が生きている。平等の法蔵願心の身体です。こういうものが法蔵願心の教えに響き、念仏の教えによって本当の喜びを得ることができる身体なのではないかと思います。法を喜びとすることができる身体は、虚無の身、無極の体なのでしょう。体は無いけれど、不思議なことにそれが本当の身体になる。何よりもそのことが本当の生きている主体になる。こういうことが聞法主体ということの意味なのではないか。自力聖道門はそれを直接覚ろうとするのですが、我々は直接観ることも覚ることもできない。しかし、本願力を通して感じることができる。本願力を聞くことができるという力は、本願力自身の力である。それが実は自然虚無の身、無極の体です。

## 無量寿仏国の菩薩の功徳

---

**仏、阿難《あなん》に告《つ》げたまわく、「たとえば世間に貧窮《びんぐ》乞人《こつにん》の、帝王《ていおう》の辺《へん》にあらんがごとし。形貌《ぎょうみょう》容状《ようじょう》、むしろ類《るい》すべけんや。」阿難《あなん》、仏に白《もう》さく、「たといこの人、帝王の辺《へん》にあらんに、羸陋《るいる》醜悪《しゅうあく》にして、もって喩《たと》えとすることなけん。百千万億不可計倍《ふかけばい》ならん。然《しか》る所以《ゆえ》は、貧窮《びんぐ》乞人《こつにん》は底極廝下《ていごくしげ》にして、衣《ころも》、形《かたち》を蔽《かく》さず。食《じき》、趣《わずか》に命《いのち》を支《ささ》う。飢寒困苦《けかんこんく》して、人理《にんり》殆《ほとほ》と尽《つ》きなんとす。みな、前世に徳本を植えず、財《たから》を積《つ》**

---

みて施《ほどこ》さず、有《あ》るに富みて益《ますま》す慳《おし》み、但《ただ》、唐《いたず》らに得んと欲《おも》うて貪求《とんぐ》して厭《いと》うことなし、肯《あえ》て善を修せず、悪を犯《おか》すこと山のごとく積もるに坐《ざ》してなり。かくのごとくして寿《いのち》終え、財宝消散して、身を苦しましめて聚積《じゅしゃく》して、これがために憂悩《うのう》すれども己《おのれ》において益《やく》なし。徒《いたず》らに他の有《う》と為《な》る。善として怙《たの》むべきなし。徳として恃《たの》むべきなし。このゆえに死して悪趣《あくしゅ》に堕《だ》して、この長苦《じょうく》を受く。罪畢《おわ》りて出《い》ずることを得て、生まれて下賤《げせん》と為《な》りて愚鄙《ぐひ》斯極《しごく》にして、人類《にんるい》に示同《じどう》す。世間に帝王の、人中に独尊《どくそん》なる所以《ゆえ》は、みな宿世に徳を積《つ》めるによりて致《いた》すところなり。慈恵《じえ》博《ひろ》く施《ほどこ》し、仁愛兼《にんあいか》ねて済《すく》う。信を履《ふ》み善を修して、違諍《いじょう》するところなし。ここをもって寿終《いのちお》え、福《ふく》応じて善道に昇ることを得《え》、天上に上生《じょうしょう》してこの福楽《ふくらく》を享《う》く。積善《しゃくぜん》の余慶《よけい》に、今、人と為《な》ることを得たり。たまたま王家に生まれて、自然《じねん》に尊貴《そんき》なり。儀容端正《ぎようたんじょう》にして衆の敬事《きょうじ》するところなり。妙衣珍膳《みょうえちんぜん》、心に随《したが》いて服御《ふくご》す。宿福《しゅくふく》の追うところなるがゆえに能《よ》くこれを致《いた》す。」

仏《ぶつ》、阿難《あなん》に告《つ》げたまわく、「汝《なんじ》が言《ことば》、是《ぜ》なり。計《はか》りみるに、帝王《ていおう》のごとき、人中の尊貴《そんき》にして形色端正《ぎょうしきたんじょう》なりといえども、これを転輪聖王《てんりんじょうおう》に比《なら》ぶるに甚《はなは》だ鄙陋《ひる》なりとす。猶《なお》しかの乞人《こつにん》の帝王《ていおう》の辺《ほとり》にあるがごとくなり。転輪聖王《てんりんじょうおう》、威相殊妙《いそうしゅみょう》にして天下《てんげ》に第一なれども、これを忉利《とうり》天王に比《なら》ぶるに、また醜悪《しゅうあく》にして相喩《あいたと》うることを得ざること万億倍なり。たとい天帝《てんてい》を第六天王に比《なら》ぶるに、百千億倍相類《あいるい》せざるなり。たとい第六天王を無量寿仏国《むりょうじゅぶっこく》の菩薩《ぼさつ》・声聞《しょうもん》に比《なら》ぶるに、光顔容色相及《こうげんようしきあいお》逮《よ》ばざること百千万億不可計倍《ふかけばい》なり。」（聖典四〇～四一頁・註釈版三七～三九頁）

次の段に移ります。「仏、阿難に告げたまわく、「たとえば世間に貧窮乞人の、帝王の辺にあらんがごとし。形貌容状、むしろ類すべけんや。」阿難、仏に白さく、「たといこの人、帝王の辺にあらんに、羸陋《るいる》醜悪《しゅうあく》にして、もって喩えとすることなけん。百千万億不可計倍ならん」（聖典四〇頁）、世間で貧乏して物乞いをする人が、帝王（国王）の辺にいるようなものだ。それを比べられるか。もしそういう人が帝王の辺にいるなら、比較するときに、羸は弱い、陋は劣る、醜悪は醜く嫌悪される姿である。それは比較することはできない。

「然る所以は、貧窮乞人は底極廝下《ていごくしげ》にして、衣、形を蔽《かく》さず。食、趣《わずか》に命を支う。飢寒困苦《けかんこんく》して、人理殆《ほとほ》と尽きなんとす。みな、前世に徳本を植えず、財《たから》を積みて施さず。有るに富みて益《ますま》す慳《おし》み、但《ただ》、唐《いたず》らに得んと欲うて貪求して厭うことなし、肯《あえ》て善を修せず、悪を犯すこと山のごとく積もるに坐してなり」（聖典四〇頁）、飢えて寒くして困って苦しむ。人として生きているとは思えない。それは皆、前世に徳の本を植えなかった。「財を積みて施さず、有るに富みて益す慳み、但、唐らに得んと欲うて貪求して厭うことなし」、この言葉を聞くと、現代の日本人は皆こういうものだと思います。施す心がほとんど教えられない。有る人ほどますます惜しむ。これもよく言い当てています。無ければ惜しむこともできないが、有るものだから、ますますそれに執着する。有ればますます欲する。

下巻の三毒五悪段では、徹底してこのことを教えられるのですが、ここはその序章です。「肯《あえ》て善を修せず、悪を犯すこと山のごとくに積もるに坐してなり」、この「坐して」は「つみしてなり」と読む場合もありますが、「よってなり」と読むこともある。理由の由という字と共通する意味です。悪い因縁、人間にとって悪い状況を与えてくる理由を表す場合の「坐」という字を書きます。

「かくのごとくして寿《いのち》終え、財宝消散して、身を苦しましめて聚積して、これがために憂悩すれども己《おのれ》において益《やく》なし。徒らに他の有と為る」（聖典四〇頁）、財宝が消えていくために憂い悩む。自分の物と思っていたのが皆、人の有となる。たくさん持った人ほど、自分のいのちが終わったときには、皆、人の物になって、死んでも死にきれない。持っていなければ死んだって心配はないが、たくさん持ったがために死んだらどうなるだろうと。比喩的にいうのですが、死んでからもしこの世を見ていたら、自分の持っていた物が、皆、散り去っていく。いまさら憂いてみても悩んでみても何の役にも立たない。

「善として怙《たの》むべきなし。徳として恃《たの》むべきなし。このゆえに死して悪趣に堕して、この長苦《じょうく》を受く。罪畢《おわ》りて出ずることを得て、生まれて下賤と為りて愚鄙廝極《ぐひしごく》にして、人類に示同す。世間に帝王の、人中に独尊なる所以は、みな宿世に徳を積めるによりて致すところなり」（聖典四〇頁）、貧乏な状況に生が与えられるということは、前の世に罪のいのちがあって、今度はたまたま人間に生まれても下賤になる。世間に帝王があるのは、そのときだけ帝王になったのではない。宿世に徳を積んであったのだ。「慈恵博く施し、仁愛《にんあい》兼ねて済う。信を履《ふ》み善を修して、違諍するところなし。ここをもって寿《いのち》終え、福応じて善道に昇ることを得、天上に上生してこの福楽を享《う》く。積善の余慶に、今、人と為ることを得たり」（聖典四〇頁～四一頁）、前に積んだ善の余った慶びによっていま、人となることを得た。

「たまたま王家に生まれて、自然に尊貴なり。儀容端正にして衆の敬事するところなり。妙衣珍膳、心に随《したが》いて服御す。宿福の追うところなるがゆえに能くこれを致す」（聖典四一頁）。この一段、人間には必ず前世があって、前世の行為、善悪の行為が後を引いて次のいのちに、悪業の結果なら下賤に、善業の結果ならいい位になると呼びかける。これは人間の因果を前世を通して、非常に倫理的に呼びかける。

この一段をこの一段だけで捉えると、現にいまあるいのちを、自分が何故自分かというときに、前のいのちが悪いからだとか、いいからだという諦めになる。宿業とか宿善という言葉をそう受けとった場合には、実体的にいまあるいのちの前のいのちを、いまあるいのちを説明する理由に考える。それは大変な問題です。現実を肯定する悪い意味で使われると、大変問題の多い文章になる。

いま、例えば悪い状態なら、前のいのちのときに悪いことをしたからだという決めつけの言葉になる。いま、これだけいいのは前のいのちのときに善いことをしたからだといって、ふんぞりかえる。そういう言葉になると、この一段は大変問題が多い。ところが、この一段をこのように説いてくる意味は、単に倫理的に善いことをしなさいということをいうためではない。経典には文脈があります。それは教えを呼びかけるために、一つの表現をとって、その奥にある本当の真理を呼びかける。

いま、ここでは、貧しい人と帝王という世間にある二つの形を喩えにして、いま、そうなっているのは背景があるからだとこの文章が出ている。しかし、いまある二つの形を肯定するためにこの文章があるのではない。何をいわんがためにこれを出したかというと、前の段の、「みな、自然虚無の身、無極の体を受けたり」という平等に衆生が無極の体なのだということをいわんがために喩えを出してきている。一方は本当に人間としてさえ生きられない貧しい生き方、他方は贅沢三昧であるような帝王の位、この二つのいのちは、比べれば、不可計倍、計ることができないほどの差がある。同じいのちに生まれながら、一方は人間として生きられないような貧しさ、他方は思う存分したいほうだい。同じ一生を生きるについて、比べれば無限大だ。

ところがそういっておいて、次の一段では、「仏、阿難に告げたまわく、「汝が言《ことば》、是なり。計りみるに、帝王のごとき、人中の尊貴にして形色端正なりといえども」（聖典四一頁）、という。よく考えてみれば、帝王は人の中では尊貴であり、形、色がすばらしい。「これを転輪聖王に比《なら》ぶるに甚だ鄙陋《ひる》なりとす。」（聖典四一頁）、人天ですから、人間より天上の方が位が高い、優れている。神通力の世界の王さまが転輪聖王、転輪聖王の前にはこの人間としてどんなに優れた王さまであってもかなわない。これがインドの世界観です。その転輪聖王に比べれば、「猶しかの乞人の帝王の辺にあるがごとくなり」（聖典四一頁）、どんなに立派な帝王であっても転輪聖王の前に立ったらとてもそれは比較にならない。

「転輪聖王、威相殊妙にして天下に第一なれども、これを忉利天王に比ぶるに、また醜悪にして相喩うることを得ざること万億倍なり」（聖典四一頁）、比べていけば、上には上がある。「たとい天帝を第六天王に比ぶるに、百千億倍相類せざるなり」（聖典四一頁）。乞人の上に帝王あり、帝王の上に転輪聖王あり、その上に忉利天王あり、その上に第六天王がある。しかし、「たとい第六天王を無量寿仏国の菩薩・声聞に比ぶるに、光顔容色相及《あいおよ》ばざること百千万億不可計倍なり」（聖典四一頁）、菩薩・声聞はそう名づけるが、平等の存在です。比喩は、このことをいわんがためなのです。

この世の比較は一応の比較である。それは比べることができないものを表さんがためである。宿業の催すところでそういういのちに生まれた。しかし、それは、浄土の存在に比べれば、不可計倍の差をもって比べるしかない。この比較の積み重ねを通して、無量寿仏国の菩薩の功徳、意味を表してくる。

## 宿善と無宿善

ここに出てくる宿善・宿業・宿福とか、過去に積んだ福という意味は、一応の人間が善しとし、人間が功徳とする善根を積んだことをもって宿善とする考え方です。何かそこに積んだ功徳が実体化されるものがある。宿善については、第十九願では、発菩提心、修諸功徳という言葉があります。第二十願では植諸徳本という。善や徳を積んで、その積んだ功徳で如来の世界に行こうとする。人間の善悪の行為の中の善い行為を選んで、それをもって人間の本来の課題である大涅槃の課題への条件にしようとする考え方です。

その場合の宿善という領解は、人間が分かる形としての善根功徳、それは人によって行為の形が違い、積み上げる功徳の量が違い、そして与えられた環境がまた違ってくる。功徳というけれども、おのが功徳、おのれが善根を積み重ねて、おのれが良き国に行くという発想になって、本当に虚無の身・無極の体に行くことができない。むしろ、自分の愛着をますます増すような発想として、善根というものが理解されてくる。そういう発想がふつう考える善根とか宿業ということにくっついている。

蓮如上人が『御文』の中で、宿善・無宿善ということをいわれる。宿善・無宿善をいうのは、特に掟《おきて》のことをいわれる場合に、「無宿善の機」に対してやたらに説教してはならないという言い方をなさる。その場合の「宿善」が、前の世で実体的に何か良いことをした、与えられた状況の中で良い行為を積んできたと領解されるなら、これは本当の仏法の領解から離れることになる。

南無阿弥陀仏の功徳を説明するために、宿善をいう場合がある。道綽禅師が『安楽集』で、南無阿弥陀仏は功徳があるというために、南無阿弥陀仏をいっぺん称えても往生するという場合に、何故いっぺんで往けるか、いっぺんぐらいでは往けるはずがないではないかという問いに対して、道綽禅師は、いっぺん称えるということはただいっぺんだけではない。あたかも氷山の一角のように、いっぺん念仏が出るためには宿善がある。宿善の量には計り知れないものがあるという宿善の解き方をする。宿善が実際に過去に良いことをしたからだということは、いまの文章と同じ領解になる。

「無宿善の機」には説くなという場合に、もし過去に善いことをしていない人間に説くなという言い方だとすると、過去に善いことをしているかいないかを何処で判断するか、ということになる。現在の状況を見て過去の宿善・無宿善を決定するということをやりかねない。

ところが蓮如上人がいわれるのはそういう意味ではない。宿善開発という言葉を使って、宿善とは開かれるもの、問題意識が熟してこないときには、宗教問題をいくら説得しようとしても、「猫に小判」ということがある。意味が分からない状況のところに、いくら説得しようとしてもかえって反感を買うだけだ。

開発があるということは、宿善というものが現在見えていないということです。見える形というのは、本当に聞法関心が生じたところに宿善があったということがはっきりする。宿善というのは、過去に倫理的な善根を積んだという意味ではない。前のいのちのときに善いことをしたと、一般に流転輪廻を信じている中で伝えられる。宿善はそういう意味です。ところが仏教用語でそれを取り込んだ場合には、いま本当に目が覚める、その背景には、無限の菩提心の流転があったというのが、親鸞聖人の領解です。自力聖道の菩提心が曠劫の昔から歩み続けてきていた。それと同時に法蔵願心が歩み続けていた。それが善根という意味なのです。

本当の善根は、法蔵願心の積み重ねてきた兆載永劫の修行をもって善根とする。それが開発して初めて本当に信心が開ける。信心の因になる宿善とは、倫理的善根ではない。質が違う。菩提心が善根なのです。菩提心の善根が倫理的行為として表現されてくると、本当に罪悪深重の衆生は救からないということになる。

ところが罪悪深重の衆生でも救かるということがいえるのは、本当の意味の宿善は、本当に仏法に触れることのできる原因、本当の宗教的要求が、表には出ないけれども歩んでいた。そういうものがいま現れた。いま現れてみれば、それは歩んできた。突然、目が覚めたわけではない。寝ているようだが、寝ている中に歩んでくるものがあったという意味で、蓮如上人は宿善開発ということをいわれる。

無宿善とは、現にいま、宿善が開発していない。一闡提だから絶対成仏しないといっているのではない。たとえ一闡提であっても、本願の機であるというのが親鸞聖人の教えですから、決して無宿善の機が救われない存在だというのではない。蓮如上人の言葉は誤解が多い。私どもはつい誤解する。前の世に善いことをしていない者はいま仏法に背いているという意味で使うと、仏法の用語を、流転的に理解することになる。前のいのちと後のいのちとを考えるのは、流転のいのちです。

仏法のいのちは流転のいのちを超えたいのちです。宿善という言葉が仏法の用語として本当に使われるためには、いったん迷いのいのちの領解を押さえて、それを超えて比較を絶するものに触れる。浄土の菩薩は、この世の比較相対のいのちに比較できない功徳を与えられる。その善根は何処にあるかというと、とても人間として積んだ功徳で遇えるはずがない。人間として何回か生まれ変わって積んだような功徳で、比較を絶するような功徳になるはずがない。帝王ぐらいにはひょっとしたらなれるかもしれないが、帝王など無量寿仏国の存在に比較すれば、貧弱なものだ。そういう善根は何処から来るか。これは法蔵願心から来る。そういうことを表すために、あたかも人間の相対を肯定するような文章が出ている。

『無量寿経』の下巻に来ますと、この問題がさらに何十倍増幅して語られてきます。これが悪い意味で江戸時代に利用されて、現世の差別を肯定する論理に使われた。仏法の本当の平等性こそはっきりさせるべきであるものが、逆に世間の権力、世間の形式に妥協する形になってしまう。仏法の本来性が踏み付けられることになるのではないかと思います。

言葉として語ろうとすると、どうしても人間の世にある考え方を使って語らざるを得ない。しかし、それを破らなければいけない。破ろうとして語るのだが、語るところに執着されると、まったく間違って理解される。一面、相対的な差別がなぜ生じてくるのか分からない。例えば、ある人は非常に恵まれた体力や健康や能力がある、他方、本当に体が弱く、能力もなく、時には機根が不自由であるいのちしか与えられない人もある。与えられたいのちがどうしてそうなのかは、分からない。科学では説明がつかない。

例えば親が酒飲みだったからとか、親が酒を飲まなかったらよかったといってみても、親の酒飲みは直らない。説明したからといって解決のつかないいのちが与えられている。そのまま諦めろというのではない。どんな意味であってもそれを超えた意味を開く場所がある。相対の中で平等にといっても、ある意味で相対の中ではどうにもならない場所がある。差別差異にはどうにもならないところがある。

ある人間は男に生まれ、ある人間は女に生まれ、ある人間には能力が与えられ、ある人間には能力がなかったりと、いろいろの状況がある。そういうものが何でも平等だというわけにはいかない。しかし、どれだけ違いがあっても畢竟平等の存在の本当の尊さにおける本来の平等が与えられる場所がある。これがないなら比較をしていけばきりがない。どれだけ上等であってもさらに上等がある。それを超えるものに触れなければ結局、本当の人間の意味は見い出せない。

人間には煩悩の比較心がありますから、自分のある位置を他者との比較の上で諦めている。比較の上で諦めているということは、上に対しては劣等感、下に対しては優越感、そういうコンプレックスという形でしか生きられない。それは非常に貧弱ないのちです。存在の各々が持っている本当の大切な平等の意味をまったく見ることができず、ただ比較してコンプレックスでしか生きられない。これを仏教は煩悩と押さえている。

人間は比較しか分からないから、比較を通して比較できないほど、百千万億倍だと呼びかけている。その出遇った世界は、畢竟平等である。そういうものに本当に触れる。これが本願力に触れるということなのでしょう。

この人間としてたまたま宿福だといって威張れるようなことがあっても、よく尋ねれば、たいしたことがない。我々が宿福として感じるものはほんの小さなものです。

短いいのちの中に少し比較心が満足したり、コンプレックスに悩んだりする。そういうことの全体が、本当の大きな世界から見れば、ほとんど無意味だ。無意味なところに執着して我々は苦しんでいる。本願の教えに触れることによって与えられるのは、そこを本当に切り開く眼ではないかと思います。本願を忘れて、人間の世界で平等になろう、人間の相対の中で相対を止めようといくらやってみても、やはりどこかで嘘なのです。

聖道門仏教は、本当は、覚りをこの世で開くことが課題なのでしょうが、いったん人間の中に出てきて言葉を吐くときにどういう言い方をするかというと、善いことをしなさい、きっといい結果がありますということをいう。例えば、「積善の余慶」という字を揮毫する。善をなせば必ず福が来るということを書く。この世での私どもも凡夫が執着して止まないものを認めて、それを勧めることを平気でする。

本当の仏法は、そういうものを求めて止まない人間に、それを超えた世界に目を覚まさなければ救からないということをいわなければならないのですが、なかなかそこまで行けないから、その辺で頑張ってくれということを書いています。しかも、書いてもらった方も喜ぶ。そういうところが仏法を本当に語ることの難しさです。

宿善が開かれることを待っていても開かれないから、何か呼びかけていかなければならない。そのときに倫理的に呼びかけて済ます。例えば「諸悪莫作　衆善奉行」という有名な言葉などです。善を勧めなさい、善を勧める目的はこの世で幸福になるためだということになる。涅槃を求めるためにとはいわない。聖道門仏教が何処かで妥協しているのではないかと思います。

この一段は、ここだけ取り出してきたら、大変問題だと思います。しかし文章にしろ、言葉にしろ、それだけ取り出されたら、その言葉を出す無意識的な自覚ということまでいわれたら、否定できない面もあるのかもしれませんが、文章には文脈があって、文脈の中で何がいいたいかということがあるわけですから、その言葉だけが取り出されて違う機能を持つということは、本当はあまりいいことではない。

しかし、人を苦しめたり、人を傷つけたりする言葉がありますから、確かにそういう言葉はできるだけ避けた方がいいのが現代の常識でしょうが、文脈として読んでいかなければならないものまで潰されると、筆を折らなければならない、表現ができなくなる。ここの一段は比較心を前提にした文章ですから、比較心を前提にしながらそれを比較して、実は比較を絶した世界を表してくるところに主題がある一段です。それにつられて比較することを是とすることになってはいけないわけです。

親鸞聖人は、真実証の内容として、仏国土の声聞・菩薩・天人について、「自然虚無の身、無極の体を受けたり」（聖典三九頁）、という文を引かれる。この文に続く経文の意味は、このことを明らかにすべく、この世にある差異、ふつうには男女、老少、善悪、貧富、貴賤というように相対しますが、それを貧しい人と帝王との差をとり、さらに転輪聖王、無量寿国の菩薩といった比較を絶した比較を通して、この世の形の上の違いを突破して本当の平等を成り立たせるような、浄土の証、真実証の意味を表そうとしている。

比較をしていけば無数の比較があって、比較に比較を重ねて、その比較の一番上に、「無上上は真解脱」という『涅槃経』の言葉がありますが、上のない上という形まで行くと本当の解放ということが出てくる。そういうことを表そうとしているのが、この段（聖典四〇～四一頁）です。

私どもは相対の世界に埋もれておりますので相対のことが気になって、少しの違い、区別、差別が何より気になって、コンプレックス、優越感にさいなまれるのですが、本願の因果において、本願の果の世界に触れるということは、虚無の身、無極の体である。そういうものに触れるものが、浄土の真実証である。それを与えようとするものが、「必至滅度の願」の内容であることを語ろうとしているのではないかと思います。

## シジフォスの神話

**仏《ぶつ》、阿難《あなん》に告《つ》げたまわく、「無量寿国《むりょうじゅこく》のそのもろもろの天人、衣服《えぶく》・飲食《おんじき》・華香《けこう》・瓔珞《ようらく》・繒蓋《ぞうがい》・幢幡《どうばん》・微妙《みみょう》の音声《おんじょう》・所居《しょご》の舎宅《しゃたく》・宮殿《くでん》・楼閣《ろうかく》、その形色《ぎょうしき》に称《かな》う。高下《こうげ》大小なり。あるいは一宝・二宝、乃至《ないし》、無量の衆宝《しゅぼう》、意《こころ》の所欲に随《したが》いて、念に応じてすなわち至る。また衆宝《しゅぼう》の妙衣《みょうえ》をもって、遍《あまね》くその地に布《し》けり。一切の天人これを践《ふ》みて行く。無量の宝網《もうもう》、仏土に弥覆《みふ》せり。みな金縷《こんる》・真珠《しんじゅ》・百千の雑宝《ざっぽう》、奇妙珍《ちん》異《い》なるをもって荘厳《しょうごん》し交飾《きょうじき》せり。四面に周帀《しゅうそう》して垂《た》るるに宝鈴《ほうりょう》をもってす。光色晃耀《こうしきこうよう》にして、尽極厳《じんごくごん》麗《れい》にして、自然《じねん》の徳風、徐《ようや》く起こりて微動《みどう》す。その風調和《かぜじょうわ》にして、寒からず暑からず。温涼柔軟《おんりょうにゅうなん》にして遅《おそ》からず疾《と》からず。もろもろの羅網《らもう》およびもろもろの宝樹を吹くに、無量微妙《みみょう》の法音を演発《えんぽつ》し、万種温雅《まんじゅおんげ》の徳香《とっこう》を流布《るふ》。それ聞《か》ぐことあれば、塵労垢習《じんろうくしゅう》、自然《じねん》に起こらず、風その身に触るるに、みな快楽《けらくう》を得。たとえば比丘《びく》の滅尽三昧《めつじんさんまい》を得るがごとし。**（聖典四一～四二頁・註釈版三九～四〇頁）

「仏、阿難に告げたまわく、「無量寿国のそのもろもろの天人、衣服・飲食・華香・瓔珞・繒蓋・幢幡・微妙の音声・所居《しょご》の舎宅・宮殿・楼閣、その形色に称《かな》う。高下《こうげ》大小なり」（聖典四一～四二頁）、この一段は、安養浄土の天人を取り巻く生活内容の全部を挙げています。本願を見ますと、第三十八願、第三十九願、あるいは第四十願を通して、浄土の人天の生活、国中人天の生活内容が、念に応じて、願に応じて、欲に応じて自由自在になることが誓われている。それを受けてくる成就の文であります。

「あるいは一宝・二宝、乃至、無量の衆宝、意《こころ》の所欲に随《したが》いて、念に応じてすなわち至る」（聖典四二頁）、本願の願心が酬報した世界に触れるところに、虚無の身・無極の体をいただくということですが、その虚無の身・無極の体が生活するというときに、「念に応じてすなわち至る」のこの念は、もちろん、煩悩の念ではない。浄土の生活をしようとする意欲、菩提心の生活といってもいいわけですが、第二十二願に表されているように、供養諸仏の願い、開化衆生の願いに纏められる。

存在の本当の意味を明らかにし、解放しようとする意欲です。私ども凡夫の意欲は、閉鎖された、根源的に無明の、我執を起こしている、唯識の言葉でいえば、阿頼耶識を末那識が執着しているような形でしか私どもの意欲は起こらない。その場合の意欲は、欲界、少しきれいになっても、色界、無色界。三界と表現される状態を流転する。そういう生活を私どもは生活と感じておりますが、浄土の生活として教えられてくるものは、本願に触れて本願を翼賛する。

『浄土論』の二十九種荘厳の菩薩功徳のところに出てきますが、充分にいのちを解放する在り方として浄土の生活が開かれるなら、「意の所欲に随いて、念に応じてすなわち至る」と。これは人間の欲望が満たされることとはまったく逆であって、人間の我執の欲によってお互いにいのちを擦り減らしたり、お互いに窮屈な思いをしたり、お互いに心が通じ合わない閉鎖的な生活をしている。そういうことが本当に破られたときに、法蔵願心が呼応するような浄土の空間に触れる。そのときに、菩薩の生活意欲は、完全に生活物資が満たされると浄土の荘厳が語ってきている。

私どもの心の所欲は、際限がないし、何が本当に欲しいのかもよく分からない。あれが欲しい、これが欲しいといって貯め込んでいてもたいして役に立たないし、しまい込んで忘れるようなものです。あるべきいのちを本当に感謝して、充分に意味を発揮させて、存在を本当の意味で生かすのではなく、むしろ存在を殺したり、いのちを疎外し存在の意味を覆って隠して生きるような問題を、仏法は、この世は穢土だと押さえるわけです。

私どもが現に生きている穢土の在り方の罪、あるいは、暗闇を照らし出して、本来の本当の明るい、解放された世界を呼びかけて、その世界を語る。そのときその世界は、「意の所欲に随いて、念に応じてすなわち至る」と語りかけてくる。非常に象徴的な語り方ですが、私どもの不純粋な意欲に対して、純粋な方向性を語りかけてくるという意味を持っている。

着る物・食べる物・花や香り・飾り・繒蓋《ぞうがい》・幢幡というのは家の飾りです。それから声・住む家・宮殿・楼閣、この世の生活、私どもがそこに住んでいる周りの形、環境一切を浄土の荘厳として語って、思うがままに与えられると呼びかけるわけです。

「また衆宝の妙衣をもって、遍くその地に布けり。一切の天人これを践みて行く。無量の宝網、仏土に弥覆せり。みな金縷・真珠・百千の雑宝、奇妙珍異なるをもって荘厳し交飾せり」(聖典四二頁)、宝で敷かれているように荘厳する。「四面に周帀して垂るるに宝鈴をもってす。光色晃耀にして、尽極厳麗にして」(聖典四二頁)、そこで科文が変わる。「自然の徳風、徐《ようや》く起こりて微動す」(聖典四二頁)、ここには風が出てくる。環境世界の中に風が吹いてくる。「その風調和にして、寒からず暑からず。温涼柔軟にして遅からず疾《と》からず。もろもろの羅網およびもろもろの宝樹を吹くに、無量微妙の法音を演発し、万種温雅の徳香を流布す」(聖典四二頁)、浄土の生活の形の中に風が吹いてくる。その風は、静かに起こって、かすかに動かす。それは、寒くもなく暑くもない。

温涼柔軟にして遅からず疾からず。この世でいえば、本当に心地よい環境。その環境から法の音を出して、そして徳の香りを流布する。

「それ聞《か》ぐことあれば、塵労垢習《じんろうくしゅう》、自然に起こらず」（聖典四二頁）、浄土の風を聞くと書いてあります。香りを聞くといっています。聞くといっても耳で聞くという意味ではなく、風が吹いている功徳の意味を聞くという意味です。「塵労垢習」、塵と垢とは、ちりとあかです。煩悩を表しています。労は心を使って仕事をするという意味です。客塵煩悩という言い方もありますが、塵労とは諸々のたくさんの心を思わせ、身を思わせる。そういう形で働く。

労働の労という字は、ヨーロッパの「働く」（アルバイト、ワーク）という概念を漢語に当てる場合にこの労という字を当てる。労という字は労多くして功少なしとか、苦労の労、苦しんで働く、心や身を痛めて思わせて生きるニュアンスがある。

どうして労の字を「働く」ということに当てたのか。働くというのは、人間が動くと書いて「はたらく」という字にしていますが、人間が動くというのは文字通りで、そこに嫌なニュアンスはあまりないのですが、その上に労という字を乗せて労働というと、嫌々動く、あまり動きたくないのに動かされるというニュアンスが付いてくる。労働というのは、なんとなく好きでやるものではない。ヨーロッパのワークとかアルバイトにも、そういうニュアンスが付いてくる。

働くということは、資本主義社会以前の場合だと、領主と領民という関係で、日本でいえば、律令時代の租庸調という意味で使われる。使役される、働くことで税金を納めるという形で、働かされるというニュアンスがある。自ら好んで自分のいのちを動かしていくという喜びがない。そういうニュアンスを持っている字だろうと思います。資本主義になってからももちろんのこと、お金を得るために自らを労働力として、自分の能力をお金に変えるために売るわけです。

自分の持っている能力と時間とを売って、その分でサラリーを貰って生活をする。ですから働くといっても働きが問題です。作用の「用」を仏教の場合は、「はたらく」と読み、作用するという。その場合は人間の動のように単に動くというだけではない。患うという、「患」という字を書いた場合は病気という意味ですが、心を患わせるという意味もある。煩悩の「煩」も煩《わずら》うと読みます。患《わずら》うというのは、引っ掛かりを持っていのちがすんなりといかない。塵労というのは、生きることの中に、自分のいのちを自分で本当に喜んで、川が流れるようにいのちが流れないで、引っ掛かり引っ掛かりして、なにか他人によって使われているような感覚、そういう現実を表すのではないかと思います。

私どもがこの世に生きているということが、どうも自分で生きていながら自分になれないというのは、自分の身がこの世で生きているというときに、必ず人間関係の中で自分が何かの意味を持って、そのおかげで生かされる。何もしないということはない。存在するということは何かの意味で交互に作用を持っている。たとえ自ら体が動かないで寝ている病人であっても、寝ていることにおいて、医師がかかわり、看護師さんがかかわり、病院が成り立つということで、病人がそこにいるということは意味を持って用いている。病人がいなければ医者もいないし、看護師もないわけですから。

自らの意志があるかないかではなく、存在するということは必ずそこに意味が用いている。そういう用きが存在してある。そこに人間は、あるがままに在るのではなくて煩うという作用を持つ。また、人を煩わせるということもある。そこに生きていながら本当に自分が自分になれない、お互いに、煩わし煩わされてしか生きられないという現実がある。

有限の身を持って生きていながら、その有限の身に対して充分にいのちとして、いのちが本当に自ら発る、菩提心が発るように、本当に発るということがなかなかできない。例えば、画家が本当に絵を描きたいと思っていても、自分の好きな絵を描いていると食えない。人の注文を受けて嫌々描く。

安田先生は、「画家も人間だから腹が減る。食べなければならないから、絵の交渉は玄関でする。ところがそれを受けてアトリエに入って描きだしたら、注文のことなど考えていたら絵は描けない。本当に描きだして、画家が画家になったときは三昧だ」と面白いことをいっておられました。

画家の場合は、アトリエの空間に入って画家になって、筆が描くのか絵具が描くのかというところまで行くと、おそらく注文主の顔など思い浮かべてないわけです。描きたいように描くというようにならないと本当の絵は描けない。音楽でも、何かの曲を弾いているという意識があるうちは曲になっていない。訓練に訓練を重ねて、おのずから演奏する。本当にいのちが動いてきたときは、煩いという字が消えるのです。

これらは一つの比喩ですが、この世では理想的な形でそれに近いことはあっても、本当は、この「労」ということは消えることはない。これを本当に突破できたらどれだけか自由なのでしょうが、どうしてもそこに煩いが残る。どんな仕事をしていても、そういうものは何処かに出てくる。それを乗り越えて本当に動くようになるのは容易ではない。その煩いを塵労という。

「垢習」は、習の字は習うという意味で「習慣」とも使われるわけですが、仏教用語には「熏習」という言葉があります。香りが付く、煩いのような形で私の三業が動く。行為には必ず何か何処かに煩いを感じている。煩いを感じているということは、いのちが本当に自由な、本当に喜びの感情を持って、本当に燃焼するのではなく、何処かに燻《くすぶ》ったような、使われているような思いを抱いている。何のためにやっているのかという疑問や、本当はこんなことはやりたくないという思いを持ってしか、身や心が動かない。煩悩のいのちを「労」とすれば、それが習う。習い性となる。煩悩のいのちが積み重ねられて、うっとおしい顔がますますうっとおしくなる。

曽我先生が面白いことをいっておられます。「歳をとって横に皺がよるのは、歳をとった証拠でしょうがない。ところが人間は縦に皺がよる。本当に生きていないから縦に皺がよってしまうのだ」というのです。眉間に縦に皺がよる。老いも若きも、男も女も問わず、何処かに我が身に執われながら、我が身が本当に自由にならないともがいておりますから、根源的には与えられたいのち、与えられた身体、与えられた環境、これを包んで宿業というなら、宿業を自分が本当に引受けたくないものですから、何処かでそれから逃れたい、こんなはずではないという思いを持ってしか生きられない。そういう煩いはなかなかやっかいだと思います。

マルクスは、資本主義社会は労働力を売ってしか生きられない、この構造が人間を本当の人間から疎外する。自分の本来のいのちから異邦人のように外へはみ出させる。そういう資本主義社会が悪いのは、労働者階級と資本を握っている階級が分かれるからだ。だから、労働者自身が資本を持って動かせばアルバイトで苦しむことはなくなるはずだ。理論的にそういうことを立てて、社会主義を実践していけば、最終的には、原始共産社会、自由で平等な世界ができるはずだという。

この社会体制が直れば人間存在は解放されるという議論は非常に説得力があったわけですが、なるほど体制が人間を疎外するという面が確かにあるでしょうが、もっと根本的にいえば、人間が生きるというところに常に自己から疎外されている自己の在り方がある。それが凡夫なのです。凡夫は、何処か自分を生きているつもりで自分を疎外して生きている。人から邪魔されるというが、人が取り替わったら自由になるかというと、どう取り替えてみても、人との対応において何処かで使い使われている関係しかとれない。

本当に主体的にかかわって、いつでもそうなれるかというと、ならせないものが自分の内にある。関係概念だけで自由になれるというのではなく、存在の本来の在り方において、一人ひとりがそういうものを持っている。これを唯識では末那識と押さえた。末那識が付いている限りにおいて阿頼耶識は解放されない。これは人間と人間の関係で、あいつが悪いから自分が苦しむのだという関係の場合もあるでしょうが、それがなくなっても本当に自由になれない。そういう人間の存在構造を見ないで社会的解釈だけを夢見たところに、やはり限界があるのではないかと思います。

「労」ということ。それは、たとえ資本家階級がなくなろうと、国王がいなくなろうと、自由に主体的にお互いにいい関係が成り立つものでしょうか。子どもを見ていると分かりますが、子どもの中に必ず取り合いがあったり、征服欲・所有欲がある。それは親の反映ばかりではなく、本来生まれたときからそういう素質を持っている。人間が持っている根本煩悩が、根強いものとして、人間存在を生きるときの罪としてある。

もちろん、その上に、社会体制や人間関係が輪をかけるわけですから、解決すべき問題は解決しなければならないのでしょうが、根本的には、一人の問題になるときには、どんなに表から見れば自由のはずだといっても自由にならないものがある。そういうものを抱えて生きている。それが習いとなる。労が習いとなる。煩悩の生活が熏習する。それがこの穢土での生活である。この穢土の生活の中から、本当に労《わずらい》のない用き、習のないような――習ということは過去の経験が熏習している香り、種子となって残るということです。

過去の経験の結果が私を縛りつけている、本当に自由にさせない。そういうことが「習」という字の意味ではないかと思います。それが浄土の風、静かで自由な風に触れるところに自然に起こらない。そういう言葉で浄土の功徳を語っている。

天親菩薩が浄土の功徳を、五念門・五功徳門を語り最後に至って、本願力によって発る用きを語っている。そこに曇鸞大師が注釈を加えて、「阿修羅の琴」という喩えを出しています。阿修羅という存在は迷いの存在なのですが、阿修羅が持っている琴の喩え話がある。阿修羅の琴は弾ずる者なくして鳴る。最近はコンピュータで弾くピアノ、人がいなくてもひとりでに弾いているピアノがありますが、神話的なあり方として阿修羅の琴は弾く者なくして鳴る。弾く者なくして鳴るというのは象徴的な言い方であって、本当は弾いている人が意識を超えて弾いている。弾いている人がいるのではなく、人が弾いているのに相違ないのだが、ひとりでに鳴るが如くに、ということを象徴している。

このごろ、「ボランティア」ということがよくいわれますが、ボランティアとは、もともとボロンテとフランス語でいう場合は、自分から主体的に自ら動かしていくという動詞です。ボランティアというのは、自分から進んで行動する。何かによって使われるのではない。自らやるという行為を重んずる。そうでない場合はみな使われているということです。金に使われ、使用者に使われ、あるいは家庭に使われ、何かに使われて本当に自分が自由ではない。

神話の中に「シジフォスの神話」、人間が神さまから火を盗んだという神話があります。人間は火を持つ動物である。他の動物は火を恐れる。火は自然に発るのではない。やはり、森林火災などの災害として発る。その災害として発った火を人間は生活手段として使う。自然界から人間の使うように火を取ってきたことが神さまに対しての反逆だということで、鎖につながれて労働をさせられる。文字通り労働です。

これはギリシャ神話の、コリントスの王で、人間のうちで最もずるいといわれ、神ゼウス王すら欺いて火を手に入れた。そのために神罰を受け冥府では岩を山の上に押し上げる仕事を命じられたが、岩は山頂に達するたびにころげ落ち、未来永劫に苦労することになる。無意味に体を動かすことのつらさ、意味がないのにくり返しをしなければならないつらさ、これが労働です。

現代でも、単純作業でそうなっていますが、本当に何をしているのか、意味は分からない。お金を稼ぐためにしょうがなくしているので、そこには喜びがない。時間を売ってやっているのが労働の一番つらいところでしょう。だからヨーロッパでは労働ということが本来自由ではない、しょうがないのだという考えがありますから、休日を大切にしたり、ボランティアを大切にするという発想が出てきたのだろうと思います。

ボランティアが日本で弱いのは、日本の考え方には、そういう資本主義社会にすっとなじむ「労働」という概念がなく、何か主体的にかかわっていくことが本当だという考え方がずっと伝えられている。根本的には仏教で、あるいは道教にもあるのかもしれませんが、分別を超えて、本当に用くべきいのちということが何処かで教えられてきたから、たとえ上下関係や領主領民という人間関係があっても、その中で自ら主体的に作業をする。

日本の農民が朝は月や星を見て出て行って、夜は星が出るまで働いて帰って来て寝るというつらい労働をしながら、そこにほとんど外から考えれば主体的な喜びなどないはずなのに、やはりいのちの喜びを伝えてきている。つらいからこそ宗教があったのかもしれませんが、その宗教がかかわって、つらい人生の中に何か主体的に生きる場を教えてきたのではないかと思います。その伝統があるから、ヨーロッパなどから見ると不思議でしょうがない。

日本の労働者は安い給料で、何故こんなに働くのだという質問が出る。日本人としては、あまりそんなことを意識しないでやってきたので、よく分からないわけです。長い伝統の中で、全部使役されていて、ボランティアだけが自由だという考え方ではない、仕事が人生であるのが本当の考え方ではないかという伝統があった。

このごろ、それはおかしい、会社人間だとかいろいろいわれますが、たとえサラリーは安くとも働くことに喜びを感じてきた倫理があったのではないか。それが資本主義社会に完全に利用される形になってしまって、現代いろいろな問題を孕んできているのかもしれませんが、そういうヨーロッパの考え方とは違うものがあったということは、労働に対する感覚が日本とヨーロッパでは違うのではないかと思います。

単に自分の能力を金で売ったとは考えない。そこに人間関係が成り立っていると、それが悪い面としては、休み時間まで上司に呼び出されて働かされることにもなる。良くいえば、金だけで時間を売ったわけではなく、人間関係を作り、そこに主体的にかかわっていくことが求められていた。

ボランティアというのですから本当に自由かというとそれはどうか分かりませんが、現代の状況の中では、ボランティアに本当に自由を感じ、生きがいを感じ、そこに本当に身を支えて働いていくことが成り立っているなら、それは「塵労垢習」を超えた喜びを少しく味わうことができる場であるといってもよいと思います。

この縛られたいのち、相対的ないのちの中に煩いとしてしか生きられない人間の根源の問題を仏教は教えて、それが本当に晴れていく世界として浄土を荘厳している。「塵労垢習、自然に起こらず」ということは、本当に浄土というものがどういう世界かをよく示しているのではないかと思います。

私どもは、朝から晩まで塵労垢習で痛めつけられているという感覚です。本当に自由に、主体的に、煩いを離れて仕事に熱中することはほとんどない。朝から晩まで使われている。それでは塵労垢習から離れられるかというと、会社の休みの日は不安でしょうがない、よく休みの日にも会社に出て行くといわれます。どうなったらいのちが本当に満足するかが分からない。

何もしないでいいといわれたら、いのちとして無意味になってしまいますから、やはり意味を見い出したい。ただ虚しく、寝て食っていればいいといわれたら、とてもではないが耐えられない。このいのちを尽くして何かをしたいわけでしょう。その人その人の好みとか、宿業とか、いろいろありますが、体を動かし、身を動かし、心を動かすことなしに人生はないわけです。本当に働きたい。しかし、それが本当に働けないで働かされるという感覚になってしまう。それが人間の悲劇です。

そういう世界に対して相対的に語る浄土は、本当に塵労垢習がない。まさに本当に本願力が発るような自在の、任運の、思うままに欲した如くに与えられる。行為ができる。そういう場所として荘厳されている。神話的世界ではなくて、一如の、本来のいのちの、私どもが忘却しているものである。

善導大師は、この世はむしろ異郷だ、他国だ、浄土が本国であると。私どもは、いまいる自分の場所は本国だと思っていますが、実は浄土からすれば流浪している、流転している異国にいる。魔境である。魔境に長くとどまってはいけないと善導大師は教えられるわけですが、そういう本国として、本来のいのちが、本来のように回復される場所として荘厳されてあるわけです。

## 滅尽三昧を得る

本文に戻ります。「颪その身に触るるに、みな快楽を得」（聖典四二頁）、この快楽は身の喜びでしょうが、身の快楽は涅槃を象徴している。涅槃の楽、大楽を象徴している。

相対的な苦楽の世界は、相対的には苦を厭い楽を求めているが、相対的に求めた楽は、本当の意味でいのちの意味を満足するものではない。一時の楽ではあるが永遠の楽ではない。そういう意味で浄土の風は涅槃の楽を与えるという意味を象徴している。

「たとえば比丘の滅尽三昧を得るがごとし」(聖典四二頁)、と喩えている。三昧とは、インドの場合は、実践して三昧を得ていく場合たくさんの段階を教えていて、その一番上の段階が「滅尽三昧」といわれる。聖者・菩薩が菩提心を持って定に入る。そのときに、何が滅尽するかというと心の動きが完全に消える。「無心定」ともいわれ、心が完全に安まる。釈尊は横になって寝ることがなかったといわれています。出家してから亡くなるまで生涯、横になって寝ることがなかった。どうやって体を休めたかというと、「滅尽定」に入られた。

私どもは眠ると分かりますが、体を横にしてぐっと寝ると、嘘のように、体も心も疲れが消える。不思議な作用です。どうして起きていると疲れが取れないで寝たら疲れが取れるのか。単に体を横にしたら楽になるかというと、眠らないとダメです。いくら横になってもうつらうつらしたぐらいではやはり疲労は取れない。ぐっすり寝ると次の日は快い。

これは心の患いが完全に休むからです。そうすると身の患いも休む。心が動いていると身は本当に安まらない。身心が相応している。ああでもない、こうでもないと一晩考えていると身もくたびれる。翌日体が自由に動かない。釈尊は体は横にしなかったが、「滅尽三昧」を自由に出入りできたといわれている。

無心定には、「無想定」と「滅尽定」という区別があるのですが、無想定とは、想が滅する。想とは表象作用といわれている。何かを思う、意識が何かを取る。目を開いて何かを見る、耳が何かを聞くという作用とともに、心が何かを念ずる。未来のことを思ったり、過去のことを思ったりすることも含めて、意識が動くときに必ず「想」という用きを持つ。表象作用という、何かを何かとして取る。意識の内容が意識の内容を何かとして感じる。そういう作用を想という。夢であっても夢の中に何かを感じる。

五蘊の受想行の「受」は感情、受想思ともいいます。「思」は意思、対象に思向する作用だといわれます。まず対象を感じて思向する。「受」はそれを感じて感情作用といわれますが、快いか快くないか、厭わしいか好ましいかということを感覚する作用。

受相思の三つは常に私どもの意識には付いている。その三つを想で代表する。つまり意識は必ず意識内容を感じますから、意識内容を持っている。意識内容を感じることが無くなるということが意識が消えるということです。意識が起これば必ず意識内容を持っている。目を瞑《つむ》っていても、耳を塞いでいても、意識が動けば、意識内容が何かを感じる。たとえ物は見えないでも、こころの中で何かを感じる。あれを思い、これを思い、あれが食べたい、これが欲しいという思いを持つ、そういう思いの動きが消えるのが意識が消えたということです。そういう定は外道《げどう》の定だといわれている。

インドの修行者は、仏教者とは限りません、ヒンズー教徒もいる。そういう人たちが精神統一の定に入った場合に、ほとんど死人のようになる。死んだのとは違い、呼吸がほとんど無くなるらしいのですが、体温が残る。生きているのですから、心臓もかすかに動いている。そういう状態に入りながら意識がほとんど動かない。こういう定には訓練で入れるのだそうです。しかし、これは覚りではない。覚りとは、存在を本当に観るという智慧です。意識が消えるというのは、一つの修道上の方法です。確かに熟睡状態と同じです。熟睡ではなくて、意図的に入ろうと思って入る。

私どもは横になって熟睡するわけですが、修行者は座ったままで定に入り、ほとんど熟睡する。「無想定」は外道の入る定なのです。「滅尽定」は聖者・仏教の求道者が入る定だといわれている。無想定では我執が消えない。外道の定とは、一応心理的に無の状態になるが、また戻ってきたときには、元と同じ煩悩のいのちです。ところが滅尽定は、たとえお釈迦さまでも体はくたびれる。覚りを開いておられれば疲れないかといえば、そうはいかない。体は歳をとって亡くなっていく。その体を休めるために滅尽定に入られる。

滅尽定は、ほとんど意識内容はゼロになっている。動かない。ほとんど死んだと同じ状態、けれども死んだのとは違って体温が残っているし、呼吸しているし、心臓は動いている。生理的にいえば脳死状態に近いものなのでしょうか。いまの脳死というのは近代の医学的方法で作る。

滅尽定は仏教の修行の中で、方法として体を休めるときに用いる。けれど覚りではない。覚りというのは、単なる分別ではないが、はっきりした認識をもとに迷いを本当に迷いと見抜いて超える智慧が覚りです。意識がなくなったら覚りだというわけではない。意識がなくなれば苦しみはなくなります。苦しみがなくなるが、それは本当に人生を見抜く智慧を得たということではない。

ところがこの浄土は「滅尽三昧」に喩えられている。浄土に触れるということは、あたかも涅槃の楽に触れて、あたかも滅尽三昧を得るが如しです。修行としては一番難しい最高の定だといわれている滅尽定です。三界の中で無色界の中の一番最高の状態です。有頂天という状態に入ったときが滅尽定に対応する。

人間が求めてどうなりたいか、どういう状態が欲しいのかといろいろいってきて、教え自身としては、いろいろの点で矛盾だらけなのです。自由自在に動けるという一方で、滅尽三昧のように動かない状態に喩えられる。一方では、「悉皆金色の願」と全部が金色だといっていたと思うと、今度はいろいろの形があったり、いろいろの物が出てきたりします。人間がこの世を生きていて、どうなってみても迷いますから、それに対応する形で荘厳がいろいろ語られる。人間はどうなってみても、凡夫である限りは満足しないわけです。

## 阿弥陀の光の中から諸仏が生まれる

　また風、華《はな》を吹き散《ち》らして遍《あまね》く仏土に満つ。色《いろ》の次第に随《したが》いて雑乱《ぞうらん》せず。柔軟光沢《にゅうなんこうたく》にして馨香芬烈《きょうこうふんれつ》せり。足その上を履《ふ》むに、陥《くぼ》み下《くだ》ること四寸。足を挙げ已《おわ》るに随《したが》いて還復《げんぷく》すること故《もと》のごとし。華用《はなもち》いること已訖《おわ》れば、地すなわち開裂《かいれつ》して、次いでをもって化没《けもつ》す。清浄《しょうじょう》にして遺《のこ》りなし。その時節に随《したが》いて、風華《はな》を吹き散《ち》らす。かくのごとくして六返《ろっぺん》す。また衆宝《しゅぼう》の蓮華《れんげ》、世界に周満せり。一一の宝華《ほうけ》、百千億の葉《よう》あり。その華《はな》、光明《こうみょう》、無量種の色なり。青き色には青き光、白き色には白き光あり。玄黄朱紫《げんおうしゅし》、光色《こうしき》もまた然《しか》なり。暐曄煥爛《いようかんらん》として、日月《にちがつ》よりも明曜《みょうよう》なり。一一の華《はな》の中より三十六百千億の光を出《い》だす。一一の光の中より三十六百千億の仏を出《い》だす。身色紫金《しんしきしこん》にして、相好殊特《そうごうしゅどく》なり。一一の諸仏また百千の光明《こうみょう》を放ちて、普《あまね》く十方のために微妙《みみょう》の法を説きたまう。かくのごときの諸仏、各各《おのおの》無量の衆生を、仏の正《しょう》道《どう》に安立《あんりゅう》せしめたまう。」

仏説無量寿経《ぶっせつむりょうじゅきょう》　巻上　（聖典四二～四三頁・註釈版四〇頁）

「また風、華を吹き散らして遍く仏土に満つ。色の次第に随いて雑乱せず。柔軟光沢にして馨香芬烈せり。足その上を履《ふ》むに、陥《くぼ》み下ること四寸。足を挙げ已《おわ》るに随いて還復すること故《もと》のごとし」（聖典四二頁）、仏土が柔軟、軟らかであるということが中心になって語られている。

柔軟なるものに触れる存在も柔軟になることを象徴しているのでしょう。実際は歩いてみてフワフワしたら歩きにくくてしょうがないですから、たいしていいと思わないし、現在は私どもは靴を履いておりますから、こんなことは欲しいと思わないのですが、いまでも貧しいインドの人々はほとんど裸足ですから、裸足で歩けば地面が固くて凸凹していると歩きにくいし、足を傷つける。それで、この世の都合の悪さに対して浄土は柔らかいという荘厳が意味を持ってくるのでしょう。

「華用いることを已訖《おわ》れば、地すなわち開裂して、次いでもって化没す。清浄にして遺《のこ》りなし。その時節に随いて、風華を吹き散らす。かくのごとくして六返す」（聖典四三頁）、華が自由に現れて消えていく。「また衆宝の蓮華、世界に周満せり。一一の宝華、百千億の葉あり。その華、光明、無量種の色なり。青き色には青き光、白き色には白き光あり。玄黄朱紫《げんおうしゅし》、光色もまた然なり」（聖典四三頁）、青色青光、白色白光、玄黄朱紫、黒と黄色と赤と紫、どんな華でも花に無量の色があって、それぞれの色が光っている。それぞれの色にはそれぞれの光がある。

「暐曄煥爛として日月よりも明曜なり」（聖典四三頁）、浄土の華の光が、この世の自然の明るさ、昼間は太陽、夜は月、それよりも明るい。超日月光といわれます。浄土の花の光が明るい。「一一の華の中より三十六百千億の光を出だす。一一の光の中より三十六百千億の仏を出だす」（聖典四三頁）、三十六百千億というのは浄土の蓮《れん》華《げ》には百千億の花びらがあり、その花びらに青・白・玄・黄・朱・紫の六光があって相互に照らし合うから、六六三十六の百千億の光になる。

これは曇鸞大師が『讃阿弥陀仏偈』に、このことを歌っておられて、親鸞聖人が『浄土和讃』に取り上げています。どうしてか分かりませんが、大谷派の声明では「いちいちの」と発音せずに「ちいちの」と発音するのです。

「一一のはなのなかよりは　三十六百千億の　光明てらしてほがらかに　いたらぬところはさらになし」、「一一のはなのなかよりは　三十六百千億の　仏身もひかりもひとしくて　相好金山《そうごうこんぜん》のごとくなり」、「相好ごとに百千の　ひかりを十方にはなちてぞ　つねに妙法ときひろめ　衆生を仏道にいらしめる」（聖典四八二頁）、これらの和讃がいまの段に相応するわけです。一一の花の中から三十六百千億の光が出され。その一一の光の中からまた三十六百千億の仏を出す。

「身色紫金にして、相好殊特なり」（聖典四三頁）、紫金というのは、金色の色の輝きに紫を加える。金は酸化するといくらか黄色になります。ところが、本当に金を磨き出したばかりのときは赤っぽいのです。紫金とは、本当にきれいな金をいおうとしているのではないかと思います。

「一一に諸仏また百千の光明を放ちて」（聖典四三頁）、一一の仏それぞれが百千の光明を放つ。だから光の中に華があり、その華の中から光が出て、その一一の光からたくさんの仏が生まれ、その仏がたくさんの光を出すという。光の洪水（下巻にこの言葉が出てきます）です。そういう光の中で、「普く十方のために微妙の法を説きたまう。かくのごときの諸仏、各各無量の衆生を、仏の正道に安立せしめたまう」（聖典四三頁）と、このように『大経』上巻は結ばれています。

浄土が無量光明土だと親鸞聖人がいわれる。真仏土を押さえるときに、「仏はすなわちこれ不可思議光如来なり、土はまた無量光明土なり」（聖典三〇〇頁）といわれます。これはイメージとして、こういう光の洪水のような、闇がない、一切が光に包まれるという在り方を押さえている。一番はじめに、本願が成就したときに十二光が出てきて十二光から展開して、浄土の在り方を最後に光で結んでいる。

光は如来の本願の智慧によって闇が晴れていくことを象徴している。そして、阿弥陀の光の中から諸仏が誕生して、阿弥陀の世界に生まれるときは、胎・卵・湿・化の四生ではない。「正覚の花より化生す」(『浄土論』、聖典一三六頁)といわれておりますが、阿弥陀の覚りの中から生まれてくる。阿弥陀の正覚の花の中の蓮華が開けるごとくにして生まれるというイメージとして教えられている。

阿弥陀の光の中から諸仏が生まれてきて、その諸仏各々が無量の衆生を仏の正道に安立せしめたまう。この「如是諸仏　各各安立　無量衆生　於仏正道」(聖典四三頁)、無量の諸仏が各々無量の衆生を仏の正道に安立せしめたまうという言葉です。ところが、「各各安立」だけを取り出して、皆一人ひとりが各々安立だという言い方をする。本当は、諸仏が無量の衆生を仏の正道に安立する。阿弥陀の光の中から誕生した諸仏が、各々、無量の衆生を、仏の正道に安立する用きを持つ。自分が勝手に一人で独立しているという意味ではないのです。

ここだけを取り出してきて、信心の世界は各々安立だというと、自分勝手なことをいっていいように使われているが、『無量寿経』の元の言葉とは全然意味が違う。諸仏が各々というのは阿弥陀の世界から誕生しているとしても、阿弥陀の本願に触れて誕生する諸仏は、やはり一人ひとり独立しているということはもちろんありますが、その独立者は、各々、無量の衆生を仏の正道に安立せしめたまう。諸仏が安立しているのみではない。無量の衆生を安立させる。各々無量の衆生を安立させると語られている。

以上が正依の『無量寿経』の上巻です。康僧鎧訳の『無量寿経』は上下二巻になっていて、ほぼ分量的にも真ん中で分けているのですが、他の異訳の経典は、三巻になっているものも、四巻になっているものもある。正依の『無量寿経』はちょうど上下二巻になっている。何故二巻になっているかについては、『教行信証』に親鸞聖人がお引きになっている新羅の憬興が、上巻は「如来浄土の因果」を説く、下巻は「衆生往生の因果」を説くと押さえている。大変見事に上下二巻の意味を押さえています。

「憬興師の云わく、如来の広説に二あり。初めには広く如来浄土の因果、すなわち所行・所成を説きたまえるなり。後には広く衆生往生の因果、すなわち所摂・所益を顕したまえるなり」（聖典一八二頁）、『無量寿経』を二つに押さえる。これがちょうど上下二巻にあたります。元の『無量寿経』は何巻になっていたのかは分かりませんが、康僧鎧は本願を説いてある『無量寿経』を、上巻は浄土を中心にして説いてあるところまでで止めて、下巻は、衆生の上に本願が成就することを中心にして下巻を翻訳すると了解している。

そういう点を親鸞聖人は大切にされる。これを『教行信証』でいうと、如来浄土の因果という問題は、「真仏土巻」「化身土巻」で押さえる。衆生の因果は、もちろん、第十九願・第二十願は衆生往生の因果にも関係するのですが、特に真実の巻は回向の巻として、如来二種回向によって衆生と浄土とを結ぶ。浄土を荘厳するという仕事と、浄土と衆生とを継ぐという課題とを分けて、穢土にいる衆生に浄土の救いを与えるという仕事が本願力回向の仕事です。本願が衆生の上に自らを成就するという回向の巻として『教行信証』が開かれ、浄土のことは「真仏土巻」に開かれるという関係になっております。

もちろん、経典のことですからピッタリというわけにはいきませんが、だいたいそういう関係になる。そういう意味で『教行信証』は『無量寿経』の下巻にかかわるわけです。「教巻」は本願に先立っているような、「書かれざる願」というべきものを根拠にするのでしょうが、「行信証」は特に下巻のはじめのところにかかわる。そして、浄土の荘厳という問題は、第十二願・第十三願を根拠とされて、「真仏土巻」を開くとしているわけです。

# あとがき

私は、東京の浅草今戸にある本多弘之先生のご自坊（臨川山本龍寺）で開かれている会座のひとつである「禿龍洞」に、一九九四（平成六）年にご縁をいただき今日まで聞法させていただいております。

本龍寺のくぐり門を抜けて、玄関から書院に入ります。現在は、説法は本堂でご本尊と真向かっての聴聞となっておりますが、数年前までは書院で開かれておりました。時代を感じさせる欄間や、床の間、またその時どきに合わせてかけられる曽我量深先生、安田理深先生などのお軸が、本多先生の求道の歴史を感じさせます。

その会座に集う方々は、この世の生活で成功したとか、特別な能力をもったというわけではない普通の生活者で、現役のサラリーマン、主婦、定年を過ぎた人など、東京近辺、さらには京都、静岡、九州、北海道からと、遠路から参加される人とさまざまです。まさにそこは、念仏の伝承を証明している場であると言えるものです。それは、諸仏の用《はたら》きが生きてはたらいている場所であると言えます。

私が、本多弘之先生とのご縁を初めにいただいたのは、一九九三（平成五）年の十月で、東京本郷三丁目の東京大学仏教青年会ホールで開かれている「親鸞講座」の第十期が始まるときでありました。先生のお話は、私にはなじみのない仏教用語で、なかなか難しかったのですけれども、言おうとされていることは、非常に素直に身に染みこんでいったことを思い出します。自分のこれまでの生活の中では意識にものぼらず、気づけなかったものを、「あなたが心の奥で引っかかっていることは、こういうことではないのですか」というように引き出して、それを整理して表現していただき、「そうなんです、そうなんです」という思いが起こっていたことが思い出されます。

先生は、前に一人でも聞く人が、道を求める人がいれば、その人のために、仏法のための労を惜しまない仏者なのです。そして先生の念仏は、静かに、小声で、まさに憶念の念仏、「聞其名号　信心歓喜」の称名です。自分に聞かしめる念仏です。そして先生の資質と姿勢は、非常に勝れた思索力をもった、しかし飾らない、そのままのすがたで罪悪深重、煩悩熾盛という迷いの身の事実の痛みを決して忘れません。そういうところから仏法を説き、聴聞する人と共に歩むことを大切にされている先生なのです。

なかでも私にあってははっきりしなかった問題は、どうしてお念仏で救われるのかということでした。あるときその点をお尋ねしたことがありました。それに対して先生は、翌月の講座で、長い時間をつかって、それは如来の深い思索から出た誓い（本願）であり、その手だてとして如来から本願力を廻らし向けて、用き出てくださっている本願の他力回向ということを嚙んで含めるように説いてくださいました。このことが、当時は、はっきりと受け止めることができておりませんでしたけれども、その問題が、この『大無量寿経』の講義録の第一巻と第二巻とにまたがって講じられた、十七願、十八願、十九願、二十願、二十二願の内容（回向論）なのです。

本多先生からくり返し、くり返し教えられている大事なことの一つは、経典は言葉で表現されているのであるけれど、その言葉を生み出してくる根源の願い（仏のお意）を感受することにまなざしを向けることであるということです。

＊

最後に、本書の内容について説明をしておきたいと思います。本書は、『法蔵菩薩の誓願　大無量寿経講義第一巻』に続く、講義録全三巻のうちの第二巻です。第一巻では、『大無量寿経』上巻の冒頭部分から、四十八願の第二十願までの講義を収めましたが、本書では、続く第二十一願から第四十八願、そして上巻の末尾までの講義を収録しています。

なお、第一巻と同様、章立ては、経典の内容（科文）に従って行い、読者が読みやすいように適宜小見出しを付けています。

最終巻の第三巻は、『大無量寿経』の下巻の講義を収め、『人間成就の仏道　大無量寿経講義第三巻』と題して刊行の予定です。

本講義録刊行に当たっては、法藏館の西村明高社長と西村七兵衛会長に格別のご高配を賜わりました。厚く御礼を申し上げます。

二〇〇九年六月

「禿龍洞」世話人（川江登、森弘、矢野伸芳、山口孝）

山口孝記

**本多弘之**（ほんだ　ひろゆき）
1938年，中国黒龍江省に生まれる。1961年，東京大学農学部林産学科卒業。1966年，大谷大学大学院修了。大谷大学助教授を経て，2001年，親鸞仏教センター所長に就任。真宗大谷派本龍寺住職。大谷大学大学院講師。朝日カルチャーセンター（新宿区）講師。1983年，大谷大学を辞任の後，『安田理深選集』（全22巻，文栄堂）の編集責任にあたる。
著書に『親鸞教学―曽我量深から安田理深へ』『親鸞思想の原点―目覚めの原理としての回向』（以上，法藏館），『浄土―その解体と再構築』『浄土―その響きと言葉』『浄土―おおいなる場のはたらき』（以上，樹心社）『親鸞の救済観』（文栄堂），『他力救済の大道―清沢満之文集』『親鸞の鉱脈』『静かなる宗教的情熱―師の信を憶念して』（以上，草光舎）ほか多数。

浄土《じょうど》と阿弥陀仏《あみだぶつ》
――大無量寿経講義　第二巻――

二〇〇九年八月二〇日　初版第一刷発行

著　者　本多弘之
発行者　西村明高
発行所　株式会社法藏館
京都市下京区正面通烏丸東入
郵便番号　六〇〇-八一五三
電話　〇七五-三四三-〇〇三〇（編集）
〇七五-三四三-五六五六（営業）

印刷・製本　亜細亜印刷株式会社


ISBN 4-8318-3392-1 C 3315